最高人民法院发布的
典型案例汇编

—— 2009–2024 年 ——

民事诉讼卷

人民法院出版社 编

人民法院出版社

图书在版编目（CIP）数据

最高人民法院发布的典型案例汇编. 2009—2024年. 民事诉讼卷 / 人民法院出版社编. -- 北京：人民法院出版社，2024. 12. -- ISBN 978-7-5109-4420-8

Ⅰ. D920.5

中国国家版本馆CIP数据核字第2024F8B780号

最高人民法院发布的典型案例汇编（2009—2024年）民事诉讼卷
人民法院出版社　编

责任编辑	李　瑞　马海莹
执行编辑	高　晖　叶　白
出版发行	人民法院出版社
地　　址	北京市东城区东交民巷27号（100745）
电　　话	（010）67550635（责任编辑）　67550558（发行部查询） 65223677（读者服务部）
客服QQ	2092078039
网　　址	http：//www.courtbook.com.cn
E — mail	courtpress@sohu.com
印　　刷	保定市中画美凯印刷有限公司
经　　销	新华书店
开　　本	787毫米×1092毫米　1/16
字　　数	412千字
印　　张	25.25
版　　次	2024年12月第1版　2024年12月第1次印刷
书　　号	ISBN 978-7-5109-4420-8
定　　价	88.00元

版权所有　侵权必究

编写说明

最高人民法院发布的典型案例以案例的形式将法律精神传播给社会大众，也是进一步彰显以公开促公正理念，切实推进司法公开工作的重要举措，具有十分重要的社会意义和参考价值，并具有重要的示范引导作用。

为方便各级人民法院、人民检察院以及律师等法律职业共同体和社会公众对典型案例的学习与使用，更好地发挥典型案例的价值和作用，人民法院出版社编辑出版了《最高人民法院发布的典型案例汇编（2009—2024年）》丛书。丛书收录了自2009年至2024年12月最高人民法院发布的2700余个典型案例，并对所收录案例进行全面梳理、系统整合。本丛书分为刑事卷、民事卷、商事卷、知识产权卷、民事诉讼卷、行政·国家赔偿·司法救助卷六卷。案例栏目有基本案情、裁判结果、典型意义等，通过对案情的简要介绍、裁判结果的法理评析、典型意义的权威阐释，体现了人民法院对各类型案件的法律适用标准，为各级法院法官审理类似案件提供示范参考依据，也对社会公众起到引导和教育作用。

本书具有以下几个特点：一、**全面系统**。本书收录了最高人民法院自2009年至2024年12月发布的对审判和执行工作具有示范参考意义的所有典型案例，包括刑事、民事、商事、知识产权、民事诉讼、行政、国家赔偿、司法救助等各领域。**二、权威准确**。本书所有案例来源于最高人民法院官方网站和《最高人民法院公报》，案例来源渠道权威。因属不同发布批次专题，个别案例存在重复情况，为完整地向读者呈现案例内容，书中均予以保留。**三、科学实用**。为方便读者快速查阅，我们对所收录案例按不同类别进行归类整合。读者在查阅时，根据案例公布时间即可找到所需内容。

因本书中收录的典型案例为最高人民法院2009年至2024年发布，时间跨度较大，案例所依据的法律、法规、司法解释条文有的已发生变化，书中不再逐一标注，特此说明。

本丛书是首次对最高人民法院发布的典型案例进行系统分类汇编的大型案例图书，收录的案例全面、权威、实用，有助于读者全面系统地了解最高人民法院发布的各类型典型案例，可为法学理论研究和司法审判实务工作者提供重要参考，并对司法实践具有重要的指导意义和实用价值。

编 者

2024年12月

总目录

- 一、证据 ……………………………………………………………（ 1 ）
- 二、送达 ……………………………………………………………（ 5 ）
- 三、对妨害民事诉讼的强制措施 …………………………………（ 7 ）
- 四、执行 ……………………………………………………………（ 12 ）
  - （一）综合 …………………………………………………（ 12 ）
  - （二）执行措施 ……………………………………………（ 29 ）
  - （三）对物执行 ……………………………………………（107）
  - （四）执行救济 ……………………………………………（138）
  - （五）执行中止 ……………………………………………（139）
- 五、审判程序 ………………………………………………………（141）
- 六、非诉程序 ………………………………………………………（142）
- 七、督促程序 ………………………………………………………（145）
  - （一）保全 …………………………………………………（145）
  - （二）人身安全保护令 ……………………………………（157）
  - （三）家庭教育令 …………………………………………（197）
  - （四）人格权侵害禁令 ……………………………………（200）
  - （五）承认与执行法院判决、仲裁裁决 …………………（202）
- 八、特殊诉讼程序 …………………………………………………（229）
  - （一）公益诉讼 ……………………………………………（229）
  - （二）执行程序中的异议之诉 ……………………………（371）

目 录

一、证 据

申请人甲公司、乙公司申请诉前证据保全案 …………………………（ 1 ）
杭州甲文化传媒有限公司诉深圳市乙科技发展有限公司侵害作品信息
　网络传播权案 …………………………………………………………（ 2 ）
甲数字传媒有限公司与济南乙知识产权代理有限公司侵害作品信息
　网络传播权纠纷案 ……………………………………………………（ 4 ）

二、送 达

重庆市甲小额贷款有限公司诉陈某群小额借款合同纠纷案 …………（ 5 ）

三、对妨害民事诉讼的强制措施

党某侮辱法官被拘案（北京）………………………………………………（ 7 ）
上海某房屋征收公司妨害执行案（上海）…………………………………（ 8 ）
张某威胁法官案（江苏）……………………………………………………（ 9 ）
叶某辱骂、殴打执行法官案（福建）………………………………………（ 11 ）

四、执 行

（一）综 合

杜某东申请执行广州甲贸易有限公司工资支付案
　——通过网络查询发现被执行人天猫网店，依法冻结、扣划支付宝
　账户资金 ………………………………………………………………（ 12 ）

被执行人杨某田诚信履行赔偿义务案
　　——被执行人杨某田诚实守信，多年如期履行债务，被赞为"最诚信
　　　被执行人"……………………………………………………………（ 14 ）
曹某诉某粮管所、黄某等人身损害赔偿纠纷案……………………………（ 15 ）
两地四级法院：甲万吨粮食异地执行案……………………………………（ 15 ）
福建莆田中院：甲地产系列执行案…………………………………………（ 17 ）
浙江缙云法院：被执行人甲公司借款合同纠纷执行案……………………（ 19 ）
新疆乌鲁木齐县法院：牧民哈某交通事故损害赔偿执行案………………（ 20 ）
江苏东台法院：被执行人徐某抚养费纠纷执行案…………………………（ 21 ）
宝山区罗泾镇某村委会申请执行上海某园林公司等土地租赁合同纠纷
　　案件
　　——上海宝山法院多措并举化解矛盾强有力执结土地腾退案………（ 22 ）
某集团公司涉劳动争议系列执行案
　　——发挥破产重整挽救功能，全额保障职工债权………………………（ 24 ）
马某某与某建设工程公司劳务合同纠纷执行案
　　——线下走访查找财产线索，促成多案快速执结………………………（ 25 ）
李某某等10余人与王某劳动报酬纠纷执行案
　　——法检联动助农民工讨回工资 ………………………………………（ 26 ）
某人造板公司涉劳动争议系列执行案
　　——促成案外人注资收购，推动企业复工复产…………………………（ 27 ）
被执行人广州甲服饰有限公司拖欠劳动报酬系列纠纷案
　　——执行法官跑遍7市，全国26家法院协助，为百余名工人追讨拖欠
　　　工资82万元………………………………………………………（ 28 ）

（二）执行措施

1. 交叉执行

某银行太原分行申请执行山西某饭店金融借款案
　　——上级督促执行三级法院协同发力妥善执结积案实现双赢多赢
　　　共赢……………………………………………………………………（ 29 ）

某物流公司与某银行、某铜铁公司等执行监督案
　　——通过上级法院指令其他法院执行实质化解积案 …………（31）
某农村商业银行与某房地产开发公司借款合同纠纷执行案
　　——提级合并执行，避免下级法院重新评估拍卖，有效提升执行
　　　效能 …………………………………………………………（32）
青岛某民间资本管理有限公司与田某某增资纠纷执行案
　　——对需要地方党委政府支持的复杂案件，指定相应地方执行，便于
　　　府院联动加快财产处置实现共赢 …………………………（33）
单某某与吴某某离婚纠纷执行案
　　——因对判决不满交叉到异地法院执行，通过释法明理，当事人消除
　　　误解主动履行 ………………………………………………（34）
苏州某电器公司涉劳动争议系列纠纷执行案
　　——交叉集中执行与立审执衔接配合助力44名工人解"薪"事 …（35）
王某某申请执行案
　　——对存在消极执行的案件开展交叉执行有利于强化执行监督 ……（37）

2. 执行和解

河北黄骅法院：甲公司员工追索劳动报酬执行案 ………………（38）
山西长治中院：被执行人甲公司合同纠纷执行案 ………………（40）
湖北武汉武昌区法院：甲酒店腾退执行案 ………………………（41）
许某某等申请执行莆田市某房地产公司等借款纠纷系列案件
　　——莆田中院引入战略投资者帮助盘活被执行企业资产 ……（43）
杜某均申请执行四川甲劳务有限公司工伤赔偿纠纷案
　　——被执行人拒不履行生效法律文书确定义务，法院将其列入失信
　　　被执行人名单，促使其与申请执行人达成执行和解协议 ……（45）
龚某不服执行和解协议信访案
　　——双方当事人达成执行和解协议，申请人龚某不服应另行提起
　　　民事诉讼。江西法院"院领导接访"制度促化解 ………（46）
黄某某等31人与谢某某劳务合同纠纷执行案
　　——多措并举以"和"促执，妥善化解涉农纠纷实现共赢 ……（47）

3. 执行威慑制度

广东省惠东县甲总公司与乙商贸城（惠东）有限公司工程款纠纷
　　执行案 ………………………………………………………………（ 48 ）
张某峰等三人与郑州甲混凝土有限公司劳务合同纠纷执行案 ……（ 49 ）
郑州甲商品混凝土有限公司申请执行河南乙建设工程有限公司买卖
　　合同纠纷执行案 ……………………………………………………（ 50 ）
甲农村信用合作联社与青州市乙建筑安装有限公司金融借款合同纠纷
　　执行案 ………………………………………………………………（ 52 ）
李某与上海松东甲餐饮经营管理有限公司买卖合同纠纷执行案 …（ 53 ）
浙江某建设公司所涉40余起合同纠纷执行案 ………………………（ 54 ）
张某与河南某食品工业有限公司买卖合同纠纷执行案 ……………（ 56 ）
郭红某与郭淑某人身损害赔偿纠纷执行案 …………………………（ 57 ）
北京某汽车装饰中心等50余人与北京某汽车制造有限公司系列
　　执行案 ………………………………………………………………（ 58 ）
郑彦某与郑庆某买卖合同纠纷执行案 ………………………………（ 59 ）
李某与杨某借款合同纠纷执行案 ……………………………………（ 60 ）
某总工会与南平甲房地产开发有限公司房屋拆迁安置补偿纠纷
　　执行案 ………………………………………………………………（ 61 ）
魏某夫申请执行张某峰、张某政、李某明公证债权文书纠纷
　　执行案 ………………………………………………………………（ 62 ）
潘某才申请执行债权转让合同纠纷案 ………………………………（ 64 ）
赵某连申请执行张某昊机动车交通事故案 …………………………（ 65 ）
吴某甲等人申请执行陈某乙刑事附带民事赔偿纠纷案件 …………（ 67 ）
庄某建申请强制执行甲酒店有限公司案 ……………………………（ 68 ）
安徽甲印务有限公司拒不执行仲裁法律文书案
　　——被执行人逃避执行，其法定代表人王某峰被法院移送公安机关
　　　　协查，被采取拘留措施后全部履行到位 ……………………（ 70 ）

渠某枝与刘某机动车交通事故赔偿案
　　——被执行人躲避执行，法院协调公安机关进行查控，促使其全部
　　　　履行义务 ………………………………………………………………（ 71 ）
北京某集团总医院申请执行陈某春医疗服务合同纠纷案 ……………（ 72 ）
广西甲有限公司拖欠劳动报酬案
　　——被执行人以经营困难为由拖欠劳动报酬，法院将其纳入失信
　　　　被执行人名单并依法对其处以罚款，迫使被执行人履行义务 …（ 74 ）
15位农民工与某家纺公司、邱某劳动争议纠纷执行案
　　——秉持善意文明执行理念，及时执行企业回笼资金 ……………（ 75 ）
韩某龙等10人申请执行黄某民间借贷纠纷案 …………………………（ 77 ）
张某嘉追索医疗费用等人身损害赔偿案
　　——被执行人拒不履行生效法律文书确定的赔偿义务，法院加大财产
　　　　查控力度，利用失信被执行人名单制度，顺利执结案件 ………（ 78 ）
上海虹口法院：被执行人马某房屋买卖合同纠纷执行案 ……………（ 79 ）
深圳市甲文化传播有限公司申请强制执行案 …………………………（ 80 ）
侨胞金某某申请强制执行借款信访案
　　——被执行人涉案10余件欠债上亿元，无能力履行判决义务。
　　　　江西三级法院联动协调促执行和解 ………………………………（ 81 ）
陈某某等124名农民工申请强制执行劳动报酬信访案
　　——被执行人欠下巨额债务，无力支付203万元工资，引发农民工
　　　　集体信访。萍乡两级法院运用"协同执行"机制成功化解信访
　　　　矛盾 …………………………………………………………………（ 82 ）
宋某申请强制执行人身损害赔偿款信访案
　　——被执行人与申请人达成执行和解后下落不明，申请人长达20年
　　　　未申请法院继续执行致案件陷入困局。江西省井冈山市人民
　　　　法院运用"三推送"机制成功执结 ………………………………（ 84 ）
曾某某申请强制执行交通事故赔偿信访案
　　——被执行人患严重疾病危及生命致生活困难，根本无力履行赔偿
　　　　义务。江西省广昌县人民法院运用司法救助制度促化解 ………（ 85 ）

艾某申请强制执行工伤赔偿信访案
　　——被执行人隐藏财产拒不履行国家脱贫对象工伤赔款，
　　　江西省新余市渝水区人民法院运用执行专项调查措施
　　　促案件顺利执结 …………………………………………………（86）
胡某某申请强制执行办证信访案
　　——案涉房屋不符合登记规定导致无法办证，案件陷入执行不能境地。
　　　江西省景德镇市珠山区人民法院创新方法，多方协调成功化解
　　　"骨头案" ……………………………………………………………（87）
杨某某申请强制执行企业偿还欠款信访案
　　——被执行人生产经营陷入困难，难以履行判决义务，被纳入失信
　　　名单。江西省南昌市西湖区人民法院运用信用承诺和信用修复
　　　机制双向化解信访矛盾 …………………………………………（88）
刘某某申请强制执行村小组支付工程款信访案
　　——被执行财产难以变价造成执行困难。江西省新干县人民法院紧紧
　　　依靠当地党委政府妥善化解信访矛盾 …………………………（89）
某电梯有限公司申请强制执行货款信访案
　　——被执行人的法定代表人伙同他人转移公司租金收入，拒不履行
　　　还款义务。江西省宜春市袁州区人民法院创新使用"预告知+
　　　预通知"执行措施攻克执行不能难题 ……………………………（90）
北京市第三中级人民法院关于法拍房买受人韦某申请强制腾退
　信访案
　　——法拍房成交后出现承租人异议，买受人信访要求法院强制腾退，
　　　北京市第三中级人民法院在保证程序正义基础上，引入心理疏导
　　　等多手段联动机制，促使法拍房实际占用人主动腾退 …………（92）
江苏省苏州市吴中区人民法院关于刘某某等申请强制执行交通事故
　赔偿款信访案
　　——特大交通事故致五死二伤，被执行人因交通肇事被判刑，无力
　　　支付巨额赔偿，导致多个家庭陷入困境，死者家庭多人多次信访。
　　　江苏三级法院运用联动救助机制，成功化解信访积案 …………（93）

江苏省灌南县人民法院关于灌南县某房地产公司系列信访案
　　——房地产开发商资金断裂，大量预售商品房无法完成交付，买受人集体上访。江苏省灌南县人民法院创新"附条件托管"制度促化解 ··· （ 95 ）

浙江省遂昌县人民法院关于王某某申请个人债务重整信访案
　　——被执行人王某某身负巨额债务长达20余年，浙江省遂昌县人民法院积极引入个人债务重整制度，成功化解王某某系列债务纠纷 ··· （ 98 ）

安徽省定远县人民法院关于汪某申请强制执行民间借贷信访案
　　——针对被执行人无财产可供执行，申请执行人债权无法执行到位，导致系列执行案件同时陷入僵局情况，安徽省定远县人民法院联合该县工业园区管委会，向该县县委、县政府作专题汇报，争取支持，由该县县委、县政府协调县某公司收购上述"僵尸企业"资产，系列案件最终得以顺利执结 ················ （100）

内蒙古自治区鄂托克旗人民法院关于焦某申请执行机动车交通事故赔偿款信访案
　　——被执行人企业为了规避执行，雇佣老弱村民为法定代表人，鄂托克旗人民法院向辖区工商行政管理局发出司法建议，要求予以整顿，促使案件顺利执结 ····························· （101）

福建省厦门市中级人民法院关于王某申请强制执行借款信访案
　　——以履行债务的主要责任人为切入点，化解矛盾纠纷 ········· （103）

广东省中山市第一人民法院关于善意解封助推涉众欠薪案件执结案
　　——广东法院认真贯彻《工资支付条例》，及时兑现工人工资债权 ··· （104）

贵州省黎平县人民法院关于阳某、韦某璋申请强制执行投资款及资金信访案
　　——协助执行人不履行协助义务，贵州省黎平县人民法院出具《预罚款决定书》促使案件顺利执结 ·· （105）

赵某等11人与王某劳务合同纠纷执行案
——充分运用强制措施维护农民工合法权益……………………（106）

（三）对物执行

1. 查封、扣押、冻结财产

孙某某申请执行彭某某抚养费案……………………………………（107）
孙某某申请执行彭某某抚养费案……………………………………（110）
吴某模等19244名蔗农追索蔗款纠纷案
——广西甲糖纸集团有限责任公司某分公司等拖欠蔗农甘蔗款
2.5亿元，被依法强制执行，蔗农甘蔗款全部执行到位………（112）
长沙盛世某某投资有限公司保全执行案……………………………（113）
某投资公司、陆某某与某油品公司、王某股权转让纠纷执行案
——执行法院推动案外融资盘活被执行企业无形资产……………（114）
某银行与某铜业公司、某材料公司等金融借款合同纠纷系列
执行案
——借助"物联网+执行"技术盘活企业资产……………………（115）
周某某等12名员工与江西某旅游开发有限公司劳动争议纠纷
执行案
——执行法院帮助欠债企业恢复经营，12名员工重返工作岗位……（117）
江西某科技公司与某信业公司建设工程施工合同纠纷执行保全案
——人民法院置换保全标的物确保农民工工资发放及企业正常
生产……………………………………………………………（118）
某建筑公司与辽宁某公司建设工程施工合同纠纷执行案
——以小微企业需求引导办案方向，创新工作方法盘活查封财产……（119）
某建工公司与某混凝土公司执行异议案……………………………（120）

2. 评估、拍卖、变卖财产

甲乳业有限公司拖欠职工工资执行案

　　——执行法院采取多种措施，将189名职工工资、补偿费和社会保险等费用520余万元执行到位 …………………………………………（121）

湖南浏阳法院：乙公司员工劳动争议执行案…………………………（122）

龚某等与珠海市某餐饮公司劳动争议执行案件………………………（124）

重庆某投资公司申请执行青岛某化工公司等借款合同纠纷案件

　　——重庆五中院积极化解矛盾顺利一次性执结2.9亿元大案………（125）

多名船员、渔工与某远洋渔业公司劳动报酬纠纷执行案

　　——加速船舶拍卖款分配，优先保障远洋船员、渔工权益…………（126）

3. 存款的执行

某师范大学与某物业管理公司供用热力合同纠纷执行案……………（128）

湖北某建设工程有限公司、团风县某建筑公司与某磁性材料有限公司

　　及黄冈某汽车销售有限公司工程款担保纠纷执行案………………（129）

许某财与杨某局抚养费纠纷案

　　——被执行人不履行支付抚养费的义务，执行法院通过全国法院网络查控系统冻结其银行账户后，被执行人迫于压力，主动履行义务 ……………………………………………………………………（130）

4. 不动产的执行

张某与陈某、吴某英民间借贷纠纷执行案……………………………（131）

上海某石化有限公司与上海某贸易有限公司侵权损害赔偿纠纷

　　执行案 …………………………………………………………………（133）

北京某房地产公司申请执行北京某生物科技公司等股权转让纠纷案件

　　——北京一中院积极推动对涉案不动产的分割登记、部分查封 ……（134）

左某娃申请执行左某英物权保护纠纷案件

　　——南京秦淮法院帮助被执行人取回被他人强占的房屋 ……………（135）

中国某银行顺德勒流支行申请执行顺德某铜铝型材公司等金融借款
　合同纠纷案件
　　——顺德法院允许承租人继续使用查封厂房实现财产价值…………（137）

（四）执行救济

陈某润等人交通肇事救助案
　　——申请执行人瘫痪在床，法院决定救助48万元 …………………（138）

（五）执行中止

李某飞、某公司执行申诉案………………………………………………（139）

五、审判程序

广东广州中院推行民商事案件先行判决，促进当事人合法权益及时
　兑现 …………………………………………………………………（141）

六、非诉程序

郑州市生态环境局与河南某建筑工程有限公司生态环境损害赔偿司法
　确认案 ………………………………………………………………（142）
"王家坝河"生态环境损害赔偿协议司法确认案 ………………………（143）
新乡市生态环境局与封丘县某化工有限公司生态环境损害赔偿司法
　确认案 ………………………………………………………………（144）

七、督促程序

（一）保　全

杨某康（笔名杨某）与某国际拍卖有限公司、李某强诉前禁令案 …（145）
某娱乐有限公司、上海某网络科技发展有限公司申请行为保全案……（147）
美国某公司等与黄某某侵害商业秘密纠纷诉中行为保全案……………（148）
"某云音乐"侵害信息网络传播权诉前行为保全案 ……………………（149）

济南某置业有限公司财产保全案……………………………………（149）

某投资公司与某资源集团公司等财产保全案件

——北京法院通过"换封"方式解除对债务人持有的某上市公司股票

的保全冻结为民营企业发展营造更好司法环境………………（150）

浙江嘉兴桐乡法院上线"活查封"管理应用，实现动产保全

"数智化"……………………………………………………（151）

以保险保函作为反担保解除财产保全措施案………………………（152）

某海运有限公司（FULLINKS MARINE COMPANY LIMITED）申请海事

请求保全案………………………………………………………（154）

某科技有限责任公司诉网络侵权责任纠纷案行为保全裁定…………（155）

（二）人身安全保护令

张某某申请人身安全保护令案………………………………………（157）

李某申请人身安全保护令案…………………………………………（158）

谢某申请人身安全保护令案…………………………………………（159）

王某诉罗某离婚纠纷同时申请人身安全保护令案…………………（160）

马某某申请人身安全保护令案………………………………………（161）

刘某某申请人身安全保护令案………………………………………（162）

王某某申请人身安全保护令案………………………………………（163）

陈某某、泮某某申请人身安全保护令案……………………………（164）

刘某申请人身安全保护令案…………………………………………（165）

陈某申请人身安全保护令案…………………………………………（166）

赵某申请人身安全保护令案…………………………………………（167）

周某及子女申请人身安全保护令案…………………………………（168）

李某、唐小某申请人身安全保护令、变更抚养权案………………（169）

朱小某申请人身安全保护令案………………………………………（170）

林小某申请人身安全保护令案………………………………………（171）

罗某申请人身安全保护令案…………………………………………（172）

吴某某申请人身安全保护令案………………………………………（173）

黄某违反人身安全保护令案…………………………………………（174）

洪某违反人身安全保护令案 …………………………………………（175）
卢某某申请人身安全保护令案 …………………………………………（176）
冯某某与柳某某人身安全保护令及物权保护纠纷案 …………………（177）
谌某某违反人身安全保护令案
　　——人身安全保护令的回访与督促执行 …………………………（179）
冯某某申请曹某某人身安全保护令案
　　——全流程在线审理人身安全保护令促进妇女权益保护 ………（181）
叶某申请人身安全保护令案
　　——同居结束后受暴妇女仍可申请人身安全保护令 ……………（183）
林某申请人身安全保护令案
　　——人身安全保护令可适用于终止恋爱关系的当事人 …………（185）
李某申请人身安全保护令案
　　——发出人身安全保护令的证明标准是"存在较大可能性" ………（186）
王某申请人身安全保护令案
　　——通过自伤自残对他人进行威胁属家庭暴力 …………………（188）
陈某申请人身安全保护令案
　　——子女对父母实施家庭暴力的，父母可以申请人身安全保护令 …（189）
蔡某某申请人身安全保护令案
　　——未成年子女被暴力抢夺、藏匿或者目睹父母一方对另一方实施
　　　　家庭暴力的，可以申请人身安全保护令 ………………………（190）
唐某某申请人身安全保护令案
　　——全社会应形成合力，共同救护被家暴的未成年人 …………（191）
彭某某申请人身安全保护令案
　　——学校发现未成年人遭受或疑似遭受家庭暴力的，应履行强制报告
　　　　义务 …………………………………………………………………（193）
韩某某、张某申请人身安全保护令案
　　——直接抚养人对未成年子女实施家庭暴力，人民法院可暂时变更
　　　　直接抚养人 …………………………………………………………（194）

吴某某申请人身安全保护令案
　　——父母应当尊重未成年子女受教育的权利，父母行为侵害合法
　　权益的，未成年子女可申请人身安全保护令……………………（196）

（三）家庭教育令

胡某诉陈某变更抚养权纠纷案
　　——发出全国首份家庭教育令 ……………………………………（197）
未成年被告人邹某寻衅滋事及家庭教育令案
　　——未成年被告人父母怠于履行职责，跨域接受家庭教育指导 ……（199）

（四）人格权侵害禁令

李某某申请人格权侵害禁令案
　　——为避免合法权益受到难以弥补的损害，人民法院可以依法作出
　　人格权侵害禁令 ………………………………………………………（200）

（五）承认与执行法院判决、仲裁裁决

某航运（新加坡）有限公司申请执行香港仲裁裁决案 ………………（202）
美国某建筑师事务所申请执行香港仲裁裁决案…………………………（204）
甲咨询有限公司、乙有限公司申请执行香港仲裁裁决案………………（205）
甲国际有限公司申请执行香港仲裁裁决案………………………………（207）
甲设计集团国际咨询有限公司申请执行香港仲裁裁决案………………（209）
高某燕诉某控股有限公司及其他案………………………………………（210）
某化工股份有限公司诉某石油国际事业（香港）有限公司案 ………（214）
郭某开诉某化工有限公司案………………………………………………（217）
明晰仲裁裁决籍属认定规则　明确外国仲裁机构在中国作出的裁决视为
　涉外仲裁裁决
　　——美国甲工业有限公司申请承认和执行外国仲裁裁决案………（219）
积极适用互惠原则承认和执行外国法院判决
　　——崔某与尹某申请承认和执行韩国法院判决案…………………（220）

甲航运有限公司与乙国际航运有限公司申请承认和执行外国仲裁
　　裁决案 ………………………………………………………………（221）
认可和执行香港仲裁裁决 依法保护"一带一路"共建国家的企业合
　　法权益
　　——甲资源国际私人有限公司申请认可和执行香港国际仲裁中心仲裁
　　　　裁决案 …………………………………………………………（223）
厘清互惠原则适用标准 依法承认"一带一路"合作共建国家法院的
　　民商事判决
　　——某建筑有限公司申请承认与执行新加坡国家法院民事判决案 …（224）
严格执行《承认及执行外国仲裁裁决公约》承认外国仲裁裁决
　　——乌兹别克斯坦甲有限责任公司申请承认和执行乌兹别克斯坦
　　　　工商会国际商事仲裁院仲裁裁决案………………………………（226）
准确适用《最高人民法院关于内地与香港特别行政区相互执行仲裁
　　裁决的安排》认可和执行香港仲裁裁决
　　——甲国际有限公司申请认可和执行香港国际仲裁中心仲裁
　　　　裁决案 …………………………………………………………（227）

八、特殊诉讼程序

（一）公益诉讼

1. 环境污染民事公益诉讼

北京市朝阳区自然之友环境研究所、福建省绿家园环境友好中心诉
　　谢某锦等四人破坏林地民事公益诉讼案…………………………（229）
中华环保联合会诉宜春市甲实业有限公司等水污染公益诉讼案………（230）
中华环境保护基金会诉某水务（扬州）有限公司水污染公益
　　诉讼案 ……………………………………………………………（232）
被告人王某、王某平污染环境案，浙江省缙云县人民检察院诉被告
　　缙云县某电镀厂、王某等4人水污染民事公益诉讼案 ……………（233）

湖南省益阳市环境与资源保护志愿者协会诉湖南某纸业有限公司
　　水污染公益诉讼案……………………………………………………（235）
浙江省开化县人民检察院诉衢州某化工有限责任公司环境民事公益
　　诉讼案……………………………………………………………………（237）
中华环保联合会诉德州某有限公司大气污染民事公益诉讼案…………（238）
中国生物多样性保护与绿色发展基金会诉深圳市甲环保有限公司、
　　浙江乙网络有限公司大气污染责任纠纷案……………………………（240）
北京市朝阳区自然之友环境研究所诉某汽车（中国）投资有限公司
　　大气污染责任纠纷案……………………………………………………（241）
中国生物多样性保护与绿色发展基金会诉秦皇岛某包装玻璃有限公司
　　大气污染责任民事公益诉讼案…………………………………………（242）
德清县人民检察院诉德清某保温材料公司大气污染责任纠纷民事公益
　　诉讼案……………………………………………………………………（244）
常州市环境公益协会诉储某清、常州甲物资再生利用有限公司等土壤
　　污染民事公益诉讼案……………………………………………………（246）
铜仁市人民检察院诉贵州甲化工有限公司、广东乙贸易有限公司土壤
　　污染责任民事公益诉讼案………………………………………………（247）
广东省广州市人民检察院诉广州市花都区某垃圾综合处理厂、李某强
　　固体废物污染环境民事公益诉讼案……………………………………（249）
丽水市绿色环保协会诉青田县某废油回收再利用加工厂、胡某泉等
　　非法倾倒废渣污染环境民事公益诉讼案………………………………（250）
人民陪审员参加七人合议庭审理海洋环境民事公益诉讼案……………（252）
河北省唐山市人民检察院诉某航运公司沉船打捞民事公益诉讼案……（253）
上海市人民检察院第三分院诉王某某等非法捕捞民事公益诉讼案……（255）
江苏省南京市人民检察院诉周某等非法捕捞民事公益诉讼案…………（257）
福建省宁德市人民检察院与林某某等海洋自然资源与生态环境民事
　　公益诉讼案………………………………………………………………（258）
海南省海口市人民检察院与梁某等海洋环境民事公益诉讼案…………（260）
中华环保联合会诉谭某洪、方某双环境污染民事公益诉讼案…………（261）

山东省烟台市人民检察院诉王某殿、马某凯环境污染民事公益
　　诉讼案………………………………………………………………（263）
江苏省泰州市人民检察院诉王某朋等59人生态破坏民事公益
　　诉讼案………………………………………………………………（265）
河南省环保联合会诉聊城某化工有限公司环境污染公益诉讼
　　纠纷案………………………………………………………………（266）
中华环境保护基金会诉中化重庆某化工有限公司环境污染民事公益
　　诉讼案………………………………………………………………（267）
中国生物多样性保护与绿色发展基金会诉甲水电开发有限公司环境
　　民事公益诉讼案……………………………………………………（269）
湖北省人民检察院武汉铁路运输分院诉某生态种养殖有限公司通海
　　水域污染损害责任环境民事公益诉讼案…………………………（270）
湖南省益阳市人民检察院诉夏某安等15人非法采矿民事公益
　　诉讼案………………………………………………………………（271）
广西壮族自治区来宾市人民检察院诉佛山市某石油科技有限公司等
　　72名被告环境污染民事公益诉讼案 ……………………………（272）
江西省上饶市人民检察院诉张某明、毛某明、张某生态破坏民事公益
　　诉讼案………………………………………………………………（274）
江苏省南京市人民检察院诉王某林生态破坏民事公益诉讼案…………（275）
濮阳市人民检察院诉山东甲精细化工有限公司等环境民事公益
　　诉讼案………………………………………………………………（277）
浮梁县人民检察院诉某化工集团有限公司环境污染民事公益
　　诉讼案………………………………………………………………（278）
上海市人民检察院第三分院诉郎溪某固体废物处置有限公司、
　　宁波高新区某贸易有限公司、黄某庭、薛某走私"洋垃圾"
　　污染环境民事公益诉讼案…………………………………………（280）
重庆市人民检察院第二分院诉张某奉、赵某辉破坏长江防护林环境
　　民事公益诉讼案……………………………………………………（281）
浙江省遂昌县人民检察院诉叶某成生态破坏环境民事公益诉讼先予
　　执行案………………………………………………………………（283）

江苏省扬州市人民检察诉高某龙等10人环境民事公益诉讼案 ………（284）
上海市人民检察院第三分院诉蒋某成等6人生态破坏民事公益
　　诉讼案 ……………………………………………………………（285）
山东省青岛市人民检察院诉青岛市崂山区某艺术鉴赏中心生态破坏
　　民事公益诉讼案 …………………………………………………（287）
湖南省株洲市人民检察院诉陈某云、罗某鄢生态破坏民事公益
　　诉讼案 ……………………………………………………………（288）
北京市丰台区源头爱好者环境研究所诉石柱土家族自治县某港经济
　　开发有限公司等生态破坏民事公益诉讼案 ……………………（290）
南京市人民检察院诉徐某、刘某生态破坏民事公益诉讼案 …………（291）
湖州市人民检察院诉德清县某绢纺塑化公司环境污染责任民事公益
　　诉讼案 ……………………………………………………………（292）
海南省人民检察院第一分院诉李某清、叶某青生态破坏民事公益
　　诉讼案 ……………………………………………………………（294）
浙江省开化县人民检察院诉陆某燕等四人生态破坏民事公益
　　诉讼案 ……………………………………………………………（295）
鄂尔多斯市人民检察院诉鄂尔多斯市某矿业有限责任公司生态破坏
　　民事公益诉讼案 …………………………………………………（297）
山东省济南市人民检察院诉某医院等环境污染民事公益诉讼案 ……（298）
某环境研究所诉某新能源公司等生态环境保护民事公益诉讼案 ……（300）
北京市丰台区某环境研究所诉某铝业股份有限公司兰州分公司环境
　　污染民事公益诉讼案 ……………………………………………（301）

2. 侵害英雄烈士名誉权纠纷公益诉讼

董存瑞、黄继光英雄烈士名誉权纠纷公益诉讼案
　　——杭州市西湖区人民检察院诉瞿某某侵害烈士名誉权公益
　　　　诉讼案 …………………………………………………………（302）
淮安谢勇烈士名誉权纠纷公益诉讼案
　　——淮安市人民检察院诉曾某侵害烈士名誉权公益诉讼案 …（304）

杭州市上城区人民检察院诉杭州某网络科技有限公司英雄烈士保护
　　民事公益诉讼案……………………………………………………（305）
人民陪审员参加七人合议庭审理曾某侵害烈士名誉公益诉讼案………（306）
罗某侵害英雄烈士名誉、荣誉暨附带民事公益诉讼案
　　——在网络平台上侮辱抗美援朝英雄烈士，构成侵害英雄烈士名誉、
　　　荣誉罪并应承担民事责任 ………………………………………（308）
仇某侵害英雄烈士名誉、荣誉暨附带民事公益诉讼案
　　——在网络平台上采用侮辱、诽谤方式侵害卫国戍边英雄烈士名誉、
　　　荣誉构成犯罪并应承担民事责任 ………………………………（309）
李某、吴某侵害英雄烈士荣誉民事公益诉讼案
　　——在英雄烈士纪念设施保护范围内从事有损纪念英雄烈士环境和
　　　氛围的活动应承担法律责任 ……………………………………（310）
某网络科技公司侵害英雄烈士姓名民事公益诉讼案
　　——擅自将英烈姓名用于商业用途，侵害英雄烈士人格利益和社会
　　　公共利益 ……………………………………………………………（311）
赵某侵害英雄烈士名誉民事公益诉讼案
　　——在网络平台上发表不当言论亵渎英烈事迹和精神应当承担法律
　　　责任 …………………………………………………………………（313）
杭州市临平区人民检察院诉陈某英雄烈士保护民事公益诉讼案………（314）
杭州市上城区人民检察院诉某网络科技有限公司英雄烈士保护民事
　　公益诉讼案 …………………………………………………………（315）

3. 刑事附带民事公益诉讼

被告人甲某周盗伐林木刑事附带民事公益诉讼案………………………（317）
被告人秦某学滥伐林木刑事附带民事公益诉讼案………………………（318）
阿某等盗伐林木刑事附带民事公益诉讼案………………………………（319）
王某民等6人滥伐林木、危害国家重点保护植物刑事附带民事公益
　　诉讼案 ………………………………………………………………（320）
云南省澜沧县人民检察院诉歪某毁林种茶刑事附带民事公益
　　诉讼案 ………………………………………………………………（322）

江苏省连云港经济技术开发区人民检察院诉仰某梅等三人森林失火
　　刑事附带民事公益诉讼案 ………………………………………………（323）
王某前祁连山森林草原失火刑事附带民事公益诉讼案 ………………（324）
广西壮族自治区防城港市港口区人民检察院诉许某等非法占用红树林
　　林地刑事附带民事公益诉讼案 …………………………………………（326）
被告人贡某等3人非法猎捕、杀害珍贵、濒危野生动物刑事附带民事
　　公益诉讼案 ………………………………………………………………（327）
上海铁路运输检察院诉邢某成非法猎捕、杀害珍贵、濒危野生动物
　　刑事附带民事公益诉讼案 ………………………………………………（328）
李某华等十一人危害珍贵、濒危野生动物刑事附带民事公益
　　诉讼案 ……………………………………………………………………（329）
海南省海口市人民检察院诉周某某非法收购珍贵、濒危野生动物民事
　　公益诉讼案 ………………………………………………………………（331）
江苏省东台市人民检察院诉施某华非法狩猎刑事附带民事公益
　　诉讼案 ……………………………………………………………………（333）
李某良、羊某理失火、兰某理非法狩猎刑事附带民事公益诉讼案 ……（334）
云南省昆明市盘龙区人民检察院诉闵某、钱某礼非法捕捞水产品罪
　　刑事附带民事公益诉讼案 ………………………………………………（335）
贵州省毕节市七星关区人民检察院诉曾某飞等3人非法捕捞水产品
　　刑事附带民事公益诉讼案 ………………………………………………（336）
四川省崇州市人民检察院诉张某、汪某林非法捕捞水产品刑事附带
　　民事公益诉讼案 …………………………………………………………（338）
湖南省岳阳市君山区人民检察院诉何某焕、孙某秋非法捕捞水产品
　　刑事附带民事公益诉讼案 ………………………………………………（339）
湖北省宜昌市伍家岗区人民检察院诉李某九等8人非法捕捞水产品
　　刑事附带民事公益诉讼案 ………………………………………………（340）
被告人李某根非法捕捞水产品刑事附带民事公益诉讼案 ………………（341）
安徽省巢湖市人民检察院诉魏某文等33人非法捕捞水产品刑事附带
　　民事公益诉讼案 …………………………………………………………（343）
唐某良等三人非法捕捞青海湖裸鲤刑事附带民事公益诉讼案 …………（344）

泰州市人民检察院诉王某某等59人非法捕捞、收购长江鳗鱼苗生态
　　破坏民事公益诉讼案 ……………………………………………… （345）
辽宁省盖州市人民检察院诉王某某等非法捕捞刑事附带民事公益
　　诉讼案 …………………………………………………………… （348）
广东省台山市人民检察院诉廖某某等非法捕捞刑事附带民事公益
　　诉讼案 …………………………………………………………… （350）
江苏省南京市鼓楼区人民检察院诉南京某水务有限公司、郑某某等
　　12人污染环境刑事附带民事公益诉讼案 ……………………… （352）
南京某水务有限公司、郑某某等12人污染环境刑事附带民事公益
　　诉讼案 …………………………………………………………… （353）
王某等3人盗掘古墓葬刑事附带民事公益诉讼案 ……………………（355）
孙某林等15人盗掘古墓葬刑事附带民事公益诉讼案 ………………（356）
贵州省江口县人民检察院诉陈某平生态破坏民事公益诉讼案 ………（358）
河北省保定市人民检察院诉易县某石料加工有限公司生态环境保护
　　民事公益诉讼案 ………………………………………………… （359）
山东省无棣县人民检察院诉何某等非法采矿刑事附带民事公益
　　诉讼案 …………………………………………………………… （361）
江苏省镇江市金山地区人民检察院诉马某华刑事附带民事公益
　　诉讼案 …………………………………………………………… （362）

4. 其他公益诉讼

大规模非法买卖个人信息侵害人格权和社会公共利益
　　——非法买卖个人信息民事公益诉讼案 ……………………… （364）
江苏省消费者权益保护委员会与某电子科技（天津）有限公司消费
　　民事公益诉讼案 ………………………………………………… （365）
山东省滨州市人民检察院诉杨某义、山东省某实业有限公司民事公益
　　诉讼案 …………………………………………………………… （369）

（二）执行程序中的异议之诉

甲公司诉乙公司执行分配方案异议案 ……………………………… （371）

中国某财产保险股份有限公司上海分公司与中国某某财产保险股份
　　有限公司镇江中心支公司等案外人执行异议之诉案……………（373）
依法驳回案外人执行异议诉请，及时有效执行外国仲裁裁决
　　——中国某企业投资有限公司与俄罗斯萨某林海产品无限股份公司、
　　某国际经济技术合作公司案外人执行异议之诉……………（375）

一、证据

申请人甲公司、乙公司申请诉前证据保全案

《最高人民法院发布14起北京、上海、广州知识
产权法院审结的典型案例》第11号

2015年9月9日

【基本案情】

甲公司、乙公司系两家美国软件公司,其认为上海丙展览有限公司未经许可,擅自复制、安装并商业使用了两公司的AutoCAD、Photoshop、Acrobat等系列计算机软件。鉴于安装有非法计算机软件的计算机均在丙公司的经营场所内,申请人客观上无法获得相关证据;同时,由于涉案证据均为计算机软件以及相关数据,具有无形性,极易藏匿或毁灭,一旦证据被转移、隐匿或灭失,将难以取得,从而对相关事实的认定造成困难,故申请人请求上海知识产权法院进行诉前证据保全。

【裁判结果】

上海知识产权法院审查认为,申请人申请保全的证据属于法律规定的可能灭失或者以后难以取得的情形,且申请人亦因客观原因不能自行收集上述证据,符合诉前证据保全的条件。遂裁定对被申请人经营场所内的计算机以及其他设施设备上的上述系列软件的相关信息进行证据保全。证据保全裁定作出后,上海市第三中级人民法院与上海知识产权法院相关部门通力合作,充分发挥"合署办公"的制度优势,顺利完成了诉前证据保全工作。

【典型意义】

此次证据保全系上海知识产权法院成立以来的首次计算机软件诉前证据保全案件。本案涉及大型工作场所近400台电脑中的相关证据保全,保全工作具有较强的专业性和复杂性。上海知识产权法院聘请相关技术专家协助保

全，制定了周密的证据保全工作预案；成立技术专家组、现场清点组、现场控制组等工作小组，明确职责，分工协作；各小组规范操作，有序保全，圆满完成了保全任务。本案为探索符合知识产权案件特点的执行机制，加强执行与审判联动，提高保全裁定执行效率和准确性，保护权利人合法权益提供了可借鉴的工作方法和思路。

杭州甲文化传媒有限公司诉深圳市乙科技发展有限公司侵害作品信息网络传播权案

[（2018）浙0192民初81号，杭州互联网法院]

《互联网十大典型案例》第二号
2021年5月31日

【基本案情】

甲公司主张乙公司未经其许可在乙公司运营的"第一女性时尚网"发表甲公司享有著作权的作品，侵害了甲公司享有的信息网络传播权。甲公司通过第三方存证平台对侵权事实予以取证，并将相关数据计算成哈希值上传至比特币区块链和Factom区块链中形成区块证据链存证，以此向法院请求判令乙公司承担侵权责任。人民法院经审理认为，根据电子证据审查标准，丙公司作为独立于当事人的民事主体，其运营的保全网是符合法律规定的第三方存证平台，保全网通过可信度较高的谷歌开源程序进行固定侵权作品等电子数据，且该技术手段对目标网页进行抓取而形成的网页截图、源码信息、调用日志能相互印证，可清晰反映数据的来源、生成及传递路径，应当认定由此生成的电子数据具有可靠性。同时，保全网采用符合相关标准的区块链技术对上述电子数据进行了存证固定，确保了电子数据的完整性。故确认上述电子数据可以作为认定侵权的依据，认定乙公司侵害了甲公司享有的信息网络传播权，判令乙公司赔偿甲公司经济损失4000元。

【典型意义】

互联网时代，电子证据大量涌现，以区块链为代表的新兴信息技术，为电子证据的取证存证带来了全新的变革，同时也亟待明确电子证据效力认定规则。本案系全国首次对区块链电子存证的法律效力进行认定的案件，为该种新型电子证据的认定提供了审查思路，明确了认定区块链存证效力的相关规则，有助于推动区块链技术与司法深度融合，对完善信息化时代下的网络诉讼规则、促进区块链技术发展具有重要意义。

【专家点评】

信息网络技术发展对著作权保护产生了深远影响。为应对频发的著作权侵权行为，电子证据应运而生。"技术问题需要通过技术手段解决"，区块链技术作为一种去中心化的数据库，采用该技术等手段能够进行存证固定，为认定著作权侵权事实提供有效证据。为此，需要确立相关电子证据的存证取证规则，明确相关电子证据的认定效力。

作为全国首例区块链技术电子存证著作权侵权案，本案判决通过审查存证平台的资格、侵权网页取证技术手段可信度和区块链电子证据保存的完整性，明确了区块链这一新型电子证据的认定效力，并根据电子签名法的规定总结了这类电子证据认定效力的基本规则。人民法院明确利用区块链技术手段存证固定，应重点审核电子数据来源和内容的完整性、技术手段的安全性、方法的可靠性、证据形成的合法性和相关证据的关联性，并根据电子数据的相关法律规定综合判断其证据效力。在信息网络技术迅猛发展环境下，对人民法院如何运用新型电子证据认定侵权事实，如何完善我国电子证据认定规则，如何促进智慧法院建设与区块链技术发展，本案判决都具有重要示范意义。

（冯晓青　中国政法大学教授、博士生导师，
中国知识产权法学研究会副会长）

甲数字传媒有限公司与济南乙知识产权代理有限公司侵害作品信息网络传播权纠纷案

[（2018）鲁民终1607号，山东省高级人民法院]

《互联网十大典型案例》第三号

2021年5月31日

【基本案情】

甲公司未经权利人授权，在其经营网站咪咕阅读上有偿向公众提供作品的在线阅读服务，侵害了权利人对其作品享有的信息网络传播权。乙公司通过联合信任时间戳服务中心的互联网电子数据系统，对上述事实进行了电子数据固定。人民法院认为，涉案网络页面截图、屏幕录像文件以及相关时间戳认定证书等证据可形成证据链，在没有相反证据的情况下，乙公司以时间戳服务系统固定的涉案网络页面的真实性可以确认。甲公司未经权利人许可，以商业经营为目的，通过互联网向公众提供涉案图书，使公众可以在其个人选定的时间和地点获取涉案作品，侵害了乙公司所享有的信息网络传播权，判决甲公司承担赔偿乙公司经济损失及合理支出的法律责任。

【典型意义】

本案详细论证了电子数据取证系统按照统一规范固定的证据，具有事后可追溯性等应予以采信的理由，是丰富权利人取证手段、降低权利人取证难度、减少维权成本的典型案件。

【专家点评】

随着互联网技术的发展，证据越来越多以电子数据的形式出现。涉互联网的电子数据，具有数量多、变化快、易篡改等特点，传统的公证取证方式，由于公证人员数量相对有限、工作时间相对固定和取证成本相对较高等因素的限制，难以充分满足电子数据取证的要求。

随着区块链等技术的发展，用可信时间戳等第三方电子证据服务平台的服务对互联网中电子数据进行取证成为一种选择。如无相反证据，对按照可信时间戳规范操作流程固定的电子数据真实性可以确认。同时，充分运用民事诉讼证据规则，合理地分配举证责任，有效地查明案件事实。

本案判决肯定了符合民事诉讼取证要求的第三方电子证据服务平台取证的证据效力，不仅丰富了权利人取证手段，而且通过合理地分配举证责任，切实降低了权利人举证负担，为司法实践中举证难问题的解决提供了新技术的可行路径。该案的裁判，既体现了司法在面对新科技发展成果时的审慎态度，又体现了司法的包容性和发展性。

（邓宏光　西南政法大学教授）

二、送　达

重庆市甲小额贷款有限公司诉陈某群小额借款合同纠纷案

《最高人民法院发布第一批涉互联网典型案例》第 1 号

2018 年 8 月 16 日

【基本案情】

2015 年 7 月 25 日，重庆市甲小额贷款有限公司（以下简称甲小贷公司）与陈某群在线签订《网商贷贷款合同》，约定借款及相关双方权利义务。其中，合同特别约定：对于因合同争议引起的纠纷，司法机关可以通过手机短信或电子邮件等现代通信方式送达法律文书；陈某群指定接收法律文书的手机号码或电子邮箱为合同签约时输入支付宝密码的支付宝账户绑定的手机号码或电子邮箱；陈某群同意司法机关采取一种或多种送达方式送达法律文书，送达时间以上述送达方式中最先送达的为准；陈某群确认上述送达方式适用于各个司法阶段，包括但不限于一审、二审、再审、执行以及督促程序；陈某群保证送达地址准确、有效，如果提供的地址不确切，或者不及时告知变更后的地址，使法律文书无法送达或未及时送达，自行承担由此可能产生的法律后果。合同签订后，甲小贷公司发放贷款，但陈某群未依约还款付息，故甲小贷公司提起诉讼。

审理过程中，法院通过12368诉讼服务平台，向被告陈某群支付宝账户绑定的手机号码发送应诉通知书、举证通知书、开庭传票等诉讼文书，平台系统显示发送成功。陈某群无正当理由拒不到庭参加诉讼，法院依法缺席审理。

【裁判结果】

杭州铁路运输法院（现为杭州互联网法院）于2017年6月25日作出（2017）浙8601民初943号民事判决：陈某群返还甲小贷公司借款本金并支付利息、罚息、律师费等共计587158.25元。一审宣判并送达后，原告、被告均未提出上诉，该判决已发生法律效力。

【典型意义】

"送达难"一直是困扰审判工作的问题之一，严重影响司法效率，降低了司法公信。司法实践中，许多"送达难"问题产生的根源是受送达人躲避诉讼、拒不配合法院送达。在此种情况下，依靠诉中填写送达地址确认书，显然无法解决"送达难"问题。诉前约定送达符合双方当事人利益，应该被送达地址确认制度所吸收，丰富送达地址确认制度形式，与诉中填写送达地址确认书相互补充，成为高效解决"送达难"的有效形式。

本案中，当事人在签订合同时经合意约定了因合同纠纷成讼后，可使用电子送达方式及电子送达地址、可适用的程序范围、地址变更方式、因过错导致文书未送达的法律后果等内容，内容明确、具体，双方对送达条款均能够预见诉讼后产生的法律后果，该约定具有《送达地址确认书》的实质要件，具有相当于《送达地址确认书》的效力。诉前约定送达条款虽然与在诉中由法院引导填写、统一的印制格式等形式不尽相符，但是只要其满足了实质要件，能够在保障当事人诉权的前提下有效解决送达难题，是一种更便捷、高效的送达。因此，本案例确认，当事人在诉前相关合同中对电子送达方式、电子送达地址及法律后果作出明确、具体约定的，该约定具有相当于《送达地址确认书》的效力。人民法院在诉讼过程中可以直接适用电子送达方式向诉前约定的电子送达地址送达除判决书、裁定书、调解书以外的诉讼文书。

三、对妨害民事诉讼的强制措施

党某侮辱法官被拘案（北京）

《最高人民法院公布司法人员依法履职保障十大典型案例》第4号

2017年2月7日

【基本案情】

党某原系某协会职工。北京市第二中级人民法院在审理党某与该协会之间的劳动争议上诉案期间，上诉人党某在当庭提交的回避申请书中，多次使用"乌龟""王八蛋""鸟星人"等贬损性语言，对之前审理此案的审判人员进行侮辱。针对党某的错误行为，法院对其进行了批评教育，并责令其立即修改申请书内容并书面具结悔过，但党某拒不承认错误，态度嚣张。

【处理结果】

考虑到党某的学历、工作阅历、前后行为表现等因素，北京市第二中级人民法院认定其使用贬损性语言侮辱审判人员是蓄意行为，主观恶意明显，性质十分恶劣，遂于2016年10月25日决定对其司法拘留15日。

【典型意义】

人民法院审理案件是法官履行法定职责，认定事实、适用法律作出裁判结果的过程。当事人是否尊重法官，不仅关乎法官个人尊严，更关乎司法权威和法治底线。近年来，部分当事人由于对裁判结果不满等各种原因，通过诉讼材料、网络等各种媒介肆意贬损、侮辱、谩骂、威胁、诽谤，甚至跟踪和攻击审判人员的现象屡有发生，不仅让审判人员个人承受正常审理案件之外的巨大压力，也严重影响案件审理秩序，损害国家司法权威。本案中，法院果断实施司法拘留措施，既表明了依法维护司法权威的坚定决心，也通过加大对妨害民事诉讼行为的处罚力度，切实保障了审判人员的人格尊严。

上海某房屋征收公司妨害执行案（上海）

《最高人民法院公布司法人员依法履职保障十大典型案例》第 5 号
2017 年 2 月 7 日

【基本案情】

因沈某申请执行陈某、上海某科技公司等借款合同纠纷一案，上海市长宁区人民法院执行法官等 3 人于 2016 年 4 月 26 日下午来到上海某房屋征收公司办公室，对被执行人上海某科技公司动迁经济补偿款予以执行。3 名法院工作人员出示执行公务证、工作证，并发送执行裁定书和协助执行通知书后，要求房屋征收公司协助扣留、提取上海某科技公司动迁款，遭到房屋征收公司职员拒绝。执行法官反复解释做工作，但该公司职员仍拒收相关文书。执行法官依法将执行裁定书和协助执行通知书留置送达，并按照规定拍摄留置送达过程。执行法官离开现场时，该公司数名职员将法院干警团团围住，勒令法官删除拍摄的视频资料；遭拒后又将 3 人扣留在该公司办公室达半小时，其间还不停辱骂、推搡法院人员，致 1 名法官助理手部挫伤，移动摄像仪被砸毁。后长宁法院组织执行人员和法警 20 人赶赴现场，将带头暴力扣留法官、砸坏器材的 4 名肇事人员带回法院。

【处理结果】

2017 年《民事诉讼法》第一百一十四条①规定："有义务协助调查、执行的单位有下列行为之一的，人民法院除责令其履行协助义务外，并可以予以罚款：……（三）有关单位接到人民法院协助执行通知书后，拒不协助扣留被执行人的收入、办理有关财产权证照转移手续、转交有关票证、证照或者其他财产的……"根据上述法律规定，长宁法院认为：上海某房屋征收公司工作人员阻碍法院执行的行为情节恶劣、性质严重，该公司疏于对员工的教育管理，对造成本次暴力阻碍执行公务事件负有管理责任。长宁法院于执行当日对该公司 4 名肇事人员作出司法拘留 15 日的决定，于 2016 年 5 月对上海

---

① 现为《民事诉讼法》（2023 年修正）第一百一十七条。

某房屋征收公司作出罚款人民币 20 万元的决定。

【典型意义】

生效裁判的法律效力具有普遍性,不仅案件当事人应当尊重和履行,一切相关公民、法人和其他组织均负有配合、协助执行的法定义务。但实践中,一些负有协助执行义务的单位或者个人,往往以"内部另有规定""涉及其他案件""需要当地协调"等各种托词对法院执行工作故意设置障碍、百般推诿阻挠,有的编造虚假信息、给被执行人通风报信、为其逃避执行提供便利,还有的甚至直接威胁、拘禁法院执行人员,严重妨碍执行工作开展,必须以国家强制力坚决排除一切妨害。本案中,上海某房屋征收公司作为负有协助执行义务的单位,拒绝配合执行工作,围困、袭击法院工作人员,破坏执行公务装备,属于典型的妨害执行行为。人民法院应当对该公司及相关责任人员依法给予处罚。

张某威胁法官案(江苏)

《最高人民法院公布司法人员依法履职保障十大典型案例》第 9 号

2017 年 2 月 7 日

【基本案情】

因与邢某典当纠纷一案,江苏某典当公司向江苏省南京市高淳区人民法院申请强制执行。高淳法院对被执行人邢某的抵押房产进行拍卖,涉案房产在第三次拍卖时成交。高淳法院依法通知邢某将拍卖房产腾空。2016 年 5 月 18 日,案外人张某通过手机与执行法官通话,称其为邢某的亲戚,但未透露姓名,并扬言"你作为一个高淳人,你走在路上当心点。你也是有家人的,不好好处理这件事,你将邢某的房子强制处理了,我就到你家里去"。2016 年 5 月 19 日,经多方查找,威胁法官的张某被带至高淳法院。经询问,张某承认其实施威胁行为的事实。

【处理结果】

2017年《民事诉讼法》第一百一十一条①第一款规定:"诉讼参与人或者其他人有下列行为之一的,人民法院可以根据情节轻重予以罚款、拘留;构成犯罪的,依法追究刑事责任:……(五)以暴力、威胁或者其他方法阻碍司法工作人员执行职务的……"根据以上法律规定,高淳法院认为,张某行为属于以暴力、威胁方法阻碍司法工作人员执行职务,于2016年5月20日决定对张某司法拘留5日。后张某经教育真诚悔过,向法院出具悔过书,高淳法院提前对其解除司法拘留,并决定对其罚款3000元。

【典型意义】

司法人员依法履行职责,必须确保其人身权利不受侵犯。如果司法人员需要屈从于威胁才能换取自己及其家人的人身安全,那么法律的正确实施、裁判的公平公正就是无本之木、无源之水。司法人员要始终坚持司法为民、公正司法,必须切实保障本人及其近亲属的正当人身权利。近年来,一些当事人及相关人员因不满诉讼结果,向法官随意发泄不满情绪,无理纠缠、侮辱威胁甚至直接侵害法官人身安全的事件时有发生,还出现了如电话恐吓,邮寄危险物品,微信、微博辱骂等各种侵害法官正当权益的现象。这些虽然只是个别人员的偶发行为,但却给正常履职的司法人员造成沉重的心理负担和挥之不去的安全压力,不仅社会影响极其恶劣,而且日益成为影响司法公正的重要因素。为此,《人民法院落实〈保护司法人员依法履行法定职责的规定〉的实施办法》第十四条、第十五条明确了对法官及其近亲属的人身保护措施。本案中,张某用电话恐吓的方式对法官及其家人的人身安全发出威胁,已经构成以暴力、威胁方法阻碍司法工作人员执行职务,人民法院依法对其作出处罚是完全必要的。

---

① 现为《民事诉讼法》(2023年修正)第一百一十四条。

叶某辱骂、殴打执行法官案（福建）

《最高人民法院公布司法人员依法履职保障十大典型案例》第 10 号

2017 年 2 月 7 日

【基本案情】

福建省浦城县人民法院执行法官在执行申请执行人涂某与被执行人叶某、严某保证合同纠纷，和申请执行人叶某1、徐某与被执行人叶某、严某民间借贷纠纷两案中，依法冻结查封了叶某名下的银行存款、股权等财产，并将叶某纳入失信被执行人名单。2016 年 4 月 12 日晚，叶某在浦城县永辉超市购物时，碰巧遇到该案承办法官带着 6 岁的女儿也在购物，于是上前找承办法官理论。承办法官见其情绪激动，告知其现在是休息时间，叶某可于次日上班后到法院面谈。叶某不听劝解，立时恼羞成怒，当即在超市内高声辱骂并推搡、揪拽该承办法官，致其 6 岁幼女突然受到巨大惊吓，号哭不止。直到该承办法官万般无奈，报警求助，叶某才悻悻离去。

【处理结果】

2017 年《民事诉讼法》第一百一十一条①第一款规定："诉讼参与人或者其他人有下列行为之一的，人民法院可以根据情节轻重予以罚款、拘留；构成犯罪的，依法追究刑事责任：……（四）对司法工作人员、诉讼参加人、证人、翻译人员、鉴定人、勘验人、协助执行的人，进行侮辱、诽谤、诬陷、殴打或者打击报复的……"根据上述法律规定，浦城法院认为，叶某的行为构成对法院工作人员的侮辱和打击报复，于 2016 年 4 月决定对叶某某司法拘留 15 日。

【典型意义】

司法人员不仅是行使公权力的国家公职人员，也是社会生活中的普通一员，他们拥有家庭和亲人，同所有人一样分享着普通老百姓的喜怒哀乐。在

---

① 现为《民事诉讼法》（2023 年修正）第一百一十四条。

突如其来的危险面前,他们也同样脆弱、易受伤害。伤害法官,最终伤害的是法治。近年来,陆续发生的湖北十堰中院4名法官遇袭、马彩云法官遇害等伤害法官事件,极大挫伤法院工作人员职业感情,严重挑战法治和法律权威。个别案件当事人及相关人员对法院工作人员实施报复伤害,呈现出由工作时间向业余时间、由本人向其近亲属弥漫的态势,更加凸显了将对司法人员的履职安全保障范围适度扩展的必要性和迫切性。《人民法院落实〈保护司法人员依法履行法定职责的规定〉的实施办法》第十四条明确了法官因依法履行法定职责,本人或其近亲属遭遇恐吓威胁、滋事骚扰、跟踪尾随,或者人身、财产、住所受到侵害、毁损的,其所在人民法院应当及时派员采取保护措施,并商请公安机关依法处理,构成犯罪的,依法追究刑事责任;第十五条明确了法官执行审判任务时的保护措施。本案中,叶某因财产被查控而迁怒于承办法官,在业余时间于公共场合公然袭击法官,给法官及其家人的人身安全造成严重威胁,人民法院对其采取司法拘留强制措施是对司法人员及其近亲属人身安全的及时维护,不仅正当,而且十分必要。

四、执 行

(一) 综 合

杜某东申请执行广州甲贸易有限公司工资支付案
——通过网络查询发现被执行人天猫网店,
依法冻结、扣划支付宝账户资金

《最高人民法院公布12起涉民生执行典型案例》第2号
2016年1月24日

【基本案情】

2015年3月25日,北京市西城区劳动人事争议仲裁委员会对杜某东与广州甲贸易有限公司工资等争议一案作出裁决,裁令广州甲贸易有限公司支付杜某东工资、基本生活费以及解除劳动合同经济补偿共计约9万元。裁决发生法律效力后，广州甲贸易有限公司未履行义务，杜某东依法向北京市西城区人民法院申请强制执行。

立案后，北京市西城区人民法院依法向广州甲贸易有限公司住所地寄送执行通知，但执行通知以"被执行单位已倒闭"为由退回。执行人员遂通过最高人民法院执行网络查控系统对被执行人财产情况进行查询，未发现被执行人存款。申请执行人杜某东亦表示广州甲贸易有限公司位于广州的工厂已停产很久，公司已倒闭多时，单位员工无法联系上公司的负责人，广州工厂的货物及其他财产也早已被处理完毕，其不能提供被执行人其他财产线索。

执行人员通过与杜某东沟通注意到，广州甲贸易有限公司曾在北京运作天猫网店，遂通过网络查找到了该公司注册运营的天猫网店，并在第一时间与支付宝乙技术有限公司联系，查询被执行人账户及账户余额。经查，被执行人支付宝账户余额约为3.1万元，执行人员当即向支付宝乙技术有限公司寄送冻结裁定及扣划裁定。在被执行人支付宝账户被冻结后，仍有款项陆续进入。2015年12月23日，在支付宝乙技术有限公司协助下，执行法院成功从广州甲贸易有限公司的支付宝账户中扣划约5.3万元，对不足部分进行额度冻结。截至2015年12月29日，对被执行人支付宝账户又冻结金额约1.3万元。

【典型意义】

此案属于新形势下通过网络查询被执行人财产的有益尝试。网络购物的普及，使得支付宝在电子商家和网络买家中广泛使用。支付宝账户内的款项作为被执行人名下财产，根据法律规定属于法院可执行的财产范围。本案执行人员不局限于传统的财产调查模式，借助网络信息，拓展查询思路，根据案件情况调查被执行人是否有运营网店等情况，挖掘被执行人的新类型财产线索。在查找到被执行人支付宝账户后，及时采取有效措施，有力地推进了案件的执行。

被执行人杨某田诚信履行赔偿义务案
——被执行人杨某田诚实守信，多年如期履行债务，
被赞为"最诚信被执行人"

《最高人民法院公布12起涉民生执行典型案例》第12号
2016年1月24日

【基本案情】

2005年的一天晚上，被执行人杨某田在回家途中，将铲车停在路边，由于未采取相关措施，导致一辆客运轿车追尾，造成一人死亡、四人受伤的交通事故。经新疆温宿县人民法院和阿克苏地区中级人民法院审理后，判决杨某田赔偿艾某等四人共计40.59万元。

2007年和2008年，四人陆续向温宿县人民法院申请执行。为确保申请执行的权益得到保障，同时也不让被执行人陷入绝境，双方当事人在法院的主持下达成执行和解协议，由杨某田每年向法院交纳4万元，每位申请人分得1万元，分10年付清。达成和解协议之后，为了履行诺言，杨某田千方百计节省各种开支，驾驶铲车四处找活干，有时每天工作十几个小时，同时还打零工挣钱。为了帮家里减轻压力，他妻子也主动到砖厂搬砖，常年的体力劳动，也落下了一身病痛。为了节约费用，夫妻俩从1995年到新疆后20余年从未回过老家。从2008年至2015年，杨某田从不需要提醒，总是准时到法院不折不扣地履行自己的承诺，至今已经履行到位30余万元，得到了申请执行人的认可，被赞为"最诚信被执行人"。

【典型意义】

诚信是为人之本，多年坚守更需要坚定的信念。杨某田作为被执行人，尊重法律，信守诺言，每年坚持如期到法院缴纳执行款。相比"老赖"想方设法规避、抗拒执行而言，杨某田夫妇的精神更显珍贵，他们用实际行动践行了社会主义核心价值观，弘扬了正能量。

曹某诉某粮管所、黄某等人身损害赔偿纠纷案

《最高人民法院公布10起残疾人权益保障典型案例》第10号
2016年5月14日

【简要案情】

2000年曹某在拆除某粮管所委托的住宅楼建筑时因事故受伤导致高位截瘫。因某粮管所、黄某、范某对事故均存在过错,法院判决三被告承担连带责任,2004年之后三被告每2年支付一次后续治疗费给原告曹某直至其死亡。2007年、2014年曹某先后两次向法院起诉主张后续的医疗费,均获得法院支持。某粮管所改制,人民法院也依法变更改制后的某粮食购销总公司为被执行人承担赔偿责任。15年来,人民法院从未中断对曹某案件的执行工作,且均执行到位,将执行款送至曹某家中。

【典型意义】

坚持持续执行,大力维护涉残疾人生效判决的执行力

涉及残疾人当事人的生效判决能否及时全面执行,残疾人当事人能否及时获得判决确定的执行款,事关残疾人当事人的后续治疗和生活照料,事关残疾人能否有尊严地生活。本案中,15年来,人民法院秉承司法为民的工作宗旨,坚持为残疾人当事人将各项赔偿款及后续医疗费用及时执行到位,从未中断,以15年如一日、全面到位的持续执行,解决残疾当事人的后顾之忧。

两地四级法院:甲万吨粮食异地执行案

《最高人民法院发布2017年全国法院十大执行案件》第1号
2018年3月16日

【摘要】

北京三级法院共同发力,在中央政法委和地方党委的领导下,最高人民

法院统一指导、协调，河南省三级法院的积极配合下，周密部署，攻坚克难，顺利完成全国首例万吨粮食异地执行工作，得到当事人及社会各界的充分肯定。

【内容介绍】

2013年12月30日，北京市丰台区人民法院受理原告北京甲粮油贸易有限责任公司（以下简称甲公司）与被告怀远县乙粮油贸易有限公司（以下简称乙公司）、被告北京丙商贸有限责任公司（以下简称丙公司）、被告北京丁国际粮食贸易有限公司（以下简称丁公司）买卖合同纠纷一案。2014年1月5日，依甲公司申请，该院保全查封了存储于新密0103国家粮食储备库的小麦。2014年12月10日，该院判决乙公司退还甲公司货款并支付违约金共计3600余万元，丁公司、丙公司承担连带保证责任。判决发生法律效力后，因乙等三公司拒不履行判决义务，甲公司向该院申请执行涉案小麦。在中央政法委、最高人民法院、北京市委政法委的大力指导和支持下，在河南省委政法委、河南高院、郑州中院、新密市委政法委、新密法院的密切协助和配合下，北京三级法院共同发力，历时34天，圆满执结全国首例万吨粮食异地执行案，共计交付小麦10629.55吨。

粮食安全事关国计民生，因涉案小麦数量巨大、易腐烂变质，且储粮作业技术难度大，运输和仓储条件要求严格，需跨省异地执行，工作时间长、难度大、风险高，案件执行受到各方高度关注。最高人民法院高度关注执行进展情况，对本案提出了具体要求；北京高院杨万明院长多次听取情况汇报，研究部署工作方案。

为稳妥高效完成执行工作，北京高院执行局指导丰台法院与属地政法委、法院反复协商执行事宜，实地勘查涉案粮库及周边情况，形成粮食交付的具体方案，认真做好设备调试、地磅校验、道路疏通等前期准备；统一调配中级、基层法院出动警力，组成50余人的执行队伍，成立现场指挥部，设实施、控制、接待、保障四个小组，做到分工明确、责任到人；指导成立京豫执行临时党支部，以党的十九大精神为指引，带领全体人员攻坚克难。

执行过程中，北京法院与属地政法委、法院、行政机关建立了良好的工作关系，先后召开13次协调会，妥善解决了当地单双号限行、吸粮机严重故障无法作业等问题。北京法院干警尽心履职，及时研究解决执行现场出现的各种困难，努力提高工作效率。针对粮库内道路狭窄、粮车作业无法紧密衔接的情况，重新规划粮食运输路线，形成运粮车进出并行不悖的循环路线，保证了执行工作的顺利进行。践行司法为民理念，通过采取严格控制作业面，根据居民作息情况调整作业时间，在吸粮机的扩散端口添置降尘罩大幅度吸附粉尘等措施，努力将执行工作给群众生活造成的影响降至最低，树立了文明执法的良好形象。

北京法院50余名干警34天坚守河南新密，平均每天工作12小时，克服严寒、噪声和粉尘污染等困难，始终保持昂扬向上的精神风貌，圆满完成了粮食交付任务，工作得到案件当事人充分认可，获得最高人民法院、属地政法委和兄弟法院好评，赢得了当地群众肯定。

该案是在中央政法委、地方党委的领导下，在最高人民法院统一指导下，京豫两地法院密切配合圆满完成的一起异地联动执行案件，是充分发挥"三统一"执行管理体制优势，有效克服执行难工作的成功范例。

福建莆田中院：甲地产系列执行案

《最高人民法院发布2017年全国法院十大执行案件》第2号
2018年3月16日

【摘要】

执行法院巧借力，解决资金周转问题，盘活困难企业，有效化解涉及125件案件、涉案标的8.38亿的甲系列案。

【内容介绍】

莆田市甲房地产开发有限公司（以下简称甲公司）有员工一千余人，曾连续5年荣获莆田市纳税超千万元大户称号。因投资过快，资金链骤然断裂，债务缠身，债权人纷纷诉至法院，并相继进入执行程序。

莆田两级法院受理的甲公司、张某、林某作为被执行人的未结执行案件有125件，申请执行标的本金高达8.38亿元；正在审理或判决尚未生效、尚未申请执行的涉及甲公司的民间借贷案件共8件，诉讼标的约2.04亿元。该系列案件抵押融资较多，涉及不同类型的债权，案情复杂。该公司开发的A

项目因拖欠工程款造成工人多次到市政府举横幅信访，其他楼盘也因逾期办证引起购房户多次信访。因此如果盲目实施查封、拍卖等强制执行手段，不仅会造成系列案件无法全部受偿，购房户利益得不到保障，公司也会濒临破产，给当地经济形势带来不稳定因素。

莆田中院在深入走访调查后，发现该公司开发的 A 楼盘项目有 34.78 万平方米，预计销售额可以达到 40 多亿元。但被执行人因资金困难，将上述地块的土地使用权抵押给上海乙房地产开发有限公司，抵押金额 5.75 亿元本金及利息，且该案已经在上海市高级人民法院进入执行程序。考虑到甲企业属暂时资金周转困难，但资大于债，莆田中院主动作为，向市委、市人大汇报，与市政府沟通协调，引起市领导高度重视。市人大常委会主任阮军直接部署、协调，召集了市法院、国土、规划、住建、消防、金融办、商业银行等相关部门领导参加的会议 13 次，最终决定由国有企业莆田市丙集团投入 5 亿元合作开发 A 项目，并先行支付 5000 万元工程款保证楼盘复工。同时，莆田中院还积极推动莆田丙集团与原抵押权人上海乙房地产公司签订协议，由丙集团以逐步注资偿还的方式取得 A 项目土地使用权新的抵押权，避免被查封的土地被直接拍卖。

在此基础上，莆田中院协调相关执行法院，通过置换查封物，将查封土地使用权变更为查封房产，并统一集中查封 A 项目下的 2 栋高层，以确保其他 6 栋高层和 95 幢别墅能正常销售，同时，还为申请执行人提供以房抵债或以售房款实现债权两种方式供选择，促成当事人签订执行和解协议。

目前，甲公司已经完成了融资，A 项目开盘销售良好，莆田中院趁热打铁，推动甲公司积极履行和解协议，申请执行人已陆续得到清偿。不仅 125 件系列案件得到妥善处理，甲公司也获得转机，预计可以为政府纳税 8～9 亿元。

四、执 行

浙江缙云法院：被执行人甲公司借款合同纠纷执行案

《最高人民法院发布2017年全国法院十大执行案件》第5号

2018年3月16日

【摘要】

执行法院依法涤除被执行人在执行标的物上设置的虚假租赁，开出60万元"罚单"，并有效推动了案件顺利执结。

【内容介绍】

2016年3月25日，缙云县农村信用合作联社某信用社（以下简称某信用社）向缙云法院申请强制执行其与浙江甲电器有限公司（以下简称甲公司）等借款合同纠纷案。根据生效判决书，甲公司及其担保人应归还某信用社借款1100万元及利息，甲公司以名下房地产承担抵押担保责任。

执行过程中，该院依法向被执行人甲公司、卢某某、董某某发出了执行通知书，责令三被执行人于2016年4月4日前履行法律义务或申报财产。但被执行人一直未履行也未进行财产申报。该院依法查封了甲公司设定抵押的房地产。因浙江乙新能源科技有限公司（以下简称乙公司）租赁在甲公司厂区内，根据租赁合同，租赁发生于抵押、查封之前，且租赁期限未满，该院于同年7月18日裁定带租拍卖。拍卖过程中，某信用社向法院提出执行异议，认为租赁虚假请求依法涤除，并提供相关证据。立案后，执行法院围绕相关证据，从租赁是否为双方真实意思表示、租赁合同是否签订于厂房抵押前、乙公司是否合法占有使用租赁物等方面深入审查。经查，甲公司与乙公司就涉案房地产签订长达10年的租赁合同，乙公司称其以银行承兑汇票一次性付清150万元租金。但汇票背书内容反映该汇票并非来自乙公司，且在租赁合同签订之前的半年，甲公司就已经从与其有业务关系的其他单位取得该汇票并再行转让给他人，所谓签订租赁合同并一次性以汇票支付租金的说法明显违背常理。法院依法认定甲公司与乙公司租赁关系虚假，依法裁定涤除租赁权，并对甲公司虚假租赁行为作出罚款60万元的处罚决定。甲公司、乙公司未再提出异议或复议。租赁涤除后，该院将原先以930万元带租拍卖未成交的企业资产重新启动拍卖，经22人竞拍，87次延时，最终以2395万元高价成交，溢价率达157.5%。本案圆满执结。

本案执行法院根据当事人的异议，深入审查发现被执行人与第三人串通妨碍执行的虚假租赁行为，依法予以惩治，保护申请人的合法权益，同时有效推动了案件的顺利执结。

新疆乌鲁木齐县法院：牧民哈某交通事故损害赔偿执行案

《最高人民法院发布2017年全国法院十大执行案件》第8号
2018年3月16日

【摘要】

游牧民族逐水草而居，被执行人踪迹难寻，通信不畅。天山脚下的"硬汉"法官不畏艰难，踏入雪山"冬窝子"，寻找被执行人，推动案件顺利执结。

【内容介绍】

2015年8月7日下午，乌鲁木齐达坂城小镇阿克苏乡高崖子牧场，发生一起交通事故。哈萨克牧民哈某醉酒驾驶摩托车与骑乘摩托车驶来的牧民别某相撞，别某因失血过多当场死亡，经交警部门认定肇事双方负同等责任。法院刑事附带民事判决认定哈某犯危险驾驶罪，拘役三个月并处罚金3000元；附带民事部分双方达成调解协议，由哈某赔偿别某家人各类费用总计106000元，分期付清。

调解书生效后，该案进入执行程序。乌鲁木齐县人民法院向被执行人哈某发出执行通知书，责令其履行生效法律文书确定的给付义务。同时依法实施网络查控和实地走访调查，对被执行人的不动产、车辆、银行存款、有价证券等财产信息进行查控，查明被执行人哈某除了基本生活所需的少量牲畜外，确实无其他可供执行的财产。随即执行法院依法向被执行人哈某发出限制消费令。申请执行人古某娜（别某的妻子）已届73岁高龄，又身患癌症，生活本就不太宽裕，丈夫的突然去世让家里生活雪上加霜。老人病情恶化，急需手术。被执行人哈某住所地高崖子牧场距离乌鲁木齐市120多千米，冬季牧居的"冬窝子"更是远在山区，距离市区200多千米。冬季大雪封山，车辆无法通行，依靠步行或骑马才能到达，单程需3个多小时。为尽快将"救命"的案款执行到位，执行法官巴河拉提汗及助手们租借牧民马匹，连续多日冒雪进入"冬窝子"查找被执行人下落，早出晚归，有时要借住牧民家中蹲点执行，一日三餐无法保障。终于在"冬窝子"找到被执行人。对被执行人释法明理，指明拒不履行生效法律文书的法律后果，督促被执行人及时筹措案款履行义务。在执行法官的不懈努力下，先后几次总计执行到位64000元。案款在第一时间送到病床上的古某娜老人手中。因救治及时，老人的病情得到了控制。被执行人哈某也为执行法官的爱民情怀和敬业精神所感动，主动表示，除了自己放牧工作的收入，打算让妻子外出务工，两人一块儿攒钱，保证一定把案款付清。执行法官根据被执行人的情况，积极为其提供帮助，将其介绍到一家餐厅工作。哈某也兑现承诺，按时缴纳了剩余的执行款。2017年2月，执行法官专门赶往达坂城，将42000元的最后一笔案款送到了古某娜老人的手中，此案至此顺利执结。

江苏东台法院：被执行人徐某抚养费纠纷执行案

《最高人民法院发布2017年全国法院十大执行案件》第9号

2018年3月16日

【摘要】

以情动人，情法并用，巧执涉残案

【内容介绍】

2016年2月14日，徐某与常代某向东台市人民法院诉讼离婚，后经东台法院判决双方离婚，婚生子常某随常代某生活，徐某自2016年2月起每月给付抚养费300元至婚生子独立生活时止，该款分别于每年的6月30日前和12月30日前给付。因徐某未按判决履行，常某向东台法院申请强制执行。

2017年3月20日，本案立案执行，执行法官了解到被执行人徐某系聋哑人，已重新组成家庭，其现任丈夫亦是聋哑人，情况特殊。同时，徐某并非不抚养儿子，主要是由于自身患有残疾，无法工作，无固定收入来源，履行抚养义务存在一定的困难。根据案件具体情况，执行法官认为，本案关键要做好与被执行人的沟通工作，在亲情上做文章，推动被执行人在力所能及的范围内履行义务。在与被执行人见面之前，执行法官认真做好各项准备工作。通过多方打听，执行法院首先与徐某现在公公取得联系，在电话沟通中了解了徐某的情况，并获知徐某非常想念儿子常某。于是执行法官专程赶赴常某所在小学，录制了常某课间玩耍及班主任评价视频。

2017年5月11日，执行法官赴徐某住所地，专门邀请手语翻译随案执行，省市县人大代表观摩执行，新华社、网易等24家主流媒体网络直播报道。执行法官通过文字和手语翻译与徐某进行了有效沟通，晓之以法，动之以情，并播放了其儿子视频，徐某看后泪流满面，同意先给付2017年1—11月抚养费3300元。后因现金不足，由该村主任鞠某通过微信转账代为支付。徐某还主动提出以后在每年6月和12月将抚养费汇至法院账户。

本案系家事纠纷，被执行人属于特殊人群，执行法官采取"情""法"结合的工作方法，践行司法为民理念，事先录制被执行人儿子的视频，邀请手语翻译随本案执行，与被执行人进行充分的交流，在切实保障聋哑人合法权益的同时，通过多种手段教育感化被执行人，最终促使案结事了，彰显司法人文关怀。

宝山区罗泾镇某村委会申请执行上海某园林公司等土地租赁合同纠纷案件

——上海宝山法院多措并举化解矛盾强有力执结土地腾退案

《善意文明执行典型案例》第7号

2020年1月2日

【摘要】

本案执行法院积极争取区委、区政法委的支持，与公安机关、属地镇政府等多部门进行联动，准确掌握涉案场地的实际情况，摸排矛盾激化风险点，制定周密执行方案，多措并举，扫清执行障碍，高效完成百余亩土地的腾退工作。

四、执 行

【基本案情】

上海市宝山区罗泾镇某村委会与上海某园林公司、上海某机动车驾驶员培训公司土地租赁合同纠纷一案,法院判决解除原告宝山区罗泾镇某村委会、被告上海某园林公司间的土地租赁协议,并判令上海某园林公司及第三人上海某机动车驾驶员培训公司返还132.8亩租赁土地并支付拖欠的租金及相关费用。

本案进入执行程序后,执行法院查明,涉案的132.8亩土地作为第三人的驾驶员培训基地使用,有470余辆教练车,约1.3万名学员在基地学习。培训基地占用的其余159亩土地也属于违法用地,场地上存在多处违法搭建房屋和设施,生态环境保护部门已在巡查中发现该处违法用地,并挂牌督办该案件。另外,该驾校员工数百人曾联名信访,要求延期腾退,解决学员分流、补偿等事宜。此外,该驾校还存在大量学员因其他原因无法按期结业的情况,有矛盾激化的风险。

面对规模庞大的涉案土地、复杂的案情以及潜在的矛盾激化风险,宝山法院积极寻求宝山区委、区政府支持,在宝山区委、区政府的部署指挥下,成立了专案组,与公安机关、属地镇政府等多部门建立执行联动机制,群策群力。

针对驾校在涉案场地上持续招收新学员的行为,宝山法院向上海市交通委员会发函建议暂停办理驾校招录新学员的申请。同时,宝山法院会同宝山公安分局对驾校的法定代表人及其他股东进行约谈和法制教育,消除驾校股东的对抗情绪,督促其理性表达诉求,同时对被执行人采取了失信限消等措施,依法震慑了被执行人的法定代表人。为稳定驾校内部人员的情绪,宝山法院还协调由公安机关牵头,将涉案场地上的教练和学员分流安置至其他驾校进行培训活动,消除关键矛盾点。

通过前期充分的准备工作,在强大的执行威慑力保障下,最终该驾校主动表示愿意配合法院的执行工作。随后,宝山法院会同宝山公安分局、宝山区规土局执法大队、宝山区城管行政执法局等多家部门,对该涉案土地腾退及违法用地问题进行联合现场执法。在执行现场,请公证人员对相关财产的清理进行了公证,并登记造册。在涉案场地全部腾退完毕后,宝山法院将被执行人支付的场地占用费发还本案申请执行人,案件至此执行完毕。

【典型意义】

在本案执行过程中,被执行人占用涉案土地作为驾校培训基地,对抗法院执行的主要筹码就是驾校中万余名教练与学员的安置问题。考虑到本案执行的主要目的是将涉案土地交还申请执行人,必须妥善安置驾校基地中的人员,避免因执行行为带来更大的社会矛盾。执行法官发函至上海市交通委员会,建议暂停驾校的招生活动,又运用多部门执行联动机制,会同公安机关协调其他驾校接受分流的教练与学员,将潜在的矛盾及时化解。此外,执行法官通过采取限制高消费、纳入失信名单等执行措施,让被执行人处处受限,对其形成高压态势。以强大的执行威慑力为后盾,做通被执行人的思想工作,由其配合法院的腾退,最终案件得以顺利执行完毕,充分体现了多措并举的强有力执行手段与善意执行理念的结合。

某集团公司涉劳动争议系列执行案
——发挥破产重整挽救功能,全额保障职工债权

《人民法院涉农民工工资案件执行典型案例》第1号

2023年5月1日

【执行要旨】

在执行案件中,针对有资产且有挽救价值的被执行企业,可以通过"执破融合"机制导入预重整程序,充分利用破产挽救功能高效清偿职工债权。

【基本案情】

某集团公司是一家以铸件铸造加工为主要经营业务的集团型生产企业,自2019年始陷入了财务困境,累计拖欠97名员工的工资。相关员工陆续向劳动仲裁部门提起劳动仲裁,并于2022年5月向江苏省苏州市吴江区人民法院(以下简称吴江法院)申请强制执行。

执行过程中查明,该公司名下虽有厂房、土地和进口铸造自动生产线等财产,但均已设定大额抵押,采取常规执行措施径行拍卖,不仅变价周期长、设备贬值率高,所得拍卖款清偿大额抵押权人后是否足以清偿员工债权难以

保证，而且铸造产能指标的价值无法体现。面对上述难题，吴江法院认为，该公司虽具备破产原因但具有挽救价值，适用破产重整程序可在保全现有财产价值的基础上，充分释放产能指标等无形价值，公平有序清偿全体债权人，为企业再生赢得空间。

经吴江法院执破融合团队释明引导，该公司向该院提出重整申请，为提高重整成功率，其同时请求在重整申请审查期间进行预重整。预重整期间，为解职工燃眉之急，该院2个月内协调第三方先行全额垫付97名职工的工资、经济补偿金598万元。经公开招募、公开竞价，并征求辖区政府关于项目投资、产业规划的意见，最终由重整投资人支付偿债资金1.41亿元，全额清偿包括职工债权在内的各类债权，保障了相关职工的切身利益。

【典型意义】

本案中，对于所涉员工债权众多、债权债务关系复杂，且对辖区经济社会发展有重大影响的被执行企业，执行法院依托"执破融合"机制，及时将案件精准导入重整程序，不仅保全了企业营运价值，而且快速兑现职工权益并解决企业债务危机，实现了政治效果、法律效果和社会效果的统一。

马某某与某建设工程公司劳务合同纠纷执行案
——线下走访查找财产线索，促成多案快速执结

《人民法院涉农民工工资案件执行典型案例》第6号

2023年5月1日

【执行要旨】

执行法院通过到被执行人工地和住所地走访调查，查找到被执行人在第三人处的未结工程款，协调执行到位工程款，发放农民工工资，案件在9天内全部执行完毕。

【基本案情】

马某某与某建设工程公司劳务合同纠纷一案，法律文书确定该公司向马某某支付工资款7500元。河南省义马市人民法院（以下简称义马法院）立案

执行，义马法院立案庭发现本案与其他新收9起案件被执行人相同，为涉农民工工资执行案件，随即根据"立执互联反馈"机制要求，告知执行指挥中心。执行指挥中心立即组织研判，启动涉农民工工资案件应急预案，开通"绿色通道"，与立案庭协商将10起案件合并执行，由快执团队办理。经过网络查控未发现可供执行的财产，执行法院积极到被执行人工地和住所地走访调查，终于发现被执行人在义马市某局有未结工程款，立即到义马市某局与主要负责人进行沟通，经与被执行人达成一致，工程款直接支付到法院账户。义马法院通过9天时间，将10件案件全部执行到位，及时将案款全部发放。

【典型意义】

执行法院主动作为，立案部门和执行部门配合，准确甄别涉农民工工资案件，迅速启动应急预案，开辟绿色通道。办理过程中，线上查控与线下走访同时发力，快速查找财产线索。执行法院与政府机关联动，将工程款直接支付到法院，使农民工的合法权益得到及时兑现。

李某某等10余人与王某劳动报酬纠纷执行案
——法检联动助农民工讨回工资

《人民法院涉农民工工资案件执行典型案例》第9号

2023年5月1日

【执行要旨】

执行法院在办理涉农民工工资执行案件过程中，主动接受检察院法律监督，强化法检协同配合，在现有个案交流的基础上，形成常态化联动机制，共同发力，系统化推进涉农民工工资执行案件质效提升。

【基本案情】

甘肃省兰州新区人民法院（以下简称兰州新区法院）在执行王某支付10余名农民工劳动报酬案件过程中，因该案涉及申请人较多，且被执行人长期下落不明、名下没有可供执行的财产，案件陷入困境。为最大限度保护农民工群体的合法权益，兰州新区法院与兰州新区人民检察院加强司法联动，对王某的具体情况进行了深入调查梳理，在多次联系王某未果的情况下，法检联动商讨并制定了有效工作方案。经过多方努力，联系到了王某的父亲，向其耐心释法说理，阐明王某不履行法定义务的后果。王某父亲教育王某认识到不积极履行法院判决并拖欠农民工工资行为的违法性，让农民工顺利拿到工资。

【典型意义】

执行法院与当地检察院依据最高人民法院、最高人民检察院印发的《关于建立全国执行与法律监督工作平台进一步完善协作配合工作机制的意见》，共同商讨建立民事执行检察监督协作工作制度及法、检协作平台，形成司法合力，强化工作联动，推动案件执行。

某人造板公司涉劳动争议系列执行案
——促成案外人注资收购，推动企业复工复产

《人民法院涉农民工工资案件执行典型案例》第10号

2023年5月1日

【执行要旨】

被执行人具备恢复经营的基础性条件，执行法院通过积极促成有意向的经营主体注资收购，并协调其他债权人同意解除被执行公司重要设备的查封，在清偿工资债务的同时，推动被执行人顺利复工复产。

【基本案情】

某人造板公司因经营不善，资金链断裂，欠债高达1.2亿元。该公司作为被执行人名下的财产已被多案冻结、查封，导致工人工资无法正常支付。该公司工人申请劳动仲裁裁决，某人造板公司未履行义务，工人向广东省开平市人民法院（以下简称开平法院）申请强制执行，共31件执行案件，执行标的额87万余元。开平法院经查，某人造板公司资产因其他纠纷被查封，且该公司所欠债务数额大，已资不抵债。开平法院根据另案债权人申请移送破产。期间，有意向的经营主体提交收购该公司的方案。开平法院认为，某人

造板公司在该领域占有一定市场份额，具备恢复经营的基础性条件，通过收购不但能够解决被拖欠的工人工资及稳定就业问题，也能够让该公司得到有效救治，恢复市场经营能力。开平法院最终决定同意收购方案，买受人预先支付被拖欠的工人工资，87万余元工人工资得到全额兑现。与此同时，加强与其他债权人的沟通协商，解除该公司重要设备的查封，推动该公司顺利复工复产。

【典型意义】

一些有良好经营基础的企业陷入发展困境，进而无法按时支付工人工资，无法清偿对外债务，面临退出市场的风险，如何恢复企业正常经营成为破解诸多难题的关键。本案中人民法院灵活运用执行手段，通过收购方式，既解决被拖欠工人工资问题，又运用市场手段救治困境企业，统筹解决了困境企业发展和劳动者合法权益保护问题。

被执行人广州甲服饰有限公司拖欠劳动报酬系列纠纷案

——执行法官跑遍7市，全国26家法院协助，
为百余名工人追讨拖欠工资82万元

《最高人民法院公布12起涉民生执行典型案例》第1号

2016年1月24日

【基本案情】

2015年3、4月，被执行人广州甲服饰有限公司因经营不善致拖欠工人工资，为此，该公司工人向广州市海珠区劳动人事争议仲裁委员会申请仲裁。经该委裁决，广州甲服饰有限公司应向彭某等153名工人支付拖欠工资报酬合计210余万元。裁决生效后，广州市甲服饰有限公司未履行义务，彭某等人遂向法院申请强制执行。

广州市海珠区人民法院立案执行后，即向银行、车管、房管、工商等部门调查被执行人财产，除扣划银行存款7万余元外，未发现被执行人有可供执行财产。经搜查发现，该公司已不再经营。为打破执行僵局，执行法官积极与工人沟通，得知被执行人在全国各地有多家直营店铺，可能有应收营业

款及押金可供执行。执行法官在45天内奔赴广东省内广州、深圳、珠海、江门等7个城市，并联系湖南、重庆等广东省外26家法院，共向100多个直营店铺所在商场送达执行裁定书及协助执行通知书，要求将未结算给被执行人的款项直接汇给法院处理，并持续与上述商场沟通。截至2015年10月24日，执行到位24笔执行款合计75万余元，加上7万元扣划存款，总计82万余元。

款项到账后，执行法官多次召开包括供货商在内的债权人会议。经过耐心工作，供货商们同意放弃在本次执行款中参与分配，从而使执行款可以全部分配给工人。2015年11月10日，广州市海珠区人民法院将执行款82万余元按比例发还给工人们，得到当事人和社会舆论的一致好评。

【典型意义】

本案的典型意义体现在：第一，强化法院间相互协助。为防止被执行人转移财产，执行法官迅速反应，对省内财产直接执行，并联系省外法院协助执行，确保执行效果。第二，依法执行对第三人到期债权。为避免各地商场不配合执行，执行法官持续沟通释法，赢得第三人积极支持。第三，促使工人工资优先受偿。在现有法律制度框架下，通过债权人会议促使供货商主动放弃参与分配，支持工人工资优先受偿。

（二）执行措施

1. 交叉执行

某银行太原分行申请执行山西某饭店金融借款案
——上级督促执行三级法院协同发力妥善执结积案实现双赢多赢共赢

《人民法院交叉执行典型案例》第2号
2024年7月3日

【基本案情】

2012年，山西某饭店从某银行太原分行贷款1.5亿元用于装修改造，并以饭店主楼及相应土地使用权作抵押，某某宾馆提供担保。在支付 2560 万元利息后，该项贷款于 2015 年 6 月逾期。2017 年 7 月，某银行太原分行将山西某饭店及担保人诉至山西省太原市中级人民法院（以下简称太原中院）。同年 11 月，太原中院作出民事判决并发生法律效力。2018 年 4 月，该案进入执行程序，执行法院冻结了被执行人银行账户、查封了财产并多次组织双方和解协商，但被执行人山西某饭店历史债务包袱重，在岗及退休职工 1300 人，生产经营困难，偿债能力弱，担保方某某宾馆也受疫情影响经营困难，如果就案办案、机械办案，简单把山西某饭店抵押的房产及土地使用权强制处置变现偿债，可能出现"执行一个案件，垮掉一个企业，下岗一批职工"的后果，不能体现出司法服务和保障经济社会发展的职能，还容易引发社会稳定风险。

2023 年 12 月，最高人民法院将本案作为督促执行案件，与山西两级法院协同推进执行，在最高人民法院一线督促推动和山西两级法院的积极推进下，地方党委、政府主动协调配合，被执行人山西某饭店与申请执行人某银行太原分行及其上级总行多次协商，2024 年 1 月 12 日，当事双方就债务化解处置达成了执行和解协议并向太原中院申请结案，该案妥善化解，案结事了。

【典型意义】

该案被执行人山西某饭店本身经营困难，但案件久不执行申请执行人不满，债务也越滚越大，矛盾逐步加深，执行法院受到各方面压力较大。通过开展交叉执行，由上级法院督促执行并与执行法院协同执行，能有效排除各方干扰强力推进执行，同时兼顾各方利益，有利于促进各方达成和解。本案中，申请执行人某银行太原分行一次性拿到了"真金白银"，化解核销积存多年的不良债权，并获得更加丰富广阔的业务发展空间；被执行人山西某饭店卸下了多年背负的历史包袱轻装前行，实现了双赢共赢多赢的目标。

某物流公司与某银行、某钢铁公司等执行监督案
——通过上级法院指令其他法院执行实质化解积案

《人民法院交叉执行典型案例》第 3 号

2024 年 7 月 3 日

【基本案情】

某物流公司因大连海事法院在执行某银行申请执行某钢铁公司等金融借款合同纠纷案中，对执行法院长期不予发放案款的执行行为不服，向最高人民法院申诉。最高人民法院经审理查明，本案中案涉房产及土地使用权经大连海事法院依法组织网络司法拍卖，于 2018 年 2 月 9 日以 1.397682 亿元拍卖成交，拍卖款一直存放在人民法院账户中。某物流公司曾多次以其对案涉房产及土地使用权享有抵押权为由申请分配案款，但执行法院因多种因素未制作分配方案，因此均未准许，为此某物流公司多次向上级法院申诉信访。最高人民法院认为本案符合法律、司法解释规定的上级法院决定指令执行的情形，遂裁定将本案交由浙江省宁波市中级人民法院（以下简称宁波中院）执行。指令执行后，宁波中院集中精干力量在较短时间内完成了调卷、约谈当事人、现场核查和法律研判等工作，并依法定程序制作案款分配方案后送达相关当事人。目前因部分当事人对该分配方案提出异议，正在异议之诉审理程序中。

【典型意义】

本案原执行法院在案涉房产及土地使用权拍卖成交后因各种原因长期未能作出案款分配方案，导致当事人多次、常年申诉信访，符合指令执行的法律规定。上级法院依法将案件指令由辖区内其他人民法院执行，系利用交叉执行方式化解执行积案和执行信访的创新举措，有利于案件的实质性推进和矛盾的有效化解。同时，本案也是交叉执行工作开展以来首次由最高人民法院直接作出指令执行裁定的案件，在交叉执行后取得突破性进展，并已导入法定救济程序以公正处理各方纠纷。证明交叉执行机制在加强执行工作"三统一"管理，强化对执行权的监督制约，攻坚执行难案等方面具有重大意义。

某农村商业银行与某房地产开发公司借款合同纠纷执行案
——提级合并执行，避免下级法院重新评估拍卖，有效提升执行效能

《人民法院交叉执行典型案例》第4号

2024年7月3日

【基本案情】

某农村商业银行与某房地产开发公司签订《借款合同》，贷款5500万元，借款期限5年。某房地产开发公司用其名下商业房产一幢（-1层至12层）为贷款提供抵押担保，并进行了公证。贷款期限届满后，某房地产开发公司在偿还100万元后剩余部分未按期履行，某农村商业银行多次催讨未果后，持公证债权文书和执行证书向陕西省商洛市中级人民法院（以下简称商洛中院）申请强制执行。商洛中院对某房地产开发公司名下提供抵押的整栋商业房产进行了查封，在查明某房地产开发公司名下无其他财产可供执行后，决定对该幢楼进行评估拍卖。为方便该幢楼后续处理，在征得双方当事人同意后，执行法院先行委托测绘机构对整幢楼进行分层测量然后委托评估机构对整幢楼进行评估的同时也评估出每一层的价值。经过两次拍卖、一次变卖，整幢楼均因无人参与竞买而流拍，某农村商业银行接受该幢楼的1层至11层以物抵债。

商洛中院在执行过程中，了解到陕西省商洛市商州区人民法院（以下简称商州区法院）正在执行某建设公司与某房地产开发公司建设工程施工合同纠纷一案，并且商州区法院对该幢楼进行了轮候查封（某建设公司对该幢楼不享有建设工程优先权），如果商洛中院直接结案，被执行人名下剩余的-1层和地上第12层将由商州区法院进行处置，需要重新进行评估拍卖，不仅浪费司法资源、延长执行期限，还将给当事人增加经济负担，遂决定将商州区法院执行的案件提级合并执行，将某房地产开发公司名下尚未以物抵债的地下-1层和第12层作价700万元以物抵债给了某建设公司，实现了该公司的部分债权。

【典型意义】

上级法院和下级法院对案涉房产都进行了查封，分别处分需要重新进行评估拍卖，不仅浪费司法资源、延长执行期限，还将给当事人增加经济负担。由上级法院提级合并执行，节约了评估拍卖的时间，有效提升了执行效率，减少了评估费用、利息等当事人的经济负担，满足了权利人对司法的期盼，兑现了部分胜诉权益，此种情形下的提级合并执行是深入贯彻善意文明执行理念的生动实践。

青岛某民间资本管理有限公司与田某某等增资纠纷执行案
——对需要地方党委政府支持的复杂案件，指定相应地方执行，便于府院联动加快财产处置实现共赢

《人民法院交叉执行典型案例》第 6 号

2024 年 7 月 3 日

【基本案情】

青岛某民间资本管理有限公司与田某某等增资纠纷一案，山东省青岛市崂山区人民法院（以下简称崂山区法院）于 2023 年 1 月 14 日立案执行，执行标的额 2400 余万元。执行过程中，崂山区法院依法查封了位于山东省青岛市城阳区一宗面积为 38 亩的批发零售用地（主要用于商品批发、零售的用地，如商超、市场、加油站等用地），并在法定期限内启动评估拍卖程序。但该地块法律关系复杂，一直是各方的"心头结"，对城阳区党委、政府而言，土地长期闲置不能顺利收储；对申请执行人而言，查封长达 9 个月未拍卖成交，胜诉权益无法及时兑现；对法院和被执行人而言，异地处置财产造成司法资源浪费和司法成本增加。为加快收储土地，兑现胜诉权益，山东省青岛市中级人民法院（以下简称青岛中院）研判，案涉土地位于城阳区，由青岛市城阳区人民法院（以下简称城阳区法院）现场勘查、清迁更为便利。青岛中院于 2023 年 9 月 26 日作出裁定，指定城阳区法院执行。城阳区法院与崂山区法院迅速对接，一天之内完成卷宗交接工作，两天内立案，三天内挂网拍卖。为保障财产顺利处置，城阳区法院利用拍卖前一个月的公告期，积极争

取当地党委支持，发动当地企业广泛参与竞拍。同时，考虑到该土地需缴纳较高土地交易税费，为确保申请执行人权益得到充分维护，财产处置效益最大化，城阳区法院依法作出不降价拍卖决定，该土地以评估价 110846115 元为起拍价进行公开拍卖，最终由青岛城阳某发展集团有限公司竞拍成功。申请执行人顺利领取全部执行案款，买受人亦顺利完成产权过户登记手续。该案从指定执行到顺利处置仅用了 38 天，执行到位率达 100%。

【典型意义】

执行过程中，查封的面积为 38 亩的批发零售用地，法律关系复杂，处理难度极大，需要当地党委、政府支持配合。青岛中院将案件交叉执行到财产所在地法院，便于府院联动，充分发挥当地党委总揽全局、协调各方的积极作用，推动财产快速处置。最终，依托当地党委、政府和法院的合力协调，发动辖区企业积极参与竞拍，促进案涉土地在月余时间顺利成交，顺利完成权属变更，达到了"双赢多赢共赢"，实现了"三个效果"的有机统一。

单某某与吴某某离婚纠纷执行案
——因对判决不满交叉到异地法院执行，通过释法明理，
当事人消除误解主动履行

《人民法院交叉执行典型案例》第 8 号

2024 年 7 月 3 日

【基本案情】

单某某与吴某某离婚纠纷一案，安徽省潜山市人民法院（以下简称潜山法院）判决：一、准许原告与被告离婚；二、婚生女随原告生活，被告每月支付抚养费直至其年满 18 周岁；三、夫妻共同财产中，自建房一幢归被告所有，大众小轿车归原告所有。判决生效后，因原被告双方矛盾仍然存在，被执行人吴某某一直拒不交付车辆。单某某于 2023 年 9 月 12 日向潜山市法院申请强制执行，要求被执行人吴某某将大众小轿车立即交付申请执行人，并协助办理车辆过户。

潜山法院在执行过程中，依法向被执行人吴某某送达执行通知书，因其

长年在外地务工,承办人与其电话沟通。沟通中了解到,因被执行人对潜山法院生效判决心存不满,认为潜山法院不仅判决原被告离婚,将小孩抚养权判给申请执行人,并将夫妻婚姻存续期间的共同财产车辆也判给申请执行人。故其在电话中明确表示不配合潜山法院的执行。后续承办人多次拨打其电话,吴某某拒绝接听。因其在务工城市没有固定住处,案件执行进入了僵局。潜山法院研判认为,因被执行人存在抵触情绪,异地执行更有利于双方当事人打开心结,遂提请上级法院指定其他法院交叉异地执行。

案件指定到安徽省望江县人民法院(以下简称望江法院)立案执行后,执行法院立即向被执行人送达执行通知书,并通过电话联系被执行人,告知其案件现由望江法院执行。听闻电话的另一边是望江法院的工作人员,吴某某的态度开始缓解,并诉说自己的委屈。执行法官趁机向其释法说理,告知其拒不履行法院生效判决的严重后果。被执行人意识到错误后,主动告知其住址和车辆所在地。随后在法院主持下,双方当场交付车辆和钥匙,随后协助申请执行人办理了车辆过户手续,案件执行完毕。

【典型意义】

本执行案件的难点在于被执行人对原审法院的判决不满,有抵触情绪,不愿意配合案件的执行。交叉执行后,因望江法院并非作出判决的法院,经望江法院执行人员释法明理,消解被执行人的抵触情绪,被执行人反而愿意配合法院的执行,最终执行完毕。本案将审判与执行统筹考虑,以最有利于执行的原则推动工作,是以交叉执行落实审执分离的一次有益探索和生动实践,最终实现案结事了。

苏州某电器公司涉劳动争议系列纠纷执行案
——交叉集中执行与立审执衔接配合助力44名工人解"薪"事

《人民法院交叉执行典型案例》第9号

2024年7月3日

【基本案情】

2023年以来,苏州某电器公司因经营不善,多家门店相继关门歇业,引发大量涉劳动争议案件以及合同类案件陆续进入执行程序，案件分布在姑苏、昆山、太仓等苏州辖区多家法院。2023年6月15日，江苏省苏州市姑苏区人民法院（以下简称姑苏区法院）首先立案受理赵某等人与苏州某电器公司劳动争议纠纷执行案。由于系列案件分散在不同法院，如继续由各法院分别执行，可能会出现财产查控处置进展不一、执行措施适用交织等问题，进而影响债权人受偿顺序和比例，不利于群体性矛盾纠纷的妥善化解。

为从整体上降低相关案件执行成本，提升执行效能，稳妥高效化解涉劳动者权益保护系列纠纷，苏州市中级人民法院决定对该系列案件实行集中交叉执行。同时，考虑到姑苏区法院既是在先执行法院，又是受理案件数量最多的法院，对被执行公司名下财产状况更为了解，有利于后续执行工作的开展，决定由姑苏区法院交叉集中执行以苏州某电器公司为被执行人的执行案件，共涉及劳动争议案件33件，涉案劳动者44人。

姑苏区法院在执行中加大对财产线索的挖掘与排查力度。经逐一筛查关联案件，执行法官发现该公司有一件作为原告的房屋租赁合同纠纷案件尚在审理中，当即通过审判法官与该案多名被告沟通协调，成功提取到期债权400余万元。经充分考虑各劳动者实际困难、各债权人利益分配关系等因素，姑苏区法院积极组织各方协商，最终达成执行财产分配协议，实现了所有劳动争议案全额受偿。2024年3月1日，涉案全体劳动者委托代表向执行法官送来锦旗表示感谢。

【典型意义】

针对被执行公司在同一地级市范围内有多家基层人民法院均有系列执行案件的情况下，共同上级法院指定最先执行且案件数量最多的基层人民法院对所有相关案件进行交叉执行，实行关联案件集中管辖，既有利于整合全市执行资源、降低整体执行成本，又有利于提升案件执行效果。被指定法院通过发挥立审执联动配合优势，深挖关联案件潜在财产线索，巧用执行财产协议分配制度，依法为实现劳动者工资优先受偿提供路径，最终实现"三个效果"的有机统一。

四、执 行

王某某申请执行案
——对存在消极执行的案件开展交叉执行有利于强化执行监督

《人民法院交叉执行典型案例》第10号
2024年7月3日

【基本案情】

王某某与焦某某租赁合同纠纷一案，2019年6月14日，河南省获嘉县人民法院（以下简称获嘉县法院）作出民事裁定，对王某某与焦某某经人民调解委员会调解就12.3万元欠款清偿达成的调解协议予以确认。焦某某在支付3000元后，未按照协议履行剩余款项。王某某于同年10月15日申请执行，获嘉县法院于当日立案，承办人李某军。2019年10月17日，执行法院冻结了焦某某名下股票，但并未依法处置。2020年1月9日，焦某某儿子焦小某以名下房产担保还款，获嘉县法院遂查封了焦小某名下房产并进行拍卖，经一拍、二拍，均流拍，王某某也不同意以房产抵债。2020年9月8日，获嘉县法院裁定终结本次执行程序。2023年7月，获嘉县法院采纳检察建议恢复执行，冻结焦某某银行账户，轮候查封焦某某名下3辆车辆，但均未实际扣押。同年10月，扣划焦某某银行存款4532元，并支付给王某某。2024年4月4日，河南省高级人民法院决定对本案启动交叉执行，一是由省高院督促执行，二是变更案件承办人。2024年4月18日，获嘉县法院将焦某某名下股票强制变卖，变卖款22235.02元交付王某某，5月25日，对焦某某名下房产进行处置，案件取得实质性进展，6月4日，被执行人家属主动将剩余案款交到法院，本案执行完毕。王某某对人民法院通过交叉执行强力推进执行工作表示满意与感谢。针对案件原承办人李某军在办理案件过程中存在的消极执行、违规终结本次执行程序等问题，获嘉县法院党组研究决定，给予其政务记过处分。

【典型意义】

本案在首次执行程序中怠于采取执行措施，在处置担保房产未果的情况下，未及时处置股票等财产，未穷尽财产调查、处置等执行措施即终结本次执行程序。通过交叉执行，由上级法院督促执行的同时变更案件承办人。经交叉执行案件取得实质性进展，得到申请执行人认可。对案件原承办人依法追责，充分体现了交叉执行有利于加强执行监督，消除消极执行，规范执行行为的积极意义。

2. 执行和解

河北黄骅法院：甲公司员工追索劳动报酬执行案

《最高人民法院发布2017年全国法院十大执行案件》第3号
2018年3月16日

【摘要】

拖欠近200名工人工资，黄骅法院多管齐下合围攻坚，智慧执结168件拖欠农民工工资案件。

【内容介绍】

黄骅市甲不锈钢制品有限公司主营餐具、厨具、五金制品，产品出口，曾在业内具有较好声誉，在经营上一度辉煌。但近年来因经营不善、汇率变化、环保等因素停产，该公司拖欠了大量农民工工资，来自湖南、安徽、辽宁、山东、河北等地的近200名工人因迟迟讨薪未果，多次围堵市委市政府，公司法定代表人也因涉嫌拒不支付劳动报酬罪被公安机关立案侦查。168件追索劳动报酬纠纷进入诉讼程序后，黄骅法院立即启动立、审、执绿色通道，依法快速保障农民工权益。

在追索劳动报酬纠纷案的裁判作出并发生法律效力后，根据当事人的申请，黄骅法院依法立案执行，并于立案当日立即开展对被执行人财产的查控工作。1月24日（农历腊月二十七），在公司所在地旧城镇政府和村委会见证下，黄骅法院民生执行专案小组迅速对公司厂房、设备等进行查封。其间，执行工作遭到不明真相的案外人百般阻挠，执行干警一方面向围观群众释法明理，另一方面用法律规定教育案外人，令其不敢触碰法律红线。控制局面后，执行人员现场张贴执行公告，并进入公司向躲避执行的公司股东送达法律文书，依法查封公司的厂房、设备，执行全程由辖区党委政府监督，新闻媒体全程跟踪，案件执行过程公开透明。

1月25日，黄骅法院向公司法定代表人刘某送达执行通知书和报告财产令，责令其如实申报财产。2月14日，对公司账务托管单位某会计师事务所进行询问，核实公司资产品名和数量。同日，向黄骅市工商行政管理局调查公司成立及经营情况。3月2日，对公司财产实地勘查，责令公司提供现有物资报告及处理方案。3月22日，经反复沟通，第一次促成当事人和解，双方同意"公司整体资产抵顶工资，由工人自行经营的请求"。后因国家环保政策影响，加之外地工人有不同意见，双方放弃"重新经营"的和解意向。5月8日，法院决定启动评估拍卖程序，但考虑高额的评估拍卖费用必然会减损工人应得工资，为保障工人可得利益最大化，黄骅法院初步确定两步走的工作方案：一方面积极促进双方和解，签订可行的和解协议；另一方面推进资产拍卖，并根据工作的推进情况适时调整工作方案。随后法院组织当事人多次协商，双方达成自主变卖查封财产的协议。在法院的监督之下，7—10月底，经过十余次变卖，甲公司可变现财产全部由当事人依法自行变卖，兑付工资取得关键性突破！

与此同时，黄骅法院执行局与刑事审判庭密切配合，多管齐下推进执行工作。在公司法人刘某拒不支付劳动报酬罪的案件审理中，法官多次释明宽严相济的刑事政策和主动履行义务在从轻量刑上的积极作用。在明白了法理、事理之后，为争取宽大处理，刘某态度终于发生转变，自愿多方筹款11万余元用于履行裁判确定的义务，加之与工人协商处置的企业财产共101.2万余元，能够履行义务的财产超出工人预期。11月9日，黄骅法院集中兑付案款，刘某当场向工人道歉，96名外地农民工现场拿到工资。为方便外地农民工领取，该院同步开通"网上通道"，对无法前来的远在辽宁、安徽等地的工人通过微信视频现场核对工资款及和解意向，由授权工人代表代领工资，100余万元案款全部发放到位，案件全部圆满执结。

山西长治中院：被执行人甲公司合同纠纷执行案

《最高人民法院发布2017年全国法院十大执行案件》第4号

2018年3月16日

【摘要】

执行法院在执行中将维护申请人的合法权利和保障被执行国有企业的稳定与发展统一起来，通过深入细致的工作，力促双方和解，实现了法律效果与社会效果的有机统一。

【内容介绍】

2017年9月，承德乙矿业有限公司（以下简称乙公司）申请执行其与首钢甲有限公司（以下简称甲公司）合同纠纷一案，执行立案标的本金加利息近4000万元。被执行人甲公司是一家历史悠久拥有近万名员工的国内著名国有大型炼钢企业。

长治中院立案后，执行人员立即向被执行人下达执行通知书，并通过人民法院网络执行查控系统对被执行人名下的银行存款等财产进行查控。随后，对该企业财产状况、股权结构等情况进行认真分析研判。被执行人收到执行通知书后，其负责人向执行人员反映，企业愿意主动履行还款义务。但炼钢行业在全国范围内正处于低迷状态，甲公司目前企业效益差，员工思想不稳定，如强行划拨公司大量资金将使企业陷入经营性困难，故请求法院做申请人工作，争取和解后分期还款。长治中院执行局负责人及案件承办人在听取甲公司负责人的反映后，深入企业进一步了解了实际情况。随即决定对该企业采取兼顾申请人利益和被执行人企业稳定发展的执行方案。即同意积极做好申请人的工作，推动双方和解，达成分期履行的协议；并在该企业交付首批案款后解除对该企业银行基本账户的冻结，从而保障企业员工工资的及时发放，确保企业正常经营。

但在执行法院协调双方推进和解的过程中仍然困难重重。对于被执行人而言，即便分期付款，要全部履行法院判决确定的义务仍面临着流动资金少、欠款利息难以承受的巨大压力；而作为申请执行人的乙公司则认为，被执行人拖欠货款多年，给自己造成重大损失，故坚决要求被执行人一次性履行义务，不愿意与被执行人达成和解。面对双方矛盾，长治中院执行局坚持既严格执行法律，又注重为被执行企业走出困境创造条件，把协调沟通工作做足、做细。一方面要求被执行人尽快筹措资金履行法院判决，另一方面着力向申请执行人说明法律文书的执行要与被执行人的现实履行能力结合起来，才能有针对性地解决问题，帮助被执行企业走出困境，也有利于双方以后的商业合作和共同发展。在执行法院坚持不懈、细致耐心的调解下，双方当事人终于达成和解，被执行人分两批将所欠乙公司的近3600万元的货款本金以承兑汇票的方式付清，同时申请执行人同意放弃利息。案件随后也顺利执结。

案件执结后，当事人对法院的执行工作给予高度评价，并深深为法院执行团队的敬业精神和司法为民的理念而感动。被执行人将一封感谢信、一面写有"秉公执法替企业保驾护航、张弛有度为企业排忧解难"的锦旗送到了长治中院执行局。此案的执行取得了较好的法律效果和社会效果。

湖北武汉武昌区法院：甲酒店腾退执行案

《最高人民法院发布2017年全国法院十大执行案件》第6号

2018年3月16日

【摘要】

多方矛盾激烈冲突、关乎多重民生群体利益纠纷，湖北武昌法院多措并举公正文明，善意执行各方共赢。

【内容介绍】

2007年4月，乙（以下简称乙）与甲旺角工贸发展有限公司（以下简称甲公司）签订房屋租赁合同，将原职工俱乐部房屋租与甲公司开设酒店，租期5年，年租金70万元，后又续签了两年，租金修改为100万元。承租期间，甲公司对房屋进行了改扩建，并进行了装修，改扩建后的面积达11000余平方米。租赁期届满后，乙要求收回房屋，甲公司则因投入巨资装修，要求继续续签合同。双方纠纷后经武汉市仲裁委员会仲裁裁决，确定甲公司应予腾退房屋。2016年6月，乙向法院申请执行。

本案执行工作面临较大困难。被执行人腾退确实会造成巨额损失。而且，酒店吸纳了杨园街周边的360多名职工，分流安置十分困难；已经接受预订的婚礼宴席达2600余桌，涉及家庭180余家，退订安抚是一大难题。不仅如此，此案涉及的腾退房屋面积近11000平方米，含主楼四层、附属楼、停车场、冻库和各项大小设备，腾退本身也极为困难。同时，由于在建的地铁5号线路经涉案房屋，执行工作无法再拖延，否则会影响地铁线路施工。

武昌法院领导对此案高度重视，多次组织专门会议研究，并积极联系区政府办公室协调区公安、安监、司法、消防以及房屋所在的杨园街道办事处等相关部门联动，共同协助法院执行事宜。同时进一步明确了工作思路：必须尽快完成执行工作，确保市政重点工程地铁5号线的施工不受影响，同时要立足于善意执行，为企业的生存发展提供帮助与保护，防止产生新的社会矛盾。为此，武昌法院执行局一方面敦促甲酒店方认清形势，顾全大局，充分考虑法律后果，自动履行仲裁裁决，妥善安置职工，妥善处理预订宴席；另一方面通过现场公告、法律宣传、座谈调解和媒体报道等渠道，寻求酒店职工和预订客户们的理解、支持和配合；同时注重保护酒店的各项诉讼权利，将酒店的赔偿诉求依法导入诉讼程序。先后历时8个多月，经过50余次上门走访调查，组织大小30多次调解座谈，终于促成双方当事人达成了执行和解协议，相关困难和问题也得到协商处理。甲公司持续18天动用车辆百余车次，自行完成腾退，酒店的360多名员工均得到妥善安置，预订的180余家2600多桌酒席全部基于自愿原则进行退订或分流。随着交接工作的顺利完成，地铁5号线建设工程也如期开始施工。

面对涉及重大复杂的利益纠纷，武昌法院执行局始终秉承善意执行理念，发挥协调联动机制的作用，依法综合保护各方当事人利益，推动执行工作，实现法律效果和社会效果的有机统一。

许某某等申请执行莆田市某房地产公司等借款纠纷系列案件
——莆田中院引入战略投资者帮助盘活被执行企业资产

《善意文明执行典型案例》第 3 号

2020 年 1 月 2 日

【摘要】

本案被执行人莆田市某房地产公司是有着十几年历史的企业，员工上千人，因一时投资决策失误，资金链骤然断裂，债务缠身，债权人纷纷诉至法院。莆田中院强化府院联系，主动沟通协调，积极引入第三方战略投资者，盘活被执行人资产，依法妥善采取执行措施，推动案件执行和解。

【基本案情】

在福建省莆田市中级人民法院，以莆田市某房地产公司作为被执行人的未结执行案件有 491 件，申请执行标的本息近 30 亿元，法院依法查封了该公司名下的财产，但该公司某房地产项目因资金链断裂面临"烂尾"的风险，且拖欠工程款造成工人多次信访，如果简单实施查封、拍卖等强制执行手段，不仅可能造成系列案件无法全部受偿，购房业主利益得不到保障，且企业也会面临破产，无法清偿工人工资，给当地社会带来不稳定因素。

莆田中院深入走访调查后发现，该房地产项目有楼盘 34.78 万平方米，预计销售额可达 40 多亿元，但被执行人因资金困难，将上述楼盘的土地使用权抵押给上海某房地产公司，抵押金额本金达 5.75 亿，相关案件已经在上海市高级人民法院进入执行程序。鉴于被执行公司资大于债，只是资金周转暂时出现困难，莆田中院认真贯彻最高人民法院提出的"依法审慎采取强制措施，保护企业正常生产经营，维护非公经济主体的经营稳定"的要求，积极寻求市委、市政府的支持，召集了市国土、规划、住建、消防、金融办、商业银行等相关部门多次研究部署，推动莆田市某投资集团作为战略投资者向被执行人分期注资 5 亿元用于楼盘复工。

另外，莆田中院多次与上海高院、上海某房地产公司沟通协调，上海高院同意暂不拍卖已查封的地块，上海某房地产公司同意把涉案房地产项目土地使用权的抵押权人分期置换给莆田市某投资集团。上海某房地产公司与莆田市某投资集团双方签订协议，由莆田市某投资集团先行向其支付1.5亿元，有关银行则向上海某房地产公司出具为期一年的保函，置换出原抵押于上海某房地产公司的项目土地使用权，之后以该土地使用权证书向银行融资并投入该项目建设。在此基础上，莆田中院根据当事人达成的和解协议，通过以房抵债或用售房款还债等形式，消灭前期债务。目前被执行人已经完成了融资，市政府将涉案房地产项目中的三幢楼作为莆田市引进人才公寓楼盘，有力推动涉案项目的销售。在此基础上，莆田中院根据双方当事人达成的和解协议，已陆续通过以房抵债或售房款形式有序偿还债权人，促使491件系列执行案件逐步得到妥善处理。该系列案件的解决，使得涉案房地产项目400多户购房户的房产得到交付，同时带动被执行人其他楼盘3425户业主的产权证件办理，支付拖欠的农民工工资2亿多元，顺利平息化解矛盾纠纷，维护了社会安定稳定。

【典型意义】

近年来，因房地产开发商资金链断裂、经营管理不善等原因导致房地产项目"烂尾"现象时有发生，引发拖欠借款、工程款以及商品房销售合同违约等一系列纠纷，涉及的利益主体众多，涉案标的巨大，解决问题的难度大，对社会稳定造成不利影响。如何既保障债权人合法权益，又能够使房地产项目得以盘活，让商品房得以交付是人民法院执行工作面临的重大难题。本系列案件的有效化解，是莆田中院解决涉金融案件"清理与拯救并重，要当好困境企业的医院"工作思路的生动体现，也是着眼服务大局、灵活运用善意执行手段的形象展示，更是积极争取地方党委、政府支持的有效成果。莆田中院多方联动、积极协调，盘活不良资产，避免了房地产项目"烂尾"的金融风险和社会矛盾的激化，得到了各界的肯定，为处理同类案件提供了可复制、可推广的经验。

四、执 行

杜某均申请执行四川甲劳务有限公司工伤赔偿纠纷案
——被执行人拒不履行生效法律文书确定义务，法院将其列入
失信被执行人名单，促使其与申请执行人达成执行和解协议

《最高人民法院发布6起涉民生执行典型案例》第6号
2017年1月25日

【基本案情】

杜某均于2013年3月底到四川甲劳务有限公司从事泥工工作，系泥工班班头。2014年4月13日，杜某均在甲公司九楼工地施工过程中，右手被电切割机割伤。2015年3月，经泸州市人力和社会资源保障局认定为工伤。同年8月，泸州市劳动能力鉴定委员会认定杜某均伤残等级为七级，无生活自理能力。由于杜某均在甲公司上班期间，该公司未为其办理工伤保险，甲公司就工伤保险待遇问题与杜某均发生纠纷，并于2015年10月经泸县劳动争议仲裁委员会裁决，甲公司承担杜某均工伤保险待遇共计226496.5元。2015年11月，甲公司不服该仲裁裁决向泸县人民法院提起诉讼。2016年3月，泸县人民法院作出（2016）川0521民初142号判决：杜某均因工伤致七级伤残享受工伤保险待遇共计211496.5元，由甲公司在判决生效后10日内支付。甲公司不服该判决，向泸州市中级人民法院提起上诉。2016年6月二审判决驳回上诉、维持原判。

因甲公司拒不履行判决确定的义务，2016年7月，杜某均向泸县人民法院申请强制执行。泸县人民法院立即开展执行工作，通过"点对点""总对总"系统进行查控，发现被执行人账户仅余7000元；核查工商、不动产等登记情况，均未发现可执行财产线索；承办法官找到被执行人并向被执行人下达财产报告令，要求其主动履行判决确定的义务，释明拒不执行可能带来的失信惩戒后果，但被执行人报告仍无财产。为此，承办法官将被执行人列入失信被执行人名单，冻结被执行人账户。2016年11月30日，在泸县人民法院主持下，被执行人甲公司与申请人杜某均通过协商达成和解协议，甲公司支付15万元，其余款项杜某均予以放弃。2016年12月1日，杜某均终于领到了第一笔工伤保险金11万元。另外4万元工伤保险金，被执行人于同年12

月 5 日支付申请执行人。

【典型意义】

本案是工伤保险执行案件，此类执行案件的申请执行人多为弱势群体，经济困难，被执行人拒不支付工伤保险的行为，会使申请执行人陷入困境。本案通过将被执行人纳入失信名单，对其商誉形成压力，促使被执行人与申请执行人达成执行和解协议。

龚某不服执行和解协议信访案

——双方当事人达成执行和解协议，申请人龚某不服应另行提起民事诉讼。江西法院"院领导接访"制度促化解

《最高人民法院发布第一批涉执信访实质性化解典型案例》第 1 号

2021 年 11 月 18 日

【基本案情】

龚某与王某英、涂某借款合同纠纷案，2018 年 4 月，江西省南昌市青山湖区人民法院作出民事判决书，判令由王某某偿还 83 万元及利息，涂某承担连带清偿责任。判决生效后，被执行人王某某、涂某未履行判决义务。2019 年 7 月，龚某申请法院立案执行。执行中，双方当事人协商达成执行和解协议，被执行人按约还款 90 万元。2021 年 7 月，龚某不服执行和解协议，以该案未执行到位为由信访。江西高院通过院领导接访，耐心倾听其诉求，详细了解案件情况发现，根据《最高人民法院关于执行和解若干问题的规定》，龚某不服执行和解协议的诉求应通过另行提起民事诉讼解决。为减少当事人诉累，及时回应人民群众诉求，江西高院立即督促指导下级法院对该案加大调解工作力度。江西省南昌市青山湖区人民法院迅速行动，上门做被执行人思想工作，动之以情、晓之以理、明之以法。经过不懈努力再次促成双方当事人达成和解并当场履行完毕。该案成功化解。

【典型意义】

本案是江西法院"院领导接访"制度成功化解涉执信访，减轻群众诉累，

落实"我为群众办实事"活动要求的典型案例。"院领导接访"制度,是由江西各级法院院领导定期轮流带案"面对面"接待信访群众,畅通诉求渠道,高位推动矛盾化解,及时解决人民群众"急难愁盼"问题的一项重要举措。本案通过"院领导接访"制度及时找准龚某核心诉求,自上而下联动促成案件再次和解,有效地避免了龚某另行提起民事诉讼产生的诉累,提高了群众获得感和满意度。

黄某某等31人与谢某某劳务合同纠纷执行案

——多措并举以"和"促执,妥善化解涉农纠纷实现共赢

《人民法院涉农民工工资案件执行典型案例》第2号

2023年5月1日

【执行要旨】

被执行人投资的种植基地因客观原因资金周转困难,不能及时偿还所欠劳务报酬。人民法院秉持善意文明执行理念,多措并举以"和"促执,使双方当事人和解结案,保障了胜诉当事人的合法权益。

【基本案情】

2019年以来,黄某某等31人为谢某某的百香果基地提供劳务。2022年4月,江西省安远县人民法院(以下简称安远法院)判决谢某某支付黄某某等31人劳务报酬13万余元。判决生效后,谢某某未履行义务。黄某某等31人先后向安远法院申请强制执行。

在执行过程中,该院调查了解到谢某某系当地引进的种植大户,在当地种植水果蔬菜,全年可为当地50余名村民提供劳动机会。谢某某不能及时偿还所欠的劳务报酬,是由于市场行情、天气干旱等综合原因,导致农产品效益下降,资金周转困难。此外,大多数申请执行人现仍在该基地务工。该案如处理不好,既会导致果蔬基地倒闭,又会影响乡村经济,减少当地村民收入。

在充分掌握案件情况后,执行法院采取善意文明执行理念,主动作为,先后采取"背靠背""面对面""多方促和"的方式,做好当事人执行和解工

作。一方面向谢某某释明法律规定，使其认识到法院的判决必须履行，另一方面多次召集黄某某等31人为其分析利弊。与此同时，执行法院还主动与镇政府、村委会进行沟通联系，邀请乡村干部共同做和解工作。经过反复释法明理，各方形成共识，达成和解协议，申请执行人同意法院暂缓对谢某某采取司法拘留、暂不纳入失信被执行人名单，谢某某筹集5万元先付部分款项，剩余款项在其卖出果蔬产品后按期履行。黄某某等31人劳务工资已全部执行到位。

【典型意义】

服务乡村产业发展，促进乡村经济进步，是司法机关应有的责任。人民法院结合乡村振兴发展战略，坚持善意文明执行理念，审慎执行涉农民工工资案件，打好"和"字牌，多举措以"和"促执，保持了乡村产业不垮毁、农民增收不断链、农村经济不受损，实现申请执行人权益得以保障、被执行人产业继续生产经营、农村经济持续发展的"三赢"效果。

3. 执行威慑制度

广东省惠东县甲总公司与乙商贸城（惠东）有限公司工程款纠纷执行案

《最高人民法院公布九起反规避执行典型案例》第5号
2011年7月5日

【案情摘要】

广东省惠东县甲总公司与乙商贸城（惠东）有限公司工程款纠纷执行一案，广东省惠东县人民法院于2010年1月13日向被执行人乙商贸城（惠东）有限公司发出执行通知书及财产申报令，责令被执行人乙商贸城（惠东）有限公司于同年1月20日支付80万元工程款给申请执行人。被执行人乙商贸城（惠东）有限公司接到执行通知书后，派人到庭，但未申报公司财产状况，同时表示希望申请执行人在其指定的一家酒店消费30万元了结该案。经执行法院调查，被执行人乙商贸城（惠东）有限公司为港资企业，法定代表人李某生系香港居民,公司的银行存款仅有1000多元。登记在公司名下的房地产占地面积共计16357平方米,已在银行办理了抵押登记,且该房地产已被乙商贸城(惠东)有限公司出租给某酒店,租赁期限为60年,且租金已由被执行人一次性收取,该房产无法处置变现。

因被执行人乙商贸城(惠东)有限公司法定代表人李某生系香港居民,执行法院决定对其采取限制出境措施。2010年3月25日晚,正准备在深圳罗湖口岸出境的李某生被限制出境。随后,执行法院决定对其采取拘留措施。被拘留后,李某生主动承认了不申报财产和不履行法律文书确定义务的错误。最终,申请执行人广东省惠东县甲总公司与被执行人乙商贸城(惠东)有限公司达成执行和解协议,被执行人分两期将80万元工程款全部支付给了申请执行人。

【典型意义】

由于被执行人不履行法律文书确定的义务,执行法院依法对被执行人法定代表人采取限制出境和拘留措施,在强大的法律威慑力下,被执行人履行了义务,案件得以顺利执结。

张某峰等三人与郑州甲混凝土有限公司劳务合同纠纷执行案

《最高人民法院公布五起"失信被执行人"典型案例》第1号
2013年7月20日

【基本案情】

张某峰等三名进城务工人员申请执行郑州甲混凝土有限公司(以下简称郑州甲公司)劳务合同纠纷一案,河南省荥阳市人民法院判令郑州甲公司支付张某峰等三人劳务工资22万元及利息。

由于郑州甲公司未履行生效判决所确定的义务,张某峰等三人向荥阳市人民法院申请强制执行。执行法院经多次查询郑州甲公司银行账户,账户均无存款;同时查明郑州甲公司经营场所、机器设备系租赁他人,不能强制执行。之后,执行法院多次传唤郑州甲公司法定代表人,其表示企业现经营困难,没有能力支付工资,案件一度陷入困局。执行法院调查发现该公司仍在正常经营，但经采取多种强制执行措施仍未取得明显成效后，执行法院将案件有关情况逐级上报河南省高级人民法院（以下简称河南高院）。河南高院执行局决定依法将其列入失信被执行人名单，并在河南高院政务网、新浪网、《大河报》《河南商报》等网络和报刊上进行公开发布，同时向建委、国土、房管、工商、税务等部门和银行等金融机构进行了通报，使其在贷款融资、工商注册、减免税、购置土地、房产等方面受到限制，压缩其经营发展空间，对其进行信用惩戒，敦促其履行法律义务。

失信被执行人名单发布后，郑州甲公司迫于舆论和失信被执行人名单的威慑，担心今后没有生意可做，遂积极配合法院工作，将全部案款主动交付执行法院，这起涉及农民工工资案件得以顺利执结，申请执行人对此表示满意。

【典型意义】

执行法院严格按照《河南省高级人民法院关于建立失信被执行人名单的若干意见（试行）》的相关规定，将长期不履行生效法律文书义务的被执行人列入失信被执行人名单，在网络和报刊上进行公开发布，同时以公告的形式向相关联动单位通报，使其在贷款融资、工商注册、减免税、购置土地、房产等方面受到限制，压缩其经营发展空间，对其进行信用惩戒，敦促其履行法律义务。

郑州甲商品混凝土有限公司申请执行河南乙建设工程有限公司买卖合同纠纷执行案

《最高人民法院公布五起"失信被执行人"典型案例》第 2 号

2013 年 7 月 20 日

【基本案情】

郑州甲商品混凝土有限公司（以下简称郑州甲公司）申请执行河南乙建设工程有限公司（以下简称河南乙公司）买卖合同纠纷一案，郑州市惠济区人民法院（以下简称惠济区法院）判决河南乙公司支付郑州甲公司货款 210013.85 元及 12226 元的违约金等实际费用。

河南乙公司没有按照判决内容履行法律义务，郑州甲公司向惠济区法院申请强制执行。

执行立案后，惠济区法院向河南乙公司送达了执行通知书和申报财产令，限其3日内自动履行义务，河南乙公司未按执行通知书履行义务，也未向执行法院申报财产。经执行法院调查，河南乙公司无银行存款等可供执行的财产，但该公司仍在正常经营。执行人员到河南乙公司位于金水区的办公场所进行现场执行，双方当事人因利息数额等问题发生争执打斗，场面一度失控。经执行法院耐心做工作，河南乙公司支付部分案款，后经多次传唤拒不到庭，且随后变更公司办公地址逃避执行。

2013年5月，河南高院将河南乙公司列为失信被执行人，并在河南高院政务网等相关网络及报刊上进行公开发布，同时向工商、税务等部门和银行等金融机构进行了通报，使其在贷款融资、工商注册等方面受到限制。河南乙公司在申请贷款遭银行拒绝后，又在报纸和网站上看到该公司的一系列不诚信披露信息，迫于舆论和经营的双重压力，主动找到惠济区法院将所欠款项主动履行完毕，双方当事人达成和解协议，一度争吵甚至动手的双方当事人握手言和。

【典型意义】

执行法院通过在网络和报刊上公布失信被执行人名单，同时向相关联动单位及时移送，使其在贷款融资、房产等方面受到限制，对被执行人的生产经营活动产生了重大影响。失信被执行人名单制度融联动机制、失信信息共享等制度的作用于一体，具有强大的威慑力和影响力，在案件执行上发挥着积极的作用。

甲农村信用合作联社与青州市乙建筑安装
有限公司金融借款合同纠纷执行案

《最高人民法院公布五起"失信被执行人"典型案例》第3号

2013年7月20日

【基本案情】

山东省甲农村信用合作联社（以下简称甲农信社）与青州市乙建筑安装有限公司（以下简称青州乙公司）及其他三公司金融借款合同纠纷一案，青州市人民法院（以下简称青州市法院）经调解结案，其中青州乙公司对借款本金100万元及利息承担连带清偿责任。后因该案的借款人、保证人均未按期履行义务，甲农信社申请强制执行。

法院立案执行后，除向各被执行人送达了执行通知书、报告财产令等法律文书外，还向其送达了"诚信诉讼提示书""诚信诉讼承诺书"等。法院在执行中发现，青州乙公司因未履行生效法律文书确定的义务，被依法强制执行的案件还有两起。在上述三案执行过程中，该公司拒不申报财产等失信行为均被进行了采集，并录入青州市法院诉讼诚信信息库，其失信等级被评定为"严重失信"。

执行法院根据青州乙公司涉案多起、均未履行，且已达到"严重失信"的情况，向包括青州市工商行政管理局等在内的多家诉讼诚信体系联动部门进行了披露，工商局将这一信息录入该企业的电子档案。2012年8月，该公司到工商局欲进行股权变更，但工商局经过查询该公司的企业电子档案，发现该公司存在因未履行法律义务失信的不良信息，遂告知该公司暂不能为其办理；并告知其应先行到法院履行相关手续，法院同意后方可办理。

该公司终于引起重视，随后对于近几年涉案的履行情况进行了认真排查，并对另两起自身为直接义务人的案件积极履行完毕。后该公司向法院提出申请，请求青州市法院撤销该公司在青州市工商行政管理局的不良信息记录。青州市法院受理后，经审查，发现该公司承担直接还款责任的案件确已履行完毕，但在甲农信社申请执行的案件中，该公司承担的是连带清偿责任，而该案的主债务人并未履行完毕法律义务，因此青州乙公司所负的连带清偿责任并未免除。青州市法院将该情况告知青州乙公司,责令其督促主债务人尽快履行法律义务,否则其失信不良记录不会被撤销。

【典型意义】

执行法院将被执行人的失信信息披露后,联动单位青州市工商局将该信息录入,该公司的股权变更登记等将受限制,无法获得投标资格,国土、房地产管理部门也将停止办理产权转移、权属变更等手续。本案被执行人涉案多起,在履行法律义务时存在拖延情况。法院诉讼诚信体系运行之后,该公司认识到了问题的严重性,主动联系执行法院并及时将本公司作为直接债务人的两起案件履行完毕。

李某与上海松东甲餐饮经营管理有限公司买卖合同纠纷执行案

《最高人民法院公布五起"失信被执行人"典型案例》第4号
2013年7月20日

【基本案情】

李某与上海松东甲餐饮经营管理有限公司(以下简称甲餐饮公司)买卖合同纠纷一案,上海市松江区人民法院(以下简称松江区法院)判决甲餐饮公司给付李某货款90100元。

判决生效后,甲餐饮公司未履行生效判决所确定的义务,李某向松江区法院申请执行。执行法院向甲餐饮公司送达执行通知,该公司法定代表人郝某到法院声称公司经营困难,希望法院暂缓执行。执行法院通过上海法院协助执行网络对甲餐饮公司的财产状况进行了调查,未发现有价值的财产线索。但在实地走访时,执行法院发现该公司宾客满座,生意火爆,法官随机走访了几名客人,他们都表示是在网上团购的套餐,价廉物美。执行法院随即封存了该公司的账册,并进行了更深入的调查,发现该餐饮公司在上海市松江区小有名气,其最大的业务量来自网上团购,占到其全部业务量的80%左右。

执行法院为敦促甲餐饮公司履行义务,结合其经营特点,根据《民事诉讼法》第二百五十五条①可以通过媒体公布被执行人不履行义务信息的规定，依法在上海法院互联网"阳光执行"平台、上海市松江区的《松江报》等媒体上将其未履行法院判决的失信行为予以曝光，并在该公司几个连锁门店的显著位置张贴其未履行生效判决的公告，让其目标客户——网民知悉其失信行为。一开始，甲餐饮公司对执行法院曝光其未履行义务的失信行为并不在意。但其后不到半个月，该公司多次致电执行法院，表示认识到不履行义务的错误，但确实一时难以全额支付所欠债务，将争取与申请执行人李某协商还款事宜，请求撤销曝光其失信行为的措施。经调查，自从执行法院对甲餐饮公司未履行法院判决的行为通过网络、报纸、公告等形式予以曝光后，该消息迅速传播，导致该公司业务量直线下降。对于甲餐饮公司提出的撤销曝光其失信行为的请求，执行法院告知其在未履行判决所确定的义务之前，撤销不诚信信息于法无据，不予支持。慑于曝光失信行为的威力，甲餐饮公司与申请执行人李某达成了执行和解协议，约定还款方案，通过分期履行的方式将全部钱款支付给了申请执行人李某，执行法院也依法撤销了对甲餐饮公司所采取的曝光措施，案件得以顺利执结。

【典型意义】

执行法院抓住商家重视商业信誉的特点，通过互联网、报刊、公告等途径对其未履行法院判决的行为予以曝光，促使被执行人通过与申请执行人达成执行和解协议的途径履行生效判决所确定的义务，使得案件得以顺利执结。

浙江某建设公司所涉40余起合同纠纷执行案

《最高人民法院公布五起"失信被执行人"典型案例》第5号
2013年7月20日

【基本案情】

2007年至2009年间，被执行人浙江某建设公司在浙江省杭州、台州、湖州、金华、舟山等地法院有40余件案件未履行，涉及标的金额共计2600余

---

① 现为《民事诉讼法》（2023年修正）第二百六十六条。

万元。这些案件的案由包括买卖合同纠纷、建设工程承包合同纠纷、承揽合同纠纷、租赁合同纠纷等。

在执行过程中，被执行人认为这些纠纷引起的债务应由各地的项目经营部或项目经理个人承担，项目经营部与公司总部之间财务独立，公司总部不应承担履行义务，因而态度消极，对调查财产等很少配合。2009年3月，浙江省高级人民法院（以下简称浙江高院）执行局与浙江省信用中心建立了联建共享省公共联合征信平台的工作机制，浙江高院通过全省法院执行案件管理系统将全省各级法院所有超过3个月未实际执结的案件信息提取出来，包括被执行人姓名（单位名称、法定代表人姓名）、身份证号码（组织机构代码）、住址、未履行金额、案号、执行法院等信息，分别形成个人和单位未履行生效裁判失信信息数据库，交省信用中心导入省联合公共征信平台，在信用浙江网上予以公开，供社会各界开放查询，并应用于金融、招投标和政府监管等领域，促进信用联防奖惩机制的形成。该建筑公司的上述40余起案件均在公布之列，形成40多条失信记录。

根据浙江省在重点建设工程招投标领域应用企业信用报告的有关规定，建筑施工企业参与重点工程招投标都必须提供由信用评级机构作出的企业信用报告，对信用等级没有达到一定条件的，取消投标资格。而根据此项规定，只要在信用浙江网上有两条失信记录的，企业的信用评级就会下调，丧失投标资格。

执行失信信息被公布之后，该被执行人在建筑企业资质评定和工程招投标上受到严重影响。为改善自身信用情况，从2010年2月起，该被执行人主动到各执行法院寻求履行办法，通过督促项目部负责人积极筹款履行义务、余额由公司总部划拨资金垫付等办法，到年底全部履行了责务。不仅如此，该公司还从中总结吸取教训，采取措施加强风险管控，取得了涉诉纠纷逐年下降的良好效果。

【典型意义】

法院通过与信用中心联建共享公共联合征信平台，形成失信信息数据库，在网上予以公开，供社会各界开放查询。本案中，被执行人因失信信息被公布导致其信用评级较低，在建筑企业资质评定和工程招投标上受到严重影响。为改善自身信用状况，被执行人主动履行了清偿义务。

张某与河南某食品工业有限公司买卖合同纠纷执行案

《最高人民法院发布失信被执行人名单制度典型案例》第 1 号
2013 年 11 月 5 日

【基本案情】

张某与河南某食品工业有限公司买卖合同纠纷一案，河南省辉县市人民法院判令河南某食品工业有限公司偿还张某 94 万余元及利息。

后本案指定新乡市牧野区人民法院执行。执行法院向被执行人送达执行通知书和报告财产令后，当事人双方达成和解协议，但被执行人于 2013 年 1 月 30 日偿还 20 万元后，便以各种理由拖延履行。执行法院多次劝说被执行人法定代表人继续履行和解协议，被执行人于 2013 年 5 月 20 日偿还 5000 元，此后未再继续履行义务。

《最高人民法院关于公布失信被执行人名单信息的若干规定》施行后，执行法院于 2013 年 10 月 9 日作出决定书，将河南某食品工业有限公司纳入失信被执行人名单，并录入最高人民法院失信被执行人名单库统一对外公布。被执行人迫于舆论压力，为避免对其商业信誉造成更为严重的影响，遂于 2013 年 10 月 15 日向申请执行人偿还了 8 万元现金和一辆汽车。鉴于一次性履行全部义务确有较大困难，被执行人主动与申请执行人达成和解协议，每月偿还 5 万元，直至全部清偿。

【典型意义】

面向全社会统一公布失信被执行人名单信息，通过公开曝光的方式将被执行人的失信情况公之于众，减损了失信被执行人的名誉，迫使其为了恢复名誉而积极履行法律文书确定的义务，达到了促进执行的目的，取得了良好的社会效果。本案被执行人为恢复其商业信誉，主动向申请执行人履行了部分义务，虽然一次性履行全部义务存在困难，但其通过与申请执行人达成和解协议等方式，积极承担了责任和义务。

郭红某与郭淑某人身损害赔偿纠纷执行案

《最高人民法院发布失信被执行人名单制度典型案例》第 2 号

2013 年 11 月 5 日

【基本案情】

郭红某诉郭淑某人身损害赔偿纠纷一案,河南省洛阳市中级人民法院判令被告郭淑某赔偿郭红其医疗费、住院伙食补助费、营养费、护理费、误工费、残疾赔偿金、精神损害抚慰金等共计 8 万余元。

由于郭淑某拒绝履行生效判决所确定的给付义务,郭红某于 2012 年 1 月 1 日向洛阳市涧西区人民法院申请执行。执行法院立案后,除向被执行人送达了执行通知书、报告财产令等法律文书外,还向其送达了风险提示书、诚信诉讼承诺书等,但被执行人始终不履行义务。执行法院多次查询被执行人的银行账户,均无财产可供执行。被执行人名下有房产一套,但出于保障被执行人生活需要,执行法院未能采取强制措施。由于被执行人无其他财产可供执行,案件执行一度陷入困境。

全国法院失信被执行人名单信息公布与查询平台于 2013 年 10 月 24 日面向社会开通。通过该平台,全国各级人民法院录入的失信被执行人及相关信息可以对外公布,郭淑某也在名单之列。郭淑某感觉到了舆论的压力和信用惩戒的风险,主动找到执行法官表示愿意配合执行。此外,执行法院通过刚刚成立的涧西区网络化执行联动指挥中心,与辖区工商、税务、房管、国土、银行等多家单位形成了执行联动,迅速查到郭淑某另有一套房产被隐匿。得知此信息后,执行法官立即依法查封了该套房产并告知郭淑某尽早履行法定义务。后郭淑某积极配合法院工作,将全部款项主动交至执行法院。

【典型意义】

本案体现了人民法院执行信息化建设和执行联动机制建设的成果。失信被执行人名单信息的公布,有力震慑了失信行为,打击了各种妨碍、抗拒执行以及规避执行的行为。执行指挥中心为执行联动搭建了平台,通过发挥网络化的执行联动效应,人民法院能够及时获取被执行人的相关财产信息,促使被执行人履行义务,保障案件顺利执结。

北京某汽车装饰中心等 50 余人与北京某汽车制造有限公司系列执行案

《最高人民法院发布失信被执行人名单制度典型案例》第 3 号
2013 年 11 月 5 日

【基本案情】

自 2000 年起至今,北京某汽车制造有限公司作为被执行人在北京市丰台区人民法院有大批执行案件,未执行到位标的额高达 4000 余万元。

执行过程中,执行法院查封了被执行人北京某汽车制造有限公司的生产线和其他财产,但因被执行人未尽到保管责任,造成部分查封财产毁损灭失。经北京市价格认证中心鉴定,被查封财产已失去变现条件。之后,执行法院多方查找,均未发现被执行人名下有任何可供执行的银行存款、车辆、房产等财产。被执行人法定代表人长期下落不明,拒不到庭报告财产。众多申请执行人对此十分不满。

失信被执行人名单制度出台后,申请人之一北京某汽车装饰中心向执行法院提出申请,要求将被执行人纳入失信被执行人名单。执行法院经过审查,以被执行人违反财产报告制度为由,决定将其纳入失信被执行人名单,并通过《京华时报》《北京青年报》《北京晨报》《法制晚报》《新京报》《北京晚报》进行了曝光。之后,中国法院网、北京法院网等媒体也进行了报道,人民网、新华网、光明网、凤凰网等几十家网站纷纷转载。被执行人看到相关报道后,迫于失信被执行人名单的威慑和舆论压力,主动与执行法院联系,并派代理律师到法院核实其未履行案款数额,表示会尽快通过多种方式履行义务,以消除不良影响。同时,申请执行人通过媒体看到公布失信被执行人信息后,专程向执行法院寄去感谢信,对执行法院的工作表示了理解。

【典型意义】

执行法院将失信被执行人名单信息录入最高人民法院失信被执行人名单库,统一向社会公布,并同时通过报纸、广播、电视、网络等其他方式予以公布。被执行人作为企业,迫于社会压力,为维护其在经济交往中的名声,主动向执行法院表示尽快履行义务,失信被执行人名单制度的信用惩戒功能得以有效发挥。

郑彦某与郑庆某买卖合同纠纷执行案

《最高人民法院发布失信被执行人名单制度典型案例》第 4 号
2013 年 11 月 5 日

【基本案情】

郑彦某与郑庆某买卖合同纠纷一案,生效调解书确认郑庆某于 2012 年 7 月 19 日即调解协议签订之日给付郑彦某 1 万元,余款 23930 元于 2012 年 12 月 31 日全部付清。

然而,郑庆某除签订调解协议时给付的 1 万元外,余款 23930 元并未按协议如期履行。2013 年 4 月 22 日,郑彦某向河北省枣强县人民法院申请执行。该案进入执行程序后,执行法院依法向被执行人送达了执行通知书、报告财产令,但被执行人既未履行调解书确定的义务,也未向执行法院报告财产,更不依传票传唤到庭接受调查。执行法院将被执行人在枣强县农村信用合作联社的存款 2400 元予以强制扣划,此外再未发现被执行人名下有可供执行的财产。后经执行法院查明,被执行人曾向某客户出售过一批兔皮。为此,执行法院决定以被执行人拒不报告财产、有履行能力而拒不履行生效法律文书确定的义务为由对被执行人予以司法拘留。

后执行法院在调查中了解到,由于皮毛市场行情看好,为把生意做大,被执行人正在办理银行贷款和公司注册登记手续。针对上述情况,执行法院向枣强县各金融机构、工商管理部门等送达了《枣强县人民法院不予办理失信被执行人申请事项建议书》,建议有关机构和部门在该案未执行结案前不为被执行人办理贷款业务和公司登记等事项。2013 年 8 月 20 日,被执行人郑庆某来到执行法院,称因自己的失信行为,银行不同意向其发放贷款,工商部门也已停止为其办理公司注册登记。被执行人表示愿意主动履行民事调解书确定的义务,请求人民法院将其从失信被执行人名单中删除。同年 8 月 22 日,当事人双方达成和解协议,郑庆某一次性给付郑彦某货款 2 万元(含执行法院自信用社强制扣划部分），余款郑彦某自愿放弃。此案最终顺利结案。

【典型意义】

向有关单位定向通报失信被执行人名单信息，由受通报单位在政府采购、招标投标、行政审批、政府扶持、融资信贷、市场准入、资质认定等方面对失信被执行人施以信用惩戒，是失信被执行人名单制度发挥功能和效果的一个重要渠道。本案被执行人正是由于在贷款、开办公司等方面受到了限制，导致无法开展经营活动，社会生存空间被挤压，于是主动向执行法院履行了义务。

李某与杨某借款合同纠纷执行案

《最高人民法院发布失信被执行人名单制度典型案例》第 5 号

2013 年 11 月 5 日

【基本案情】

李某与杨某借款合同纠纷一案，经云南省昆明市五华区人民法院判决，李某偿还杨某借款 1340547 元本金及利息。

判决生效后，李某一直未能主动履行法律文书所确定的义务，杨某遂于 2013 年 9 月 5 日向云南省昆明市五华区人民法院申请强制执行。执行过程中，执行法院依法查封、冻结了被执行人李某名下的房产、股权，并告知其如不及时履行生效法律文书所确定的义务，执行法院将严格按照《最高人民法院关于公布失信被执行人名单信息的若干规定》，将其纳入失信被执行人名单，一旦对外公布，将对被执行人的出行、信贷、经营活动及家庭生活等各方面产生重大影响。得知这一法律后果后，正在办理出国签证的被执行人李某为避免对其日后出国、出境造成不利影响，遂于国庆节期间四处筹措资金，国庆假期结束当日便主动找到执行法院，全部履行了生效法律文书确定的义务。

【典型意义】

本案中，执行法院在依法采取查封、冻结等强制措施的同时，向被执行人告知了纳入失信被执行人名单的风险，使其感受到来自日常生活、商业往来等各方面的压力,最终促使被执行人主动履行了生效法律文书确定的义务,失信被执行人名单制度的威慑作用得以有效发挥,彰显了司法权威。

某总工会与南平甲房地产开发有限公司房屋拆迁安置补偿纠纷执行案

《最高人民法院公布七起保障民生典型案例》第 7 号
2014 年 2 月 17 日

【基本案情】

某总工会与南平甲房地产开发有限公司房屋拆迁安置补偿纠纷一案,福建省南平市延平区人民法院作出(2011)南民终字第 412 号民事判决:一、南平甲房地产开发有限公司于判决生效之日起 10 日内将南平市府前路 36 号延府豪庭 2 号楼五楼(原南平财富广场 2、3、4 号楼裙楼的五层)整层房产交付给某总工会。二、南平甲房地产开发有限公司于判决生效之日起 10 日内支付给某总工会逾期安置补偿费 2887026 元。三、驳回某总工会的其他诉讼请求。

判决生效后,南平甲房地产开发有限公司未按期履行生效法律文书确定的还款义务,某总工会于 2011 年 11 月 1 日向延平区法院申请强制执行,该院于同日立案执行。

【执行情况】

案件立案执行后,延平区法院向被执行人南平甲房地产开发有限公司发出了执行通知书,后冻结了被执行人南平甲房地产开发有限公司的银行账户及名下部分房产。执行法院组织双方当事人就房产交付及逾期安置补偿费进行协商。但是,被执行人南平甲房地产开发有限公司已将延府豪庭 2 号楼五楼 200 多平方米安排给延平区某居委会作为社区办公用房,某居委会经装修后搬入该场所办公,其认为社区办公用房是依规取得,不愿搬离。基于此种原因。应交付给某总工会的 200 多平方米房屋无法交付,案件执行陷入困境。

此后,执行法院多次组织双方当事人协商,并依法对被执行人南平甲房地产开发有限公司采取了查封财产、冻结账户、罚款 50 万元以及邀请人大代表、政协委员、群众代表、媒体公开对被执行人拒不履行生效法律文书确定的义务的行为进行评议等一系列措施，但仍无效果。

2013年10月，《最高人民法院关于公布失信被执行人名单信息的若干规定》实施后，执行法院根据该规定将被执行人南平甲房地产开发有限公司列入首批失信被执行人名单，在全国范围内进行公示。该公司面临社会不予认同，参与招投标项目难度加大，银行信用降低，金融部门对其贷款不予支持等后果。在强大的信用惩戒威慑下，该公司立即将执行标的物1870.2平方米房产全部交付申请人某总工会，并另外提供装修好的办公场所交付某居委会办公。三方当事人于2013年11月25日自愿达成执行和解协议，纠纷得以化解。

【典型意义】

执行法院将被执行人的失信信息录入最高人民法院失信被执行人名单库，统一向社会公布，同时，向有关单位定向通报失信被执行人名单信息，由受通报单位在政府采购、招标投标、行政审批、政府扶持、融资信贷、市场准入、资质认定等方面对失信被执行人施以信用惩戒。失信被执行人名单信息的公布及运用，致使被执行人迫于各方面压力，为恢复其在经济交往中的名声，确保企业经营不受影响，主动向执行法院履行生效法律文书确定的义务，达到了促进执行的目的，取得了良好的社会效果，失信被执行人名单制度的信用惩戒功能得以有效发挥。

魏某夫申请执行张某峰、张某政、李某明公证债权文书纠纷执行案

《最高人民法院发布五起典型案例》第5号

2014年4月30日

【基本案情】

魏某夫与张某峰为邻居。2011年张某峰因生意筹集资金向魏某夫借款人民币4100万元，期限为一年。李某明作为张某峰的朋友自愿对债务承担连带保证责任，张某峰的儿子张某政自愿以其名下的房产为借款提供抵押担保。

四、执 行

同年12月8日，魏某夫与张某峰、张某政、李某明签订了《借款合同》，并在北京市某公证处对该合同办理了具有强制执行效力的债权文书公证。还款期限届满后，张某峰未能偿还借款本金。魏某夫于2013年9月18日向北京市某公证处申请了《执行证书》，该证书确认张某峰应偿还魏某夫借款本金4100万元及相应的借款利息、违约金，李某明对该借款承担连带保证责任，张某政对该借款承担抵押担保责任。

【执行情况】

2013年9月27日，魏某夫向北京市朝阳区人民法院申请强制执行。执行法官收案后，即联系被执行人督促其主动履行还款义务，但被执行人拒不履行义务。随后，执行法官依法查封了3名被执行人名下的4套房产与3辆汽车。2013年12月30日，执行法官再次电话联系张某峰督促其履行时，其不但无任何主动履行意愿，且态度蛮横，并对执行法官言语威胁。

2014年1月9日，执行法官等6名执行干警与多家媒体一起赶到被执行人张某峰之子张某政位于北京市朝阳区900多平方米的房屋进行强制执行。执行现场共有被执行人所雇佣保姆、司机、厨师及房客4人，在执行法官出示证件后，上述人员仍有阻碍执行公务的行为。执行法官在控制住现场秩序后，依法在房屋门口张贴拍卖公告，并向被执行人张某峰送达传票和限制高消费令，对其乘坐飞机、入住高档酒店等高消费行为依法予以限制。执行过程中，执行法官还当场扣押被执行人所有的宾利车钥匙一把。

次日，张某峰便主动向执行法官打电话，承认错误并表示积极履行还款义务。2014年1月22日，魏某夫到法院递交了执行和解协议，本案顺利执结。

【典型意义】

该案属于典型的被执行人有能力履行而拒不履行法律义务的案件。本案三名被执行人生活富足，名下有数套房产，住着价值近6000万元的豪宅，拥有宾利、宝马等多辆名车，却欠债不还。在法院立案执行后，被执行人张某峰仍然态度强硬，拒绝履行，甚至对执行法官言语威胁，抗拒执行，是典型的失信被执行人。

本案法院向被执行人发出限制高消费令，禁止被执行人乘坐飞机、列车软卧，限制其贷款或办理信用卡，不得担任企业法定代表人、董事、监事、高级管理人员等，在社会征信系统内对其进行信用惩戒，形成了一处失信处处受制、最大限度压缩其生存空间的执行威慑效应。正是在遭受信用惩戒之后，本案被执行人才主动与申请执行人取得联系并达成执行和解协议。这充分说明，信用惩戒是一种行之有效的执行威慑机制。同时，在本案执行中，执行法院通过媒体曝光，如实记录法院强制执行的过程，不仅加深了社会对执行工作的理解，而且震慑了其他的被执行人和债务人，使人们直观地感受到拒不执行行为的严重后果。本案执行的过程说明，媒体除了具有引导形成诚实守信的社会风气、推动社会诚信建设的功能外，还具有助推债务人履行义务从而降低执行成本、提高执行效益的作用。

潘某才申请执行债权转让合同纠纷案

《最高人民法院发布的四起典型案例》第4号

2015年3月31日

【基本案情】

申请人潘某才依据北京市第二中级人民法院作出的民事判决，向北京市通州区人民法院申请执行，要被执行人某建设有限责任公司北京甲建筑分公司（以下简称甲建筑分公司）给付货款、违约金、迟延履行期间的债务利息，共计115万余元。执行法院通过相关查询、现场勘查，发现甲建筑分公司没有能力履行全部债务。

【执行结果】

北京市通州区人民法院经查明：被执行人甲建筑分公司系企业法人的分支机构，并不具有独立承担民事责任的法人资格。某建设有限责任公司为企业法人，其系被执行人甲建筑分公司的开办单位，其所设立的分支机构在不能对外清偿债务时，企业法人应对其设立的分支机构对外承担清偿责任。故依法裁定：追加某建设有限责任公司为本案被执行人。随后北京市通州区人民法院对某建设有限责任公司采取了一系列强制执行措施，将本案执结。

【典型意义】

本案是一起个人与分公司之间产生的债权转让合同纠纷,属于典型的分公司无力还款,总公司承担责任的执行案件。在追加某建设有限责任公司(以下简称某建设公司)为被执行人后,该企业怠于履行债务,逃避执行,严重损害了申请人的合法权益。执行法院对某建设公司采取了一系列的执行措施。其中,采用具有执行联动效应的失信被执行人制度,将某建设公司纳入失信被执行人名单,向全社会公布。同时,对某建设公司限制高消费,对负有直接责任的法定代表人庄某良限制高消费、罚款,以进行惩戒。某建设公司因企业被纳入失信名单而不能开展招投标业务,法人代表庄某良个人受到处罚等原因,该公司主动与申请人潘某才进行协商,达成和解协议,按约履行了相关债务。

在本案执行中,北京市通州区人民法院通过依法追加被执行人,维护了申请人的权益。执行法官在执行中采用多种执行措施,运用相关联动机制,对被执行人及法定代表人进行威慑,促成其积极履行债务。同时,有关企业可以从本案中认识到总公司的法律责任,以及涉及的法律风险,在一定程度上可规范相关企业的行为。

赵某连申请执行张某昊机动车交通事故案

《最高人民法院发布的四起典型案例》第 3 号
2015 年 3 月 31 日

【基本案情】

2010 年 7 月 31 日 21 时 41 分李某胜驾驶三轮车(后乘申请人赵某连)与被执行人张某昊发生机动车交通事故。事故造成赵某连脑外伤精神分裂,一级伤残,丧失诉讼能力,经交管部门鉴定,张某昊负事故全部责任。2011 年 3 月,赵某连之夫李某胜代其向北京市丰台区人民法院提起诉讼。北京市丰台区人民法院一审判决:张某昊赔付赵某连医疗费、误工费、残疾赔偿金、住院伙食补助等共计 129 万余元。判决作出后,张某昊向北京市第二中级人民法院提起上诉,北京市第二中级人民法院作出民事调解书,该调解书确定张某昊分期给付赵某连各项赔偿款共计90万元。张某昊于调解书作出当日给付赵某连20万元，其后对剩余赔偿款便不再按调解书继续给付。故李某胜代赵某连于2012年7月23日向北京市丰台区人民法院申请强制执行，该院依法受理。

在执行过程中，法院及时发出执行通知并多次传唤被执行人张某昊，张某昊拒不露面、隐匿行踪，承办法官多次到被执行人住所地查找张某昊，亦未发现其下落。张某昊名下的肇事车辆被依法查封档案，但无法查找到该车，其名下7个银行账户余额为零或只有几十元钱，名下也无房产登记信息，案件未能取得实际进展。该案申请执行人赵某连丧失劳动能力且生活不能自理，被执行人拒不执行的行为致使申请执行人一家的生活陷入困境。为维护申请执行人的合法权益，法院加大了对被执行人张某昊财产线索的查找力度，承办法官先后到保险公司、银行等机构查询张某昊的保险理赔金支取情况和资金往来状况，发现张某昊在二审调解后申请执行前将保险公司赔付的10万元商业第三者责任险保险理赔金领取但未支付给申请执行人。同时，发现其银行账户虽无存款但之前每月有5000余元的流水记录。查明上述情况后，承办法官立即与被执行人张某昊的父亲取得联系，要求张某昊尽快履行义务，张某昊父亲声称张某昊不在北京且其无能力履行，张某昊本人则仍旧拒不露面。鉴于张某昊转移财产、规避执行的上述行为，依据法律有关规定，2014年10月18日，北京市丰台区人民法院以涉嫌拒不执行判决、裁定罪将案件移送北京市公安局丰台分局立案侦查。

【执行结果】

北京市丰台区人民法院受理案件后，被执行人张某昊拒不露面，转移财产，规避执行，涉嫌构成拒不执行判决、裁定罪。北京市丰台区人民法院将案件证据线索移送公安机关立案侦查后，张某昊主动交纳10万元案款，其被刑事拘留后，张某昊亲属将剩余60万元执行款交到法院，该案得以顺利执结。同时北京市公安局丰台分局以涉嫌拒不执行判决、裁定罪将张某昊移送北京市丰台区人民检察院提起公诉。2015年2月4日，北京市丰台区人民法院依法判处张某昊有期徒刑6个月，缓期一年执行。

【典型意义】

本案是一起因被执行人拒不执行而将其犯罪线索移送公安机关追究其刑

事责任的典型案例。本案标的额较大，所以在考虑被执行人履行能力的情况下，二审法院调解书确定被告张某昊分期履行。但被告张某昊在调解书生效后并没有积极地履行义务，无视法院判决，蔑视司法权威。申请执行人赵某连申请执行后，被执行人张某昊又故意隐匿行踪，转移财产规避执行，主观恶意明显，并导致申请执行人因事故造成的损害进一步扩大，使其家庭生活陷入极度困顿。在法官掌握被告转移财产、规避执行的证据后再次要求被执行人履行义务，并告知其如果继续规避执行将要承担刑事责任，但被执行人依旧拒不露面，抗拒法院执行，无视司法权威。鉴于被执行人的上述行为，承办法官依据相关法律规定，将其拒不执行法院生效判决的证据和线索移送公安机关，由公安机关立案侦查，追究其刑事责任。最终在刑事处罚的威慑下，被执行人主动履行了判决确定的义务，这也从另一个方面证明了其实际具有履行能力，被执行人张某昊必将因其损害司法权威，妨害司法秩序的行为而付出沉重的代价。该案通过追究被执行人刑事责任，维护了申请人的合法权益，捍卫了法律和司法的尊严，警示和威慑所有意图拒不履行义务，拒不履行法院判决、裁定确定义务的被执行人。

吴某甲等人申请执行陈某乙刑事附带民事赔偿纠纷案件

《最高人民法院发布依法惩戒规避和抗拒执行典型案例》第 2 号
2021 年 12 月 1 日

【案情简介】

吴某甲等 7 人申请执行陈某乙交通肇事刑事附带民事赔偿一案，吴某甲等 7 人申请执行数额 12 万元，陈某乙支付了 7 万元后，一直以无财产为由拒绝履行支付剩余 5 万元的义务。2021 年年初，根据申请执行人提供线索，被执行人陈某乙长期与其妻子在当地经营家禽生意，执行法院广西壮族自治区合浦县人民法院突击前往 100 余公里外的被执行人经营场所，对经营场所、货物、收款二维码等物品进行拍照固定，后将被执行人陈某乙带至最近的乡镇派出法庭进行调查询问和调解。被执行人陈某乙承认其与妻子从事家禽生意每月均有利润，因其账户已被法院冻结故使用妻子名下的微信收款码收账。经调解，吴某甲等申请执行人与陈某乙达成每月至少支付 2000 元的和解协议。数月后，申请执行人向执行法院反映，被执行人仅履行两期付款义务后拒绝继续履行。合浦县法院经研究，向被执行人陈某乙发出《司法拘留预先告知书》，限其 3 日内履行全部义务，否则将对其司法拘留 15 日，情节严重的，移交公安机关按拒执罪处理。同时，合浦县法院向被执行人所在村委会发出《关于陈某乙已被依法列为失信被执行人的告知及协助敦促陈某乙履行生效裁判的函》，请村委会协助敦促陈某乙履行生效裁判，并提醒村委会在协助敦促中注意保护当事人个人信息和个人隐私。陈某乙在收到司法拘留预先告知书的次日即主动联系执行法院，在执行法院见证下，一次性付清全部剩余款项。合浦县法院随即解除对被执行人陈某乙的全部限制措施，并致函其所在村委会通报其已自动履行完毕的情况，对村委会的协助表示感谢。

【典型意义】

本案在执行过程中执行法院及时、准确固定了被执行人有能力履行而不履行的完整证据链，在被执行人符合司法拘留，甚至追究其拒执罪的情况下，考虑到被执行人拒不履行义务的主要原因在于其不懂法，不清楚拒不履行生效裁判的具体法律后果，执行法院向其进行严肃、充分地释法说理，并向被执行人发出法律文书，同时借助当地村委会的力量，充分发挥基层治理功能，向被执行人施加压力，最终促成案结事了。合浦县法院综合运用各种执行措施，注重善意文明执行，既维护了申请执行人合法债权，又最大限度保障了被执行人生产生活。本案以最小的执行成本成功执行完毕，节约了大量司法资源，较好实现了法律效果和社会效果的统一。

庄某建申请强制执行甲酒店有限公司案

《最高人民法院公布 5 起拒不执行生效判决、裁定典型案例》第 1 号
2015 年 12 月 4 日

【基本案情】

2014 年 11 月 3 日，甲酒店有限公司因购置酒店配套设施及内部升级改造，急需资金，向庄某建借款 1800 万元，借款期限 20 天，并由乙食品有限公司、李某冰、魏某胜承担连带保证责任。借款期限到期后，借款人未按照

合同约定，按期归还所借款项。申请人庄某建于2014年11月24日向商丘市睢阳区公证处申请出具与被申请人甲酒店有限公司签订的具有强制执行效力的执行证书。经商丘市睢阳区公证处审查，庄某建所提申请符合法律规定，遂于2014年11月25日为庄某建出具了（2014）商睢证字第060号执行证书。

执行证书生效后，申请人多次催促被申请人履行还款义务，被申请人仅偿还本金750万元。经多次催要无果后，申请人庄某建于2015年4月7日向商丘市中级人民法院申请强制执行，2015年5月21日商丘市中级人民法院将此案移送民权县人民法院执行。

【执行情况】

民权县人民法院受理此案后，采取了以下措施：

首先，送达手续、查控财产。执行人员接受案件后，第一，及时向被执行人甲酒店有限公司、担保人乙食品有限公司、李某冰、魏某胜送达了执行通知书、被执行人权利义务告知书、财产报告令等有关法律文书；第二，查控被执行人的财产状况，及时对被执行人所在公司所持股权进行查封；第三，向被执行人讲明有关法律规定，督促被执行人在规定期限内履行义务以及拒不履行的法律后果。

其次，利用网络查控被执行人信息并及时将其列为失信被执行人。该案受理后，利用网络查控被执行人信息，经查询，被执行人在银行没有大额存款。又对被执行人房产情况进行查询，也没有重大发现。在被执行人未按照规定期限履行义务的情况下，及时把被执行人列为失信被执行人，以及在有关电子屏幕上公布其失信情况，限制其高消费，以督促其积极主动履行义务。在被告知其被列为失信被执行人时，被执行人极为紧张，因为被执行人作为一个企业，其声誉高于一切，为此，被执行人积极与申请执行人进行协商，主动与申请人沟通，作出解决案件的高姿态。

最后，做好说理教育工作。在执行规程中，被执行人没有按照规定期限履行义务，执行人员及时传唤被执行人，对其说理释法，讲明有关执行法律规定，拒不履行的法律后果等，让被执行人明白拒不履行的法律后果，被执行人在执行人员有理有据的教育说服下，很快拿出解决方案，并积极主动与申请人协商，达成执行和解，及时履行了其应尽的义务，案件执结。

【典型意义】

执行法院将失信被执行人名单信息录入最高人民法院失信被执行人名单库,统一向社会公布,并同时通过报纸、广播、电视、网络等其他方式予以公布。被执行人作为企业,迫于社会压力,为维护其在经济交往中的名声,主动向执行法院表示尽快履行义务,失信被执行人名单制度的信用惩戒功能得以有效发挥。

安徽甲印务有限公司拒不执行仲裁法律文书案
——被执行人逃避执行,其法定代表人王某峰被法院移送公安机关协查,被采取拘留措施后全部履行到位

《最高人民法院公布12起涉民生执行典型案例》第6号
2016年1月24日

【基本案情】

安徽甲印务有限公司是安徽省合肥市长丰县双凤经济开发区内一家从事包装品印刷的企业,因种种原因,自2014年9月开始拖欠工人工资,涉及工人150多人,累计金额达100余万元。2015年年初,徐某翠等80人向长丰县劳动人事争议仲裁委员会申请劳动仲裁。仲裁委员会经审理后作出了仲裁调解书,确认应支付上述80人的工资合计50余万元。仲裁法律文书生效后,徐某翠等80人分别向安徽省合肥市长丰县人民法院申请强制执行。

长丰县人民法院立案执行后,执行人员发现,企业大门紧闭,一片萧条,已停产多日,生产设备已被合肥市瑶海区人民法院等多家法院查封。通过进一步查询发现,该公司无房产、土地及银行存款等可供执行的财产,法定代表人王某峰去向不明,案件执行陷入困境。

随后,执行人员根据申请执行人提供的该公司日常工作负责人王某的电话,多次依法、依情、依理与其进行沟通,但王某始终没有提出具体的解决措施或方案,也没有提供法定代表人王某峰的去向,案件没有实质性进展。在此情况下,执行法院将该案移送公安机关,请求协查王某峰的下落。公安机关依法对王某峰进行网上协查。后王某峰在合肥的某浴场出现,公安机关

及时将其控制并移交执行法院。在强大的法律威慑下,安徽甲印务有限公司将拖欠一年之久的工资如数交到法院。

【典型意义】

本案被执行人采取逃避的方式拒不履行生效法律文书确定的义务,致使80名工人的工资难以兑现。在多次执行无果的情况下,执行法院请求公安机关协查法定代表人下落,由此打开了整个案件的突破口。公安机关充分利用网络平台优势,及时发布协查信息,迅速对被执行单位法定代表人进行了定位和控制。慑于法律威严,被执行人最终支付了拖欠的工资。实践证明,执行联动机制对解决执行难问题具有重要意义,人民法院应当积极借助公安机关力量,通过网上协查等方式迅速找到被执行人或被执行人法定代表人。

渠某枝与刘某机动车交通事故赔偿案
——被执行人躲避执行,法院协调公安机关进行查控,
促使其全部履行义务

《最高人民法院公布12起涉民生执行典型案例》第7号

2016年1月24日

【基本案情】

2014年3月13日,刘某无证驾驶小型普通客车,沿348省道自西向东行驶至山东省鱼台县唐马镇杨辛庄路口时,与自南向北行驶至路口处的渠某枝所骑的电动三轮车相撞,后渠某枝起诉至山东省鱼台县人民法院。2014年8月8日,鱼台县人民法院作出判决,判令刘某赔偿渠某枝因本次交通事故造成的经济损失78207.54元。

判决生效后,刘某未主动履行判决确定的义务,渠某枝向鱼台县人民法院申请强制执行。受理执行申请后,鱼台县人民法院向刘某送达了执行通知书及财产报告令,但在法院指定的期限内,刘某拒不履行义务,也未报告财产状况。鱼台县人民法院于2015年1月23日依法对刘某作出司法拘留15日、罚款5万元的决定。被司法拘留后,刘某既不履行法律义务,也不主动缴纳罚款,拘留期满后仍躲避执行。申请执行人渠某枝因伤致残,家庭生活困难,

鱼台县人民法院按有关规定给予司法救助7000元。2015年11月，鱼台县人民法院向鱼台县公安局发出协查函，请公安机关协助查找被执行人刘某下落，发现后立即采取临时控制措施。2015年11月13日，鱼台县公安局辖区派出所民警将刘某找到并控制。接到派出所的通知后，执行人员即刻前往派出所对刘某采取司法拘留措施。2015年11月26日，被执行人刘某认识到自己的错误，表示愿意履行法律义务，当日，双方当事人达成执行和解协议并履行完毕，本案得以执结。

【典型意义】

本案中，被执行人刘某被采取司法拘留措施后，仍不履行义务，逃避执行，使得申请执行人的权益得不到实现。执行法院加强与公安机关协调配合，及时将案件移送公安机关协查、控制，依法采取司法拘留措施，对被执行人形成震慑，使案件得以执结。本案充分说明，公安机关配合执行法院采取协查措施，对查找被执行人下落具有重要意义。

北京某集团总医院申请执行陈某春医疗服务合同纠纷案

《最高人民法院发布十起关于弘扬社会主义
核心价值观典型案例》第6号
2016年8月22日

【基本案情】

2011年8月29日，被告陈某春因交通事故受伤进入原告北京某集团总医院住院治疗，于同年9月22日出院。2011年10月11日，被告陈某春因"左下肢肿痛一周"入住原告骨科病房，入院初步诊断为："左下肢深静脉血栓形成DYT、左膝关节镜术后。"经治疗后检查，被告陈某春左下肢深静脉血检部分血管再通，关节活动度伸至0度，屈曲达90度。自2012年3月25日起至同年7月18日，原告北京某集团总医院先后20余次通知其出院，但被告陈某春拒绝出院，仍然占用原告北京某集团总医院骨科病房第34床。自2012年7月18日，原告北京某集团总医院为被告陈某春办理了出院手续，且自该日起至今，原告北京某集团总医院未再对被告陈某春进行住院治疗。

根据本案查明的事实，法院认为被告陈某春的行为严重干扰了北京某集团总医院正常医疗秩序，侵害了原告北京某集团总医院的合法权益，影响了其他公民公平地享受医疗服务的权利，并于2014年12月10日作出判决：陈某春于本判决生效之日起七日内将位于北京市门头沟区黑山大街×号原告北京某集团总医院骨科病房34床腾退给原告北京某集团总医院。

但陈某春未自动履行上述生效判决，北京某集团总医院申请强制执行。

【执行情况】

执行期间，执行法官先后6次到医院做陈某春自动履行的思想工作，但其始终不予配合，其妻扬言闹事、拍照录音。鉴于陈某春拒不履行法律义务，法院于2015年2月10日组织强制执行，将陈某春搬离病床，妥善安排至其居所，并对在执行现场妨碍法院执行的二案外人采取司法拘留措施，确保这起案件的顺利执毕。

【典型意义】

本案充分体现了执行工作的强制性，树立了法院的司法权威，弘扬了正确的社会价值导向。在近年来医患关系紧张的社会背景下，类似于本案的病人霸占病床、拒绝出院的现象并不罕见，已经成为"社会顽疾"。本案的典型意义就在于通过司法执行的途径，在法律途径下破解霸占医院病床的难题，为此类案件的执行提供了操作范本，倡导了在法治体系下解决矛盾纠纷的社会导向。

在该案件的强制执行过程中，本院认真贯彻高效、规范、公开、文明执行的指导思想，遵照时任最高人民法院院长周强关于执行工作应坚持"一性两化"的要求，以维护生效法律文书的效力，维护当事人合法权益和社会公共利益为出发点，一方面勇于迎难而上，坚决执行，规范执行；另一方面积极做好风险防控和强制执行方案，确保案件执行的社会效果和法律效果。在执行过程中，用足、用好、用活强制执行措施，坚决依法采取罚款、拘留等强制措施，严厉打击抗拒执行、阻碍执行甚至暴力抗法的行为；通过邀请人大代表、政协委员、人民陪审员到场监督，邀请新闻媒体进行现场报道，增强法院执行工作的参与度和透明度，赢得公众的理解和社会舆论的支持。

本案的顺利执行，也为积极构建社会各方力量参与的解决医患矛盾体系提供了契机和动力，对推进整个社会的法治意识具有积极的作用。

广西甲有限公司拖欠劳动报酬案
——被执行人以经营困难为由拖欠劳动报酬，法院将其纳入失信被执行人名单并依法对其处以罚款，迫使被执行人履行义务

《最高人民法院发布6起涉民生执行典型案例》第4号

2017年1月25日

【基本案情】

刘某龙、张某英、蓝某青、蔡某云4人因广西甲食品有限公司拖欠其2014年8月至9月的劳动报酬13423.1元（刘某龙4330.6元、张某英2961.9元、蓝某青3200元、蔡某云2930.6元），于2014年向柳州市人力资源和社会保障局投诉。柳州市人力资源和社会保障局审查后于2015年5月25日分别作出《劳动保障监察行政处理决定书》，要求广西甲食品有限公司支付刘某龙、张某英、蓝某青、蔡某云4人的劳动报酬。但是广西甲食品有限公司一直以经营状况欠佳为由，拒绝向刘某龙、张某英、蓝某青、蔡某云4人支付劳动报酬。柳州市人力资源和社会保障局向柳州市城中区人民法院申请强制执行，该院审查后于2016年5月24日以（2016）桂0202执746、747、748、749号案立案受理，并于2016年6月1日向广西甲食品有限公司发出执行通知和报告财产令，要求广西甲食品有限公司在3日内履行。2016年7月26日，广西甲食品有限公司向该院报告称，其经营状况不佳且有股权纠纷（另案）拒绝履行支付劳动报酬的义务。该院通过"执行查控系统"对广西甲食品有限公司银行存款、车辆、房产等财产情况多次、反复进行查询，但均未发现有可供执行的财产线索。为执行本案，维护劳动者合法权益，该院执行员到达广西甲食品有限公司注册登记地柳州市柳石路382号进行调查。经核查，广西甲食品有限公司的注册地生产场所系向柳州市乙电工材料有限公司租赁的厂房，现仅有办公室人员留守。本案执行因未发现被执行人可供执行的财产而陷入困境。2016年10月30日，柳州市城中区人民法院依法将广西甲食品有限公司纳入失信被执行人名单。2016年11月15日，本案投诉人向该院报告称，广西甲食品有限公司在某商场进行产品展销。得知此线索后，院党组高

度重视，2016 年 11 月 16 日即对广西甲食品有限公司法定代表人黄某勇进行约谈，但黄某勇仍然表示公司生产经营困难无法履行。因广西甲食品有限公司拒不履行生效法律文书所确定的向刘某龙、张某英、蓝某青、蔡某云 4 人支付工资的义务，柳州市城中区人民法院依据《民事诉讼法》第一百一十一条①第一款第六项的规定对广西甲食品有限公司法定代表人黄某勇作出四案罚款共计 8 万元的决定（每件案件罚款 2 万元），黄某勇当即表示愿意履行。2016 年 11 月 18 日，黄某勇向刘某龙、张某英、蓝某青、蔡某云 4 人支付劳动报酬共计 13423.1 元。至此，（2016）桂 0202 执 746、747、748、749 号柳州市人力资源和社会保障局与广西甲食品有限公司行政非诉执行四案执行完毕。

【典型意义】

追索劳动报酬与群众生计休戚相关，此类案件的执行也一直是法院执行工作的重心和难点。部分被执行人心存侥幸，利用无自有房屋、财产情况难以核查的客观情况，以公司经营困难为借口拒不支付劳动报酬，但这些都不是拒不履行支付劳动报酬义务的理由。本案的顺利执结表明，当事人必须自觉履行人民法院的生效裁判，不能心存侥幸，抗拒、逃避执行将承担相应的法律责任。

15 位农民工与某家纺公司、邱某劳动争议纠纷执行案
——秉持善意文明执行理念，及时执行企业回笼资金

《人民法院涉农民工工资案件执行典型案例》第 4 号

2023 年 5 月 1 日

【执行要旨】

执行法院考虑到被执行企业资金流转困难，采取了灵活的执行措施，给予被执行企业足够的"喘息"时间，同时依法采取强制措施，最终促成案件圆满解决。

---

① 现为《民事诉讼法》（2023 年修正）第一百一十四条。

【基本案情】

本案被执行人邱某同时也是本案被执行企业某家纺公司的法定代表人，15位申请执行人曾与该企业建立了劳务关系。安徽省金寨县人民法院（以下简称金寨法院）在执行过程中，深入企业进行走访，了解到该企业是从江浙地区招商引资进入本地的一家经营家纺制品的公司，在近几年生产经营中，产品销售缓慢，资金流转困难，甚至难以支付工人工资。为确保企业正常经营和营造良好的营商环境，执行法院未将该企业纳入失信被执行人名单，也未将该企业必要的生产机器进行查封，多次在当事人间组织座谈会进行协调，给予企业资金回笼的时间。同时，在与本地银行进行沟通后，银行向该企业介绍了相关的贷款业务，助力企业进行融资。

在多方共同努力下，该企业回笼一笔资金。然而，被执行人邱某在企业获取该笔资金后，拒不支付工资，金寨法院立即对邱某进行了约谈。约谈过程中邱某态度强硬，仍拒不履行，金寨法院果断对其采取司法拘留。拘留期间，邱某主动联系执行法院称其会将该笔资金用于支付工资，请求解除拘留措施。最终，15位农民工的工资得到全部支付，案件圆满执结。

【典型意义】

执行法院认真贯彻落实善意文明执行理念，充分发挥司法职能作用，在优化法治化营商环境的同时，切实保障农民工工资。本案办理过程中，执行法院考虑到被执行企业为本地招商引资企业的特殊性，采取了灵活的执行措施，在案件双方当事人之间进行多次协调沟通，给予被执行企业足够的缓冲时间，最终使该企业避免倒闭，也使农民工获得足额工资，在促进企业发展的同时有力地保障了农民工的合法权益。

四、执 行

韩某龙等 10 人申请执行黄某民间借贷纠纷案

《最高人民法院发布依法惩戒规避和抗拒执行典型案例》第 7 号
2021 年 12 月 1 日

【案情简介】

韩某龙、陈某祥、徐某金等 10 人与黄某民间借贷纠纷一案,上海市浦东新区人民法院判决黄某归还韩某龙等 10 原告借款本金 320 万元及利息,原告对被告名下位于浦东新区一房产折价、拍卖、变卖所得价款优先受偿。执行中,浦东新区法院前往涉案房产所在地张贴拍卖公告及裁定并进行现场调查。被执行人黄某母亲表示其无法配合搬离,并情绪激动,表示誓与房屋共存亡。为了缓解案外人的对抗情绪,避免激化矛盾,执行法官多次上门对被执行人黄某和其母亲进行劝解并释明强调被执行人的法律义务。因说理工作无效,2020 年 10 月 27 日,被执行人黄某被司法拘留 15 日。此后,其仍然表示拒不搬离,对生效法律文书置若罔闻,并继续阻碍法院执行。浦东新区法院研究认为,本案申请执行人众多,且多系 60 岁以上老年人,体弱多病,有部分靠领取失业金生活,因此决定由浦东新区法院执行局启动绿色通道,引导申请执行人通过刑事自诉被执行人涉嫌拒执罪的方式寻求救济。2021 年 6 月 24 日,刑事审判开庭传唤被告人黄某,经庭审训诫和释明风险,被执行人黄某当庭表示悔过,愿意配合法院执行,恳请法院从轻处理。2021 年 9 月 30 日,涉案房已拍卖成交,足够覆盖 10 位申请人的所有债权本金及利息。

【典型意义】

本案是一起典型的腾退成功的财产处置案件,涉及当事人众多,且多为老年人,系争借款也均系申请人的养老和治病钱,是事关百姓民生的涉众案件。本案中,浦东新区法院耐心释法的同时,针对被执行人拒不搬离、拒不配合的行为,采取逐步升级的惩戒措施,环环相扣,前后衔接,为追究拒执罪打下良好的铺垫,符合比例原则和实体公正。本案中,通过打通拒执罪的申请人自诉启动模式,由执行部门引导当事人提供证据材料自诉追究被执行人拒执罪的刑事责任,再由刑事审判庭与执行局之间就被执行人的违法情节进行协调和研判,刑事审判庭依法进行裁判的体系化流程,起到了很好的效果。

张某嘉追索医疗费用等人身损害赔偿案
——被执行人拒不履行生效法律文书确定的赔偿义务,法院加大财产查控力度,利用失信被执行人名单制度,顺利执结案件

《最高人民法院发布6起涉民生执行典型案例》第5号

2017年1月25日

【基本案情】

2012年5月26日,年仅6岁的张某嘉在辅导班学习舞蹈,在一次练习后下腰动作时蹲倒,下肢疼痛无力,难以站立,经医院和司法鉴定所鉴定属于脊髓二级伤残,东阿县人民法院于2013年12月23日作出(2012)东少民初字第15号判决书,判决朱某梅与李某才承担80%的赔偿责任,赔偿医疗费、护理费、交通费、住宿费、住院伙食补助费、伤残赔偿金、残后护理费、精神损害抚慰金等各项损失共计932615.54元。

案件判决后,二被告未按期履行义务,张某嘉及其代理人于2014年5月6日向法院申请强制执行,法院立案后向被执行人下达执行通知书和财产报告令。被执行人在赔付61520元后未再继续履行义务。执行人员依法在网络查控系统及其他金融机构中查询了二被执行人的银行账户,查询房管局、不动产登记中心及车管所,冻结了被执行人名下的工资并查封了被执行人一处房产。同时,依法将被执行人纳入失信被执行人名单,并将其失信信息投放在县中心的一处电子屏幕上,每天滚动播出。因被列入失信被执行人名单,二被执行人倍感惩戒压力,2016年6月15日,二被执行人来到法院,在执行人员主持下,双方达成和解协议,将房产过户于张某嘉父亲名下,另外一次性给付现金30万元,案件得以顺利执结。

【典型意义】

本案的顺利执结是法院依法运用失信被执行人名单的结果,通过将被执行人纳入失信名单,加大对被执行人法律上及道德上的威慑力,促使被执行

人履行生效法律文书确定的赔偿义务，在破解执行难方面具有典型性。

上海虹口法院：被执行人马某房屋买卖合同纠纷执行案

《最高人民法院发布2017年全国法院十大执行案件》第10号

2018年3月16日

【摘要】

被执行人拒不履行法院生效裁判，法院充分保障申请人刑事自诉的权利，借助刑罚威慑力促使被执行人履行义务，破解执行难案。

【内容介绍】

2015年10月27日，虹口法院就原告张某诉被告马某房屋买卖合同纠纷案作出一审判决，确定被告于判决生效之日起7日内，向原告支付上海市周家嘴路1063弄××号×××室房屋（以下简称系争房屋）的购房余款34.62万元并负担案件受理费2402.20元。被告不服，提起上诉。二审法院驳回上诉，维持原判。裁判生效后，被告马某未在规定期限内履行义务，原告张某于2016年4月7日向虹口法院申请执行。

案件立案后，虹口法院向被执行人马某发出执行通知，要求其履行义务并来院谈话，马某置之不理。虹口法院依法查封了被执行人名下与他人共有的上海市翔殷路309弄××号×××室房屋、冻结了被执行人名下养老金账户。为阻碍执行，被执行人在虹口法院冻结其养老金账户后，擅自予以更换账户并转移资金，致法院无法采取扣划措施。2017年6月1日，因被执行人更换养老金账户转移资金、规避执行，虹口法院依法对其采取了司法拘留措施。之后，被执行人仍拒绝履行义务。正值上海法院深入开展"一打三反"专项工作，虹口法院刚刚制定出台《关于办理拒不执行判决、裁定刑事自诉案件的若干规定》《拒执罪执行当事人须知》等规范性文件，积极推进拒不执行判决、裁定罪的自诉工作。执行法官根据案情，对申请执行人加强释明宣传，积极引导申请执行人通过刑事自诉追究被执行人拒不执行判决、裁定的刑事责任，充分发挥刑罚威慑力助力破解"执行难"。在刑事自诉案件立案后，执行法官配合刑庭法官深入调查、固定被执行人拒不执行判决、裁定罪的相关证据。在得知将被追究刑事责任后，被执行人终于认识到拒不履行法定义务的严重后果，思想发生转变，表示愿意履行义务。在刑庭法官和执行法官的共同努力下，双方当事人达成刑事和解，被执行人自觉履行了全部法律义务，执行案件得以圆满执结。案件执结后，被执行人马某还分别向执行法官和刑庭法官送来锦旗表示感谢。

深圳市甲文化传播有限公司申请强制执行案

《最高人民法院发布第一批涉互联网典型案例》第 10 号
2018 年 8 月 16 日

【基本案情】

申请执行人深圳市甲文化传播有限公司与广州乙网络科技有限公司系列案，广州市越秀区人民法院（以下简称执行法院）依据已经发生法律效力的民事判决，向被执行人广州乙网络科技有限公司发出执行通知书，责令被执行人履行上述法律文书确定的义务，被执行人未履行义务。执行法院除查明并扣划被执行人名下的少量银行存款外，未发现有其他可供执行的财产，同时该公司法定代表人亦下落不明。执行法院向申请执行人告知上述案件执行情况后，申请执行人向法院提出被执行人有三个网站均在正常运营，其中一个网页中有广告投放公告，每天广告费为 2 万元到 32 万元不等。执行法院依法作出执行裁定书及协助执行通知书，对该网络域名进行查封，查封期限为 2 年。相关域名被禁止登录后，法官接到被执行人主动来电，询问履行义务途径，随后将全额款项打入法院账户。

【裁判结果】

广东省广州市越秀区人民法院（2017）粤 0104 执 6507－6526 号执行系列案全部执行完毕。

【典型意义】

当前，互联网经济高度活跃，在日益频发的互联网纠纷中，案件执行往往具有难度大、范围广、实体财产难以掌握的特点，需要创新高效、快捷的执行手段。本案中，法院经核实发现，被执行人所拥有的网页中有广告投放公告，广告费用较高，且在该网页内确有广告投放。该网络域名已在国家管理部门注册登记，权利人具有专有使用权。同时，法院对本案的执行已穷尽查询银行财产、房管、车管、工商登记、搜查等传统执行措施，但仍无可供执行财产。法院可依法将网络域名作为补充方式采取强制措施，向有关单位发出协助执行通知书进行查封，以使被执行人主动履行法定义务。

侨胞金某某申请强制执行借款信访案
——被执行人涉案 10 余件欠债上亿元，无能力履行判决义务。
江西三级法院联动协调促执行和解

《最高人民法院发布第一批涉执信访实质性化解典型案例》第 2 号
2021 年 11 月 18 日

【基本案情】

金某某与吴某国、高安市某陶瓷有限公司民间借贷纠纷案，2016 年 12 月，江西省高安市人民法院作出民事判决书，判令由吴某国、高安市某陶瓷有限公司偿还 800 万元及利息。判决生效后，被执行人吴某国、高安市某陶瓷有限公司未按期履行判决义务。2017 年 9 月，金某某申请法院强制执行。执行中，江西省高安市人民法院调查查明，被执行人在多家法院涉及 10 件在执案件，其财产被另案首先查封且全部存在抵押贷款情况。该院对被执行人吴某国采取司法拘留措施，因身体原因无法收拘。根据申请执行人金某某提供的线索，该院深入调查发现被执行人高安市某陶瓷有限公司有租金收入。但该租金被当地镇政府监管，用于偿还其拖欠的工人工资 800 余万元，以及税款、环保费、电费、物业费等 1200 余万元等。因租金不足支付全部工人工资和各类欠费，致案件难以执行租金受偿，引发金某某信访。江西高院予以执行督办并联合宜春市中级人民法院赴高安实地督导，组织双方当事人协商，促使吴某国承诺每月支付 5 万元至 10 万元，并提供一处他人名下的国有出让工业用地进行担保，获得金某某的同意，案件得以顺利化解。2021 年 9 月，该案执行到位 280 万元，剩余款项正在按约履行中。

【典型意义】

本案是省市县三级法院联动化解重大疑难复杂涉执信访的典型案例。在这起案件中,江西省高级人民法院第一时间督办处理,宜春市中级人民法院跟踪问效,高安市人民法院深入调查、多方沟通、积极协调。案件执行面临困局时,省市两级法院赴实地督导,当场组织双方当事人协商达成分期付款加财产担保的执行和解协议,成功妥善化解了该起侨胞信访案,体现了人民法院切实解决人民群众诉求的信心和决心,取得了较好的政治效果和法律效果。

陈某某等 124 名农民工申请强制执行劳动报酬信访案
——被执行人欠下巨额债务,无力支付 203 万元工资,引发农民工集体信访。萍乡两级法院运用"协同执行"
机制成功化解信访矛盾

《最高人民法院发布第一批涉执信访实质性化解典型案例》第 3 号
2021 年 11 月 18 日

【基本案情】

陈某某等 124 名农民工与萍乡市某烟花爆竹制造有限公司追索劳动报酬纠纷案,2020 年 10 月,江西省芦溪县人民法院作出多份民事判决书,判令由萍乡市某烟花爆竹制造有限公司支付劳动报酬合计 203 万元。判决生效后,被执行人萍乡市某烟花爆竹制造有限公司未履行判决义务,同年 12 月,陈某某等 124 名农民工申请法院强制执行。执行中,江西省芦溪县人民法院调查发现被执行人萍乡市某烟花爆竹制造有限公司在萍乡市中级人民法院、安源区人民法院、上栗县人民法院均有借款纠纷案件在执,欠款金额高达 2000 余万元,无财产可供执行,致本案执行不能,暂以终结本次执行程序结案。期间,江西省芦溪县人民法院根据举报线索,查实并冻结了被执行人退出烟花爆竹生产政府奖补金 80 万元。但该奖补金也被江西省萍乡市中级人民法院等其他 3 家法院冻结。2021 年 6 月,陈某某等 124 名农民工得知情况后到市、县集体信访,请求优先受偿。为妥善化解农民工集体信访矛盾,江西省芦溪县人民法院报请萍乡市中级人民法院启动协同执行机制。该院经审查决定协同执行，并同意由江西省芦溪县人民法院扣划、提取奖补金和主持分配。江西省芦溪县人民法院将该笔奖补金扣划到位，并组织召开债权人会议。陈某某等124名农民工以其债权为工资为由要求优先受偿。其他债权人以其案件首先有效冻结为由要求按比例分配。各方未达成一致分配意见。江西省芦溪县人民法院采取见证执行方式，与债权人一同前往相关单位调查，确认该院冻结为首先有效冻结。同时该院采取执行听证方式，释明农民工生活困难情况，消除其他债权人猜疑，获得了大多数借款债权人支持。2021年8月，该院制作并送达财产分配方案，确定由陈某某等124名农民工受偿，各方均未提出异议，现已将80万元发放完毕，矛盾得以顺利化解。

【典型意义】

本案是运用协同执行机制成功化解农民工集体涉执信访的典型案例。协同执行机制是最高人民法院建立的针对重大、疑难、复杂或长期未结等执行案件，上级法院发挥统一协调职能优势，统一调度使用辖区法院执行力量，协同、帮助辖区法院实施强制执行，切实为基层法院减负的一项工作机制。本案中，江西省萍乡市中级人民法院决定启动协同执行机制，并协调辖区其他法院同意统一由江西省芦溪县人民法院提取奖补金。执行中，江西省芦溪县人民法院采取见证执行、执行听证、债权人会议等方式，充分保障各方当事人的知情权、异议权，有效解决了首先冻结、财产分配争议问题，顺利将款项发放给陈某某等124名农民工，将一起群体性信访事件及时消化在基层，取得了较好法律效果和政治效果。

宋某申请强制执行人身损害赔偿款信访案
——被执行人与申请人达成执行和解后下落不明，申请人长达 20 年未申请法院继续执行致案件陷入困局。江西省井冈山市人民法院运用"三推送"机制成功执结

《最高人民法院发布第一批涉执信访实质性化解典型案例》第 4 号
2021 年 11 月 18 日

【基本案情】

宋某与郭某、肖某、刘某、罗某中人身损害赔偿纠纷案，2000 年 12 月，江西省井冈山市人民法院作出民事判决书，判令由郭某、肖某、刘某赔偿 14097.52 元，由罗某中赔偿 42238.56 元。判决生效后，被执行人未履行判决义务。2001 年 2 月，宋某申请法院强制执行。执行中，被执行人郭某、肖某和刘某支付了赔偿款。同年 4 月，江西省井冈山市人民法院组织宋某与被执行人罗某中调解并达成执行和解协议，约定由罗某中向宋某直接支付赔偿款。和解后，被执行人罗某中外出打工下落不明，申请人宋某长期未向法院反馈此情况并要求继续执行，直至 2021 年 4 月在第一批政法队伍教育整顿期间才反映此案，致案件未能得到及时执行。江西省井冈山市人民法院立即启动"三推送"机制，向当地村委会、乡镇、民政、公安等推送被执行人罗某中信息，请求协助查找下落线索。"三推送"协助部门反馈未发现被执行人罗某中的行踪。但通过公安反馈结果发现被执行人罗某中现已更名为罗某忠。该院及时将此情况告知"三推送"协助部门，并根据反馈线索顺利找到了被执行人罗某忠。经传唤，罗某忠到江西省井冈山市人民法院当场履行了 9950 元。期间，该院拟采取司法拘留措施，考虑到其父母已过世，夫妻长期分居，独自抚养 3 个小孩，决定暂缓拘留。但被执行人罗某忠出具承诺书并履行 19000 元。2021 年 5 月，该案全部执行完毕，且被执行人罗某忠另支付了 25000 元的迟延履行金。至此，该起 20 年前和解未履行案件得以顺利执结。

【典型意义】

本案是运用"三推送"执行机制成功化解涉执信访的典型案例。"三推

送"机制是在党委政法委领导下,依托基层综治中心,将协助执行工作纳入基层社会治安综合治理网格化管理的范围,由法院向相关单位、基层组织推送被执行人信息,请求协助送达、查找下落和财产线索、督促履行、化解涉执信访、开展法律宣传等的工作机制。江西省井冈山市人民法院启动该工作机制,在公安、村委会等协助下,成功查找到被执行人,并经过认真细致的工作,促成双方当事人和解并履行完毕,取得了较好的执行效果。

曾某某申请强制执行交通事故赔偿信访案
——被执行人患严重疾病危及生命致生活困难,根本无力履行赔偿义务。
江西省广昌县人民法院运用司法救助制度促化解

《最高人民法院发布第一批涉执信访实质性化解典型案例》第 5 号

2021 年 11 月 18 日

【基本案情】

曾某某与张某富道路交通事故损害赔偿纠纷案,2018 年 6 月,江西省广昌县人民法院作出民事判决书,判令由张某富赔偿 5.6 万元。判决生效后,被执行人张某富未履行判决义务。同年 9 月,曾某某申请法院强制执行。执行中,江西省广昌县人民法院认真开展调查,被执行人张某富已离婚和外出务工,仅有一未成年儿子和 60 岁母亲在家,家庭生活十分困难,未发现可供执行财产。但根据举报线索在车站蹲守成功将被执行人张某富拘传到法院。江西省广昌县人民法院拟进一步采取司法拘留措施,但体检时发现被执行人张某富患严重强直性脊椎炎,随时有生命危险,且因无力支付高额医疗费至今未就医,不宜收拘,案件执行陷入困境。为此,江西省广昌县人民法院一方面协调村干部和被执行人亲属做其履行赔偿义务的思想工作,另一方面将被执行人家庭和身体状况反馈给申请人,得到其理解。考虑双方当事人家庭均十分困难,江西省广昌县人民法院主动向当地党委政法委报告案件情况争取支持,帮助申请人申报国家司法救助资金,以解燃眉之急。2021 年 7 月,该案通过司法救助方式成功化解。

【典型意义】

本案是成功运用国家司法救助制度有效化解小标的涉民生执行信访的典型案例。类似该案的执行实践中，人民法院往往遇到双方当事人家庭生活均十分困难的情况，被执行人根本无力履行致案件执行不能而引发信访。本案执行中，江西省广昌县人民法院除加大执行力度外，还多措并举，协调各方做好当事人的思想工作，积极运用国家司法救助制度帮助申请人纾解生活困难，既维护了胜诉当事人的合法权益，也赢得了双方当事人的满意，最大限度地化解信访矛盾，促进社会和谐稳定，具有较强的指导意义。

艾某申请强制执行工伤赔偿信访案

——被执行人隐藏财产拒不履行国家脱贫对象工伤赔款，江西省新余市渝水区人民法院运用执行专项调查措施促案件顺利执结

《最高人民法院发布第一批涉执信访实质性化解典型案例》第6号

2021年11月18日

【基本案情】

艾某与新余某机械制造有限公司工伤赔偿纠纷案，2018年8月，江西省新余市渝水区人民法院作出民事判决书，判令由新余某机械制造有限公司赔偿64万余元。判决生效后，该公司未履行判决义务。同年10月，艾某申请法院强制执行。执行中，江西省新余市渝水区人民法院迅速查控了被执行人名下财产，并执行到位4.4万元，之后未能发现其他财产，案件进入执行不能状态。考虑到申请人艾某工伤伤残四级且已离婚，无经济收入来源，还需抚养未成年女儿，系低保户、贫困户和国家脱贫对象，江西省新余市渝水区人民法院认真分析案情、改变执行思路、制定周密方案，依艾某申请追加该公司唯一股东尹某为本案被执行人，并开展深挖调查工作。经梳理分析调查线索，被执行人与新余市某钢铁公司有业务往来，并迅速冻结和扣划到位12万余元货款。同时发现被执行人隐名持有某典当公司股权，并迅速启动评估、拍卖程序。结合前述情况，该院拟进一步采取追究拒执罪措施。被执行人迫于执行压力，主动找到法院请求调解，最终在法院主持下达成执行和解协议，

被执行人支付了45万余元赔偿。2021年5月，该案得以圆满解决，艾某赠送锦旗表示感谢。

【典型意义】

本案是人民法院充分发挥执行职能，运用执行专项调查措施，深挖调查财产线索顺利推动案件执结，服务和保障党中央乡村振兴大局的典型案例。因意外伤害致贫，是贫困产生的一个高发缘由，也是影响社会和谐稳定的重要因素。这类弱势群体的权利维护，是执行工作服务乡村振兴大局，落实"我为群众办实事"活动的具体要求。本案中，申请人艾某的生活在伤残后陷入贫困，江西省新余市渝水区人民法院开展执行专项调查，穷尽执行方法，综合运用各项强制执行措施，展开强大执行攻势，最终顺利将该案执结，取得了较好的政治效果、社会效果和法律效果。

胡某某申请强制执行办证信访案

——案涉房屋不符合登记规定导致无法办证，案件陷入执行不能境地。江西省景德镇市珠山区人民法院创新方法，多方协调成功化解"骨头案"

《最高人民法院发布第一批涉执信访实质性化解典型案例》第7号

2021年11月18日

【基本案情】

信访人胡某某与景德镇某中学拆迁安置补偿合同纠纷案，2003年12月，江西省景德镇市中级人民法院作出二审民事判决书，判令由景德镇某中学代为办理并向胡某某交付教师公寓房屋所有权证。同时由该中学支付逾期交付房屋所有权证的违约金。判决生效后，景德镇某中学未按期履行判决义务。2004年3月，胡某某申请强制执行。执行中，江西省景德镇市珠山区人民法院调查发现案涉房屋因历史原因手续不全，不符合办证规定，房地产管理部门无法协助办理，导致案件执行不能。为推动案件执行，该院组织双方当事人多次协商达成"房屋置换"和解方案，约定由被执行人景德镇某中学每年支付逾期违约金5000元，直至办证完毕止。同时由被执行人协调解决房屋置换问题。和解履行期间，被执行人景德镇某中学按约支付违约金，但未履行房屋置换义务。第一批政法队伍教育整顿期间，信访人胡某某上访要求强制执行办证。江西省景德镇市珠山区人民法院成立由局长带队的执行专班多次到房管、不动产登记等部门协调，均无法办证。面对困难，执行专班采取"背对背、面对面"等方式与当事人沟通，成功促使双方达成"房屋回购"和解方案，并得到了当地政府大力支持。2021年6月，该案顺利得到化解。

【典型意义】

本案是人民法院执行干警以啃"硬骨头"精神，创新执行方法成功化解疑难复杂涉执信访的典型案例。本案中，因涉案房屋不符合办证规定，江西省景德镇市珠山区人民法院不能通过强制执行将不具备办证条件的房屋"合法化"，导致案件执行不能，引发申请人胡某某上访。为妥善化解信访矛盾，该院促成双方当事人达成"房屋置换"和解方案仍难以执行完毕。于是，该院改变执行思路，多方协调，再次促成双方当事人达成"房屋回购"和解方案，并在当地党委政府的大力支持下，破解了回购款支付难问题，促使信访矛盾得以彻底化解，取得了较好的政治效果、社会效果和法律效果。

杨某某申请强制执行企业偿还欠款信访案

——被执行人生产经营陷入困难，难以履行判决义务，被纳入失信名单。江西省南昌市西湖区人民法院运用信用承诺和信用修复机制双向化解信访矛盾

《最高人民法院发布第一批涉执信访实质性化解典型案例》第8号

2021年11月18日

【基本案情】

杨某某与南昌某建筑有限公司借款合同纠纷案，2017年9月，江西省南昌市西湖区人民法院作出民事判决书，判令由南昌某建筑有限公司偿还28万元及利息。判决生效后，被执行人南昌某建筑有限公司未履行判决义务。2018年4月，杨某某申请法院强制执行。执行中，江西省南昌市西湖区人民法院深入开展线上线下调查，发现被执行人南昌某建筑有限公司在该院涉案较多且未能全部执行到位，存在执行不能的风险。经多次做思想工作，被执

行人陆续履行大部分款项。期间，被纳入失信名单，被执行人银行贷款审批受阻、企业重组遇到困难和无法正常进行工程投标，致无力偿还剩余借款。考虑此种情况，江西省南昌市西湖区人民法院决定采取执行和解方式对被执行人进行信用修复，且多次组织双方当事人协商，最终促成分期还款的和解方案，并由杨某某申请法院暂时解除失信名单。信用修复后，被执行人南昌某建筑有限公司履行了全部还款义务。2021年3月，该案得以顺利执结。

【典型意义】

本案是人民法院秉持善意文明执行理念，成功运用信用承诺和信用修复机制双向化解信访矛盾的典型案例。本案中，江西省南昌市西湖区人民法院面对执行不能的困难，组织双方当事人协商促成和解，并征得申请人同意后实施信用修复措施，有效帮助被执行人恢复生产经营、重获盈利能力，全部偿清债务。该案的执行既保障了胜诉当事人的合法权益得以兑现，又帮助被执行企业得以复产复工，起到了"办理一个案件救活一个企业"示范作用。对全国法院类似案件的办理具有较强的指导意义。

刘某某申请强制执行村小组支付工程款信访案
——被执行财产难以变价造成执行困难。江西省新干县人民法院紧紧依靠当地党委政府妥善化解信访矛盾

《最高人民法院发布第一批涉执信访实质性化解典型案例》第9号
2021年11月18日

【基本案情】

刘某某与新干县金川镇某村委会某村小组建设工程施工合同纠纷案，2014年9月，江西省新干县人民法院作出民事判决书，判令由该村小组支付工程款10万余元及利息。判决生效后，新干县金川镇某村委会某村小组未履行判决义务。同年11月，刘某某申请法院强制执行。执行中，江西省新干县人民法院查明，被执行人新干县金川镇某村委会某村民小组有村民活动中心房屋一栋、休闲广场一处、某水库50%所有权和水库岛屿一座。上述土地为农村集体所有性质，依法不能直接面向社会公开拍卖，当地村民不愿购买，

导致案件执行不能。为破解执行难题,江西省新干县人民法院根据线索得知当地政府有意征收被执行人所有的水库岛屿,积极与当地水务部门沟通,并向县委政法委专题报告。该县委政法委组织召开案件协调会,协调同意由被执行人的上级组织新干县金川镇某村委会代为清偿。因该村委会未按期履行还款义务,江西省新干县人民法院依申请追加其为本案被执行人。新干县金川镇某村委会未提出异议,并承诺偿还10万元本金,但未得到申请人刘某某同意。案件执行再次陷入僵局。江西省新干县人民法院面对困难反复组织双方当事人协商促成和解,由新干县金川镇某村委会偿还12万元工程款,剩余1万元利息放弃。同时在当地县委政法委再次协调下,该村委会将名下水库区380亩滩地出租给某农业开发公司,并将租金12万元支付给刘某某。2021年7月,本案得以顺利执结。

【典型意义】

本案是人民法院紧紧依靠党委政府成功化解涉执信访的典型案例。如何化解村委会、村小组债务纠纷是当前人民法院面临的一项紧迫而艰巨的任务。在当前法律政策框架下,盘活村集体组织名下闲置资产,紧紧依靠党委政府推动土地承包权流转或入股不失为一项有效措施。本案中,江西省新干县人民法院直面困难、多方协调、多方联动,紧紧依靠当地党委政府支持成功化解了信访矛盾,进而避免影响新农村建设和村集体组织的正常运转,维护了村集体组织的声誉,对今后处理同类案件提供了有益经验。

某电梯有限公司申请强制执行货款信访案

——被执行人的法定代表人伙同他人转移公司租金收入,拒不履行还款义务。江西省宜春市袁州区人民法院创新使用"预告知+预通知"执行措施攻克执行不能难题

《最高人民法院发布第一批涉执信访实质性化解典型案例》第10号

2021年11月18日

【基本案情】

某电梯有限公司与江西某物流有限公司买卖合同纠纷案,2020年3月,

江西省宜春市袁州区人民法院作出民事调解书，确认由江西某物流有限公司支付货款92.7万元。调解生效后，江西某物流有限公司未履行还款义务。同年6月，某电梯有限公司申请法院强制执行。执行中，江西省宜春市袁州区人民法院线上调查发现，被执行人名下除一块被另案多次查封的土地外无其他登记财产。该院派员现场调查发现，被执行人已搬离原址，但原址处新建的一栋办公楼，引起了办案人员注意。经过走访了解，被执行人建起该栋办公楼但未办理产权证书，并将其出租给其他公司办公，年租金收入100万元。江西省宜春市袁州区人民法院遂对租金流向进行调查，发现被执行人的法定代表人李某东伙同员工李某安以该员工的银行账号将租金转移，存在规避执行的违法行为，涉嫌构成拒执犯罪。在查清事实后，该院创新使用罚款和追究拒执罪等强制措施，于2021年3月12日分别向被执行人的法定代表人李某东和员工李某安发出《涉嫌拒执犯罪预告书》和《预罚款通知书》，限于7日内清偿全部货款，否则将其涉嫌拒不执行判决、裁定罪线索移送公安机关侦查，并分别罚款10万元。被执行人于7日内清偿了全部货款。李某东和员工李某安向法院出具了悔过书。同年3月19日，该案得以执行完毕。

【典型意义】

　　本案是人民法院创新使用罚款和追究拒执犯罪措施，采取预罚款和涉嫌拒执犯罪预告等方式成功推动案件执行完毕和有效化解信访矛盾的典型案例。执行实践中，被执行人对办案人员的"涉嫌拒执犯罪"口头警告往往不以为然，根本没充分意识到转移财产规避执行所产生的严重法律后果。本案中，江西省宜春市袁州区人民法院创新运用"预告知＋预通知"执行模式，让被执行人意识到规避执行的法律后果，给予其权衡利弊作出选择的时间，同时给予被执行企业法定代表人李某东和员工李某安悔改的机会，促使其主动履行判决义务，充分体现了善意文明的执行理念，彰显司法的权威和温度。

北京市第三中级人民法院关于法拍房买受人韦某申请强制腾退信访案

——法拍房成交后出现承租人异议,买受人信访要求法院强制腾退,北京市第三中级人民法院在保证程序正义基础上,引入心理疏导等多手段联动机制,促使法拍房实际占用人主动腾退

《第二批涉执信访实质性化解典型案例》第 1 号

2021 年 12 月 21 日

【基本案情】

张某与李某、庞某仲裁执行案,2020 年 12 月,案涉不动产经拍卖成交。此后,被执行人亲属李某 1 与法院联系,称其之前出过买房款,故对该房产享有使用权,法院不能要求其腾退,态度强硬。而后,同系被执行人亲属的张某 1、李某 2 向法院申请执行异议,主张其是案涉房产承租人。异议审查期间,北京市第三中级人民法院中止对案涉不动产的强制腾退工作。异议被裁定驳回后,当事人又向北京市高级人民法院申请复议。复议案件审查期间,买受人韦某信访称其认为本案存在消极执行问题,要求法院考虑其实际困难,尽快腾房。法院考虑到买受人孕晚期的特殊身体、心理状况,与其多次进行恳切沟通,充分释明本案因程序原因暂时中止执行的客观情况,晓之以理,动之以情,对其进行情绪疏导和宽慰,尽可能减少对其身体的不利影响。2021 年 8 月 30 日,北京市高级人民法院裁定驳回张某 1、李某 2 的复议请求。租赁权阻碍消失后,北京市第三中级人民法院多措并举,力求以最短时间、最小伤害、最好效果完成案涉房产的腾退工作。经调查,案涉房产的实际占用人为被执行人的父母,两位老人年龄较大,且被执行人父亲患有癌症,强制腾退风险较高。同时,李某 1 在与法院沟通过程中多次表示,如果强制腾退,其也不会善罢甘休。为妥善解决纠纷,保障各方人身财产安全,法院有针对性地作出尽可能以劝说主动腾退为主、强制腾退为辅的基本工作方案。一方面,法官多次前往案涉不动产所在地并与实际占用人及被执行人沟通,晓以利害,分析主动腾退的好处及强制腾退的风险。另一方面,立即启动强制腾退准备工作,充分考虑强制腾退可能出现的意外情况,制定包含腾退后

安置场所、物品运输、警力、医疗、消防、罚款、拘留等强制腾退预案，张贴强制腾退公告，以强制腾退的威慑力为辅助手段。同时，北京市第三中级人民法院与申请执行人积极沟通，申请执行人对实际占用人及被执行人的实际情况表示理解与同情，主动减免一部分被执行人所欠债务，促使实际占用人主动腾退。经过多方沟通协调，实际占用人愿意主动配合腾退，北京市第三中级人民法院于2021年10月将案涉不动产交付至买受人手中，实质化解信访。

【典型意义】

本案是人民法院注重心理疏导、沟通化解矛盾，多措并举以主动腾退代替强制腾退，实现法拍房顺利交付，有效化解信访矛盾的典型案例。法拍房的腾退交付工作是涉执信访的突出矛盾之一，不动产拍卖成交后出现以承租为由的异议已成为阻碍法拍房交付的常见因素。本案中，北京市第三中级人民法院在保障程序正义的前提下，全面把握腾退工作所涉各方的核心诉求，制定有针对性的腾退方案，采取张弛有度的执行行为，同时将心理疏导机制引入信访化解，体现了人民法院切实解决人民群众诉求的信心和决心，实现了社会效果与法律效果的统一。

江苏省苏州市吴中区人民法院关于刘某某等申请强制执行交通事故赔偿款信访案

——特大交通事故致五死二伤，被执行人因交通肇事被判刑，
无力支付巨额赔偿，导致多个家庭陷入困境，
死者家庭多人多次信访。江苏三级法院运用
联动救助机制，成功化解信访积案

《第二批涉执信访实质性化解典型案例》第2号
2021年12月21日

【基本案情】

刘某某等人与李某、董某某、临沭市某运输公司机动车交通事故责任纠纷案，江苏省苏州市吴中区人民法院作出多份民事判决，判令李某、董某某

向该起交通事故中 5 名死者的近亲属赔偿 358 万余元，不足部分由临沭市某运输公司赔偿。判决生效后，上述各案 5 名死者的近亲属于 2013 年数次向江苏省苏州市吴中区人民法院申请强制执行。执行中，三被执行人均无财产可供执行，董某某因交通肇事罪被判处有期徒刑 6 年，江苏省苏州市吴中区人民法院经多次执行仍无法有效执结，因被执行人户籍所在地为山东省临沭县，该院于 2013 年 3 月委托山东省临沭县人民法院执行，亦未能有效执结。本次事故造成多个申请执行人家庭因此陷入困境，并引发多人多次重复信访。

2018 年 10 月，江苏省高级人民法院协同执行法院多次赴山东临沭、江苏赣榆执行，均未能查找到被执行人可供执行的财产。2019 年 10 月，江苏省苏州市吴中区人民法院立案恢复执行，经多次查询仍未能查到被执行人财产情况，再次前往山东临沭、江苏赣榆执行亦未果。上述案件穷尽执行措施后仍执行不能，未执行到位金额总计 358 万余元。

上述案件中的申请执行人有多名老人和未成年人，无生活来源，基本生活难以维系。江苏省苏州市吴中区人民法院在收到当事人提交的司法救助申请后，分别于 2014 年 2 月、2015 年 3 月、2017 年 2 月、2019 年 2 月、2020 年 1 月，分期向 5 个死者家庭发放执行救助款共计 30 万元，但因司法救助金额有限，案件始终无法执行到位，多个家庭仍无法摆脱困难并多次赴省信访。为此，江苏省高级人民法院决定启动三级法院联动救助机制，并向江苏省委政法委汇报，江苏省、市、区三级党委政法委、法院迅速召开刘某某系列案件信访化解专题会议，经研究会商，5 个死者家庭因交通事故损失特别重大，生活特别困难，合法权益始终未得到有效维护，为维持其家庭正常生活，妥善平息社会矛盾，按照司法救助规定，应给予刘某某等人最大限度的司法救助，由三级党委政法委、法院进行联合救助，确定联合救助金额 150 万元。同时，经向刘某某等人进行释法明理，5 个死者家庭均承诺息诉罢访。2021 年，该案通过司法救助方式成功化解，江苏省苏州市吴中区人民法院将到位的救助资金分批向各死者家庭予以发放，2021 年 9 月，该院执行局局领导对获得救助的家庭进行回访，当事人均对人民法院通过联合救助方式解决纠纷表示感谢。

【典型意义】

本案是省、市、区三级法院紧紧依靠各级党委政府支持，运用联合救助方式妥善化解信访积案的典型案例。本案所涉交通事故造成5人死亡的严重后果，被执行人无力履行，申请执行人多个家庭生活陷入极度困难，并为此多人多次信访。江苏三级法院及时运用国家司法救助制度，畅通上下级法院执行联动救助渠道，积极协调争取更多的司法救助资金，提升司法救助额度，缓解基层法院资金不足难题，使因案致贫的多个家庭走出困境，以实际行动解决人民群众急难愁盼问题，最大限度化解信访矛盾，保障社会和谐稳定，体现了司法救助扶危济困的价值追求。

江苏省灌南县人民法院关于灌南县某房地产公司系列信访案
——房地产开发商资金断裂，大量预售商品房无法完成交付，买受人集体上访。江苏省灌南县人民法院创新
"附条件托管"制度促化解

《第二批涉执信访实质性化解典型案例》第3号

2021年12月21日

【基本案情】

江苏省灌南县人民法院自2016年起，立案受理原告李某等人分别起诉被告灌南县某房地产公司商品房销售合同纠纷、建设工程施工合同纠纷、金融借款合同纠纷共31件案件，案涉金额达6000多万元，其中金额最大的为原告连云港某建设公司诉被告灌南县某房地产公司建设工程施工合同纠纷一案。

2016年1月，被告灌南县某房地产公司将自己开发的总面积约为46700平方米的商业用房和面积约为2600平方米的地下人防工程承包给原告连云港某建设公司施工建设，工程总价为6700万元。合同签订后，连云港某建设公司按约进行施工，施工过程中，灌南县某房地产公司一直变更相关要求，双方于同年11月20日签订了建设工程施工补充协议，建筑总面积变更为5万平方米，总价款变更为8500万元，工程付款方式变更为20#、21#楼达到二层时，灌南县某房地产公司付款2000万元，建设到五层时，付至3000万元，建至九层时付至4000万元，20#、21#楼竣工验收时付至总造价的97%。在连云港某建设公司已建超过9层时，灌南县某房地产公司未能按约定的进度支付工程款。连云港某建设公司于2017年1月13日起诉，要求灌南县某房地产

公司暂支付原告工程款4000万元。案件审理过程中，经江苏省灌南县人民法院主持调解，双方当事人自愿达成如下协议：被告灌南县某房地产公司于2017年1月20日前支付原告连云港某建设公司工程款4000万元。另外，原告连云港某建设公司通过江苏省灌南县人民法院（2016）苏0724财保141号民事裁定保全被告灌南县某房地产公司所有的龙都花园三期的相关房产，享有了对其优先受偿的权利。

被告灌南县某房地产公司除无法支付连云港某建设公司工程款、无法偿还对其他债权人的融资款外，因资金断裂，其房地产开发项目不得不停工，大量已经预售的商品房无法完成交付。

灌南县某房地产系列民事案件判决先后生效，因该公司未主动履行法律文书确定的义务，申请执行人先后向江苏省灌南县人民法院申请执行，其中最大的债权人连云港某建设公司最先于2017年1月22日向江苏省灌南县人民法院申请执行。立案执行后，执行法院向被执行人送达执行通知书、报告财产令等执行文书，执行指挥中心发起网络查控，实施团队对被执行人进行传统查控。2017年2月5日，执行法官对被执行人灌南县某房地产公司开发的建设工程进行了现场勘查，了解开发楼盘的完成情况并向部分商品房买受人调查商品房交付情况。2017年6月6日，执行法官接待了部分案涉信访群众，了解到案涉三期建设工程尚未完工，已预售的房产因水电等附属工程不完善而无法进行交付且无法办理产权变更登记手续，致信访群发。2017年9月27日，向供水、供电、人防、税务、住建等多部门了解被执行人欠费情况。2018年年初，召开债权人会议，通报本案情况。2018年4月27日，召开首次被执行人、债权人代表、信访群众代表会议，充分进行沟通协调，但因各方之间矛盾较大，未就案涉财产处置方案达成一致意见。执行法院综合各方因素，认为案涉三期工程暂不宜处置。2019年，执行法院又多次组织召开各方代表会议，仍未能达成一致意见。故执行法院依法对灌南县某房地产公司所有的剩余未开发的土地使用权进行了询价，2020年9月22日，询价结果为：灌南县某房地产公司所有的土地使用权总价为5620500元，钢筋混凝土预应力桩基础总价为1341000元。无论是执行法院预判之被执行人资产价值还是实际询价结果，被执行人所有可处置资产根本不足以偿付向江苏省灌南县人民法院申请执行的申请人的债权，遑论尚未导入司法程序的大量信访房屋买受人之权益保护。并且，如果将该地块拍卖，所有权人变更后，因行政法规定楼间距等问题，新所有权人使用该地块建设建筑物数量将少于原可以建设数量，且原先已经快要施工完成的工程项目也会因为再没有资金注入而彻底变成"烂尾楼"，债权人实现利益与债务人付出的代价不符合比例原则。

执行法院积极争取党委政府的支持，积极与申请执行人、被执行人沟通，2020年，多次召开多方主体参加的联席会议，探索创新和解模式，最终达成采用申请执行人托管被执行人可处置资产以及债务的方式，兼顾各方当事人利益诉求的方案。2020年12月17日，被执行人灌南县某房地产公司与连云港某建设公司、孟某元（申请执行灌南县某房地产公司的第二大申请执行人）达成和解托管协议。和解托管协议约定，灌南县某房地产公司将前期的扫尾工作及22#、23#、24#共三幢楼的开发事宜以及建筑安装、房屋销售及整体小区的收盘全部委托给债权人连云港某建设公司、孟某元经营管理，涉及土地使用权后期开发的房产中，以2020年11月19日执行法院确定的土地评估价作为其抵偿债权人债务的资产，灌南县某房地产公司对该二地上新建楼盘不享有任何财产权益，不参与新建房产销售利润分配，申请执行人连云港某建设公司、孟某元与被执行人灌南县某房地产公司债权债务关系消灭，且二申请执行人承受灌南县某房地产公司欠政府债务1100万元，员工工资235万元，经执行法院判决和调解生效的债务450万元。和解托管协议已在履行过程中，案涉土地上工程项目已经施工建设，上访群众也已息访。

2021年，执行法院对案涉三期工程施工情况、相关债权的履行情况、完工商品房交付等情况进行了跟进回访，目前和解托管协议履行良好。

【典型意义】

在灌南县某房地产公司附条件托管系列案件执行过程中，江苏省灌南县人民法院充分发挥政府有关部门的协调、组织作用，与申请执行人、被执行人保持良性沟通，克服诸多执行难点，有效衔接司法审判权与行政审批权，创新运用附条件托管被执行人债权债务的模式，善意文明执行，最大限度实现胜诉当事人的合法权益，充分发挥了执行职能作用，有效推动了法治化营商环境建设，对于推进国家治理体系和治理能力现代化、推进社会诚信体系建设起到了积极作用。

浙江省遂昌县人民法院关于王某某申请个人债务重整信访案
——被执行人王某某身负巨额债务长达20余年，浙江省遂昌县人民法院积极引入个人债务重整制度，成功化解
王某某系列债务纠纷

《第二批涉执信访实质性化解典型案例》第 4 号
2021 年 12 月 21 日

【基本案情】

2014 年 12 月 24 日，浙江省遂昌县人民法院立案执行申请执行人叶某某和被执行人王某某民间借贷一案，执行标的额 19 万元。执行过程中，该院通过"点对点"财产查询、线下调查等方式，均未发现被执行人王某某有可供执行的财产。2015 年 6 月 9 日，该院将王某某纳入失信被执行人名单，并对该案予以程序终结。此后，该院又陆续立案执行王某某为被执行人的案件 10 件，累计执行标的额达 260 余万元，均以程序终结结案。

浙江省遂昌县人民法院在王某某系列案件执行过程中发现，王某某早年因做工程失败而背负 300 余万元巨额债务，拖欠至今已长达 20 余年。由于债务多、金额大，尤其是逾期利息逐年增加，加之自 2002 年起王某某母亲生病瘫痪在床需人照顾，长期以来王某某一边照顾母亲，一边靠打零工维持基本生活，根本无力清偿巨额债务，也没有偿还债务的想法。每当债权人上门讨债时，他就四处逃避，因此多次遭到债权人的威胁甚至殴打。有的申请执行人因未能执行到款项，就迁怒于法院，认为法院执行不力，到处向有关部门信访。

2020 年下半年，浙江省遂昌县人民法院被浙江省高级人民法院确定为全省个人债务集中清理试点法院，探索开展个人债务集中清理工作。2021 年 4 月，因王某某父亲（已故）的房产被征迁，王某某继承了 237 万元拆迁款。2021 年 4 月 21 日，王某某在得知浙江省遂昌县人民法院正在试行通过个人债务重整"一揽子"解决债务的做法后，为了彻底解决自己长达 20 多年的债务问题，不再过四处躲债、担惊受怕的日子，便主动向该院提交了个人债务重整申请书。

申请个人债务重整期间，除已进入执行程序的11件案件外，王某某还主动申报了未进入司法程序的32笔债务，这些债务大部分已过诉讼时效。重整过程中，浙江省遂昌县人民法院审查确认王某某对外欠债355万余元，可分配款项为237万元，由于债权人之一的遂昌县某商业银行以内部规定不允许为由不愿作出让步，导致重整陷入僵局。为妥善化解矛盾，该院多次与遂昌县某商业银行等债权人进行沟通协调，最终促使遂昌县某商业银行修改内部规定，并组织各方债权人就债权受偿比例达成一致。成功达成协议后，遂昌县某商业银行表示该行将以此案作为一个起点，依托浙江省遂昌县人民法院个人债务重整制度对其个人不良贷款处置机制进行全面改革，力争在最大程度实现其自身不良贷款回收的同时，帮助更多债务人摆脱债务危机过上正常生活，实现整体共赢。

2021年6月21日，各方债权人正式达成按一定比例受偿的重整方案。2021年6月24日，浙江省遂昌县人民法院将全部执行款项汇至各债权人银行账户。2021年6月25日，该院作出终结申请人王某某的个人债务重整程序的裁定，对王某某为被执行人的11件案件全部以执行完毕方式结案，并解除对王某某的所有强制执行措施。至此，长达20余年的王某某系列债务案得以圆满化解。

【典型意义】

2019年2月27日，最高人民法院在《关于深化人民法院司法体制综合配套改革的意见》中首次提出研究推动建立个人破产制度。本案系浙江省遂昌县人民法院积极引入个人债务重整制度成功化解信访矛盾纠纷的典型案例。浙江是民营经济大省、改革开放先行省份，浙江法院在个人破产领域实践先行，自2018年起开展试点探索个人债务集中清理工作。2020年12月2日，在全面总结试点经验的基础上，浙江省高级人民法院出台《浙江法院个人债务集中清理（类个人破产）工作指引（试行）》，将"有履行能力而拒不履行生效法律文书确定义务"的债务人与"诚实而不幸"的债务人予以区分，对前者采取强制执行措施，对后者可以通过个人债务集中清理进行集中执行，让债务人从债务的"锁链"中解脱出来。个人债务集中清理工作实现了个人破产制度与强制执行制度的充分衔接，具有债务人"破产保护"、债权人公平清偿、教育和风险警示等作用，有利于促进市场经济健全运行和完善社会主义市场经济法律体系。本案中，浙江省遂昌县人民法院为畅通执行不能案件依法退出路径，积极开展具有个人破产制度性质的"个人债务重整"工作，为后续个人破产制度立法提供了重要的实践素材和浙江样本。

安徽省定远县人民法院关于汪某申请强制执行民间借贷信访案
——针对被执行人无财产可供执行，申请执行人债权无法执行到位，导致系列执行案件同时陷入僵局情况，安徽省定远县人民法院联合该县工业园区管委会，向该县县委、县政府作专题汇报，争取支持，由该县县委、县政府协调县某公司收购上述"僵尸企业"资产，系列案件最终得以顺利执结

《第二批涉执信访实质性化解典型案例》第 5 号

2021 年 12 月 21 日

【基本案情】

汪某与汪某某民间借贷纠纷一案，安徽省定远县人民法院作出民事调解书，确认汪某某向汪某分期支付借款 76 万元。调解书生效后，汪某某未履行还款义务，汪某申请法院强制执行。执行中，安徽省定远县人民法院查明汪某某作为被执行人无财产可供执行，但作为另案申请执行人，却有较多未执行到位的债权案件在法院执行。经梳理，汪某某申请执行郭某某一案标的额较大，而郭某某作为申请执行人申请执行某化工公司一案，该化工公司在定远县工业园区有厂房及相关设备尚未处理。另查明，上述化工公司因不符合国家相关环保政策已关停多年，其厂房和设备经法院拍卖无人购买而流拍，几起案件执行均陷入僵局，汪某也因案件无法执行到位多次信访。

经多番走访调查，安徽省定远县人民法院得知当地县政府为清理"僵尸企业"出台了"腾笼换鸟"相关政策，有意征收位于县工业园区内的上述化工公司土地。为破解执行难题，安徽省定远县人民法院积极与该县工业园区管委会联系，联合向县委、县政府作系列执行案件化解专题汇报。县委、县政府召开协调会，协调同意由县某公司按变卖价收购上述化工公司资产，收购程序结束后，县某公司如约将收购款汇入法院执行款账户。2021 年 5 月，上述系列案件得以顺利执结。

四、执 行

【典型意义】

本案是安徽省定远县人民法院紧紧依靠当地党委政府,实施府院联动成功化解涉执信访的典型案例。如何化解"僵尸企业"带来的系列案件是当前人民法院面临的一项难题,自安徽省加入"长三角一体化"后,定远县县委、县政府加大招商引资力度,引进不少外地企业进驻县工业园区,工业园区土地供应紧张,这为处理"僵尸企业"提供了良好契机。安徽省定远县人民法院抓住机遇,多方协调,与县工业园区管委会联合行动,向县委、县政府作专题汇报,寻求帮助,顺利解决困扰多年的涉执信访矛盾,也成功盘活闲置国有资产。

内蒙古自治区鄂托克旗人民法院关于焦某申请执行机动车交通事故赔偿款信访案

——被执行人企业为了规避执行,雇佣老弱村民为法定代表人,鄂托克旗人民法院向辖区工商行政管理局发出司法建议,要求予以整顿,促使案件顺利执结

《第二批涉执信访实质性化解典型案例》第 6 号

2021 年 12 月 21 日

【基本案情】

焦某与党某、党某海、沧州某运输队(个人独资企业)机动车交通事故责任纠纷案,2013 年 1 月 18 日,鄂托克旗人民法院作出民事判决,判令党其海支付焦某 581464.95 元赔偿款,党某、沧州某运输队与党某海承担连带赔偿责任。判决生效后,党某海、党某、沧州某运输队未履行判决义务。2014 年 7 月 15 日,焦某申请法院强制执行。执行过程中发现,被执行人党某因本案事故在监狱服刑,被执行人党某海下落不明,被执行人沧州某运输队注册时的住所地与实际经营地址不符,无法查找到公司及负责人,且没有可供执行的财产,本案于 2015 年 1 月 5 日终本结案。

2017 年 5 月 15 日,鄂托克旗人民法院得到线索,当时的肇事车辆(已报废)还扣押在高速公路管理局,随即对本案恢复执行,并通过评估、拍卖、

变卖程序对该车辆进行处置，但均流拍，申请执行人焦某也不同意前来法院接收车辆以物抵债。本次交通事故中，申请执行人焦某也造成他人伤亡，需要赔付，另案申请执行焦某的两件执行案件也均未履行完毕，焦某怕亲自过来法院处理案件将被法院采取强制执行措施，且另案两个申请执行人也不同意以物抵债上述肇事车辆。2018年4月25日，法院依法向三被执行人发出限制高消费令，并将其纳入失信被执行人名单。2018年12月12日，执行干警前往被执行人户籍地调查发现，被执行人党某海已去世，且无可供执行的财产，因此陷入困局，于2018年12月29日再次以终本方式结案。

2020年6月20日，申请执行人焦某向鄂托克旗人民法院提交书面申请，要求追加被执行人沧州某运输队的原投资人周某峰及现投资人周某胜为本案被执行人。2020年8月6日，鄂托克旗人民法院裁定追加周某峰及周某胜为本案被执行人，承担被执行人沧州某运输队应承担的义务，但因未查到其名下有可供执行的财产，故再次终本。

2020年11月23日，申请执行人焦某持追加被执行人裁定书再次申请恢复执行。鄂托克旗人民法院依法向被执行人送达了执行通知书、报告财产令等法律文书，且及时通过网络查控手段对被执行人财产线索进行查询，但仍未查到可供执行的财产。

申请执行人焦某在2021年第一批政法队伍教育整顿开展后，向督导组反映此案未能执行到位。收到信访案件转办后，鄂托克旗人民法院党组高度重视，指派分管执行工作的院领导带头执行，经现场深入调查发现，此前被追加的被执行人系受被执行人沧州某运输队雇佣担任法定代表人，为当地村民，而非实际投资人和经营人。因此，鄂托克旗人民法院于2021年5月1日向被执行人沧州某运输队辖区工商行政管理局发出司法建议，要求对该运输队变更住所地未备案及法定代表人不符合法律规定的情况及时予以整顿。该运输队主动承认错误，于2021年5月12日汇入本案"一案一账户"案款583966.31元，本案顺利执行完毕，且以焦某为被执行人的其他两件关联案件均顺利执结，申请执行人也都拿到了赔偿款。

【典型意义】

本案从执行不能到执行完毕历时7年，但最终得以圆满解决，是法院及时调整工作思路，积极采取多方联动，综合运用各项措施，不断加大执行力度的集中体现。既有力维护了当事人的合法权益,也避免了产生新的信访案件,对维护群众利益和地区和谐稳定具有积极意义。

福建省厦门市中级人民法院关于王某申请强制执行借款信访案
——以履行债务的主要责任人为切入点,化解矛盾纠纷

《第二批涉执信访实质性化解典型案例》第 7 号

2021 年 12 月 21 日

【基本案情】

2008 年,福建省厦门市中级人民法院受理王某诉某公司民间借贷纠纷一案,并依王某的申请,足额保全冻结某公司银行账户 1667 万元。该案经一审、二审,均判决驳回王某的全部诉讼请求。福建省厦门市中级人民法院遂解除了保全冻结。王某申请再审,最高人民法院经提审后判决支持了王某的诉讼请求。王某据此于 2016 年 5 月申请强制执行。但此时,某公司账户中已无分文,名下位于江西省九江市的房产亦转移登记至原法定代表人林某的女儿名下。历经 8 年取得的胜诉判决却无法兑现,王某情绪激动,多方反映对解除保全的不满。福建省厦门市中级人民法院多次向王某释明,并引导其就某公司转移财产的行为另行提起撤销权之诉。撤销权诉讼历经江西省九江市中级人民法院、江西省高级人民法院一审、二审并进入执行程序。2019 年 6 月,撤销权判决履行完毕,某购物中心负一楼停车位的备案登记恢复至被执行人某公司名下。

在变更备案登记过程中,福建省厦门市中级人民法院为尽早实现申请执行人王某的合法权益,于 2019 年 3 月、4 月两次先行发函江西省九江市房地产管理部门,征询拍卖车位的相关事宜。2019 年 7 月,江西省九江市房地产管理部门函复福建省厦门市中级人民法院,某购物中心负一层因规划未计容,不能办理车位不动产转移登记手续。为此,福建省厦门市中级人民法院派员与江西省九江市房地产管理部门进一步协商车位拍卖问题,但未果。福建省厦门市中级人民法院立即改变执行方案,提取承租人的租金 334000 元。因执行到位的租金与执行标的额相距甚远,而执行标的因无法办理产权证,价值大打折扣,执行陷入僵局。王某遂不断上访、信访,言辞激烈。

福建省厦门市中级人民法院数次研讨案情，制定了以影响债务履行的主要责任人（原法定代表人）林某为切入点的执行方案。一是启动对车位的处置程序，张贴腾房公告，向被执行人施加压力；二是对林某采取了限制消费、限制出境等措施，迫使其走到了面对问题的第一线；三是组织执行和解，以期最大化实现申请执行人合法权益。历经数月的"背靠背"和解，福建省厦门市中级人民法院把限购政策、税收承担、房产交付、权属变更、债权债务结算等问题都一一解决后，终于促成王某与林某、某公司在2021年11月签订了和解协议。林某以自有房产为某公司代偿债务，并于协议签订当日办理了房产交付及产权变更登记手续。2021年11月9日，王某拿着刚到手的房屋权属证书到福建省厦门市中级人民法院制作笔录，明确表示长达14年的纠纷终于得到了圆满解决，其所有针对诉讼、执行的上访都同意息诉罢访，感谢执行法院的努力付出。

【典型意义】

本案是以履行债务的主要责任人为切入点，化解矛盾纠纷的典型案件。案涉纠纷历时14年，横跨两省三级法院，且生效判决又因依法解除保全冻结造成执行不能。福建省厦门市中级人民法院立足解决问题的根本点，采取富有针对性的执行措施，最终促成各方当事人达成执行和解并及时履行完毕。该案的顺利执结，化解了当事人长达14年的心结，让各方当事人都对法律产生敬畏之心，也有了信赖之感，取得了良好的法律效果和社会效果。

广东省中山市第一人民法院关于善意解封助推涉众欠薪案件执结案

——广东法院认真贯彻《工资支付条例》，及时兑现工人工资债权

《第二批涉执信访实质性化解典型案例》第8号

2021年12月21日

【基本案情】

中山市某制衣厂因拖欠工人工资而被起诉，广东省中山市第一人民法院共受理相关案件64件，涉及457名工人工资503万余元。2020年9月，广东

省中山市第一人民法院查封了中山市某制衣厂的成品及设备。经核实,查封财产中包含由案外人某公司提供原材料、制衣厂负责代工的产品。因案外人急需将成品衣在国庆黄金周售卖,经广东省中山市中级人民法院、中山市人社局等多方协调并经绝大多数工人同意,广东省中山市第一人民法院裁定解除对上述财产的查封,案外人随后将 100 万元案款转至法院账户,广东省中山市第一人民法院组织对 364 名工人工资按 50% 比例先行发放。此后,该院坚持"优先立案、优先执行、优先发放执行款"原则,继续采取执行措施,于 2021 年 1 月、9 月分别执行到位 217 万余元、120 万余元,全案累计执行到位 439 万余元,工人工资受偿比例达 84% 以上,工人普遍感到满意。

【典型意义】

该案是广东法院认真贯彻《工资支付条例》,及时兑现工人工资债权的典型案例。该案执行过程中,执行法院坚持善意文明执行,巧用"活水养鱼"查封措施,盘活企业资产,将疫情期间民营企业解决欠薪问题纳入"六稳""六保"工作范畴,在尽最大可能兑付欠薪工人工资的同时,帮助欠薪企业恢复生产,走出困境。

贵州省黎平县人民法院关于阳某、韦某璋申请强制执行投资款及资金信访案

——协助执行人不履行协助义务,贵州省黎平县人民法院出具
《预罚款决定书》促使案件顺利执结

《第二批涉执信访实质性化解典型案例》第 10 号

2021 年 12 月 21 日

【基本案情】

阳某、韦某申请执行贵州省黎平县某石料公司合同纠纷一案,2020 年 8 月,贵州省黎平县人民法院作出民事判决,判令贵州省黎平县某石料公司支付原告阳某投资款及资金占用费等 146 万元及利息、支付原告韦某璋投资款及资金占用费等 150 万元及利息。贵州省黎平县某石料公司不服,遂向贵州省黔东南州中级人民法院上诉,该院作出二审判决,维持原判。判决生效后,

贵州省黎平县某石料公司未履行生效法律文书确定的义务。2021年1月，阳某、韦某璋向法院申请强制执行。执行过程中，贵州省黎平县人民法院对被执行人被保全银行账户内的存款1044521.81元予以强制扣划。同年3月15日，贵州省黎平县人民法院依法对被执行人在第三人贵州某实业公司的1963369元债权款进行扣划，第三人贵州某实业公司以公司资金周转困难，请求法院给予时间筹款支付。该案承办法官充分考虑到第三人系黎平县重点企业，强制提取可能给第三人造成资金周转困难，同意第三人于2021年5月30日前缴清上述款项。在协助执行期限即将届满之前，贵州省黎平县人民法院又向第三人送达了风险告知书，第三人仍拒不协助将1963369元债权款汇入指定账户。2021年6月4日，贵州省黎平县人民法院将《预罚款决定书》送达第三人，该公司才将40万元汇入指定账户，并承诺5天后将剩余1563369元付清，若到期没付清，自愿承担一切法律后果。2021年6月9日，第三人将被执行人在该公司的剩余债权款1563369元汇入指定账户，该案得以顺利执行完毕结案。

【典型意义】

贵州省黎平县人民法院在办理本案过程中，认真贯彻落实善意文明执行理念，既维护了胜诉当事人的合法权益，又兼顾了辖区内重点企业的经营发展，既获得了申请执行人的赞赏，又维护了黎平县良好的营商环境，取得了政治效果、法律效果与社会效果的有机统一。

赵某等11人与王某劳务合同纠纷执行案
——充分运用强制措施维护农民工合法权益

《人民法院涉农民工工资案件执行典型案例》第8号

2023年5月1日

【执行要旨】

本案因被执行人长期无法联系而未能执结，执行法院多方查找被执行人，通过强制措施与释法明理相结合的方式，促使被执行人履行全部义务，农民工的合法权益得以全部实现。

【基本案情】

王某承包小型建筑工程,雇用同村的张某、赵某、关某等 11 位农民工从事力工、瓦工等工作,工程结束后,欠付 11 位农民工的劳动报酬合计 8 万余元,张某等人将其诉至吉林省吉林市昌邑区人民法院(以下简称昌邑法院)。裁判文书生效后,王某未履行给付义务,张某等人向昌邑法院申请强制执行。经查,被执行人王某名下无财产可供执行,以各种理由搪塞推脱,既不履行还款义务,也逃避与法院进行沟通。

昌邑法院对王某进行拘传,进行释法说理,制作拘留决定书。王某在强制手段的震慑下,将农民工工资款及案件执行费合计 8 万余元交至法院。11 名申请执行人中有 1 人因病无法到昌邑法院领取执行款,在向其他 10 名申请执行人发放执行款后,昌邑法院及时赶赴其家中,将执行款发放到位,案件执行完毕。

【典型意义】

执行法院立足司法职能,解决好人民群众急难愁盼问题,对涉及群众切身利益的执行案件加大执行力度,综合利用各项执行措施手段,最大限度兑现胜诉当事人合法权益。

(三)对物执行

1. 查封、扣押、冻结财产

孙某某申请执行彭某某抚养费案

《最高人民法院公布 10 起婚姻家庭纠纷典型案例(北京)》第 10 号
2015 年 11 月 20 日

【基本案情】

申请人孙某某与被执行人彭某某经人介绍于 2001 年 9 月登记结婚,婚后于 2007 年 8 月生一子彭小某。后因生活琐事及性格差异导致双方发生矛盾，夫妻感情破裂。2013 年彭某某起诉要求离婚，婚生子由其抚养。后经通州法院判决准许二人离婚，婚生子由孙某某抚养，自 2013 年 12 月起彭某某每月给付孩子抚养费 1000 元，于每月 25 日前付清，至彭小某满 18 周岁止。判决生效后，被执行人彭某某未按照判决指定的期间履行给付抚养费的义务。2015 年 6 月通州法院受理孙某某申请执行彭某某抚养费纠纷一案，申请人孙某某申请法院执行 2014 年 11 月至 2015 年 5 月的抚养费共计 7000 元。

【执行情况】

通州法院立案后，电话联系被执行人彭某某，告知孙某某申请执行孩子抚养费一事，并要求被执行人彭某某给付孩子的抚养费。但是，被执行人彭某某坚称其是彭某某的弟弟，执行法官遂请求其转告彭某某履行给付抚养费的义务，其表示可以尝试联系彭某某。其后，执行法官又多次联系彭某某，但彭某某仍声称不是本人，而是彭某某的弟弟。执行法官询问为何彭某某的电话一直在其弟弟身上，彭某某声称那是单位的业务电话，彭某某不在北京回老家了，由其负责彭某某的业务。彭某某何时回京自己并不清楚，执行法官又询问彭某某有无其他联系方式，彭某某告知没有其他联系方式。经查，彭某某当时银行账户无存款。

后来，执行法官通知申请人到法院并告知了上述情况。申请人孙某某表示对方就是彭某某，彭某某也有工作，只是其不愿意给付抚养费。执行法官又当即联系了彭某某，但其仍声称其并非彭某某。听到电话声音后，孙某某当即表示对方即是被执行人彭某某，彭小某也表示对方即是其父亲彭某某。并且指出彭某某的弟弟住在农村，不会说普通话，当即拆穿了彭某某的谎言。执行法官告知彭某某，如拒不履行生效判决，给付抚养费，法院将依法将其纳入失信被执行人名单，并视情将追究其刑事责任。但是，被执行人仍未主动履行给付抚养费的义务。通州法院遂依法将被执行人彭某某纳入失信被执行人名单，并将其银行账户全部冻结。后经执行法官查询，被执行人又在工商银行信用卡中心开设一张信用卡，执行法官又将该账户冻结。后来，被执行人彭某某在信用卡中存入现金，执行法官依法强制扣划了案款，该案现已执行完毕。

四、执 行

【典型意义】

　　本案是被执行人有给付孩子抚养费的能力而拒不履行法院生效判决，拒不给付未成年子女抚养费的案件。并且被执行人还采取编造谎言欺骗法官的方式拒不履行生效判决所确定的义务，严重缺乏社会诚信。《婚姻法》第二十一条①规定：父母对子女有抚养教育的义务；父母不履行抚养义务时，未成年的或不能独立生活的子女，有要求父母给付抚养费的权利。彭某某作为彭小某的生父，对彭小某有抚养的义务，此种义务并不会因父母离婚而受影响。离婚后，父母对于子女仍有抚养和教育的权利和义务。根据《婚姻法》第三十七条②第一款的规定，离婚后，一方抚养的子女，另一方应负担必要的生活费和教育费的一部或全部。就本案来说，法院作出的生效判决也明确彭某某每月 25 日前应给付彭小某抚养费 1000 元，直至彭小某满 18 周岁时止。但是，彭某某并未主动履行法院生效判决所确定的义务，不仅对其亲生儿子彭小某不闻不问，还拒绝给付孩子抚养费，未能尽到一个父亲应尽的义务。在法院立案执行后，彭某某虽有履行能力却拒不履行给付抚养费的义务，还编造谎言逃避法院的执行。这种行为不仅没有尽到一个父亲应尽的法律义务，也背离了中华民族尊老爱幼的传统美德。被执行人不仅未主动履行给付孩子抚养费的义务，还编造谎言逃避法院执行的行为是严重缺乏社会诚信的表现。人无信不立，诚信是为人处世的基本准则，也是中华民族的传统美德。现代社会是一个讲究诚信的社会，一个缺乏诚信的人不可能得到他人的尊重和社会的认同。目前，我国正大力推进社会信用体系建设，加大对被执行人的信用惩戒。未来，诚信可走遍天下，失信将寸步难行。

---

① 对应《民法典》第一千零六十七条。
② 对应《民法典》第一千零八十五条。

孙某某申请执行彭某某抚养费案

《最高人民法院公布 49 起婚姻家庭纠纷典型案例》第 9 号
2015 年 12 月 4 日

【基本案情】

申请人孙某某与被执行人彭某某经人介绍于 2001 年 9 月登记结婚，婚后于 2007 年 8 月生一子彭小某。后因生活琐事及性格差异导致双方发生矛盾，夫妻感情破裂。2013 年彭某某起诉要求离婚，婚生子由其抚养。后经北京市通州区人民法院判决准许二人离婚，婚生子由孙某某抚养，自 2013 年 12 月起彭某某每月给付孩子抚养费 1000 元，于每月 25 日前付清，至彭小某满 18 周岁止。判决生效后，被执行人彭某某未按照判决指定的期间履行给付抚养费的义务。2015 年 6 月通州法院受理孙某某申请执行彭某某抚养费纠纷一案，申请人孙某某申请法院执行 2014 年 11 月至 2015 年 5 月的抚养费共计 7000 元。

【执行情况】

北京市通州区人民法院立案后，电话联系被执行人彭某某，告知孙某某申请执行孩子抚养费一事，并要求被执行人彭某某给付孩子的抚养费。但是，被执行人彭某某坚称其是彭某某的弟弟，执行法官遂请求其转告彭某某履行给付抚养费的义务，其表示可以尝试联系彭某某。其后，执行法官又多次联系彭某某，但彭某某仍声称不是本人，而是彭某某的弟弟。执行法官询问为何彭某某的电话一直在其弟弟身上，彭某某声称那是单位的业务电话，彭某某不在北京回老家了，由其负责彭某某的业务。彭某某何时回京自己并不清楚，执行法官又询问彭某某有无其他联系方式，彭某某告知没有其他联系方式。经查，彭某某当时银行账户无存款。

后来，执行法官通知申请人到法院并告知了上述情况。申请人孙某某表示对方就是彭某某，彭某某也有工作，只是其不愿意给付抚养费。执行法官又当即联系了彭某某，但其仍声称其并非彭某某。听到电话声音后，孙某某当即表示对方即是被执行人彭某某，彭小某也表示对方即是其父亲彭某某。

并且指出彭某某的弟弟生在农村，不会说普通话，当即拆穿了彭某某的谎言。执行法官告知彭某某，如拒不履行生效判决，给付抚养费，法院将依法将其纳入失信被执行人名单，并视情将追究其刑事责任。但是，被执行人仍未主动履行给付抚养费的义务。通州区法院遂依法将被执行人彭某某纳入失信被执行人名单，并将其银行账户全部冻结。后经执行法官查询，被执行人又在工商银行信用卡中心开设一张信用卡，执行法官又将该账户冻结。后来，被执行人彭某某在信用卡中存入现金，执行法官依法强制扣划了案款，该案现已执行完毕。

【典型意义】

本案是被执行人有给付孩子抚养费的能力而拒不履行法院生效判决，拒不给付未成年子女抚养费的案件。并且被执行人还采取编造谎言欺骗法官的方式拒不履行生效判决所确定的义务，严重缺乏社会诚信。《婚姻法》第二十一条①规定：父母对子女有抚养教育的义务；父母不履行抚养义务时，未成年的或不能独立生活的子女，有要求父母给付抚养费的权利。彭某某作为彭小某的生父，对彭小某有抚养的义务，此种义务并不会因父母离婚而受影响。离婚后，父母对于子女仍有抚养和教育的权利和义务。根据《婚姻法》第三十七条②第一款的规定，离婚后，一方抚养的子女，另一方应负担必要的生活费和教育费的一部或全部。就本案来说，法院作出的生效判决也明确彭某某每月25日前应给付彭小某抚养费1000元，直至彭小某满18周岁时止。但是，彭某某并未主动履行法院生效判决所确定的义务，不仅对其亲生儿子彭小某不闻不问，还拒绝给付孩子抚养费，未能尽到一个父亲应尽的义务。在法院立案执行后，彭某某虽有履行能力却拒不履行给付抚养费的义务，还编造谎言逃避法院的执行。这种行为不仅没有尽到一个父亲应尽的法律义务，也背离了中华民族尊老爱幼的传统美德。被执行人不仅未主动履行给付孩子抚养费的义务，还编造谎言逃避法院执行的行为是严重缺乏社会诚信的表现。人无信不立，诚信是为人处世的基本准则，也是中华民族的传统美德。现代社会是一个讲究诚信的社会，一个缺乏诚信的人不可能得到他人的尊重和社会的认同。目前，我国正大力推进社会信用体系建设，加大对被执行人的信用

---

① 对应《民法典》第一千零六十七条。
② 对应《民法典》第一千零八十五条。

惩戒。未来，诚信可走遍天下，失信将寸步难行。

吴某模等 19244 名蔗农追索蔗款纠纷案
——广西甲糖纸集团有限责任公司某分公司等拖欠蔗农甘蔗款 2.5 亿元，被依法强制执行，蔗农甘蔗款全部执行到位

《最高人民法院公布 12 起涉民生执行典型案例》第 5 号

2016 年 1 月 24 日

【基本案情】

2015 年 1 月，广西甲糖纸集团有限责任公司某分公司因拖欠吴某模等 19244 名蔗农甘蔗款被诉至广西宾阳县人民法院，后经宾阳县人民法院主持调解，确认广西甲糖纸集团有限责任公司某分公司应向吴某模等 19244 人支付甘蔗款共计 2.5 亿元，分 3 期履行完毕。广西乙糖纸集团有限责任公司、宾阳县丙制糖有限责任公司承担连带付款责任。调解书生效后，广西甲糖纸集团有限责任公司某分公司未履行义务，19244 名蔗农向宾阳县人民法院依法申请强制执行。因本案与蔗农生计息息相关，且涉及人数众多、数额巨大，在办案过程中，执行法院注重向蔗农辨法释理，引导蔗农依法行使诉讼权利，维护合法权益；同时，宾阳县人民法院启动涉民生案件优先执行、快速执行机制，立即向被执行人送达执行通知书，并以最快速度采取执行措施查控被执行人的银行存款、土地使用权、厂房及生产设备等资产，部分资产经依法评估后予以拍卖。经过艰苦努力，被执行人拖欠蔗农的 2.5 亿元蔗款全部执行到位。

【典型意义】

广西三分之一的土地是甘蔗田，种植甘蔗的农民近 2000 万。执行法院高度重视与蔗农生计休戚相关的案件执行，为此类案件开辟"绿色通道"，采取优先立案、快速执行的方式予以办理。执行法院在该案执行阶段仅用时两个半月，执行全程公开透明，以 2.5 亿元兑现了近 2 万蔗农甘蔗款，执行效果良好。

四、执 行

长沙盛世某某投资有限公司保全执行案

《人民法院充分发挥审判职能作用保护产权和企业家
合法权益典型案例（第三批）》第六号
2021年5月19日

【基本案情】

某某二局第三建筑工程公司因与长沙盛世某某投资有限公司（以下简称盛世公司）建设工程施工合同纠纷一案，提起诉讼，并申请保全盛世公司名下2.17亿元财产。人民法院根据某某二局第三建筑工程公司的申请，查封盛世公司名下的涉案在建工程占用范围内的土地使用权及另一宗土地使用权。盛世公司不服，认为存在明显超标的查封，提出执行异议。

【裁判结果】

执行法院在异议程序中经审查认为，虽然某某二局第三建筑工程公司没有申请对涉案在建工程进行查封，但查封土地使用权的效力及于地上建筑物。同时，执行法院结合该公司在诉讼请求中陈述的涉案工程量达3.78亿余元，以及该公司主张的剩余工程款和周边土地价格等因素，认为该院查封涉案在建工程及占用范围内的土地使用权价值可以满足保全需要，该院查封存在明显超标的情形，故裁定解除对另一宗土地使用权的查封。最高人民法院复议认为，执行程序不仅要依法及时实现生效法律文书确定的权利，及时保全财产，也应当保障被保全人的合法权益。被保全人有多项财产可供保全的，在能够实现保全目的的情况下，人民法院应当选择对其生产经营活动影响较小的财产进行保全；不得超标的保全，对明显超标的土地、房屋等不动产以部分保全为原则。据此，最高人民法院认为执行法院裁定解除对部分财产的查封，具有事实和法律依据，应予维持。

【典型意义】

为贯彻落实《产权保护意见》《中共中央、国务院关于营造更好发展环境支持民营企业改革发展的意见》等文件精神，最高人民法院发布了《关于在执行工作中进一步强化善意文明执行理念的意见》，强调要采取有效措施监督纠正超标的查封问题，这在诉讼保全问题上也应予以秉持。人民法院实际保全财产价值应以保全裁定确定的保全金额为限，坚决杜绝明显超标的保全。本案在综合各方因素对保全财产价值进行实质审查后，认定保全的部分财产可以满足保全需要，并解除了对超额部分财产的查封，对人民法院在执行中进一步增强善意文明执行的主动性、支持民营企业发展的责任感具有积极示范意义。

某投资公司、陆某某与某油品公司、王某股权转让纠纷执行案
——执行法院推动案外融资盘活被执行企业无形资产

《人民法院助力中小微企业发展典型案例》第 1 号
2022 年 4 月 9 日

【执行要旨】

被执行企业名下有一加油站且已办理成品油零售经营批准证书，但无法对相关资质进行价值判断。执行法院通过积极促成其他成品油经营企业进行注资，实现被执行企业无形资产的有形变现。

【基本案情】

本案被执行企业是一家经营成品油的中小企业。在法院执行过程中，江苏省苏州工业园区人民法院（以下简称苏州工业园区法院）查封并裁定拍卖其名下一加油站。经现场评估调查后，评估机构向法院反馈该加油站的价值在人民币 1000 万元左右，而经法院调查，该加油站已设定优先债权人民币 1800 万元。同时经调查发现，该加油站已办理了成品油零售经营批准证书，且已投入经营。据了解，成品油零售经营资质许可非常严格，申请公司不但在硬件设施上要符合许可条件，而且公司的经营状况以及辖区内市场零售经营分配状况也要符合许可条件。因此，成品油零售经营资质不但是加油站的"户籍"证明，而且是油品经营企业的"香饽饽"，具有很高的经济价值。而受评估方式限制，评估机构仅能对加油站的固定建筑和资产进行评估，无法对加油站已经具备的相关资质的经济价值进行估价。因此，对上述财产的处

置陷入两难境地。如果按照传统财产处置方式，被执行企业的财产有被低价出售的可能，而花费大量成本办理的经营资质也可能会被取消，企业也可能因此陷入债务困境。针对上述情况，苏州工业园区法院组织双方当事人进行协商，在征得双方同意，且不损害案外人合法权益的情况下，积极促成第三方成品油经营公司对本次处置的财产进行收购，对加油站及成品油零售经营资质进行整体变现，最大程度地实现被执行财产价值。最终，本案债权1500万余元全部执行到位，被执行企业也顺利脱困。

【典型意义】

人民法院认真贯彻落实善意文明执行理念，充分发挥司法职能作用，为中小微企业发展解忧纾困，服务"六稳""六保"工作。本案办理过程中，苏州工业园区法院充分考虑到被执行企业财产的特殊性，在对固定资产及经营资质的经济价值进行综合分析基础上，灵活采取财产处置方式，力求真实反映被执行财产的经济价值。最终，不但使案件顺利执结，保护了债权人的利益，而且避免了被执行企业财产被低价出售，使被执行企业获得重生，有力保护了企业产权和企业家合法权益。

某银行与某铜业公司、某材料公司等金融借款合同纠纷系列执行案

——借助"物联网+执行"技术盘活企业资产

《人民法院助力中小微企业发展典型案例》第2号

2022年4月9日

【执行要旨】

执行法院利用"物联网查封财产监管系统"对财产进行全面灵活监管，确保企业"边查封边经营"，开创了大数据时代人民法院执行工作的新模式。

【基本案情】

某铜业公司因担保产生的债务约8亿元，先后被7家金融机构诉至法院，经审理后进入强制执行程序。江苏省无锡市中级人民法院（以下简称无锡中

院）经财产调查，发现该公司可供执行财产只有4.4万平方米的厂房及相关机器设备，生产经营尚属正常，如果采取以往的查封后拍卖等措施，不仅会影响该公司的正常经营，还会因此导致该公司财产情况进一步恶化，最终损害申请执行人的利益。为实现在执行中保障企业正常生产经营的目标，无锡中院利用"物联网查封财产监管系统"，在该公司安装了近300个电子封条、40多台监控设备，组成严密的物联网电子查封财产监管系统，全时段动态监管该公司所有的厂房、原材料、生产设备等财产，实时感知和预警现场情况，并及时回传至监管平台，实现企业"边查封边经营"。同时，借助系统实时采集该公司生产经营中用电、原料投入、成品产出等10个维度信息，通过终端协同和边缘计算，建模还原企业日常生产状况，帮助法院判断企业经营是否正常以及查封的财产价值是否发生变化。上述执行措施实施后，变"死封"为"活封"，既看住了厂房设备，又能让企业正常生产经营，让人民法院看似冷冰冰的执行更有了温度。这一温度也提升了拍卖热度，由于是一家仍在正常生产的"活着的企业"，在随后对该公司的司法拍卖中，该公司整体资产的拍卖价达1.6亿元，溢价4000万元，远超第一次流拍的拍卖底价。

【典型意义】

无锡中院通过物联网查封财产监管系统，不仅贯彻了"适度、合理、必要"的善意文明执行理念，而且扩大了"活查封"范围，使查封财产监管由物理控制变为信息控制，真正实现"活查封"。最终达到了既最大限度降低对被执行企业正常生产经营的影响，又最大程度兑现了胜诉方实体权益的双赢效果。无锡中院通过个案应用，积极总结并推广工作经验，初步探索出一条"物联网+执行"促进善意文明执行的新路径，充分体现了人民法院充分运用物联网技术赋能执行的信息化新理念。

四、执　行

周某某等12名员工与江西某旅游开发有限公司劳动争议纠纷执行案
——执行法院帮助欠债企业恢复经营，12名员工重返工作岗位

《人民法院助力中小微企业发展典型案例》第3号
2022年4月9日

【执行要旨】

中小微企业容易受到疫情影响，人民法院办理涉中小微企业执行案件时，走访调查被执行企业生产经营状况，为企业融资提供便利，减少因强制执行对企业正常生产经营的影响。

【基本案情】

周某某等12名员工因被江西某旅游开发有限公司解雇，向鹰潭市劳动人事仲裁委员会申请劳动仲裁。2021年7月，该仲裁委作出多份仲裁裁决或调解书，确认江西某旅游开发有限公司应支付周某某等12名员工工资、加班工资、赔偿金等合计20余万元。仲裁生效后，江西某旅游开发有限公司未履行付款义务，周某某等12名员工向法院申请强制执行。2021年7月23日，江西省贵溪市人民法院（以下简称贵溪法院）立案执行。执行调查发现，被执行人江西某旅游开发有限公司在江西省鹰潭市中级人民法院还有作为被执行人的建设工程合同纠纷案，欠债金额巨大且其名下房屋均已被查封。为履行判决义务，被执行人主动提出分期还款请求，但各方当事人未能达成一致意见，案件执行陷入停滞。贵溪法院一方面督促被执行人向上级公司报告，争取资金支持；另一方面赴该公司走访调查，了解到该公司的旅游观光车、运营卡车等30余辆未被查封，漂流、亲子乐园等项目仍在正常经营。考虑正值夏季"漂流、亲子、避暑"等旅游项目的黄金期，贵溪法院决定对观光车等车辆采取"活封活扣"措施，即查封部分车辆后仍交由该公司继续经营使用，暂不进行评估拍卖。2021年12月，该公司成功引入第三方投资，并一次性清偿了全部欠款。同时，为解决周某某等人再就业问题，经执行法院耐心做工作，该公司同意继续聘用周某某等12名员工。2022年2月，该案得以圆满

解决。

【典型意义】

本案是人民法院依法适用"活封活扣"措施，盘活企业、执结案件和解决再就业问题的典型案例。在这起系列案中，贵溪法院面对执行困难，主动走访调查了解被执行人经营状况和困难，对旅游车辆等采取"活封活扣"措施。这一措施既给企业提供了融资时间，又避免影响其正常生产经营，有效帮助被执行人引入第三方资金促进案件顺利执结。同时，贵溪法院耐心细致做该公司工作，帮助周某某等12名员工重返岗位再就业，实现了社会效果和法律效果的统一。

江西某科技公司与某信业公司建设工程施工合同纠纷执行保全案
——人民法院置换保全标的物确保农民工工资发放及企业正常生产

《人民法院助力中小微企业发展典型案例》第4号

2022年4月9日

【执行要旨】

现金流对企业的发展至关重要，执行法院依法快速解封企业资金专户，变更财产保全措施，确保农民工工资发放，避免被保全企业因财产保全陷入困境。

【基本案情】

因建设工程施工合同纠纷，江西某科技公司将某信业公司诉至江西省遂川县人民法院（以下简称遂川法院）。经法院判决，被告某信业公司支付原告江西某科技公司工程结算款593771.05元，打胶款8000元，工程质保金115987.95元，共计约72万元。被告对判决不服，上诉至江西省吉安市中级人民法院。上诉期间，为防止被告某信业公司转移财产，原告江西某科技公司向法院提出财产保全申请，申请查封、冻结被告银行存款或等价值财产折合人民币70万元。收到该保全申请后，遂川法院依法冻结了企业资金账户。采取保全措施后，被申请人某信业公司向遂川法院提出申请，请求解除对其中某一账户的冻结,理由是该账户被冻结直接影响到农民工工资发放和资金流转,影响企业后续正常生产经营,并提供了相关证据材料。遂川法院经审查认为,被申请人提供的材料足以证明该账户用于农民工工资发放,且保全申请人与被申请人所涉合同纠纷明显与农民工工资无关,裁定解除对该账户的冻结。同时,为了保障申请人的利益,立即对被申请人名下的一部卡宴豪车进行查封,禁止办理证照转移手续。遂川法院精准变更财产保全措施,让涉诉企业避免因司法强制措施陷入停产停工。

【典型意义】

执行法院在收到解除保全措施申请后,迅速启动涉企纠纷"绿色通道"和快捷处理机制,依法依规迅速变更了财产保全强制措施,解除对资金账户的保全措施,变更为查封被保全人名下车辆,保障了农民工工资的正常发放和资金流转,减少了对当事人正常生产经营的影响,避免其因司法强制措施陷入困境,这是善意文明执行理念的具体实践,也是司法帮助中小企业纾困解难的精准体现。

某建筑公司与辽宁某公司建设工程施工合同纠纷执行案
——以小微企业需求引导办案方向,创新工作方法盘活查封财产

《人民法院助力中小微企业发展典型案例》第5号
2022年4月9日

【执行要旨】

执行法院通过鼓励不动产承租人参与竞买、继续与买受人签订租赁协议等方式,稳定市场秩序,保障各方企业的合法权益。

【基本案情】

某建筑公司与辽宁某公司建设工程施工合同纠纷一案,辽宁省丹东市中级人民法院(以下简称丹东中院)判决辽宁某公司支付某建筑公司合计1000余万元。某建筑公司已保全查封辽宁某公司名下9处商用不动产(门市),均被小微企业占有使用。立案执行后,执行法院查明除已查封财产外,辽宁某

公司无其他可供执行的财产，辽宁某公司亦向法院表示除保全查封的财产外，公司无履行能力。通过现场勘查，执行法院查明9处不动产确系其他市场主体占有经营。从空间布局分析，9处经营场所占据主要街区，强制腾空虽然符合法律规定，但很可能给正在经营的小微企业带来"灭顶之灾"。经执行法院释法明理，9家小微企业表示愿意参与竞买。在获得占有者未竞买成功即主动退场的承诺后，丹东中院启动评估拍卖程序。从案件执行结果来看，全案为申请执行企业执行回款1040万元，返还被执行企业拍卖溢价款2.3万元，在保障当事人胜诉权益的同时，成功预防本案出现超标的查封。9处不动产中4处被占有企业购买，5处购买者与占有企业于交付现场达成续租协议。本案申请执行企业、被执行企业、不动产占有企业、不动产买受人对法院的执行工作均表示满意。

【典型意义】

执行措施通常涉及申请执行企业、被执行企业及查控标的物租赁企业多方利益，执行法院需要积极创新执行方式，通过鼓励不动产租赁企业参与司法拍卖，由"租客"转为"房东"，或者继续租赁等方式，稳定市场秩序，维护各方当事人合法权益。

某建工公司与某混凝土公司执行异议案
——及时解冻农民工工资专用账户，依法保障农民工工资顺利兑付

《人民法院涉农民工工资案件执行典型案例》第7号

2023年5月1日

【执行要旨】

农民工工资专用账户资金不得因支付为本项目提供劳动的农民工工资之外的原因被查封、冻结或者划拨。执行法院通过审查相关证据，及时解除农民工工资专用账户的冻结，保障农民工工资顺利支付。

【基本案情】

山东省高青县人民法院（以下简称高青法院）在办理某建工公司与某混

凝土公司诉前财产保全一案中，根据该混凝土公司的保全申请，在账户性质不具有外观明确性的情况下，冻结该建工公司在某银行的账户。该建工公司向高青法院提出书面异议，提交了该公司与房地产开发公司、银行三方签订的农民工工资专用账户资金托管协议、某就业和农民工工作领导小组办公室出具农民工工资专户证明，请求解除上述银行账户的冻结。高青法院经审查查明，冻结的上述账户确系该建工公司专门用于发放某幼儿园及地下车库项目农民工工资的专用账户，且该案不是为支付本项目提供劳动的农民工工资的纠纷，高青法院及时裁定解除对该农民工工资专用账户的冻结。

【典型意义】

执行工作应当坚持以人民为中心的发展思想，加强保障和改善民生，维护社会大局和谐稳定。在执行案件过程中，审慎核查被冻结账户是否属于农民工工资专用账户，确保专用账户资金不得因支付为本项目提供劳动的农民工工资之外的原因被冻结或者划拨，切实维护劳动者的合法权益。

2. 评估、拍卖、变卖财产

甲乳业有限公司拖欠职工工资执行案
——执行法院采取多种措施，将189名职工工资、补偿费和社会保险等费用520余万元执行到位

《最高人民法院公布12起涉民生执行典型案例》第4号
2016年1月24日

【基本案情】

河北省行唐甲乳业有限公司是由原石家庄乙集团股份有限公司占有51%股份的有限公司，于2008年9月停产，除少数职工留守外，其他职工全部放假。2010年10月该公司营业执照被有关部门依法吊销。到2013年3月，该公司除其他债务外（另案处理），尚拖欠189名职工的工资、补偿费、养老保险、失业保险费等520余万元。189名职工多次向有关部门反映，并将甲乳业有限公司诉至法院。河北省行唐县人民法院经审理后，依法作出判决：一、

在判决生效后 30 日内，甲乳业有限公司将 189 名职工的工资、经济补偿费和社会保险等费用全部补发、补缴。二、甲乳业有限公司与 189 名职工解除劳动关系。

判决生效后，甲乳业有限公司未能主动履行义务，2013 年 9 月当事人提出执行申请。因该公司拖欠债务较多，行唐县人民法院与有关部门沟通协调后，依法对该公司的资产进行了评估、拍卖。面对涉及人数众多、具体情况差异大、标的额不同的情况，执行人员逐个认真核对，在确保数额准确无误的情况下，将拖欠的工资、补偿费用 300 余万元发放到 189 名职工手中，剩余的各类社会保险 220 余万元，经社保有关单位及县就业局审核确认后，一次性全部交至相关保险公司。至此，长达两年半的劳动关系、工资、经济补偿和社会保险劳动争议案件，圆满执结。

【典型意义】

本案是一起典型的涉民生案件，涉及人数众多，社会影响较大。执行这类案件，首先要加强沟通协调。执行法院多次找职工代表和企业负责人谈话，多次与政府主管部门协调沟通，取得了各方面的积极支持。其次要注意规范执行行为。在执行时，执行法院依法将以该公司为被执行人案件并案执行，确保相关职工利益得到公平保障，同时依法评估和公开拍卖，依法制定执行款分配方案，确保执行活动合法合规。

湖南浏阳法院：乙公司员工劳动争议执行案

《最高人民法院发布 2017 年全国法院十大执行案件》第 7 号
2018 年 3 月 16 日

【摘要】

公司停工，法院通过执行行为为 927 名员工追回欠薪 1800 余万元，并成功执结 1.3 亿元系列案。

【内容介绍】

2010 年 9 月，我国台湾地区甲股份有限公司入驻浏阳，在浏阳经济技术开发区设立乙（湖南）有限公司。2015年，由于市场竞争激烈，公司营运资金出现问题。2016年1月11日，公司委托专人代表与927名员工签订了《劳动合同终止确认书》，终止了劳动关系。后经过劳动争议仲裁，927名工人在裁决书生效后分三批到法院申请强制执行。浏阳市人民法院专门开辟"绿色通道"，安排专人加班加点，仅半个月就完成了927件案件的全部立案审查工作，且均立案执行。

另外，乙公司因拖欠银行借款与材料商货款的申请强制执行案件已达14件，加上这927件案件，共计执行标的额达1.3亿余元。公司停工后，法定代表人叶某返回我国台湾地区，对清偿债务及相关善后事宜一概不理，与此同时被执行人的机械设备尚处在海关监管期内不能拍卖，被执行人的其他财产是否有人竞买，各种问题综合叠加导致执行困难重重。经研究，浏阳法院成立执行专项小组，制定了多套执行方案予以应对，力求在最短时间内打好这场执行攻坚战。

执行专项小组第一时间依法将执行通知书采用公告方式送达了叶某。在经多方努力与叶某取得联系，获得了叶某在我国台湾地区的送达地址确认书后，又将相关法律文书相继成功送达，充分保证叶某的诉讼权利。

执行专项小组将工作重心放在对被执行人财产的依法变现上。本案待评估的建筑物面积达14万余平方米，土地面积达8万余平方米，另外如中央空调、电梯、绿化、净化水池等大量生产、生活设施，财产多、范围广。执行专项小组督促评估人员分两次对公司建筑物、土地及相关附属设施进行了评估。随后依法组织了三次拍卖。2016年9月29日，第三次拍卖终于成交，成交价166864056元。评估、拍卖程序严格按照法律、司法解释的规定进行，确保了公开、公平、公正。拍卖所得款项汇入案款专用账户后，专项小组第一时间通知申请执行人，并安排专人负责接待。连续7天，申请执行人陆续从浏阳法院顺利办理领款手续。至此，该系列案件得以圆满执结。2017年春节前夕，浏阳法院收到了本案的申请执行人共同赠送的锦旗，短短几个月就将涉案标的额达1.3亿余元的系列案件圆满执结，927名员工的工资及补偿金1800万余元也全部发放到位。

该案执行标的大，申请执行人人数众多，财产构成复杂，变现难度大。执行法院依法实施执行行为，执行程序有条不紊，做到了规范、文明执法，执行效果良好。

龚某等与珠海市某餐饮公司劳动争议执行案件

《最高人民法院发布依法惩戒规避和抗拒执行典型案例》第 1 号

2021 年 12 月 1 日

【案情简介】

2020 年 4 月底，珠海市某餐饮公司以受疫情影响为由与所有员工解除劳动关系，仅向员工发放了 1000 元的生活费。后经法院判决，该公司应向龚某等 48 名员工支付工资及经济补偿金共计 230 万元，2021 年 4 月 25 日，龚某等 48 名员工向广东省珠海市香洲区人民法院申请强制执行。执行过程中，珠海市香洲区法院发现被执行人在该案诉讼程序时法定代表人发生了变更，有逃避债务的嫌疑。珠海市香洲区法院通过实地调查、传唤被执行人总经理李某、财务总监万某接受调查发现，李某系被执行人的主要负责人。其后，执行干警再次责令被执行人如实申报财产，但李某表示已如实向法院申报，并无财产可履行义务。经执行干警现场调查核实，被执行人公司并非无履行能力。因被执行人拒不履行义务并不如实申报财产，法院依法对被执行人珠海市某饮食有限公司主要负责人李某作出司法拘留 15 日的决定，并最终促成当事人达成和解。2021 年 5 月 25 日，被执行人当即向法院执行款收款账户支付 150 万元，剩余 80 万余元分两月支付完毕。

【典型意义】

欠薪问题事关劳动者切身利益与社会和谐稳定，珠海市香洲区法院将《保障农民工工资支付条例》落实到实处，将兑现劳动者合法权益作为"我为群众办实事"的一项重要工作来抓，对涉农民工工资类案件做到优先执行、优先兑现，用足用好调查和惩戒措施，促使被执行人更快履行欠薪义务，全心全力为"护薪"提供更有力的司法保障。

四、执 行

重庆某投资公司申请执行青岛某化工公司等借款合同纠纷案件
——重庆五中院积极化解矛盾顺利一次性执结2.9亿元大案

《善意文明执行典型案例》第6号
2020年1月2日

【摘要】

重庆市第五中级人民法院成功执结重庆某投资公司申请执行青岛某化工公司等借款合同纠纷案，高达2.9亿元的执行标的额一次性执行到位。本案涉案标的额大、案情复杂、涉及当事人多，具有较高的社会关注度。法院发挥司法智慧，化解当事人之间的争议矛盾，成功执结本案，有效保障了当事人的权益，维护了和谐稳定，取得了良好的法律效果和社会效果。

【基本案情】

重庆某投资公司与重庆某石化公司、青岛某化工公司甲、青岛某化工公司乙、青岛某化工公司丙借款合同纠纷案，法院判决重庆某石化公司应偿还重庆某投资公司借款本金1.5亿元及相关借款利息、滞纳金；重庆某投资公司对青岛某化工公司甲提供质押的存放于青岛某化工公司乙、丙的共计5万吨抽余油在判决确定的债权范围内享有优先受偿权；若重庆某石化公司不能清偿判决所确定的债务，且质押物存在不足的情形，则青岛三家公司在质押物缺失的限值范围内承担赔偿责任。

本案立案执行后，重庆五中院迅速启动查封冻结工作，依法冻结了被执行人青岛3家公司在多个银行账户中的存款，并查封了青岛3家公司10余处房地产，为本案的执行工作推进奠定了良好基础。根据判决主文设定的"先油后款"操作模式，本案应当先确定涉案"抽余油"现状，但是本案执行过程中，青岛3家公司以质押人青岛某化工公司甲并非本案质押物的实际所有权人、本案质权并不成立等理由进行抗辩，迟迟不愿指认涉案质押油品并明确其现状。本案执行法官及时赶赴青岛，现场核实了涉案油品的实际情况。在确定涉案5万吨抽余油不存在的情况下，重庆五中院即时进行案情研判，相应调整执行策略，探索采取对虚拟资产进行种类物现值评估的方式，对涉案 5 万吨抽余油的现值进行评估，为科学确定青岛 3 家公司应承担的赔偿责任额度提供参考依据。

本案进入评估阶段后，执行法官协调解决了各方对于如何确定油品现值的基准日以及评估中是否应含税值评估等争议问题，同时督促评估机构规范评估程序并及时作出评估报告，从而明确了青岛 3 家公司应承担的责任。经执行法官多方工作努力，被执行人青岛 3 家公司主动通过青岛某化工公司甲将 3.2 亿元汇入法院执行款账户，全额履行完毕本案判决确定的给付义务。重庆五中院及时将青岛 3 家公司被查控在案的全部财产予以解除，并在依法扣减本案执行款项后，将余款全部退回被执行人账户。

【典型意义】

本案中，执行法官"抽丝剥茧"找准矛盾焦点，及时核实涉案油品的实际情况。在确定涉案执行财产抽余油实际不存在的情况下，为推进执行工作，法院经过深入细致研判，探索采取对虚拟资产进行种类物现值评估的方式，科学确定相关当事人应当承担的赔偿责任，有效破解执行中的障碍，为后续执行工作顺利推进奠定了坚实基础。执行法院运用司法智慧妥善化解纷争，积极协调各方当事人，认真释法明理，坚持以对话代替对抗，以善意化解分歧，针对各方当事人关注的焦点问题主动提供解决方案，并督促评估机构规范评估涉案油品，最终成功促使各方当事人就履行本案判决确定的给付义务达成共识并即时履行，体现了强制执行工作中加大执行力度与善意执行理念的有机结合。

多名船员、渔工与某远洋渔业公司劳动报酬纠纷执行案
——加速船舶拍卖款分配，优先保障远洋船员、渔工权益

《人民法院涉农民工工资案件执行典型案例》第 5 号

2023 年 5 月 1 日

【执行要旨】

被执行人严重资不抵债，名下多艘渔船被法院处置，船舶变现程序多、时间长，债权人众多、变价款分配复杂，船员、渔工工资受偿缓慢。执行法

院通过协调各方，优化船舶拍卖款分配思路，使船员、渔工劳动报酬得以优先、及时、便利发放。

【基本案情】

本案被执行人拖欠100多名船员、渔工劳动报酬，总执行标的约8亿元。涉执行船舶20艘，需经拍卖公告、债权登记、变卖等船舶处置法定程序和组织债权人召开船舶变价款分配会议，程序复杂、历时漫长。多名船员、渔工多次到法院及当地政府等有关单位反映生计问题。福建厦门海事法院经研判认为，依法从快优先解决具有优先权的船员、渔工工资发放问题，有利于保障远洋劳务工人合法权益。厦门海事法院与船舶债权登记及确权诉讼等部门建立对接机制，第一时间跟踪研判同类案件，实现涉执行风险提前预警；与船员、渔工所在地政府协作，多次召集船员、渔工代表、涉案关联企业商讨，积极争取具有抵押权的申请执行人等主要债权人理解支持，协调关联企业先行垫付船员工资；主动帮助异地船员、渔工联系法律援助。百名债权人难以集中到厦门海事法院召开债权人会议，厦门海事法院通过微信、视频电话等多种信息化形式，对当事人进行身份核对、金额确认，依法发放案款，有效维护了远洋船员、渔工合法权益。

【典型意义】

本案申请执行人来自不同省市，被执行人名下多艘渔船执行程序复杂、协调难度大、影响范围广。执行法院坚持善意文明执行理念，执行与审判部门构建常态化信息互通机制，与异地重点渔村及所在地政府、关联案件审理法院等单位协调联动。依托信息化手段，有效克服船舶变价款分配债权人会议与优先权船员、渔工工资变现的时间和空间上的困难，及时分配发放船员、渔工劳动报酬，有效维护了劳动者合法权益。

3. 存款的执行

某师范大学与某物业管理公司供用热力合同纠纷执行案

《最高人民法院公布九起反规避执行典型案例》第1号

2011年7月5日

【案情摘要】

某师范大学与某物业管理公司供用热力合同纠纷一案，北京市海淀区人民法院判决某物业管理公司给付某师范大学供暖费2913715.7元以及利息270025.17元。一审判决后，某物业管理公司提起上诉。北京市第一中级人民法院二审判决驳回上诉，维持原判。

由于某物业管理公司未履行生效判决确定的义务，某师范大学向北京市海淀区人民法院申请执行。执行法院要求某物业管理公司申报财产情况。某物业管理公司申报了中国工商银行和兴业银行两个银行账户，执行法院对两个账户进行了冻结，仅扣划到9800元。执行法院进一步调查发现，某物业管理公司在中国建设银行还开立有一个账户，执行法院遂冻结了该账上仅有的存款13289.02元。执行法院要求某物业管理公司负责人到庭说明为何没有如实申报财产，并要求某物业管理公司提供3个银行账号的对账单和会计凭证供调查。某物业管理公司负责人未到庭，且未提供对账单和会计凭证。鉴于此，执行法院对某物业管理公司的办公场所进行了搜查。通过查阅搜查获取的会计账簿，发现某物业管理公司以工资、药费、差旅费等名义向某招待所支付了大笔费用，累计近百万元。执行法院调取了某物业管理公司的丙银行账户交易记录，显示在执行法院发出执行通知书后，某物业管理公司仍有多笔大额资金往来。执行法院到某招待所的经营场所进行调查，发现招待所条件十分简陋，仅有6名员工，月经营收入为2万至3万元。

经过调查，执行法院掌握了大量确凿的证据，证明某物业管理公司在收到执行通知书后，未如实申报财产情况，其将经营收入等大笔资金转入某招待所的银行账户，以达到转移财产、规避执行的目的。因此，执行法院对某物业管理公司的负责人采取了拘留措施，并决定对某物业管理公司的账目进行审计。执行法院采取强制措施后,某物业管理公司迫于压力,3 日内向法院支付了 180 余万元执行款,并与申请人某大学达成了执行和解协议,并已分期履行完毕。

【典型意义】

执行法院严格落实财产报告制度,加大依职权调查财产的力度,适当运用审计方法调查被执行人财产,使得该案得以顺利执结。

湖北某建设工程有限公司、团风县某建筑公司与某磁性材料有限公司及黄冈某汽车销售有限公司工程款担保纠纷执行案

《最高人民法院公布九起反规避执行典型案例》第 4 号

2011 年 7 月 5 日

【案情摘要】

湖北某建设工程有限公司(以下简称某建设公司)、团风县某建筑公司(以下简称某建筑公司)与某磁性材料有限公司(以下简称某材料公司)、黄冈某汽车销售有限公司(以下简称某销售公司)工程款担保纠纷执行一案,湖北省黄冈市中级人民法院于 2008 年 3 月 3 日立案执行。某材料公司以其法定代表人丁某为市政协委员的特殊身份及无还款能力为由拒不履行生效判决确定的义务。经执行法院调查,某材料公司在人民银行登记备案的几个银行账户均只有几元到几百元不等的存款,公司不动产已设定抵押,无其他可供执行财产;某销售公司早已歇业,无可供执行财产。2008 年 5 月 19 日,申请执行人向执行法院提供线索,某材料公司有 75 万元货款从深圳汇回。执行人员随即查询某材料公司在人民银行登记备案的几个银行账户,未发现该笔款项。后执行人员查询到某材料公司于工商银行开立的一账户(该账户未在人民银行备案),查到该笔汇款,但款项已被转走。经调查,该款汇入当天即转入某材料公司会计邓某个人账户。根据上述情况,执行法院认为某材料公司有隐匿资产、规避执行的嫌疑,立即冻结了邓某个人账户上的 65 万元存款。邓某提出执行异议,称被冻结账户上的款项系某材料公司偿还他的借款,系

其个人财产。执行法院依法对异议进行审查,经核对某材料公司和邓某账户,发现自 2007 年 11 月至 2008 年 5 月,某材料公司账户所有大额资金(共 22 笔,156.5 万元)均于到账当日或次日转入邓某个人账户,邓某个人账户除由公司账户转入的 22 笔款项外,无其他存款记录。审查过程中,邓某出示一份盖有某材料公司印章、金额为 86 万元的借条。经对某材料公司会计账目进行调查,没有该笔借款记录。执行法院查明,邓某 50 多岁,下岗职工,配偶无职业,家庭生活拮据。据此推断邓某与某材料公司的借贷关系不合常理。执行法院要求邓某说明资金来源和给付方式,并告知虚假陈述的法律责任。邓某含糊搪塞,主动要求收回借据。执行法院遂依审查中查明的情况,认定某材料公司为邓某账户款项的实际所有人,依法裁定驳回邓某的异议。邓某签收裁定后,向执行法院提起异议之诉,又于开庭前撤诉。

执行法院以故意隐匿资产、妨碍执行为由,对某材料公司处以罚款,同时积极征得黄冈市政协的同意和支持,对某材料公司法定代表人丁某处以拘留。某材料公司及丁某均未提任何异议、复议或申诉。案件得以顺利执行。

【典型意义】

被执行人虚假报告财产,虚构债务隐藏、转移财产,给申请执行人造成损失的,执行法院依法对被执行人及其相关责任人处以罚款、拘留,使得案件得以顺利执结。

许某财与杨某局抚养费纠纷案
——被执行人不履行支付抚养费的义务,执行法院
通过全国法院网络查控系统冻结其银行账户后,
被执行人迫于压力,主动履行义务

《最高人民法院公布 12 起涉民生执行典型案例》第 3 号
2016 年 1 月 24 日

【基本案情】

许某财与杨某局抚养费纠纷一案,山东省临沂市兰山区人民法院判决准予杨某局与许某财离婚,双方婚生女由许某财抚养,杨某局每月支付抚养费

人民币 400 元，自 2013 年 6 月份起至女儿能够独立生活之日止。2013 年度的抚养费 2800 元于 2013 年 12 月 1 日前付清，以后每年度的抚养费于每年 7 月 1 日前付清。

判决生效后，杨某局一直未履行法律文书确定的义务，许某财于 2015 年 11 月 17 日向临沂市兰山区人民法院申请执行，要求杨某局支付女儿抚养费 12400 元。案件进入执行程序后，了解到申请执行人家庭十分困难，被抚养人年纪尚幼，亟须此笔抚养费，执行法院加快了执行速度。但被执行人杨某局离婚后，一直逃避法院执行。2015 年 11 月底，临沂市兰山区人民法院开通全国法院网络执行查控平台后，承办法官于 11 月 30 日将该案输入全国法院网络执行查控系统，该系统于当天下午反馈信息：被执行人杨某局在银行账户内有存款 8048.32 元。12 月 1 日上午承办法官通过系统冻结杨某局银行账户，下午银行反馈信息显示已成功冻结。随后，承办法官与杨某局取得联系，对其进行批评教育。杨某局慑于网络查控的巨大震慑力和执行工作的强大力度，于 12 月 9 日下午主动将剩余抚养费 4400 元打入法院专用账户，并保证以后每年主动支付抚养费 5000 元。

【典型意义】

追索抚养费的案件关系到未成年人的健康成长，本案中，申请执行人家庭困难，且被抚养人年纪尚幼，被执行人一直躲避法院执行，迁离了原址，执行难度较大。执行法院充分利用全国法院网络查控系统，加大对被执行人的财产查控力度，高效执结了案件，及时维护了当事人的合法权益。

4. 不动产的执行

张某与陈某、吴某英民间借贷纠纷执行案

《最高人民法院公布九起反规避执行典型案例》第 2 号
2011 年 7 月 5 日

【案情摘要】

张某与陈某、吴某英民间借贷纠纷一案，福建省福州市中级人民法院判

令陈某偿还张某188万元及利息；被告吴某英承担连带清偿责任。一审判决后，陈某、吴某英提起上诉。福建省高级人民法院二审判决驳回上诉，维持原判。

由于陈某、吴某英未履行生效判决所确定的义务，张某向福州市中级人民法院申请强制执行。执行法院决定对诉讼阶段保全查封的吴某英名下的位于福州市晋安区新店镇福飞北路某小区房屋进行强制拍卖。被执行人吴某英向法院出示了一份其与弟弟签订的关于上述房屋的租赁合同，合同约定每月租金950元，租期15年，租金一次性支付。吴某英称，她在法院查封前已经将房屋出租给弟弟，并一次收取了租金17万元，其弟弟在签订合同后，又转租给第三人（次承租人）。吴某英不能出具金融机构的相关转账凭证，证明她一次性收取了17万元租金。对此，吴某英辩称，她是向弟弟借钱买了房屋，约定用该房屋的租金偿还。申请人张某向执行法院提交报告，称她曾亲眼看到吴某英向次承租人收取租金，她认为吴某英出示的租赁合同系吴某英姐弟串通伪造而成。执行人员向房屋前后几个承租人调查了解情况，几个承租人证实，每个月租金均由吴某英收取，租金为每月3000元。执行人员在掌握充分证据后，约谈了吴某英的弟弟。吴某英弟弟承认，吴某英知道房屋被法院查封后，以他的名义将房屋转租给次承租人，转租合同上的签名系吴某英所签，吴某英直接向次承租人收取租金。

执行法院认为，查封财产上的租赁关系不影响对查封财产的处置。执行法院决定对查封房屋进行拍卖，并在拍卖公告中告知被执行人有权提出异议。吴某英没有在规定期限内提出异议。吴某英的弟弟在法院决定强制拍卖房屋之前，主动退出了租赁、转租的三方租赁合同关系。执行法院依法对房屋进行了评估拍卖。拍卖成交后，原次承租人仍享有租赁权，改向买受人交付租金。

【典型意义】

人民法院强化财产保全措施，加大对保全财产的执行力度，使得该案得以顺利执行。

上海某石化有限公司与上海某贸易有限公司侵权损害赔偿纠纷执行案

《最高人民法院公布九起反规避执行典型案例》第3号

2011年7月5日

【案情摘要】

上海某石化有限公司（以下简称某石化公司）与上海某贸易有限公司（以下简称某贸易公司）侵权损害赔偿纠纷一案，上海市高级人民法院作出民事调解书，确认某贸易公司支付某石化公司880万元；杨某萍在740万元范围内对某贸易公司的支付义务承担连带责任。

某贸易公司与杨某萍未履行调解书约定的付款义务，某石化公司向该案一审法院上海市第一中级人民法院申请强制执行。执行法院查明，某贸易公司因涉嫌刑事案件，经相关机构鉴定，已无偿债能力；杨某萍名下原有四套房产，但在原告某石化公司提起诉讼前两天，杨某萍与龚某（杨某萍之子）签订了3份《上海市房地产买卖合同》，将其名下4套房产中的3套"售与"龚某，随后办理了房产过户手续。

执行立案后，某石化公司向上海市闵行区人民法院提起撤销杨某萍与龚某之间的房地产买卖合同的诉讼，上海市第一中级人民法院遂依法裁定该案中止执行。上海市闵行区人民法院在审理中查明，杨某萍系某贸易公司股东，其在接受公安机关讯问时，明确回答龚某实际未支付房款；龚某在受让房产时年仅20岁，且一直在国外读书，生活来源需父母供给，并不具备支付房款的能力。法院认为，杨某萍预见到可能承担责任后，将其房屋产权无偿过户至龚某名下，主观上具有逃避债务的恶意，且事实上致使其清偿债务能力减弱，损害了债权人的利益。因此，判决撤销了杨某萍、龚某签订的3份《上海市房地产买卖合同》。随后，某石化公司申请恢复执行，要求处理已恢复至杨某萍名下的房产。执行法院恢复执行后，某石化公司与杨某萍达成和解协议，杨某萍将其名下的一套房产过户至某石化公司名下，并补偿某石化公司16万元，某石化公司放弃其他债权主张。案件执行终结。

◎ 最高人民法院发布的典型案例汇编（2009—2024 年）民事诉讼卷

【典型意义】

被执行人无偿转让财产，对申请执行人造成损害，申请执行人依法向有管辖权的人民法院提起撤销权诉讼，有效地反制规避执行行为。

北京某房地产公司申请执行北京某生物科技公司等股权转让纠纷案件
——北京一中院积极推动对涉案不动产的分割登记、部分查封

《善意文明执行典型案例》第 2 号

2020 年 1 月 2 日

【摘要】

本案被执行人名下一座共 20 层大厦只有 1 个产权证，整体查封明显超过了本案执行标的额，但按照法律规定对于不可分物且被执行人无其他可供执行的财产可以整体查封。北京一中院坚持善意执行理念，协调各登记管理机关，积极推动对不动产的分割登记，解除超出执行标的额部分的查封，避免因查封影响财产效用的发挥，尽量降低对债务人的不利影响。

【基本案情】

北京某房地产公司申请执行北京某生物科技公司、北京某投资公司、广州市某投资公司等一案，法院判决上述被执行人连带清偿申请执行人股权转让款 8000 万元及赔偿相关利息损失，由北京市第一中级人民法院立案强制执行；与此同时，该院还执行多件涉及北京某投资公司的案件，案由有民间借贷纠纷、股权转让纠纷、诉讼代理合同纠纷等，总标的额约 6 亿元。

执行过程中，法院查封了北京某投资公司名下位于北京市海淀区知春路的房产，该大厦共二十层，估值在 20 亿元左右。被执行公司提出申请，希望法院能解除对大厦的查封，表示公司会通过其他方式融资来清偿债务，但申请执行人坚决反对解除查封，担心一旦解除，自己的权利无法实现。

为保护各方当事人合法权益，执行法官多次前往北京住建委、规土委、不动产登记中心，反复协调沟通之后，将涉案大厦原有的 1 个产权证分割为

24个产权证，然后办理了整栋大楼解除查封手续，变更为查封该大厦1—10层的房产，并重新查封了以上房屋之分摊土地面积，从而避免了超执行标的查封，使得被执行人得以盘活资产、进行融资，筹得款项清偿了涉案全部债务，系列案件得以全部顺利执行完毕。

【典型意义】

在执行案件中，一种常见的情形是被执行人名下的不动产估值远超执行涉案金额，但整个不动产只有一个产权证，在执行中很难做到对不动产中涉案金额部分进行精准处置，但若整体处置又可能对被执行人的合法权益造成较大影响，亟待人民法院采取灵活的执行措施，既能保障申请执行人的债权，又尽量不影响被执行人的正常经营活动，避免不必要的损失。本案中，在最高人民法院统一调度和积极协调下，秉持善意执行理念，执行法院积极协调不动产登记机关，将涉案不动产共用的一个产权证分割为多个产权证，再查封案件标的范围内的部分不动产，使得被执行人可以对其他未查封部分房产进行正常经营、融资，使被执行人的利益免受不必要的损失，也促进了案件的顺利执结，用创新做法开创了执行工作的新局面，维护了各方当事人的合法权益。

左某娃申请执行左某英物权保护纠纷案件
——南京秦淮法院帮助被执行人取回被他人强占的房屋

《善意文明执行典型案例》第4号

2020年1月2日

【摘要】

本案是年逾古稀的两位亲姐妹之间的案件，姐姐强占妹妹房屋拒不归还，妹妹申请强制腾房，执行法院秉持善意执行理念，没有机械执行，经多方努力，帮助被执行人收回被他人强占的房屋，解决了被执行人的居住问题与后顾之忧，促使本案圆满执结。

【基本案情】

本案双方当事人是一对年逾古稀的同父异母姐妹,姐姐左某英年轻时远嫁兰州,丈夫去世后,无房无业的她靠社会保障勉强维持生活,两个亲生女儿也是生活艰难。几年前左某英回到南京,强占了妹妹左某娃位于秦淮区的房屋,引发诉讼。法院依法审理后认为,左某娃合法拥有该房屋的占有使用权,左某英无合法依据强占他人房屋,侵害了左某娃的合法权益,判决左某英须迁出并归还该房屋给左某娃。在本案执行过程中,执行法官发现被执行人左某英生活非常拮据,在南京无其他可供居住的房屋,且患有心脑血管疾病、有晕厥史,很容易发生意外,不适宜进行强制执行,遂根据掌握的线索远赴被执行人生活地兰州调查,了解到左某英在兰州有一套住房,但是被他人强占,无法收回房屋。执行法院积极与当地有关部门联系协调,经多方努力,最终由有关部门帮助被执行人左某英收回其在兰州的房屋,并且执行法官还说服其两个女儿到南京接左某英回兰州,以彻底化解此次矛盾纠纷。被执行人在得知自己的居所已经收回且女儿来接其回家后,主动迁出涉案房屋,在家人的陪伴下回到了兰州,该案得以圆满解决。

【典型意义】

腾退房屋是一种常见的执行案件类型。本案中,依法应腾退房屋的被执行人,存在与申请执行人是亲戚关系、当地无其他可供居住的房屋、年逾古稀且身患疾病等情形,如果简单地采取强制腾退措施,可能引发一系列问题,激化矛盾。在本案办理过程中,执行法院秉持善意执行理念,努力帮助被执行人解决居住问题,有效平衡了执行力度与执行温度之间的关系,用柔性执法彰显了司法温度,达到了定分止争的目的,促成案结事了人和,取得了良好的法律效果与社会效果。

四、执 行

中国某银行顺德勒流支行申请执行顺德某铜铝型材公司等金融借款合同纠纷案件
——顺德法院允许承租人继续使用查封厂房实现财产价值

《善意文明执行典型案例》第 5 号

2020 年 1 月 2 日

【摘要】

广东省佛山市顺德区人民法院灵活采取查封措施,在处置涉案厂房期间,将厂房交由案外人继续占有使用并收取占用费,使查封财产能够物尽其用,避免资源浪费,并在此过程中,将占用费收取工作交由申请执行人管理,制作台账后交由法院审查备案,为进一步探索推行执行中的强制管理制度积累了经验。

【基本案情】

中国某银行顺德勒流支行与顺德某铜铝型材公司等金融借款合同纠纷一案,人民法院判决被执行人应向银行清偿近亿元的本金及相关的利息、复利、罚息等。在本案执行过程中,法院查明被执行人名下有位于顺德某工业区的厂房。在法院拟拍卖该不动产的过程中,共有 12 名案外人以租赁使用涉案部分厂房为由向法院申报租赁关系。后经法院走访查明,上述厂房已分租给 12 名案外人使用,租户员工合计逾 100 人,部分租户已于 2013 年、2014 年入驻涉案厂房,因生产经营需要,大部分租户均投入了大量财物进行厂房升级改造,且因生产需要均配备大型机器设备,如强制清空,将对这 12 名案外人造成较大财产损失。

因涉案厂房内无证建筑物较多,需重新测量后交由国土部门入库审查,评估周期较长,法院在考虑 12 名案外人的实际情况后,为实现债权人权益最大化,避免查封财产的资源浪费,决定在处置涉案厂房期间,12 名案外人可继续占有使用,但需参照所签订的租赁合同或市场价支付占用费。12 名案外人均承诺继续使用涉案厂房至拍卖成交,如未能与新业主签订新租赁协议,将于拍卖成交之日起两个月内迁出涉案厂房。同时,顺德法院参照企业破产程序中破产管理人的制度,将占用费收取工作交由申请执行的银行负责,要求案外人将每月缴款的凭证发送给申请执行人,由申请执行人及时跟进、督促案外人支付占用费,并制作台账交由法院审查备案。以上执行措施既充分实现了暂无法处置的资产的价值,维护了各方当事人的合法权益,又有效节约了司法资源,赢得了各方好评。

【典型意义】

法院执行实务操作中,涉案房地产类型为大宗厂房或商场的,往往存在多个租客分租的情况,如何保障债权人、债务人、承租人三方的权益不受进一步损害,从而提高人民群众对法院执行工作的认可,是法院执行工作的一大难题。本案中法院通过灵活采取查封措施的方式,在评估、处置涉案厂房期间将其交由案外人继续占有使用并收取占用费,用于偿还申请执行人的债权,使查封财产能够物尽其用,避免资源浪费,体现了善意执行的理念。同时参照相关规定,将占用费收取工作交由申请执行人管理,也为进一步探索推行执行程序中的强制管理制度积累了经验。

(四)执行救济

陈某润等人交通肇事救助案
——申请执行人瘫痪在床,法院决定救助48万元

《最高人民法院公布12起涉民生执行典型案例》第8号

2016年1月24日

【基本案情】

2009年,被执行人张某驾驶拖拉机由云南省弥勒市西二镇雨龙革村驶往西龙方向。行至西二镇大茂卜村路段时,车辆翻至道路右侧的水沟中,造成乘车人保某有、张某波当场死亡,陈某润二人(两人系堂姐妹,姓名相同)均腰椎断裂,造成一级伤残,至今瘫痪在床,韩某虎、许某才、周某玉、周某贵轻伤。法院认定张某犯交通肇事罪,判处有期徒刑五年,并判决赔偿保

某有 4 名亲属经济损失 104910 元，赔偿陈某润（1992 年）193846.7 元，赔偿陈某润（1984 年）194488.43 元，赔偿周某玉 1494.32 元，赔偿许某才 1886.3 元，赔偿韩某虎 2145.5 元，共计赔偿约 50 万元。张某于 2013 年 4 月份出狱，出狱后外出打工，现下落不明，且无财产可供执行。申请执行人陈某润二人在此次交通事故中腰椎断裂，瘫痪在床，一直无钱医治，且二人脚部均已开始腐烂，即将感染到上身，急需治疗费。云南省高级人民法院根据《云南省开展国家司法救助工作实施办法（试行）》的规定，对陈某润二人及其他申请执行人救助 48 万元。

【典型意义】

交通肇事案件是法院执行的难点，在农村地区农用车造成的群死群伤案件尤难执行。云南省积极完善救助制度配套措施，将相关资金列入预算，由省级司法机关统一管理使用。云南省高级人民法院执行部门 2015 年使用救助资金近 1000 万元，化解了很多中基层法院无法解决的大额救助案件，有效发挥了司法救助机制的作用。

（五）执行中止

李某飞、某公司执行申诉案

《最高人民法院发布人民法院充分发挥审判职能作用保护产权和
企业家合法权益典型案例（第二批）》第 6 号
2018 年 12 月 4 日

【基本案情】

某某港市中级人民法院在执行许某某申请执行李某飞、某公司民间借贷执行案中，查封了某公司开发的案涉楼盘的 328 套在建房屋，并在评估后对案涉房屋启动拍卖程序。李某飞、某公司认为，案涉房屋被评估时正处于停工状态；评估后，案涉房屋又进行了复工并已基本完工，共投入资金逾 1 亿元，房屋价值已发生重大变化，但执行法院在拟处置程序中，并没有对案涉房屋重新评估，仍以复工前的评估价值对房屋进行整体拍卖，属于超标的查封和拍卖房产。李某飞、某公司先后向某某港市中级人民法院、某某自治区高级人民法院提起异议和复议，请求中止拍卖，对案涉房产价值重新评估，并根据新的评估价格解除对超标的房屋的查封。李某飞、某公司的申请相继被驳回后，向最高人民法院申诉。

【裁判结果】

最高人民法院审查认为，案涉房屋在评估后又进行复工，执行房产的现状及价值前后发生巨大变化，申诉人据此向执行法院提起异议，请求中止拍卖，重新评估并解除超标的部分的查封，执行法院驳回了申诉人的执行异议，有损害申诉人企业产权和其他合法权益之虞。某某港市中级人民法院、某某自治区高级人民法院对申诉人提出的相关证据材料未予审查，遗漏当事人请求。据此，最高人民法院作出（2017）最高法执监401号执行裁定，依法撤销了某某港市中级人民法院、某某自治区高级人民法院的执行异议裁定和执行复议裁定，将该案交由某某港市中级人民法院重新审查。

该案发回某某港市中级人民法院重新审查期间，某某港市中级人民法院已基于其他事由，裁定中止本案的执行，支持了申诉人的主张。

案例索引：中华人民共和国最高人民法院（2017）最高法执监401号执行裁定书。

【典型意义】

在人民法院审判执行过程中，对建筑物等财产超标的查封，不允许民营企业处分该超标的部分财产的行为，既不利于产权人充分发挥其财产价值，也侵害民营企业的合法权益。《中共中央、国务院关于完善产权保护制度依法保护产权的意见》要求："完善案涉财物保管、鉴定、估价、拍卖、变卖制度，做到公开公正和规范高效。"本案中案涉328套房屋被查封、评估后，案涉民营企业进行了复工，使查封的房屋实现了升值。申诉人据此事由向执行法院提起异议，请求中止拍卖、重新评估并解除超标的部分的查封，理据充分。最高人民法院裁定，本案由执行法院重新对申诉人提起的事由进行审查，并根据查封标的物市场价值重新评估，解除超标的查封部分。本案处理有利于推动和规范案涉财物鉴定、估价、拍卖等制度的完善，确保被执行人的合法权益不受侵害。本案的处理，对于在执行中针对确定被查封标的物价值的同类案件具有典型指引价值。

五、审判程序

广东广州中院推行民商事案件先行判决，促进当事人合法权益及时兑现

《人民法院助推民营经济高质量发展典型民商事案例》第 9 号

【具体举措】

广东省广州市中级人民法院自 2020 年 6 月起试行先行判决机制。先行判决机制以《民事诉讼法》第一百五十三条为法律依据，先通过审查诉讼请求进行二次繁简分流个案，对诉讼请求对应事实已查清且可独立裁判的部分先行判决，当事人可在先行判决部分生效后向对应的法院先行申请执行。其他诉讼请求待相关事实进一步查实后，通过后续判决解决。法院在审理中要注意先行判决与后续判决的判决方向一致、内容完整。

【典型意义】

《民事诉讼法》第一百五十三条规定，人民法院审理的案件，其中一部分事实已经清楚的，可以就该部分先行判决，从而确立了先行判决制度。但规定在实践中较少运用，且即便法院作出了先行判决，是否允许对该部分先行判决申请执行，实践中也存在不同认识。广州中院活用先行判决机制，充分发挥审判职能作用，切实提升了商事案件诉讼效率。且先行判决对于支持疫情防控常态化之下实体经济恢复发展，助力中小企业渡过难关，保障民营经济持续向稳向好蓬勃发展，促进当事人合法权益及时保障兑现，成效明显。截至 2021 年 7 月 21 日，广州中院作出先行判决的平均审理周期为 57 天，取得部分权利时间平均提速 34.96%，单次最快提速达 65.88%，先行判决金额共计 8500 万余元。

六、非诉程序

郑州市生态环境局与河南某建筑工程有限公司生态环境损害赔偿司法确认案

《黄河流域生态环境司法保护典型案例》第十号

2020年6月5日

【基本案情】

2017年11月，河南某建筑工程有限公司（以下简称某公司）在新郑市龙湖镇非法倾倒有毒土壤。经鉴定，土壤中含有"六六六"与"滴滴涕"等农药因子，受污染土壤共计14.89万立方米。在有关部门采取紧急控制措施、查清污染事实、鉴定损害后果后，根据河南省郑州市人民政府授权，郑州市生态环境局与某公司进行磋商，达成了《新郑市龙湖镇李木咀村与刘口村土壤污染案件生态环境损害赔偿协议》。主要内容为，（一）由某公司赔偿应急处理及调查评估，土壤修复效果评估、监理与验收，恢复性补偿等费用共929.82万元。（二）由某公司承担土壤修复责任，委托第三方进行受污染土壤无害化处置，直至评估达标；否则须按司法鉴定土壤修复估算费用的130%计算违约金，计1.9亿元，同时还应就损害扩大部分承担全部法律责任。（三）若某公司不履行或不完全履行协议，郑州市生态环境局有向河南省郑州市中级人民法院申请强制执行的权利。协议达成后，双方共同向人民法院申请要求确认协议有效。

【裁判结果】

河南省郑州市中级人民法院受理司法确认申请后，依法对《新郑市龙湖镇李木咀村与刘口村土壤污染案件生态环境损害赔偿协议》内容进行了公告。公告期内，未收到异议或意见。河南省郑州市中级人民法院对协议内容的真实性、合法性审查后认为，申请人达成的协议符合司法确认的条件，遂裁定确认协议有效；拒绝履行或者未全部履行协议时，可以向人民法院申请强制执行。

【典型意义】

本案系土壤污染引发的生态环境损害赔偿司法确认案件。涉案磋商协议对赔偿权利人和赔偿义务人的身份，生态环境损害的事实、程度和有关证据，双方对生态损害鉴定报告的意见，生态环境损害修复模式及费用支付方式，修复工程持续期间，修复效果评估以及不履行或不完全履行协议的责任等内容作了全面约定，不仅确保生态环境损害修复工作落到实处，也便于接受公众监督，充分保障公众的知情权和参与权。受案法院对生态环境损害磋商协议司法确认的程序、规则等进行了积极探索，提供了有益的经验。人民法院通过司法确认，赋予磋商协议强制执行效力，促进磋商在生态环境损害赔偿工作中的积极作用，引导企业积极履行生态环境保护主体责任，强化土壤污染管控和修复，促进流域生态环境保护修复。

"王家坝河"生态环境损害赔偿协议司法确认案

《最高人民法院发布长江流域水生态司法保护典型案例》第十号

2020 年 9 月 25 日

【基本案情】

2019 年 6 月 6 日夜，姚某在禁渔期间至重庆市酉阳县酉酬镇溪口村一组小地名"王家坝河"的天然河流，操作禁止使用的捕捞工具电鱼机非法捕捞野生鱼，被当场查获。经清点，姚某非法捕捞野生渔获物共计 330 尾，总净重 10.2 斤。后当地农业农村委员会与姚某就其非法捕捞水产品造成的生态环境损害进行磋商，并达成赔偿协议，并向人民法院申请司法确认。

【裁判结果】

重庆市黔江区人民法院受理申请后依法进行了审查，并对生态环境损害赔偿协议进行公告。公告期内，未收到异议。黔江区人民法院认为，申请人自行协商一致达成的生态环境损害赔偿协议，符合司法确认赔偿协议的法定条件，依法确认协议有效。当事人应当按照赔偿协议约定自觉履行赔偿涉案生态环境损害 7242 元的义务，一方当事人拒绝履行或未全部履行的，对方当事人可以向人民法院申请强制执行。

【典型意义】

本案系在长江流域天然河流非法捕捞水产品引发的生态环境损害赔偿协议司法确认案件。本案中，赔偿义务人因其非法捕捞水产品行为造成生态环境损害，省级人民政府授权的机关与其进行磋商，达成生态环境损害赔偿协议，人民法院依法予以确认。赔偿义务人依据专家评估意见通过实施增殖放流的方式对被破坏的生态环境进行修复，履行情况作为后续刑事案件酌定从轻的量刑情节。本案拓展了非法捕捞水产品行为人承担生态环境损害赔偿责任的司法路径，体现了生态优先、注重修复的环境司法理念。

新乡市生态环境局与封丘县某化工有限公司生态环境损害赔偿司法确认案

《黄河流域生态环境司法保护典型案例》第六号

2021 年 11 月 25 日

【基本案情】

2018 年 1 月 4 日至 2019 年 5 月 23 日，封丘县某化工有限公司（以下简称某公司）违反法律规定，将该公司 2000 余吨化工废液（经鉴定为危险废物）交由无危险废物处理资质人员倾倒至黄河封丘段主河道内，对黄河生态系统和公众健康造成了极大危害，经郑州铁路运输中级法院审理，于 2020 年 9 月 25 日以污染环境罪被追究刑事责任。在郑州铁路运输中级法院的积极推动下，新乡市生态环境局与某公司就生态环境损害赔偿问题多次磋商，达成了《生态环境损害赔偿协议》：（一）某公司承担生态环境损害金、评估鉴定费、专家等费用 10291717 元；（二）采取以金钱为主，其他方式为辅方式承担赔偿责任，分 3 期（年）支付生态损害赔偿金；（三）某公司为降低环境污染进行技术升级改造的资金投入，可以向生态环境部门申请资金奖补用于抵扣部分生态环境损害赔偿费用；（四）某公司拒绝履行或未全部履行，新乡市生态环境局有权向法院申请强制执行。协议达成后，双方向郑州铁路运输中级法院申请司法确认。

【裁判结果】

郑州铁路运输中级法院受理司法确认申请后,经依法公告后审查认为,申请人达成的协议符合司法确认的条件,裁定确认协议有效;某公司拒绝履行或者未全部履行协议的,新乡市生态环境局可以向法院申请强制执行。该赔偿协议经司法确认后,第一批赔偿款1587515元已支付到位。

【典型意义】

本案系向黄河封丘段主河道内倾倒工业废液引发的生态环境损害赔偿司法确认案件。本案审理过程中,人民法院积极践行绿色发展理念,延伸环境资源审判职能,发挥磋商在生态环境损害赔偿工作中的积极作用,促成企业积极履行生态环境主体责任。同时,人民法院充分考虑企业经营现状,对于协议中采取灵活承担赔偿责任的方式予以确认。在人民法院的推动下,双方达成了3年分期支付赔偿款的协议,通过鼓励企业用技改资金折抵环境修复费用,促进了企业转型升级,提高了企业防范环境污染事故的技术能力,进而实现对黄河流域生态环境的保护。

七、督促程序

(一) 保 全

杨某康(笔名杨某)与某国际拍卖有限公司、李某强诉前禁令案

《最高人民法院公布七起保障民生典型案例》第2号

2014年2月17日

【基本案情】

本案系因已故著名学者钱某书书信手稿拍卖引发的纠纷。申请人杨某康

称：钱某书（已故）与杨某康系夫妻，二人育有一女钱某（已故）。钱某书、杨某康及钱某与李某强系朋友关系，三人曾先后致李某强私人书信百余封，该信件本由李某强收存，但是 2013 年 5 月间，某公司发布公告表示其将于 2013 年 6 月 21 日举行"也是集——钱某书书信手稿"公开拍卖活动，公开拍卖上述私人信件。为进行该拍卖活动，某公司还将于 2013 年 6 月 8 日举行相关研讨会，2013 年 6 月 18 日至 20 日举行预展活动。杨某康认为，钱某书、杨某康、钱某分别对各自创作的书信作品享有著作权。钱某、钱某书先后于 1997 年 3 月 4 日、1998 年 12 月 19 日病故。钱某书去世后，其著作权中的财产权由杨某康继承，其著作权中的署名权、修改权和保护作品完整权由杨某康保护，发表权由杨某康行使。钱某去世后，其著作权中的财产权由杨某康与其配偶杨某成共同继承，其著作权中的署名权、修改权和保护作品完整权由杨某康与杨某成保护，发表权由杨某康与杨某成共同行使；鉴于杨某成明确表示在本案中不主张权利，故杨某康依法有权主张相关权利。杨某康主张，某公司及李某强即将实施的私人信件公开拍卖活动，以及其正在实施的公开展览、宣传等活动，将侵害杨某康所享有和继承的著作权，如不及时制止上述行为，将会使杨某康的合法权益受到难以弥补的损害，故向法院提出申请，请求法院责令某公司及李某强立即停止公开拍卖、公开展览、公开宣传杨某康享有著作权的私人信件。

【裁判结果】

北京市第二中级人民法院依据修改后《民事诉讼法》关于行为保全的规定作出了禁令裁决：某国际拍卖有限公司在拍卖、预展及宣传等活动中不得以公开发表、展览、复制、发行、信息网络传播等方式实施侵害钱某书、杨某康、钱某写给李某强的涉案书信手稿著作权的行为。裁定送达后，被申请人某公司随即发表声明，"决定停止 2013 年 6 月 21 日'也是集——钱某书书信手稿'的公开拍卖"。

【典型意义】

本案是人民法院作出的首例涉及著作人格权的临时禁令，也是《民事诉讼法》（2012 年修订）实施后首例针对侵害著作权行为作出的首例临时禁令。同时，由于案件涉及我国已故著名作家、文学研究家钱某书先生及我国著名作家、翻译家、外国文学研究家杨某女士，案件处理受到了社会的广泛关注。审理法院积极合理采取保全措施，准确把握保全措施的适用条件和程序，既为权利人及时提供保护，又防止滥用诉讼权利。在社会各界对钱某书手稿即将被大规模曝光一事高度关注的情况下，法院充分考虑了该案对于社会公共利益可能造成的影响，准确地作出了司法禁令，既有效保护了著作权人权利，又避免对拍卖公司及相关公众造成影响。该禁令将有助于推动全社会特别是收信人对于发信人著作权及隐私权的保护，彰显了司法权威，发挥了司法的社会引导功能。

某娱乐有限公司、上海某网络科技发展有限公司申请行为保全案

《最高人民法院发布14起北京、上海、广州知识产权法院审结的典型案例》第14号

2015年9月9日

【基本案情】

某娱乐公司是《魔兽世界》系列游戏的著作权人，某网络公司是该游戏在中国的独家运营商。二原告公司认为，由甲公司开发、乙公司独家运营、丙公司提供下载的被诉游戏《全民魔兽》（原名《酋长萨尔》）侵害了其美术作品著作权，构成擅自使用他人知名游戏商品特有名称、装潢及虚假宣传的不正当竞争行为。某娱乐公司和某网络公司在起诉的同时提出行为保全申请，请求法院立即禁止3被告停止被诉侵权行为，并提供了1000万元的等值现金担保。

【裁判结果】

广州知识产权法院在组织双方听证后作出裁定，禁止甲公司复制、发行及通过信息网络传播被诉游戏，禁止乙公司复制、发行、通过信息网络传播被诉游戏和实施涉案不正当竞争行为，禁止丙公司通过其官网传播被诉游戏。裁定作出后，甲公司和丙公司自动履行了裁定，乙公司在法院督促和释明后亦履行了裁定。

【典型意义】

本案是一起行为保全（又称临时禁令）申请案件。依法积极受理和审查行为保全申请，妥当有效采取知识产权行为保全措施，对于提高知识产权司法救济的及时性、便利性和有效性具有重要意义。同时，行为保全申请必须注意平衡申请人与被申请人利益，准确把握保全措施的适用条件，规范审查程序，既要依法满足权利人迅速保护权利的正当需求，又要防止滥用行为保全制度损害竞争对手。本案中，审理法院在审查行为保全申请时，听取了双方当事人的意见、考虑了申请人提供担保的情况，合理确定了行为保全的措施及其范围，较好地平衡了双方当事人的利益。

美国某公司等与黄某某侵害商业秘密纠纷诉中行为保全案

《最高人民法院发布知识产权纠纷行为保全典型案例》第 3 号

2018 年 12 月 13 日

美国某公司、某（中国）研发公司申请称：2013 年 1 月，被申请人黄某某从某（中国）研发公司的服务器上下载了 48 个申请人所拥有的文件（其中 21 个为核心机密商业文件）并私自存储。2013 年 2 月，被申请人签署同意函，承认下载了公司保密文件，并承诺删除，但后来拒绝履行，致使申请人的商业秘密处于随时可能因被申请人披露、使用或者许可他人使用而处于被外泄的危险境地，对申请人造成无法弥补的损害。上海市第一中级人民法院经审查认为，申请人的申请符合法律规定，故裁定禁止被申请人黄某某披露、使用或允许他人使用申请人美国某公司、某（中国）研发有限公司主张作为商业秘密保护的 21 个文件。

"某云音乐"侵害信息网络传播权诉前行为保全案

《最高人民法院发布知识产权纠纷行为保全典型案例》第 4 号

2018 年 12 月 13 日

　　武汉市中级人民法院认为,申请人深圳市某计算机系统有限公司对涉案 623 首音乐作品依法享有信息网络传播权,广州某计算机系统有限公司等五被申请人以互联网络、移动手机"某云音乐"畅听流量包、内置"某云音乐"移动手机客户端等方式,向公众大量提供涉案音乐作品,该行为涉嫌侵犯深圳市某计算机系统公司对涉案音乐作品依法享有的信息网络传播权,且被申请人向公众提供的音乐作品数量较大。在网络环境下,该行为如不及时禁止,将会使广州某计算机系统公司不当利用他人权利获得的市场份额进一步快速增长,损害了深圳市某计算机系统公司的利益,且这种损害将难以弥补,理应禁止各被申请人通过网络传播 623 首音乐作品涉嫌侵权部分的行为。

济南某置业有限公司财产保全案

《最高人民法院发布人民法院充分发挥审判职能作用保护产权和企业家合法权益典型案例》第 4 号

2018 年 1 月 30 日

【基本案情】

　　原告赵某与被告济南某置业有限公司建设工程施工合同纠纷一案,人民法院依原告申请对被告进行财产保全,裁定查封了案外人济南某啤酒原料有限公司名下的长清国有(2014)第 0700038 号土地(11524.7 平方米)一宗,冻结了济南某置业有限公司名下的 6 个银行账号。济南某置业有限公司不服,认为上述财产保全行为影响了公司正常开展经营业务,损害了购房者的利益,提出书面异议,请求变更为查封该公司名下的两处商铺,解除对公司多个账户的冻结。

【裁判结果】

人民法院依法作出（2016）鲁 0124 民初 3078 号之二变更保全裁定，查封了济南某置业有限公司名下的商业房产，解除了对济南某置业有限公司部分银行账户的冻结。

【典型意义】

依法慎用保全措施　维护企业正常经营

财产保全是诉讼中依法对债务人财产进行保全，确保债权实现的重要制度。在经济新常态下，为促进经济发展，维护企业的正常经营需要，对经营暂时困难的企业债务人人民法院要慎用冻结、划拨流动资金等保全手段，在条件允许情况下尽量为企业预留必要的流动资金和往来账户，最大限度降低对企业正常生产经营活动的不利影响。本案中人民法院根据当事人申请，依法变更保全措施，解冻了债务企业的部分银行账号，保障了债务企业的正常生产经营，兼顾了双方当事人的权益。

某投资公司与某资源集团公司等财产保全案件
——北京法院通过"换封"方式解除对债务人持有的某上市公司股票的保全冻结为民营企业发展营造更好司法环境

《善意文明执行典型案例》第 1 号
2020 年 1 月 2 日

【摘要】

本案在执行保全裁定过程中，北京法院冻结了民营企业某资源集团公司持有的某上市公司的股票。某资源集团公司请求解除股票冻结，北京法院本着善意执行、文明执行的理念，积极与保全申请人沟通，最终通过"换封"方式解除了对某资源集团公司股票的冻结，在确保申请人实现债权不受影响的前提下，最大限度降低了对被申请人及相关上市公司的不利影响。

【基本案情】

某投资公司与某资源集团公司股权转让纠纷一案,北京法院在审理过程中,根据某投资公司申请,作出诉讼保全裁定,明确冻结某资源集团公司名下近2亿元的财产。之后,北京法院向证券登记结算机构发出协助执行通知书,冻结了某资源集团公司持有的某上市公司数量较大的股票。

股票冻结后,被申请人某资源集团公司、第三人某科技公司向法院提出书面申请,由第三人某科技公司以其所有的等值土地作为担保,请求解除对被申请人股票的冻结。为最大限度维护双方当事人合法权益,既保障保全申请人实现债权不受影响,又避免对被申请人及相关上市公司正常经营造成不利影响,北京法院积极沟通协调,保全申请人某投资公司最终同意了被申请人的"换封"方案。随后,北京法院作出变更保全裁定,查封了第三人某科技公司的土地,并解除了对某资源集团公司股票的冻结。

【典型意义】

在案件审理过程中,为防止债务人转移财产,债权人会向人民法院提出保全查封债务人财产的申请。这对于敦促债务人主动履行义务、确保生效法律文书得到有效执行具有重要意义。本案中,北京法院依保全申请人申请,冻结了被申请人在某上市公司数量较大的股票。由于上市公司股票冻结对该上市公司融资和正常经营会有一定影响,北京法院本着善意文明执行理念,积极与保全申请人沟通,找准双方利益平衡点,通过"换封"方式,最大限度降低了对被申请人及相关上市公司正常经营的影响,为保障民营企业等市场主体合法权益,推动法治化营商环境改善提供了有力司法服务和保障。

浙江嘉兴桐乡法院上线"活查封"管理应用,实现动产保全"数智化"

《人民法院助推民营经济高质量发展典型民商事案例》第8号

【具体举措】

浙江省嘉兴市桐乡市人民法院创新运用5G + AI + LBS + 区块链技术,实现动产"活查封""数智化"。具体做法是,法院在保管场地安装视频监控设备取代传统的封条查封,确保查封设备可正常使用,生产经营"不中断"运行。同时,5G 网络实现了图像、视频的回传和留存,法官在手机端即可查看动产状态。监测区域内使用移动通信基站 LBS 定位技术,当设备位置发生改变时,系统即时发出预警,避免保全财产被恶意转移。运用区块链技术,对区域内的机器设备数量、位置、外观进行图像固化并上传链接,将整个保全过程同步摄录并上传至"云上物证室",确保保全数据可信任可追溯、保全行为规范可信。

【典型意义】

随着智慧法院建设的深入推进,近年来各级法院越来越重视将技术创新与司法审判深度融合,善意文明执法,彰显司法温度。作为传统执行手段之一,"活查封"的保全方式既保障了原告的诉讼权利,又保住了被告企业的造血功能,避免了因保全措施影响生产经营而加剧原、被告之间矛盾。但"活查封"也存在财产容易被转移和价值贬损的弊端风险,实践中法院使用"活查封"比较慎重。新的"数智化"动产"活查封"保全,相较于传统的贴封条、派监管的动产保全方式,更为高效、可靠,对被保全企业的生产、商誉各方面影响更小。"活查封"运用"数智化"手段,最大限度体现了执行善意,减少了保全查封对公司正常经营的影响。

以保险保函作为反担保解除财产保全措施案

《人民法院服务和保障长三角一体化发展典型案例》第四号
2021 年 11 月 2 日

【基本案情】

天津某网络科技有限公司(以下简称甲公司)因与南京某电子商务有限公司(以下简称乙公司)、某集团股份有限公司(以下简称丙集团)不当得利纠纷,起诉至江苏省江宁经济技术开发区人民法院,要求乙公司、丙集团返还其货款 2060 万元。诉讼中,甲公司向法院提出财产保全申请,要求冻结乙公司、丙集团名下银行存款 2060 万元,该院裁定冻结丙集团名下某银行营业部账户内银行存款 2060 万元。丙集团向法院书面申请变更保全标的物，经审查，该院裁定变更冻结丙集团名下某银行南京分行营业部账户内银行存款 2060 万元。后乙公司、丙集团申请法院解除对丙集团名下银行存款的保全措施，并提供某财产保险公司出具的保险保函作为反担保。该保险保函载明：某财产保险公司自愿为乙公司、丙集团的解除保全申请提供担保，担保金额为 2060 万元，如乙公司、丙集团解除保全申请致使甲公司遭受损失，某财产保险公司保证向甲公司在赔偿限额内进行赔偿。

【裁判结果】

江苏省江宁经济技术开发区人民法院认为，对于财产纠纷案件，被保全人或第三人提供充分有效担保请求解除保全的，人民法院应当裁定准许。某财产保险公司出具的保险保函载明的担保数额与甲公司申请财产保全的数额一致，在条件成就时可以保正受益人获得补偿，避免将来生效判决出现不能执行的风险，且有利于乙公司、丙集团的日常生产经营。既保障了甲公司的合法利益，又充分释放了乙公司、丙集团的资金流动性，故对乙公司、丙集团提出的解除对其银行账户存款冻结的申请，依法应予准许。2020 年 11 月 5 日，该院裁定解除对丙集团名下某银行南京分行营业部账户内银行存款 2060 万元的冻结。

【典型意义】

本案中，人民法院在保障原告合法利益的前提下，依法审查并认定被告提供的保险保函属于充分、有效的担保形式，能够避免出现生效判决不能执行的风险。在此情形下，法院采取灵活解封的方式，降低保全期间涉诉企业账户冻结、资金占用等风险，减小对企业日常生产经营的影响。

人民法院自觉将审判工作融入经济社会发展大局，秉持依法文明审判理念，深度分析个案情况，通过将保险保函作为反担保手段，灵活变更保全方案。此举兼顾了公平与效率，有效地帮助民营企业摆脱困局，获得生存时间和发展空间，实现多方共赢，促进了长三角区域经济可持续发展，切实保障了民生与就业，取得良好的法律效果和社会效果。

某海运有限公司（FULLINKS MARINE COMPANY LIMITED）申请海事请求保全案

《2022年全国海事审判典型案例》第3号

2023年6月30日

【基本案情】

香港某海运公司与安徽某进出口公司订立航次租船合同，约定某海运公司派遣船舶，为安徽某进出口公司从印度尼西亚向中国运输煤炭。因履行该合同发生纠纷，某海运公司根据仲裁协议向香港国际仲裁中心提起仲裁。在仲裁过程中，某海运公司向武汉海事法院申请海事请求保全，请求查封、扣押、冻结安徽某进出口公司的银行存款人民币5975024元（或88万美元）或其他等值财产。

【裁判结果】

武汉海事法院审查认为，案涉财产保全申请基于海商合同纠纷提起，但某海运公司请求保全的财产不是《海事诉讼特别程序法》第十二条规定的"船舶、船载货物、船用燃油以及船用物料"，根据《最高人民法院关于适用〈中华人民共和国海事诉讼特别程序法〉若干问题的解释》第十八条的规定，对案涉财产保全的审查应适用民事诉讼法的规定。因案涉仲裁程序系以香港特别行政区为仲裁地，由香港国际仲裁中心管理的案件，符合《最高人民法院关于内地与香港特别行政区法院就仲裁程序相互协助保全的安排》第二条规定的"香港仲裁程序"的要求，仲裁裁决作出之前，当事人有权依据该安排第三条之规定向内地法院申请财产保全。据此，海事法院裁定准许了某海运公司的财产保全申请。

【典型意义】

本案系香港仲裁当事人于仲裁裁决作出前向海事法院申请对账户进行保全的案件。海事法院在审查过程中，对《民事诉讼法》《海事诉讼特别程序法》及相关司法解释、内地与香港特区仲裁保全安排的衔接适用进行分析，为同类案件的法律适用作出典型示范。海事法院全面落实内地与港澳特区仲裁保全安排，充分发挥仲裁在多元化纠纷解决机制中的重要作用，努力营造仲裁友好型司法环境，是海事司法领域落实"一国两制"方针的实践成果，也有利于为建设亚太区国际法律及争议解决服务中心提供更大支持。

【一审案号】

（2022）鄂72财保45号

某科技有限责任公司诉网络侵权责任纠纷案
行为保全裁定

《人民法院依法保护民营企业产权和企业家权益典型案例》第2号

2023年7月31日

【案例索引】

北京互联网法院（2021）京0491民初51722号

【基本案情】

某科技有限责任公司（以下简称某公司）系由知名民营企业家雷某创建，并由雷某担任其法定代表人，其名下商标"小某"是驰名商标，手机、电视等产品多次获奖，所代表的小某系企业是中国知名科技创新企业。被申请人是专业自媒体从业人员，专门从事科技类公司资本市场研究，在行业内具有一定影响力。被申请人在某公众号、某网、某新闻等多个平台发布了多篇关于"小某""雷某""小某科技"的评论文章及视频，称"小某"为"……"，称其创始人"雷某"为"……"，称"小某科技"为"……"（此处隐去诸多涉贬损性言辞）。小某公司认为，被申请人的上述行为侵害了其名誉权，故诉至法院，请求法院判令被申请人停止侵权、赔礼道歉并赔偿损失。被申请人则认为，一方面小某公司并非提起诉讼的适格主体，另一方面对小某公司进行报道是其日常工作，其发表的关于小某公司的文章均根据公开信息撰写，并未侮辱或诽谤雷某和小某公司，不应承担侵权责任。

2022年3月30日，小某公司在诉讼期间向法院提出行为保全申请，请求法院裁定被申请人立即删除部分被诉侵权文章及视频。北京互联网法院于2022年4月3日就行为保全及时组织谈话。

一是依法审查案涉文章及视频内容，准确认定侵害小某公司名誉权的较高可能。法院详细审查被诉侵权文章及视频内容，识别有关内容主要是对小某公司的经营模式、企业风险、企业价值观等方面的评论以及对其法定代表人雷某的评论，查明在被申请人发布的案涉文章和视频中，含有"……"等涉贬损性言辞。法院认为案涉文章及视频已经引发了广泛社会舆论关注，且雷某为小某公司的法定代表人，针对其职务行为的言辞直接影响小某公司，依法据实认定上述言辞对小某公司具有明确的指向性，可能造成小某公司社会评价降低，存在侵害小某公司名誉权的可能性。

二是依法认定行为保全的紧迫性和必要性，充分发挥保全制度在保护民营企业名誉权中的紧急救济功能。案涉文章和视频发布于互联网，具有传播速度快、传播范围广等特征，且被申请人在诉讼中仍针对小某公司持续发文，关注度进一步提高、不良影响持续扩大。法院在谈话中当庭登录案涉文章和视频链接，及时认定如不立即停止案涉文章和视频的传播，将严重影响小某公司商誉和正常经营活动，从而造成难以弥补、无法救济的损害。在小某公司提供100万元担保的情况下，法院依法适用行为保全制度，准确判断采取行为保全的紧迫性和必要性，裁定被申请人立即删除被诉部分侵权文章及视频，且已于2022年8月2日执行完毕，消除对民营企业和民营企业家的不良影响。

【社会影响】

本案当事人诉中申请行为保全，针对企业网络名誉侵权纠纷，法院在审查后发现相关网络言论构成较高侵权可能性时，及时适用保全救济制度，依法限制网络不当言论持续发酵，避免损害后果继续扩大，缓解了受损害企业维权成本高、周期长等困难，有效地防止了民营企业因名誉持续受损而遭受难以弥补的损害。该行为禁令的发布极大地增强了企业及企业家维护自身名誉的信心，同时也警示网络自媒体在对企业经营进行舆论监督时应诚信客观发声，为企业的发展营造诚信、文明、有序的舆论环境。

【典型意义】

民营经济是推进中国式现代化的生力军，具有科技创新能力的民营企业是转变发展方式、调整产业结构、转换增长动力的重要力量，民营企业家特别是具有示范作用的民营企业家对于企业的发展至关重要。本案中，小某公司是高科技领域知名民营企业，对小某公司和其创始人、法定代表人雷某的贬损性言论不仅影响小某公司正常生产经营活动，还影响民营经济科技创新的舆论环境。相较于传统媒体，网络自媒体传播速度更快、受众人群更广，其针对企业及企业创始人发布的言论对于企业经营发展影响更大，可能使得民营企业迅速因负面评价而处于劣势地位，从而丧失投资、交易等方面公平竞争的机会，甚至影响民营经济健康发展、创新创业的舆论环境。法院认定针对企业及其创始人所发布的言论构成较高侵权可能性时，依法及时适用诉讼保全制度，强调网络自媒体在对企业经营进行舆论监督时应诚信客观发声，限制贬损性言论的发酵和损害后果的扩大，严格禁止故意误导公众认知、刻意吸引眼球的极端言论，以减轻和消除影响，切实对民营企业和民营企业家名誉权提供司法保护。

（二）人身安全保护令

张某某申请人身安全保护令案

《最高人民法院发布反家庭暴力法实施一周年十大典型案例》第 2 号

2017 年 3 月 8 日

【基本案情】

申请人张某某（女）与被申请人熊某某为同居关系。张某某向法院申请述称：张某某与熊某某于 1996 年同居生活，2012 年张某某双眼病变失明后，熊某某及其父母对张某某百般虐待和实施暴力，为此张某某亲属多次报警，张某某亲属也多次遭熊某某及其家人的威胁、限制人身自由。2015 年 3 月 12 日，熊某某将张某某打伤，在张某某入院治疗期间，熊某某拒绝看望和道歉。之后，熊某某将张某某驱赶出家门并拒绝支付医药费，致张某某居无定所、食无来源、生病无人照料和无钱医治。张某某向江西省南昌市高新技术产业开发区人民法院申请禁止熊某某对其语言侮辱、恐吓、谩骂和肢体暴力、殴打、限制其人身自由；禁止熊某某对其近亲属进行骚扰、侮辱。

【裁判结果】

江西省南昌市高新技术产业开发区人民法院依照《反家庭暴力法》第二十七条、第三十七条规定，裁定禁止熊某某对张某某实施家庭暴力；禁止熊某某骚扰、侮辱张某某及其近亲属。裁定有效期为6个月，自送达之日起生效，送达后立即执行。

【典型意义】

本案是一起残疾人申请人身安全保护令的案件。申请人张某某与被申请人熊某某均为残障人士，双方虽未领取结婚证，但同居多年，并育有一子。张某某近年来因眼疾加重，生活无法自理。熊某某及其家人平日对张某某非常粗暴，2015年对张某某进行了暴力殴打，当地政府和派出所均对双方纠纷进行过多次调处。

法院依据张某某的申请，依法发出人身保护令，送达了张某某、熊某某以及当地的村委会及派出所。人身安全保护令送达后，熊某某没有再采取过过激行为。为了进一步保护妇女权益，法院联系当地综治办、村委会共同做工作，最终确定张某某有权在该村的拆迁房分配中获得一人份额的拆迁房屋面积，现张某某已回到其娘家居住，其户口也与熊某某拆分。法院发出的人身安全保护令，取得了良好的法律效果与社会效果，真正起到了为妇女维权、为社会弱势群体撑起"保护伞"的作用。

李某申请人身安全保护令案

《最高人民法院发布反家庭暴力法实施一周年十大典型案例》第3号

2017年3月8日

【基本案情】

申请人李某（女）与被申请人宋某系夫妻关系，2011年11月结婚。2015年宋某开始对李某实施捆绑、殴打、谩骂等暴力行为。2016年3月15日，李某在被连续殴打3天后，被迫无奈从家中跳楼，跳楼后又被宋某抱回楼上继续殴打，直至李某坚持不住，宋某才拨打120急救电话，将李某送往医院救治。在医院治疗期间，宋某又多次到医院骚扰李某，辱骂医生、病人及李某家属。李某于2016年9月28日向辽宁省沈阳市皇姑区人民法院提出申请，禁止宋某实施家庭暴力，禁止宋某骚扰、跟踪、接触李某及其近亲属。

【裁判结果】

辽宁省沈阳市皇姑区人民法院根据李某的陈述及公安机关记载材料、医院病情介绍单、皇姑区妇联出具的意见等材料，认定李某面临家庭暴力风险。依照《反家庭暴力法》的相关规定，依法裁定禁止宋某实施家庭暴力；禁止宋某骚扰、跟踪、接触李某及其近亲属。

【典型意义】

根据《反家庭暴力法》的规定，人身安全保护令涵盖了诉前、诉中和诉后各时间段，当事人申请人身安全保护令无须依附离婚诉讼，本案李某就是在两次离婚诉讼间隔期间申请的人身安全保护令。当地妇联也发挥了积极作用，为李某出具意见，有效维护了家暴受害者的权益。法院通过发出人身安全保护令，依法、适时、适度干预家庭暴力，保护了受害人的人身安全和人格尊严，彰显了法律的权威。

谢某申请人身安全保护令案

《最高人民法院发布反家庭暴力法实施一周年十大典型案例》第4号

2017年3月8日

【基本案情】

申请人谢某（女）与被申请人陆某结婚十多年，婚后陆某经常殴打、辱骂谢某。谢某曾向社区、妇联寻求过救助，亦多次报警，但陆某丝毫没有收敛。长期遭受家庭暴力使谢某陷入极度恐慌，有家不敢回。2016年5月25日，谢某不堪忍受，向广西壮族自治区南宁市青秀区人民法院申请人身安全保护令。

【裁判结果】

广西壮族自治区南宁市青秀区人民法院经审查，发出人身安全保护令，禁止陆某殴打、威胁、辱骂及骚扰、跟踪谢某，并将人身安全保护令分别抄送给当事人住所地的社区居委会和社区派出所，形成人民法院—社区居委会—社区派出所三方联动的工作模式，全方位保障谢某的人身安全，帮助谢某尽早走出家庭暴力的阴霾。

但在该院组织谢某与陆某到法院进行回访时，陆某在法院追打谢某，其行为严重违反了人身安全保护令的要求，该院依法对陆某予以训诫并处以10日拘留。在拘留期间，陆某认识到错误，在拘留所内写下保证书，保证以后要与妻子和睦相处，不再殴打、辱骂、跟踪妻子。

【典型意义】

本案是一起人民法院依法处罚违反人身安全保护令行为的案件。对于公然违反人身安全保护令者，法院应当依照法律规定及时采取处罚措施。人身安全保护令能够落到实处，不仅要靠当事人的自觉遵守和相关单位的监督，同时也需要对违反者进行依法制裁。

王某诉罗某离婚纠纷同时申请人身安全保护令案

《最高人民法院发布反家庭暴力法实施一周年十大典型案例》第5号

2017年3月8日

【基本案情】

申请人王某（女）与被申请人罗某于2016年3月办理结婚登记手续。婚后王某发现罗某性格粗暴，常因家庭小事发怒，结婚不到一个月就出现家暴行为，几次家暴造成王某身上多处青紫瘀伤。王某为躲避家暴行为返回娘家，罗某寻至王某娘家后殴打王某，并对王某母亲进行殴打。王某认为罗某的家庭暴力行为使夫妻双方感情彻底破裂，遂诉至黑龙江省甘南县人民法院要求与罗某离婚，该院立案受理后，王某又申请人身安全保护令，请求禁止罗某殴打、威胁王某及其近亲属；禁止罗某骚扰、跟踪王某及其近亲属。

【裁判结果】

黑龙江省甘南县人民法院经审查认为,王某的申请符合条件,遂作出民事裁定:禁止罗某殴打、威胁、骚扰、跟踪王某及其近亲属,裁定有效期6个月,自送达之日起生效。并分别向罗某、王某、罗某所在社区、住所地派出所送达了裁定。裁定送达后,家庭暴力没有再发生,人身安全保护令发挥了作用。

对于王某诉罗某离婚纠纷,黑龙江省甘南县人民法院判决准予王某与罗某离婚,并对有关财产问题进行了处理。判决送达后,双方均未上诉,该判决已生效。

【典型意义】

《反家庭暴力法》对人身保护安全保护令作了比较全面的规定,家庭成员一旦遭受家暴,可以向法院申请人身安全保护令,从而避免严重后果的发生。本案人身安全保护令的下发,促使女性提高自身权益保护意识,敢于拒绝家庭暴力,依法维护自身权益。

马某某申请人身安全保护令案

《最高人民法院发布反家庭暴力法实施一周年十大典型案例》第6号
2017年3月8日

【基本案情】

申请人马某某(女)与被申请人马某系夫妻关系。2016年7月20日,马某某与马某因琐事发生争吵后,马某使用砖头对马某某脸部打了一下,致使马某某上唇软组织穿通伤。马某某向宁夏回族自治区银川市公安局西夏区分局南梁派出所报警,后银川市公安局西夏区分局作出《公安行政处罚决定书》,给予马某行政拘留10日。为防止再次受到马某的伤害,马某某向宁夏回族自治区银川市西夏区人民法院申请人身安全保护令。

【裁判结果】

宁夏回族自治区银川市西夏区人民法院经审查，马某某提交的银川市公安局西夏区分局《公安行政处罚决定书》证实，马某的行为致使马某某面临家庭暴力威胁，马某某的申请符合发出人身安全保护令的条件，故裁定：禁止马某实施殴打、辱骂马某某等家庭暴力行为；禁止马某骚扰、跟踪、接触马某某及其近亲属。裁定有效期6个月，自作出之日起生效，送达后立即执行。

【典型意义】

本案是一起典型的家庭暴力案件，有公安部门的《公安行政处罚决定书》在案证明。法院作出裁定后，被申请人马某未再实施暴力行为，说明人身安全保护令对施暴者发挥了震慑作用，有效维护了妇女权益。

刘某某申请人身安全保护令案

《最高人民法院发布反家庭暴力法实施一周年十大典型案例》第7号

2017年3月8日

【基本案情】

申请人刘某某（女）以被申请人蒲某某婚前隐瞒吸毒恶习、吸毒后失去理智经常对其实施家暴导致夫妻感情破裂为由，于2016年2月21日诉至四川省南充市顺庆区人民法院，请求离婚。2016年3月1日，刘某某得知反家庭暴力法正式实施，来到法院申请人身安全保护令。

【裁判结果】

四川省南充市顺庆区人民法院经审查认为，刘某某的申请事项和提供的证据符合法律规定，依照《反家庭暴力法》作出民事裁定：禁止蒲某某对刘某某实施恐吓、谩骂、殴打等暴力行为；禁止蒲某某骚扰、跟踪、接触刘某某及其近亲属；责令蒲某某不得进入刘某某的住所。

【典型意义】

本案是公安机关协助执行人身安全保护令的典型案例。裁定作出后,法院立即向刘某某及蒲某某住所地的公安派出所、社区、妇联等单位送达了裁定书,并发出协助执行通知。蒲某某严格执行裁定内容,未再向刘某某实施家暴,且在公安部门的协调下接受了强制戒毒。本案是《反家庭暴力法》实施后四川省受理的第一例案件,各大新闻媒体广泛报道,在社会上引起强烈反响,推动对人身安全保护令有了全新的认知和理解。

王某某申请人身安全保护令案

《最高人民法院发布反家庭暴力法实施一周年十大典型案例》第 8 号

2017 年 3 月 8 日

【基本案情】

申请人王某某与被申请人万某某(女)系夫妻关系。王某某 1995 年退休后离开工作地点南昌回到上海生活,万某某霸占王某某退休工资和奖金,逼迫王某某出去打工赚取生活费用。2015 年年初,王某某已年过八十,体弱多病,没有劳动能力,万某某不但不加照顾,反而经常对王某某拳打脚踢,用棍棒将王某某打得浑身青紫血肿,伤痕累累,并在深夜辱骂,使王某某忍饥挨饿,受冻受寒。2016 年 1 月底,万某某再次对王某某进行殴打,致王某某颅脑出血并在医院进行了手术。万某某的行为使王某某遭受精神上、肉体上的长期折磨,生命安全受到严重威胁。王某某向上海市长宁区人民法院提出申请,要求禁止万某某实施家庭暴力,并提交了相关证据。

【裁判结果】

上海市长宁区人民法院查明,万某某与王某某经常为家庭琐事发生争吵。2015 年起万某某对王某某打骂频繁,程度也越发激烈。2016 年 1 月 24 日,双方又为家庭琐事发生纠纷,吵闹中万某某用拖把棍猛击王某某头部,致王某某右侧急性硬膜下血肿,于次日住院接受右侧硬膜下血肿钻孔引流手术。上海市长宁区人民法院认为,万某某长期对王某某实施暴力,侵害了王某某的人身健康权，遂裁定：禁止被申请人万某某对申请人王某某实施家庭暴力。

【典型意义】

本案是一起由男性家庭成员不依附其他诉讼而单独提起的人身安全保护令案件。在实践中把握何种行为可被定性为"家庭暴力"时，应在正确理解《反家庭暴力法》立法精神与相关条文的基础上，结合出警记录、就医记录、当事人及第三方调查情况，准确解读家庭暴力的持久性、故意性、控制性、恐惧性及后果严重性。对于家庭暴力的现实危险，应根据家庭暴力发生史、过去家庭暴力出警记录、就医记录，第三方描述等明确危险存在的可能性及大小。本案中王某某已年过八十，体弱多病，结合出警记录、同事证言、法院和居委会谈话笔录、医院诊疗记录、出院小结、验伤单、影像资料等证据，可证实王某某长期遭受来自万某某精神及身体上的折磨，并导致颅脑出血、身上多处受伤的严重后果，万某某的行为符合家庭暴力及现实危险的定义。

陈某某、泮某某申请人身安全保护令案

《最高人民法院发布反家庭暴力法实施一周年十大典型案例》第 9 号

2017 年 3 月 8 日

【基本案情】

申请人陈某某、泮某某系夫妻，与被申请人陈某伟（二申请人之子）共同居住。陈某伟因家庭琐事，多次打骂二申请人。2015 年 3 月 18 日晚，陈某伟殴打陈某某致其头面部及身多处软组织挫伤。2016 年 5 月 15 日上午，陈某伟因琐事打击陈某某头部，泮某某上前劝阻时倒地，此事致陈某某左肩胛骨挫伤，泮某某右侧肋骨骨折。2016 年 7 月 7 日，陈某某、泮某某向浙江省仙居县人民法院申请人身安全保护令，要求禁止陈某伟实施家庭暴力并责令陈某伟搬出居所。

【裁判结果】

浙江省仙居县人民法院经审查认为，陈某某、泮某某的申请符合反家庭暴力法规定的发出人身安全保护令的条件，故裁定如下：禁止陈某伟对陈某

某、泮某某实施家庭暴力。裁定送达后，陈某伟没有申请复议。

【典型意义】

本案是一起老年人申请人身安全保护令的案件。被申请人陈某伟多次殴打其父母，有病历卡、诊断书及陈某伟自认等证据证明。为维护老年人人身安全和合法权益，法院作出禁止陈某伟对其父母实施家庭暴力的裁定。但陈某某、泮某某要求陈某伟搬离居所的请求，经核查该居所系在村中宅基地上建造，陈某伟享有宅基地份额且在该房屋上有共同建造行为。陈某某、泮某某要求陈某伟搬离居所的请求，不宜在本案中解决，应另行分家析产。法院在向当地村委会、派出所送达裁定书过程中，进行了相关法律宣传，得到村委会和派出所的支持和配合。当地媒体对该案件办理情况进行报道，推动了群众对人身安全保护令的认知和接受。

刘某申请人身安全保护令案

《最高人民法院发布反家庭暴力法实施一周年
十大典型案例》第 10 号
2017 年 3 月 8 日

【基本案情】

申请人刘某（女）与被申请人李某自 2011 年 11 月开始同居生活，共同居住在以刘某名义申请的廉租房内，双方未办理结婚登记。同居生活期间，李某经常对刘某实施殴打、威胁、跟踪、骚扰行为，并以刘某家属生命安全相威胁。为此，刘某多次向派出所、妇联等相关部门反映情况、寻求保护，相关部门多次组织双方调解并对李某进行批评教育，但李某仍未改变。2016 年，刘某认为李某与其他女子有不正当男女关系，劝解李某回心转意，李某以此为由对刘某发脾气，数次酒后殴打刘某，并扬言提刀砍死刘某。同年 4 月，李某再次以刘某怀疑其有外遇一事，对刘某进行殴打，并持菜刀砍伤刘某。2016 年 9 月 12 日，刘某向重庆市城口县人民法院申请人身安全保护令。

【裁判结果】

重庆市城口县人民法院经审查后,依法作出裁定:禁止李某实施家庭暴力;禁止李某骚扰、跟踪、接触刘某及其近亲属;责令李某迁出刘某的住所。裁定作出后,李某未申请复议。

【典型意义】

本案是一起同居者申请人身安全保护令的案件。《反家庭暴力法》调整的不仅仅是家庭成员之间的暴力行为,还包括不属于家庭成员关系、但基于特殊的亲密关系或因法律规定而产生类似家庭成员之间的权利义务关系的人,比如同居关系当事人。《反家庭暴力法》第三十七条规定:"家庭成员以外共同生活的人之间实施的暴力行为,参照本法规定执行。"因此,同居者遭受家庭暴力或者面临家庭暴力现实危险的,人民法院也可依当事人申请作出人身安全保护令。

陈某申请人身安全保护令案

《最高人民法院人身安全保护令十大典型案例》案例一
2020年11月25日

【基本案情】

申请人陈某(女)与被申请人段某某系夫妻关系。双方婚后因工作原因分居,仅在周末、假日共同居住生活,婚初感情一般。段某某常为日常琐事责骂陈某,两人因言语不和即发生争吵,撕扯中互有击打行为。2017年5月5日,双方因琐事发生争吵厮打,陈某在遭段某某拳打脚踢后报警。经汉台公安分局出警处理,决定给予段某某拘留10日,并处罚款500元的行政处罚。因段某某及其父母扬言要在拘留期满后上门打击报复陈某及其父母,陈某于2017年5月17日起诉至汉中市汉台区人民法院,申请人民法院作出人身保护裁定并要求禁止段某某对其实施家庭暴力,禁止段某某骚扰、跟踪、接触其本人、父母。

【裁判结果】

陕西省汉中市汉台区人民法院裁定：一、禁止段某某对陈某实施辱骂、殴打等形式的家庭暴力；二、禁止段某某骚扰、跟踪、接触陈某及其相关近亲属。如段某某违反上述禁令，视情节轻重处以罚款、拘留；构成犯罪的，依法追究刑事责任。

【典型意义】

因段某某尚在拘留所被执行拘留行政处罚，汉台区人民法院依法适用简易程序进行缺席听证，发出人身安全保护令。办案法官充分认识到家庭暴力危害性的特点，抓紧时间审查证据，仔细研究案情，与陈某进行了面谈、沟通，获知她本人及其家属的现状、身体状况、人身安全等情况，准确把握针对家庭暴力的行为保全申请的审查标准，简化了审查流程，缩短了认定的时间，依法、果断作出裁定，对受暴力困扰的妇女给予了法律强而有力的正义保护。陈某为家暴受害者如何申请人身安全保护令作出了好的示范，她具有很强的法律、证据意识，在家庭暴力发生后及时报警、治疗伤情，保证自身人身安全，保存各种能够证明施暴行为和伤害后果的证据并完整地提供给法庭，使得办案法官能够快速、顺利地在申请当日便作出了民事裁定，及时维护了自己的权益。

赵某申请人身安全保护令案

《最高人民法院人身安全保护令十大典型案例》案例二
2020 年 11 月 25 日

【基本案情】

申请人赵某（女）与被申请人叶某系夫妻关系，因向法院提起离婚诉讼，叶某通过不定时发送大量短信、辱骂、揭露隐私及暴力恐吓等形式进行语言威胁。自叶某收到离婚诉讼案件副本后，恐吓威胁形式及内容进一步升级，短信发送频率增加，总量已近万条，内容包括"不把你全家杀了我誓不为人""我不把你弄死，我就对不起你这份起诉书""要做就做临安最惨的杀人案"

等。赵某向法院申请人身安全保护令。案件受理后，因叶某不配合前往法院，承办人与叶某电话沟通。叶某在电话中承认向赵某发送过大量短信，并提及已购买刀具。

【裁判结果】

浙江省临安市①人民法院裁定：禁止叶某骚扰、跟踪、接触赵某及其父母与弟弟。

【典型意义】

本案是一起因被申请人实施精神暴力行为而作出人身安全保护令的案件。《反家庭暴力法》第二条规定，本法所称家庭暴力，是指家庭成员之间以殴打、捆绑、残害、限制人身自由以及经常性谩骂、恐吓等方式实施的身体、精神等侵害行为。因此，被申请人虽然未实施殴打、残害等行为给申请人造成肉体上的损伤，但若以经常性谩骂、恐吓等方式实施侵害申请人精神的行为，法院亦将对其严令禁止，对申请人给予保护。

周某及子女申请人身安全保护令案

《最高人民法院人身安全保护令十大典型案例》案例三
2020 年 11 月 25 日

【基本案情】

申请人周某（女）与被申请人颜某经调解离婚后，三名未成年子女均随周某生活。然而每当颜某心情不好的时候，便不管不顾地到周某家中骚扰、恐吓甚至殴打周某和三个孩子，不仅干扰了母子四人的正常生活，还给她们的身心造成了极大的伤害。周某多次报警，但效果甚微，派出所的民警们只能管得了当时，过不了几日，颜某依旧我行我素，甚至变本加厉地侵害母子四人的人身安全，连周某的亲友都躲不过。周某无奈之下带着三名子女诉至法院，请求法院责令颜某禁止殴打、威胁、骚扰、跟踪母子四人及其近亲属。

---

① 2017 年 8 月 10 日，国务院批复同意浙江省撤销县级临安市，设立杭州市临安区。

【裁判结果】

江苏省连云港市海州区人民法院裁定：一、禁止颜某对周某及三名子女实施家庭暴力；二、禁止颜某骚扰、跟踪、接触周某母子四人及其近亲属。

【典型意义】

本案系一起针对"离婚后家暴"发出人身安全保护令的典型案例。反家庭暴力法，顾名思义适用于家庭成员之间，现有法律对家庭成员的界定是基于血亲、姻亲和收养关系形成的法律关系。除此之外，《反家庭暴力法》第三十七条中明确规定："家庭成员以外共同生活的人之间实施的暴力行为，参照本法规定执行"，意味着监护、寄养、同居、离异等关系的人员之间发生的暴力也被纳入家庭暴力中，受到法律约束。

李某、唐小某申请人身安全保护令、变更抚养权案

《最高人民法院人身安全保护令十大典型案例》案例四
2020年11月25日

【基本案情】

申请人李某（女）与被申请人唐某原系夫妻关系，2008年协议离婚，婚生子唐小某由唐某抚养。唐某自2012年以来多次对唐小某实施家暴，导致唐小某全身多处经常出现瘀伤、淤血等被打痕迹，甚至一度萌生跳楼自寻短见的想法。李某得知后曾劝告唐某不能再打孩子，唐某不听，反而威胁李某，对唐小某的打骂更甚，且威胁唐小某不得将被打之事告诉外人，否则将遭受更加严厉的惩罚。李某向公安机关报案，经医院检查唐小某不但身上有伤，并且得了中度抑郁症和焦虑症。李某、唐小某共同向法院申请人身安全保护令，诉请法院依法禁止唐某继续施暴，同时李某还向法院提起了变更唐小某抚养权的诉讼。

【裁判结果】

广西壮族自治区柳州市柳北区人民法院裁定：一、禁止唐某对李某、唐

小某实施谩骂、侮辱、威胁、殴打;二、中止唐某对唐小某行使监护权和探视权。

【典型意义】

由于法治意识的薄弱,不少家庭对孩子的教育依旧停留在"三天不打,上房揭瓦"这种落后的粗放式教育方法上,很大程度上会对孩子心智的健康发育,造成伤害且留下难以抹去的阴影。本案中,在送达人身安全保护令时,家事法官还建议警方和社区网格员,不定期回访李某、唐小某母子生活状况,及时掌握母子生活第一手资料,确保母子日常生活不再受唐某干扰。通过法院对人身安全保护令的快速作出并及时送达,派出所和社区的通力协执,及时帮助申请人恢复安全的生活环境,彰显了法院、公安、社区等多元化联动合力防治家庭暴力的坚定决心。

朱小某申请人身安全保护令案

《最高人民法院人身安全保护令十大典型案例》案例五

2020年11月25日

【基本案情】

朱小某(10岁)与父亲朱某(被申请人)、继母徐某(被申请人)共同生活。朱某和徐某常常以"教育"的名义对朱小某进行殴打,树棍、尺子、数据线等都成为体罚朱小某的工具。日常生活中,朱小某稍有不注意,就会被父母打骂,不管是身上还是脸上,常常旧痕未愈,又添新伤。其长期处于随时面临殴打的恐惧中,朱小某身心受到严重伤害。区妇联在知悉朱小某的情况后,立即开展工作,向法院提交派出所讯问笔录、走访调查材料、受伤照片等家暴证据,请求法院依法发出人身安全保护令。

【裁判结果】

江苏省连云港市赣榆区人民法院裁定:一、禁止朱某、徐某对朱小某实施家庭暴力;二、禁止朱某、徐某威胁、控制、骚扰朱小某。

【典型意义】

孩子是父母生命的延续，是家庭、社会和国家的未来。作为孩子的法定监护人，父母或是其他家庭成员应为孩子营造良好的成长氛围，以恰当的方式引导和教育孩子，帮助孩子树立正确的人生观和价值观。本案中，朱小某的父母动辄对其谩骂、殴打、体罚，对孩子造成严重的身心伤害，给其童年留下暴力的阴影。法院作出人身安全保护令之后，立即送达被申请人、辖区派出所、居委会及妇联，落实保护令监管事项，并专门与被申请人谈话，对其进行深刻教育，同时去医院探望正在接受治疗的朱小某。法院和妇联对朱小某的情况保持密切关注，及时进行必要的心理疏导，定期回访，督促朱某、徐某切实履行监护职责，为孩子的成长营造良好环境。

《反家庭暴力法》第二十三条第二款规定，当事人是无民事行为能力人、限制民事行为能力人，或者因受到强制、威吓等原因无法申请人身安全保护令的，其近亲属、公安机关、妇女联合会、居民委员会、村民委员会、救助管理机构可以代为申请。随着反家暴工作的不断深入，对于自救意识和求助能力欠缺的家暴受害人，妇联等职能机构代为申请人身安全保护令的案件越来越多。勇于对家暴"亮剑"，已经成为全社会的共同责任。法院、公安、妇联、社区等部门构建起严密的反家暴联动网络，全方位地为家庭弱势成员撑起"保护伞"。

林小某申请人身安全保护令案

《最高人民法院人身安全保护令十大典型案例》案例六

2020 年 11 月 25 日

【基本案情】

申请人林小某（女）与被申请人林某系亲生父女关系。林小某从小跟随爷爷奶奶长大，从未见过母亲。后林小某转学到林某所在地读初中，平时住校，周末与林某一同居住。林小某发现林某有偷看其洗澡并抚摸其身体等性侵害行为，这对林小某的身体、心理等方面造成了严重的伤害。林小某感到害怕不安，周末就到同学家居住以躲避父亲。林某找不到林小某，便到学校威胁和发微信威胁林小某,导致其不敢上晚自习。老师发现并与林小某谈话后,林小某在班主任陪同下报警,配合民警调查,并委托社工组织向法院申请人身安全保护令。

【裁判结果】

广西壮族自治区钦州市钦北区人民法院裁定:一、禁止林某对受害人林小某实施家庭暴力;二、禁止林某骚扰、接触林小某。同时,将人身安全保护令向林小某的在校老师和班主任,林小某和林某居住地的派出所和居委会进行了送达和告知。

【典型意义】

本案中,学校在发现和制止未成年人受到家庭暴力侵害方面发挥了重要作用。公安部门接到受害人报警后,联系了社工组织,为受害人提供心理疏导及法律救助。社工组织接到救助后,第一时间到学校了解情况,为未成年人申请人身安全保护令。法院依法签发人身安全保护令后,林小某也转学同爷爷奶奶一起生活。人民法院在审理相关案件中,主动延伸司法服务,贯彻"特殊保护、优先保护"理念,较好地维护了未成年人的合法权益。

罗某申请人身安全保护令案

《最高人民法院人身安全保护令十大典型案例》案例七

2020年11月25日

【基本案情】

申请人罗某现年68岁,从未结婚生子,在其27岁时,收养一子取名罗某某,并与其共同生活。其间,罗某某经常殴打辱骂罗某。2019年11月,因琐事,罗某某再次和罗某发生争执,并声称要杀死罗某。罗某害怕遭罗某某殴打,遂向当地村委会反映上述情况,村委会考虑到罗某年岁已高,行动不便,且受到罗某某的威吓,村委会代罗某向法院申请人身安全保护令。

【裁判结果】

四川省德阳市旌阳区人民法院裁定：一、禁止罗某某对罗某实施家庭暴力；二、责令罗某某搬出罗某的住所。

【典型意义】

当事人因遭受家庭暴力或者面临家庭暴力的现实危险，向人民法院申请人身安全保护令的，人民法院应当受理。当事人是无民事行为能力人、限制民事行为能力，或者因受到强制、威吓等原因无法申请人身安全保护令的，其近亲属、公安机关、妇女联合会、居民委员会、村民委员会、救助管理机构可以代为申请。本案中，由于罗某年岁已高，行动不便，且受到罗某某的威吓，当地村委会代为申请符合上述法律规定。

吴某某申请人身安全保护令案

《最高人民法院人身安全保护令十大典型案例》案例八

2020 年 11 月 25 日

【基本案情】

申请人吴某某（女）与被申请人杨某某（男）2009 年相识后成为男女朋友，并居住在一起。2018 年农历春节过后吴某某向杨某某提出分手，杨某某同意。2018 年 4、5 月，杨某某开始对吴某某进行跟踪、骚扰、殴打并强行闯入吴某某的住所和工作场地，限制吴某某的人身自由，抢夺吴某某住所的钥匙、手机，在吴某某住所地张贴污蔑、辱骂、威胁吴某某的材料。吴某某多次向住所地、工作场地所在的派出所报警，杨某某在经警察教育、警告之后仍屡教不改，并且变本加厉骚扰吴某某。吴某某向法院申请人身安全保护令。

【裁判结果】

四川省成都市成华区人民法院裁定：一、禁止杨某某对吴某某实施暴力行为；二、禁止杨某某对吴某某及其家属实施骚扰、跟踪、接触；三、禁止杨某某接近、进入吴某某的住所及工作场所。

【典型意义】

本案是一起同居关系的一方申请人身安全保护令的案件。《反家庭暴力法》不仅预防和制止的是家庭成员之间的暴力行为,还包括家庭成员以外共同生活的人之间实施的暴力行为。同居关系中暴力受害者的人身权利应当受到法律保护,同居关系的一方若遭受家庭暴力或者面临家庭暴力的现实危险,人民法院也可依当事人申请作出人身安全保护令。

黄某违反人身安全保护令案

《最高人民法院人身安全保护令十大典型案例》案例九

2020年11月25日

【基本案情】

申请人陈某某(女)与被申请人黄某系夫妻关系。两人经常因生活琐事发生争吵,黄某多次对陈某某实施家庭暴力。2016年3月22日晚,黄某殴打陈某某后,陈某某报警,后经医院诊断为腰3右侧横突骨折。2016年3月28日,陈某某向东兴法院提出人身保护申请,请求禁止黄某对陈某某实施家庭暴力,禁止骚扰、跟踪、威胁陈某某及其近亲属。陈某某在承办法官联系其了解受家暴情况时,表示只是想警告黄某,暂不希望人民法院发出人身安全保护令。承办法官随即通知黄某到法院接受询问,黄某承认实施家庭暴力,承认错误,并承诺不再实施家庭暴力。人民法院为预防黄某再次实施家暴,于2016年5月19日裁定作出人身安全保护令,并同时向黄某及其所在派出所、社区、妇联送达。后黄某违反人身安全保护令,于2016年7月9日晚上20时许和次日早晨两次对陈某某实施家庭暴力。陈某某在2016年7月10日(周日)早上9时许电话控诉被家暴事实,法官即联系城东派出所民警,派出所根据联动机制对黄某拘留5日。

【裁判结果】

2016年5月19日,广西壮族自治区东兴市人民法院作出(2016)桂0681民保令1号民事裁定:一、禁止黄某殴打陈某某;二、禁止黄某骚扰、跟踪、威胁陈某某及其近亲属。

【典型意义】

如何认定存在家庭暴力行为，一是看证据是否确凿，如报警记录、信访材料、病历材料等，能充分证明家庭暴力存在的，立即裁定准许人身保护；二是通过听证或询问认定是否存在家暴行为，以便有针对性、快速地认定家暴，及时保护受家暴者及其亲属方。本案中，人民法院充分利用联动保护机制，作出人身安全保护令后，将裁定抄送给被申请人所在辖区派出所、妇委会、社区等，并保持紧密互动，互相配合，对裁定人身保护后再次出现的家暴行为进行严厉处罚。联动机制对受家暴方的紧急求助起到了关键作用。

洪某违反人身安全保护令案

《最高人民法院人身安全保护令十大典型案例》案例十
2020年11月25日

【基本案情】

申请人包某（女）与被申请人洪某原系恋人关系，双方共同居住生活。洪某在因琐事引起的争执过程中殴打包某，导致包某头皮裂伤和血肿。包某提出分手，并搬离共同居所。分手后，洪某仍然通过打电话、发微信以及到包某住所蹲守的方式对其进行骚扰。包某不堪其扰，遂报警，民警对洪某进行了批评教育。包某担心洪某继续实施家庭暴力，向法院申请人身安全保护令。重庆市巴南区人民法院依法作出人身安全保护令。洪某收到人身安全保护令后，无视禁止，继续通过打电话、发短信和微信的方式骚扰包某，威胁包某与其和好继续交往，其间发送的消息达300余条。

【裁判结果】

重庆市巴南区人民法院决定，对洪某处以1000元罚款和15日拘留。

【典型意义】

本案是一起典型的针对家庭暴力作出人身安全保护令和对违反人身安全

保护令予以司法惩戒的案例,主要有以下几点典型意义:第一,通过作出人身安全保护令,依法保护家庭暴力受害者的合法权利,彰显了法治的应有之义。中国几千年来都有"法不入家门"的历史传统,但随着时代的更迭和进步,对妇女儿童等弱势群体的利益保护已经得到社会的普遍认可。家庭成员以外共同生活的人可以被认定为拟制家庭成员,根据《反家庭暴力法》第三十七条的规定,家庭成员以外共同生活的人可以申请人身安全保护令。第二,依法对公然违抗法院裁判文书的行为予以惩戒,彰显了遵法守法的底线。人身安全保护令不仅仅是一纸文书,它是人民法院依法作出的具有法律效力的裁判文书,相关人员必须严格遵守,否则应承担相应的法律后果。无视人身安全保护令,公然违抗法院裁判文书的行为已经触碰司法底线,必须予以严惩。第三,通过严惩家暴行为,对施暴者起到了震慑作用,弘扬了社会文明的价值取向。"法不入家门"已经成为历史,反对家庭暴力是社会文明进步的标志。通过罚款、拘留等司法强制措施严惩违反人身安全保护令的施暴者,让反家暴不再停留在仅仅发布相关禁令的司法层面,对施暴者予以震慑,推动整个社会反家暴态势的良性发展。

卢某某申请人身安全保护令案

《残疾人权益保护十大典型案例》第四号

2021年12月2日

【基本案情】

卢某某(女)系二级智力残疾,王某某与卢某某为夫妻关系。因婚前缺乏了解,婚后感情基础差,王某某在婚姻生活中稍有不满,即对卢某某及其父母拳脚相加,实施家庭暴力。卢某某为此提起离婚诉讼,并提交了公安机关的报警回执、受案回执、讯问笔录、家庭暴力告诫书等证据。案件受理后,法院邀请区残联共同走访卢某某及其家人,向当事人及其单位了解具体情况,委托区残联对卢某某遭受家庭暴力的程度以及存在家庭暴力的现实危险等进行综合评估。经调查评估后,区残联以卢某某遭受家庭暴力且受到威胁不敢申请人身安全保护令为由,代卢某某向法院申请人身安全保护令。

【裁判结果】

福建省莆田市城厢区人民法院经审查认为，卢某某系二级智力残疾，残联曾为其发放残疾人证。现残联依法履行法律赋予的救助服务职责，以卢某某遭受家庭暴力危险无法申请人身安全保护令为由代卢某某提出申请，符合法律规定。遂裁定，禁止王某某对卢某某及其近亲属实施家庭暴力，禁止王某某在距离卢某某工作单位200米范围内活动。

【典型意义】

残疾人是社会特殊困难群体，需要全社会格外关心、加倍爱护。司法实践中，由于残疾人自身的生理缺陷，导致诉讼能力较弱，因受到威胁等原因不敢申请人身安全保护令。本案是全国首例由残联代为申请的人身安全保护令，较好地将最高人民法院和中国残疾人联合会共同印发的《关于在审判执行工作中切实维护残疾人合法权益的意见》融入司法审判实践中，既是反家暴审判的一次有益尝试，也是回应残疾人司法需求和司法服务的具体体现。

冯某某与柳某某人身安全保护令及物权保护纠纷案

《最高人民法院发布老年人权益保护第二批典型案例》第一号

2022年4月8日

【基本案情】

冯某某女儿柳某某为了霸占其名下住房用于收租，多次以冯某某有精神病、参加传销、花巨资买保健品、要"保护"母亲财产为由，逼迫冯某某搬出。冯某某希望能独立居住，独立支配自己的退休金等合法财产。2020年，柳某某至冯某某家中大声呵斥、威胁，逼迫其搬走，持铁锤砸坏物品，抢走手机、砍断电话线以防止其报警。此后，柳某某陆续将冯某某房内冰箱、电视机、保健床垫、按摩椅等家具电器搬走并更换门锁。后经派出所调解无果。冯某某遂向人民法院提起物权保护纠纷诉讼，请求责令柳某某返还物品并停止侵害案涉住房，同时作出人身安全保护令。

【裁判结果】

广东省珠海市香洲区人民法院认为，冯某某确有面临家庭暴力的风险，裁定：一、禁止被申请人柳某某对申请人冯某某实施殴打、威胁等家庭暴力行为；二、禁止被申请人柳某某骚扰、跟踪、接触申请人冯某某；三、禁止被申请人柳某某进入申请人冯某某名下住宅。

经法院调解，双方对物权保护纠纷案达成以下调解协议：一、柳某某于3日内返还搬走的全部财物及房产证。二、协议生效起1年内双方互相不得干涉对方生活。三、柳某某于30日内腾退案涉住房所在地的单车棚，逾期冯某某有权自行处分棚内物品。

【典型意义】

《老年人权益保障法》第十六条第一款、第二款规定，赡养人应当妥善安排老年人的住房，不得强迫老年人居住或者迁居条件低劣的房屋，老年人自有的或者承租的住房，子女或者其他亲属不得侵占，不得擅自改变产权关系或者租赁关系；第二十二条第一款规定，老年人对个人的财产，依法享有占有、使用、收益、处分的权利，子女或者其他亲属不得干涉，不得以窃取、骗取、强行索取等方式侵犯老年人的财产权益；第二十五条规定，禁止对老年人实施家庭暴力。本案裁判明确，老年人对自己的财产有独立支配权，子女不得以"为父母好"等任何理由侵犯老年人的合法财产权益，不得对老年人实施谩骂、威胁、殴打、限制人身自由等家庭暴力行为。本案准确认定被申请人为侵占老年人财产实施家庭暴力行为的事实，及时作出人身安全保护令，训诫督促被申请人遵守人身安全保护令，有力保护了老年人人身、财产安全，取得了良好的法律效果与社会效果。

谌某某违反人身安全保护令案
——人身安全保护令的回访与督促执行

《中国反家暴十大典型案例（2023年）》第5号
2023年6月15日

【基本案情】

罗某（女）与谌某某（男）系夫妻关系。2018年12月，罗某向法院起诉要求离婚，并在诉讼过程中，以此前谌某某经常酗酒发酒疯、威胁恐吓罗某及其家人、在罗某单位闹事为由向法院递交了人身安全保护令申请书，同时提交了谌某某此前书写的致歉书、微信记录等证据予以证实。法院审核后，于2018年12月18日作出了人身安全保护令裁定并送达本案被申请人谌某某。同时，法院向罗某所在街道社区及派出所送达了协助执行通知书及人身安全保护令裁定，要求如谌某某对罗某实施辱骂、殴打、威胁等精神上、身体上的侵害行为时，要立刻予以保护并及时通知法院。

2019年2月14日，法院按照内部机制对罗某进行电话回访，罗某向法院反映谌某某对其实施了精神上的侵害行为。后法官传唤双方当事人到庭并查明：在法院发出人身安全保护令的有效期内，双方多次发生激烈争执。争执中，谌某某以拟公开罗某隐私相要挟。随后，双方又因琐事发生冲突，谌某某随即找到罗某单位两位主要领导，披露罗某此前在家中提及的涉隐私内容，导致罗某正常工作环境和社交基础被严重破坏，精神受损，基于羞愤心理意欲辞职。

【裁判结果】

法院认为，谌某某前往罗某单位宣扬涉隐私内容，上述事实的传播和评价，对于女方而言，是不愿意让他人知晓的信息。男方将女方的涉隐私信息予以公开，属于侵犯其隐私。

家庭暴力的核心是控制，谌某某以揭露罗某隐私相要挟，意欲对其进行控制，属于《反家庭暴力法》中对家庭暴力定义的"精神上的侵害"。最后谌某某将隐私公开，进一步造成了对罗某精神上的实际侵害。对此，2019年

2月15日，法院作出拘留决定书，对谌某某实施了拘留5日的惩罚措施。

【典型意义】

1. 该案系法院在人身安全保护令发出后回访过程中所发现。"人身安全保护令回访制度"系该院创举，一方面该制度有利于发现家庭暴力行为，在当事人因受到暴力和精神压迫而不敢请求保护或对家庭暴力知识缺失的时候，通过司法机关主动回访及时发现并制止可能存在的或已经存在的违反人身安全保护令的行为，既能够维护司法权威，也能更好地保障家庭关系中弱势群体的合法权益；另一方面回访制度能够体现司法机关执法的温度，让当事人真正能够感受到法律并非冰冷的文字而是实实在在保护自己的有效利器。

2. 该案中，在人身安全保护令发出后，人民法院一直以纠问式审判主导该案。谌某某无视人身安全保护令，公然违抗法院裁判文书的行为已经触碰了司法底线，人民法院在此情况下主动积极作为，维护人身安全保护令的权威和实施，保护受害人的合法权益不受侵犯。

3. 在该案影响下，"宣扬隐私"亦构成家庭暴力的观点被写入地方立法，2019年7月1日起施行的《湖南省实施〈中华人民共和国反家庭暴力法〉办法》第二条明确："本办法所称家庭暴力，是指家庭成员之间以殴打、捆绑、……宣扬隐私、跟踪、骚扰等方式实施的身体、精神等侵害行为。"此外，"宣扬隐私"构成家庭暴力的观念在2023年修订的《妇女权益保障法》第二十九条中也有体现。

从国际标准来看，联合国《消除对妇女一切形式歧视公约》及其一般性建议和联合国大会相关决议要求，"司法部门对针对妇女的暴力（包括家庭暴力）有足够的警觉，一致地把保障妇女的生命权和身心健康放在重要位置"（依据指标3.1 -《公约案件5/2005》要求），在当事人因受到暴力和精神压迫而不敢请求保护或对家庭暴力知识缺失的时候，通过司法机关主动回访及时发现并制止可能存在的或已经存在的违反人身安全保护令的行为，法院通过再次回访确保家庭中弱势群体的安全，本案做法符合这些国际准则。

冯某某申请曹某某人身安全保护令案
——全流程在线审理人身安全保护令促进妇女权益保护

《中国反家暴十大典型案例（2023年）》第6号

2023年6月15日

【基本案情】

冯某某（女）与曹某某（男）系夫妻关系。申请人冯某某于2022年12月22日起诉要求与被申请人曹某某离婚。在诉前调解过程中，曹某某于2023年1月13日深夜前往冯某某住处辱骂、恐吓冯某某及其近亲属，并使用随身携带的铁锤毁坏门锁，冯某某报警；后曹某某又于1月16日至冯某某母亲张某某住处辱骂、威胁，并扬言"要在大年初一、十五上门找麻烦"，张某某亦报警。

因对人身安全及能否平安过年感到担忧，2023年1月19日，冯某某向其代理律师咨询申请保护令事宜，代理律师表示如按传统方式线下调查取证、申请保护令、签发送达及协助执行至少需要10天，时值农历年底可能无法及时完成，但当地法院在2022年年底上线的"法护家安"集成应用可在线申请保护令，或可尝试。冯某某遂通过其律师于当晚21时通过手机登录法院"法护家安"集成应用，在线申请了人身安全保护令。

【裁判结果】

2023年1月20日，法院通过绿色通道立案受理。承办法官通过"法护家安"集成应用反家暴模块建立的反家暴数据库快速获取相关警情数据等证据材料，同时通过关联检索获知被申请人曹某某曾多次因暴力犯罪被追究刑事责任。根据上述证据，申请人面临家庭暴力现实危险的证据充分，且该起民事纠纷极有可能转化为恶性刑事案件，承办法官遂决定签发人身安全保护令，禁止曹某某对冯某某实施家暴并禁止其骚扰、跟踪、接触冯某某及张某某。在线送达双方当事人后，承办法官通过在线方式向区公安分局、区妇联等单位进行送达协助执行通知书，相关协助执行单位在线实时签收后，根据相关工作机制开展工作，协助督促被申请人遵守保护令，并对申请人进行回访，疏导、安抚。

【典型意义】

　　本案从当事人申请，到法院立案受理、证据调取、审查签发，再到各部门送达响应、协助执行，总用时不到 24 小时，全流程在线运行，充分落实了《反家庭暴力法》第二十八条"情况紧急的，应当在二十四小时内作出"的规定。从国际标准来看，联合国《消除对妇女一切形式歧视公约》及其一般性建议和联合国大会相关决议要求，"各国确保在家庭暴力案件中，受害妇女有权申请和获得保护令，并确保这些保护令具有法律效力，并能得到有效执行"。

　　"法护家安"集成应用系由浙江省温州市龙湾区人民法院联合五家基层法院、区社会治理中心、区妇联，共同建设并于 2022 年 12 月 29 日成功上线。其中"反家暴人身保护模块"建立了政法委牵头，人民法院、人民检察院、公安机关、司法行政机关、社会治理中心、妇联、大数据管理机构等各部门共同参与、在线协同的反家暴工作机制，相比传统模式下，"法护家安"集成应用反家暴人身保护模块突破了当事人提交申请的时空限制，解决了当事人取证来回跑的难题，打通了各部门的数据共享通道，实现了家庭暴力事件的数据归集与分析预警，极大缩短了各流程的操作时间，加强了与公安、妇联等部门的多跨协同，具有"法护家安"反家暴人身保护模块"申请的便利性、信息的共享性、取证的快捷性、签发的准确性、响应的及时性、保护的充分性"六大优势，对被申请人及时起到了震慑作用，将司法触角延伸至家庭暴力的萌芽之初，对全时空保障妇女权益、促进和谐家风建设具有重要意义。

　　从国际标准来看，"法护家安"反家暴人身保护令模块的设置符合联合国大会第 65 届会议（A/65/457/65/228）就针对妇女的暴力行为加强犯罪预防和形式司法应对的决议，诠释了"针对妇女的暴力（包括家庭暴力）的受害人可以获得公安部门、检察机关及法院设立专门的司法服务"这一标准。

叶某申请人身安全保护令案
—— 同居结束后受暴妇女仍可申请人身安全保护令

《中国反家暴十大典型案例（2023 年）》第 7 号
2023 年 6 月 15 日

【基本案情】

叶某（女）与黄某（男）系同居关系，双方于 2021 年生育女儿。后双方分手，女儿随叶某共同生活。叶某向法院起诉黄某同居关系子女抚养纠纷。2022 年 3 月 9 日晚上，黄某去到叶某弟弟家中，并使用叶某弟弟的电话向叶某及其父母实施威胁，称："如不交回孩子，将采取极端手段。"叶某及其家属立即于次日向所在辖区公安机关报警，同日晚上黄某通过网购平台购买了具有攻击性和伤害性的辣椒水用品，向法院解释是为了自己防身。叶某认为，结合黄某平时暴躁、极端的性格，其有可能作出恐怖、极端的行为，并已危及自己及家属的安全及生命，故于 2022 年 4 月向法院申请人身安全保护令，请求法院裁定禁止黄某骚扰、跟踪、威胁、殴打叶某及女儿。

【裁判结果】

法院经审查认为，黄某辩解因申请人藏匿女儿，导致其无法与女儿见面，心里很生气，于是想买瓶辣椒水。可见，黄某购买辣椒水并非用于防身，而是意图报复叶某。叶某提交的辣椒水购买记录、住所楼道监控录像等证据及黄某自认的事实，足以证实黄某及其亲属因女儿抚养权及探望争议对叶某进行骚扰、威胁，使叶某面临家庭暴力的现实危险，叶某的申请符合《反家庭暴力法》第二十七条规定的发出人身安全保护令的条件。叶某与黄某如因女儿的抚养权及探望问题发生矛盾，应通过合法途径解决。最终，法院依照《反家庭暴力法》之相关规定，作出人身安全保护令，裁定禁止黄某骚扰、跟踪、威胁、殴打叶某及其女儿。

【典型意义】

1. 同居男女朋友分手后女方遭受威胁、恐吓等暴力侵害的，可向法院申请人身安全保护令。

《反家庭暴力法》第三十七条规定，家庭成员以外共同生活的人之间实施的暴力行为，参照本法规定执行。意味着监护、寄养、同居、离异等关系的人员之间发生的暴力也纳入法律约束。本案中，叶某与前男友黄某之间并非家庭成员关系，叶某的权益受侵害时，已结束了同居生活，但同居的结束，并不代表同居关系的结束，还有共同财产、子女等一系列问题需要解决，如机械地要求受害者必须与侵害人同住一所才能获得保护，与《反家庭暴力法》的立法初衷相违背，也不符合常理。

《反家庭暴力法》的本质，是通过司法干预来禁止家庭成员、准家庭成员间，基于控制及特殊身份关系而产生的各种暴力。该法规定了非婚姻的准家庭成员关系也受其调整，那么在离婚妇女受暴后能获得司法干预的同时，同居结束后受暴妇女亦应同样能够获得保护。因此，同居男女朋友结束同居生活后若存在家庭暴力情形的，也应作为人身安全保护令的申请主体。

从国际标准来看，符合联合国《消除对妇女一切形式歧视公约》及其一般性建议和联合国大会相关决议要求，体现了国际标准中国家针对妇女的暴力的无差别保护和司法救济，不因是否具有婚姻关系，是否尚处于同居关系等加以划分和有所限制。

2. 被申请人未实施实质性人身伤害行为，申请人仅提供了被申请人购买辣椒水的淘宝订单记录，是否符合发出人身安全保护令的条件。

家庭暴力具有隐秘性和突发性，对于家庭暴力行为发生可能性的证明，难度相对较高，为防止侵害行为的发生，应适当降低证明标准，即只要申请人能够提供初步证据证明存在家暴发生的现实危险即可，对于侵害可能性的标准应当从宽。《最高人民法院关于办理人身安全保护令案件适用法律若干问题的规定》第六条明确了人身安全保护令案件中，人民法院根据相关证据，作出人身安全保护令的证明标准是"申请人遭受家庭暴力或者面临家庭暴力现实危险的事实存在较大可能性"，而非民事诉讼的"高度盖然性"，降低了证明标准，从而减轻了当事人的举证负担。本案中，即使黄某尚未对叶某产生实质性伤害，但结合本案监控录像等证据及黄某自认"因原告藏匿女儿很生气，后购买了辣椒水"的事实，叶某遭受家庭暴力或者面临家庭暴力现实危险的事实存在较大可能性，因此，法院应当立即发出人身安全保护令，这对于预防及制止家庭暴力、保护家庭成员，具有重要意义，也符合反家庭暴力工作应遵循预防为主的基本原则。

3. 申请人提交的住所楼道监控录像及被申请人的淘宝购买订单可作为证实家暴的证据。

在对家暴行为的认定中，证据形式更加多样化，除了报警记录、病历、处罚决定书等，当事人陈述、短信、微信记录、录音、视频、村居委和妇联等单位机构的救助记录等均可纳入证据范围。《最高人民法院关于办理人身安全保护令案件适用法律若干问题的规定》第六条第二款第五项规定的"记录家庭暴力发生或者解决过程等的视听资料"、第十一项规定的"其他能够证明申请人遭受家庭暴力或者面临家庭暴力现实危险的证据"，均可以作为证明存在家庭暴力的证据。

林某申请人身安全保护令案
——人身安全保护令可适用于终止恋爱关系的当事人

《最高人民法院发布人民法院反家庭暴力典型案例（第一批）》第一号

2023 年 11 月 25 日

【关键词】

终止恋爱关系　骚扰　暴力　不法侵害

【基本案情】

林某（女）和赵某原系情侣，后因双方性格不合，林某提出分手。此后，赵某通过使用暴力、进行定位跟踪、使用窃听设备、破坏家门锁与电闸、安装监控摄像头等多种形式对林某进行骚扰，严重影响了林某的正常生活与工作，且对林某的人身安全构成威胁。林某多次通过人民调解委员会与赵某调解，但赵某拒不改正。林某遂向人民法院申请人身安全保护令。

【裁判理由及结果】

人民法院经审查认为，《妇女权益保障法》明确规定，禁止以恋爱、交友为由或者在终止恋爱关系、离婚之后，纠缠、骚扰妇女，泄露、传播妇女隐私和个人信息。妇女遭受上述侵害或者面临上述侵害现实危险的，可以向人民法院申请人身安全保护令。申请人提供的证据，可以证实被申请人自双方终止恋爱关系后，以不正当方式，骚扰申请人，干扰申请人的正常生活，致申请人面临侵害的现实危险，符合作出人身安全保护令的法定条件。裁定：禁止被申请人赵某殴打、骚扰、跟踪、接触申请人林某。

【典型意义】

妇女权益遭受的侵害除了来自家庭，也常见于恋爱关系中或者终止恋爱关系以及离婚之后。为此，新修订的《妇女权益保障法》第二十九条明确规定，禁止以恋爱、交友为由或者在终止恋爱关系、离婚之后，纠缠、骚扰妇女，泄露、传播妇女隐私和个人信息。妇女遭受上述侵害或者面临上述侵害现实危险的，可以向人民法院申请人身安全保护令。该条规定将适用人身安全保护令的主体范围由家庭成员扩大至曾经具有恋爱、婚姻关系或者以恋爱、交友为由进行接触等人群，可以更好地预防和制止发生在家庭成员以外亲密关系中的不法行为。本案中，人民法院根据上述法律规定，及时签发人身安全保护令，让被申请人意识到其实施的行为已经构成违法，通过人身安全保护令在施暴人和受害人之间建立起了一道无形的"隔离墙"，充分保护妇女合法权益。

李某申请人身安全保护令案
—— 发出人身安全保护令的证明标准是"存在较大可能性"

《最高人民法院发布人民法院反家庭暴力典型案例（第一批）》第二号

2023年11月25日

【关键词】

人身安全保护令　证明标准　较大可能性

【基本案情】

申请人李某（女）与龚某系夫妻，双方于2000年4月登记结婚。婚姻关系存续期间，李某多次遭到龚某的暴力殴打，最为严重的一次是被龚某用刀威胁。2023年4月，为保障人身安全，李某向人民法院申请人身安全保护令，但其仅能提交一些身体受伤的照片和拨打报警电话的记录。龚某称，李某提供的受伤照片均为其本人摔跤所致，报警系小题大做，其并未殴打李某。

【裁判理由及结果】

人民法院经审查认为，虽然李某提供的照片和拨打报警电话的记录并不能充分证明其遭受了龚某的家庭暴力，但从日常生活经验和常理分析，该事实存在较大可能性，已达到申请人身安全保护令的证明标准。裁定：禁止被申请人龚某对申请人李某实施家庭暴力。

【典型意义】

当遭受家庭暴力或面临家庭暴力现实危险时，受害人可以向法院申请人身安全保护令。该制度的创设目的在于对已经发生或者可能发生的家庭暴力行为作出快速反应，及时保护申请人免遭危害。实践中，预防和制止家庭暴力最大的障碍是家暴受害人举证不足问题。鉴于人身安全保护令作为禁令的预防性保护功能，《最高人民法院关于办理人身安全保护令案件适用法律若干问题的规定》第六条规定，签发人身安全保护令的证明标准是"存在较大可能性"。本案中，虽然受害人提供的受伤照片和报警电话记录不能充分证明存在家暴行为，但人民法院综合考量双方当事人的陈述、多次报警情况，结合日常生活经验，认定家庭暴力事实存在较大可能性，符合法律应有之义，特别关注了家庭暴力受害人举证能力较弱、家暴行为私密性等特征，最大限度发挥人身安全保护令的预防和隔离功能，以充分保护家庭暴力受害人的合法权益。

王某申请人身安全保护令案
——通过自伤自残对他人进行威胁属家庭暴力

《最高人民法院发布人民法院反家庭暴力典型案例（第一批）》第三号

2023 年 11 月 25 日

【关键词】

自伤自残　精神控制

【基本案情】

申请人王某（女）与被申请人李某系夫妻关系。双方因家庭琐事经常发生争议，李某多次以跳楼、到王某工作场所当面喝下农药等方式进行威胁，王某亦多次报警皆协商未果。为保证人身安全，王某向人民法院申请人身安全保护令。

【裁判理由及结果】

人民法院经审查认为，李某自伤自残行为会让申请人产生紧张恐惧情绪，属于精神侵害，王某的申请符合人身安全保护令的法定条件。裁定：一、禁止被申请人李某对申请人王某实施家庭暴力；二、禁止被申请人李某骚扰、跟踪、威胁申请人王某。

【典型意义】

精神暴力的危害性并不低于身体暴力的危害性。本案中，被申请人虽未实施殴打、残害等行为给申请人造成身体损伤，但其自伤、自残的行为必定会让申请人产生紧张恐惧的情绪，导致申请人精神不自由，从而按照被申请人的意志行事。该行为属于精神暴力。人民法院通过签发人身安全保护令，明确通过伤害自己以达到控制对方的行为也属于家庭暴力，这不但扩大了对家庭暴力的打击范围，也为更多在家庭中遭受精神暴力的家暴受害人指明了自救的有效路径，为个体独立自主权及身心健康的保障提供了有力的后盾。

陈某申请人身安全保护令案
——子女对父母实施家庭暴力的，父母可以申请人身安全保护令

《最高人民法院发布人民法院反家庭暴力典型案例（第一批）》第四号

2023 年 11 月 25 日

【关键词】

子女　殴打父母　家庭暴力

【基本案情】

申请人陈某与被申请人郑某系母子关系。2022 年 6 月，郑某前往陈某居住的 A 房屋，以暴力威胁向陈某索要钱款，陈某拨打"110"报警。2022 年 9 月，郑某再次到陈某住处向陈某索要钱款，并对陈某进行辱骂和殴打，在陈某答应给予 2 万元的前提下才允许其离开住所。为避免进一步被威胁和伤害，陈某向人民法院申请人身安全保护令。

【裁判理由及结果】

人民法院经审查认为：申请人陈某已七十高龄，本应安度晚年，享受天伦之乐，但郑某作为子女非但没有好好孝敬申请人，而是多次使用辱骂、威胁、殴打的手段向申请人索要钱财，给申请人的身心造成了巨大打击，申请人无法正常生活。申请人的申请符合《反家庭暴力法》第二十七条规定的发出人身安全保护令的条件。裁定：一、禁止被申请人郑某殴打、威胁申请人陈某；二、禁止被申请人郑某以电话、短信、微信等方式骚扰申请人陈某；三、禁止被申请人郑某前往申请人陈某居住的 A 房屋。

【典型意义】

尊老敬老爱老是中华民族的传统美德。本案中，郑某作为具有独立生活能力的成年子女，不但没有孝敬母亲，反而以殴打、威胁方式索要钱财，不仅违背了法律规定，也有悖于人伦，法院应对该行为作出否定性评价。同时，本案申请人作为年逾七旬的老人，无论是保留证据能力还是自由行动能力均

有一定局限性，人民法院充分考虑这一特殊情况，与当地公安、街道联动合作，依职权调取相关证据，为及时保护申请人合法权益织起了一张安全网。

蔡某某申请人身安全保护令案
——未成年子女被暴力抢夺、藏匿或者目睹父母一方对另一方实施家庭暴力的，可以申请人身安全保护令

《人民法院反家庭暴力典型案例（第二批）》第一号

2023 年 11 月 27 日

【关键词】

未成年人　暴力抢夺　目击者　未共同生活

【基本案情】

2022 年 3 月，蔡某与唐某某（女）离婚纠纷案一审判决婚生子蔡某某由唐某某抚养，蔡某不服提起上诉，并在上诉期内将蔡某某带走。后该案二审维持一审判决，但蔡某仍拒不履行，经多次强制执行未果。2023 年 4 月，经法院、心理咨询师等多方共同努力，蔡某将蔡某某交给唐某某。蔡某某因与母亲分开多日极度缺乏安全感，自 2023 年 5 月起接受心理治疗。2023 年 5 月，蔡某到唐某某处要求带走蔡某某，唐某某未予准许，为此双方发生争执。蔡某不顾蔡某某的哭喊劝阻，殴打唐某某并造成蔡某某面部受伤。蔡某某因此次抢夺事件身心受到极大伤害，情绪不稳，害怕上学、出门，害怕被蔡某抢走。为保护蔡某某人身安全不受威胁，唐某某代蔡某某向人民法院申请人身安全保护令。

【裁判理由及结果】

人民法院经审查认为，国家禁止任何形式的家庭暴力。家庭暴力，是指家庭成员之间以殴打、捆绑、残害、限制人身自由以及经常性谩骂、恐吓等方式实施的身体、精神等侵害行为。当事人因遭受家庭暴力或者面临家庭暴力的现实危险，向人民法院申请人身安全保护令，人民法院应当受理。蔡某某在父母离婚后，经法院依法判决，由母亲唐某某直接抚养。蔡某在探望时

采用暴力方式抢夺蔡某某，并当着蔡某某的面殴打其母亲唐某某，对蔡某某的身体和精神造成了侵害，属于家庭暴力。故依法裁定：一、禁止被申请人蔡某以电话、短信、即时通讯工具、电子邮件等方式侮辱、诽谤、威胁申请人蔡某某及其相关近亲属；二、禁止被申请人蔡某在申请人蔡某某及其相关近亲属的住所、学校、工作单位等经常出入场所的一定范围内从事可能影响申请人蔡某某及其相关近亲属正常生活、学习、工作的活动。

【典型意义】

抢夺、藏匿未成年子女行为不仅侵害了父母另一方对子女依法享有的抚养、教育、保护的权利，而且严重损害未成年子女身心健康，应当坚决预防和制止。《未成年人保护法》第二十四条明确规定，不得以抢夺、藏匿未成年子女等方式争夺抚养权。本案中，孩子先是被暴力抢夺、藏匿，长期无法与母亲相见，后又目睹父亲不顾劝阻暴力殴打母亲，自己也因此连带受伤，产生严重心理创伤。尽管父亲的暴力殴打对象并不是孩子，抢夺行为亦与典型的身体、精神侵害存在差别。但考虑到孩子作为目击者，其所遭受的身体、精神侵害与父亲的家庭暴力行为直接相关，应当认定其为家庭暴力行为的受害人。人民法院在充分听取专业人员分析意见基础上，认定被申请人的暴力抢夺行为对申请人产生了身体及精神侵害，依法签发人身安全保护令，并安排心理辅导师对申请人进行长期心理疏导，对审理类似案件具有借鉴意义。

唐某某申请人身安全保护令案
——全社会应形成合力，共同救护被家暴的未成年人

《人民法院反家庭暴力典型案例（第二批）》第二号

2023 年 11 月 27 日

【关键词】

未成年人　代为申请　心理辅导　矫治

【基本案情】

2023 年 8 月，唐某某（4 岁）母亲马某对唐某某实施家庭暴力，住所所

在地 A 市妇联联合当地有关部门进行联合家访，公安部门对马某出具家庭暴力告诫书。2023 年 9 月，马某全家从 A 市搬至 B 市居住。同月底，唐某某所在幼儿园老师在检查时发现唐某某身上有新伤并报警，当地派出所出警并对马某进行口头训诫。2023 年 10 月初，B 市妇联代唐某某向人民法院递交人身安全保护令申请书。

【裁判理由及结果】

人民法院经审查认为，被申请人马某对申请人唐某某曾有冻饿、殴打的暴力行为，唐某某确实遭受家庭暴力，故其申请符合《反家庭暴力法》关于作出人身安全保护令的条件，应予支持。裁定：一、禁止被申请人马某对申请人唐某某实施殴打、威胁、辱骂、冻饿等家庭暴力；二、责令被申请人马某接受法治教育和心理辅导矫治。

【典型意义】

预防和制止未成年人遭受家庭暴力是全社会共同责任。未成年人因缺乏法律知识和自保能力，面对家暴时尤为需要社会的帮扶救助。本案中，有关部门在发现相关情况后第一时间上门摸排调查；妇联代为申请人身安全保护令；幼儿园即时履行强制报告义务；公安机关依法对父母予以训诫；人民法院依法发出人身安全保护令，并联系有关部门协助履行职责，多部门联合发力共同为受家暴未成年人撑起法律保护伞。通过引入社会工作和心理疏导机制，对施暴人进行法治教育和心理辅导矫治，矫正施暴人的认识行为偏差，从根源上减少发生家暴的可能性。

彭某某申请人身安全保护令案
——学校发现未成年人遭受或疑似遭受家庭暴力的，应履行强制报告义务

《人民法院反家庭暴力典型案例（第二批）》第四号

2023年11月27日

【关键词】

未成年人　学校　强制报告　家庭教育指导

【基本案情】

申请人彭某某（女）13岁，在父母离异后随父亲彭某和奶奶共同生活，因长期受父亲打骂、罚站、罚跪，女孩呈现焦虑抑郁状态，并伴有自残自伤风险。2021年4月某日晚，彭某某因再次与父亲发生冲突被赶出家门。彭某某向学校老师求助，学校老师向所在社区派出所报案、联系社区妇联。社区妇联将情况上报至区家庭暴力防护中心，区家庭暴力防护中心社工、社区妇联工作人员以及学校老师陪同彭某某在派出所作了笔录。经派出所核查，彭某确有多次罚站、罚跪以及用衣架打彭某某的家暴行为，并对彭某某手臂伤痕进行伤情鉴定，构成轻微伤，公安机关于2021年4月向彭某出具《反家庭暴力告诫书》，告诫其严禁再次实施家庭暴力行为。后彭某某被安置在社区临时救助站。彭某某母亲代其向人民法院提交人身安全保护令申请。

【裁判理由及结果】

人民法院经审查认为，经向派出所调取证据，可以证明彭某有多次体罚彭某某的行为，抽打彭某其手臂经鉴定已构成轻微伤，且彭某某呈现焦虑抑郁状态，有自伤行为和自杀意念，彭某的行为已构成家庭暴力，应暂时阻断其对彭某某的接触和监护。人民法院在立案当天即作出人身安全保护令，裁定：一、禁止被申请人彭其殴打、恐吓、威胁申请人彭某其；二、禁止被申请人彭某骚扰、跟踪申请人彭某某；三、禁止被申请人彭某与申请人彭某某进行不受欢迎的接触；四、禁止被申请人彭某在申请人彭某某的住所、所读学校以及彭某某经常出入的场所内活动。

【典型意义】

学校不仅是未成年人获取知识的场所，也是庇护学生免受家暴的港湾。根据《未成年人保护法》规定，作为密切接触未成年人的单位，学校及其工作人员发现未成年人遭受家庭暴力的，应当依法履行强制报告义务，及时向公安、民政、教育等部门报告有关情况。本案中，学校积极履行法定义务，在接到未成年人求助后立即向所在社区派出所报案、联系社区妇联，积极配合开展工作，处置及时、反应高效，为防止未成年人继续遭受家庭暴力提供坚实后盾。人民法院受理人身安全保护令申请后，第一时间向派出所、社区组织、学校老师了解情况，当天即作出人身安全保护令裁定。同时，人民法院还通过心理辅导、家庭教育指导等方式纠正彭某在教养子女方面的错误认知，彭某认真反省后向人民法院提交了书面说明，深刻检讨了自己与女儿相处过程中的错误做法，并提出后续改善措施保证不再重蹈覆辙。

韩某某、张某申请人身安全保护令案
——直接抚养人对未成年子女实施家庭暴力，人民法院可暂时变更直接抚养人

《人民法院反家庭暴力典型案例（第二批）》第五号

2023 年 11 月 27 日

【关键词】

未成年人　直接抚养人　暂时变更

【基本案情】

申请人韩某某在父母离婚后跟随父亲韩某生活。韩某在直接抚养期间，以韩某某违反品德等为由采取木棍击打其手部、臀部、罚跪等方式多次进行体罚，造成韩某某身体出现多处软组织挫伤。韩某还存在因韩某某无法完成其布置的国学作业而不准许韩某某前往学校上课的行为。2022 年 9 月，某派出所向韩某出具《家庭暴力告诫书》。2022 年 11 月，因韩某实施家暴行为，公安机关依法将韩某某交由其母亲张某临时照料。2022 年 12 月，原告张某将

被告韩某诉至人民法院，请求变更抚养关系。为保障韩某某人身安全，韩某某、张某于 2022 年 12 月向人民法院申请人身安全保护令。

【裁判理由及结果】

人民法院经审查认为，父母要学会运用恰当的教育方式开展子女教育，而非采取对未成年人进行体罚等简单粗暴的错误教育方式。人民法院在处理涉未成年人案件中，应当遵循最有利于未成年人原则，充分考虑未成年人身心健康发展的规律和特点，尊重其人格尊严，给予未成年人特殊、优先保护。韩某作为韩某某的直接抚养人，在抚养期间存在严重侵犯未成年人身心健康、不利于未成年人健康成长的行为，故依法裁定：一、中止被申请人韩某对申请人韩某某的直接抚养；申请人韩某某暂由申请人张某直接抚养；二、禁止被申请人韩某暴力伤害、威胁申请人韩某某；三、禁止被申请人韩某跟踪、骚扰、接触申请人韩某某。

【典型意义】

一般人身安全保护令案件中，申请人的请求多为禁止实施家暴行为。但对被单亲抚养的未成年人而言，其在学习、生活上对直接抚养人具有高度依赖性，一旦直接抚养人实施家暴，未成年人可能迫于压力不愿也不敢向有关部门寻求帮助。即使人民法院作出人身安全保护令，受限于未成年人与直接抚养人共同生活的紧密关系，法律实施效果也会打折扣。本案中，考虑到未成年人的生活环境，人民法院在裁定禁止实施家庭暴力措施的基础上，特别增加了一项措施，即暂时变更直接抚养人，将未成年人与原直接抚养人进行空间隔离。这不仅可以使人身安全保护令发挥应有功效，也能保障未成年人的基本生活，更有利于未成年人的健康成长。

吴某某申请人身安全保护令案

——父母应当尊重未成年子女受教育的权利，父母行为侵害合法权益的，未成年子女可申请人身安全保护令

《人民法院反家庭暴力典型案例（第二批）》第六号

2023 年 11 月 27 日

【关键词】

未成年人　受教育权　精神暴力

【基本案情】

申请人吴某某（女）16 岁，在父母离婚后随其父亲吴某生活，于 2022 年第一次高考考取了一本非 985 高校。吴某安排吴某某复读，要求必须考取 985 高校，并自 2022 年暑期开始居家教授吴某某知识。开学后，吴某一直不让吴某某到学校上课。2022 年下半年，吴某某奶奶发现吴某将吴某某头发剪乱，不让其吃饱饭，冬天让其洗冷水澡，不能与外界交流（包括奶奶），并威胁其不听话就不给户口簿、不协助高考报名。因反复沟通无果，吴某某奶奶向当地妇联寻求帮助。妇联联合人民法院、公安、社区、教育局立即开展工作，赶赴现场调查取证。吴某某向人民法院申请人身安全保护令。

【裁判理由及结果】

人民法院经审查认为，申请人吴某某有遭受家庭暴力或者面临家庭暴力现实危险，其申请符合人身安全保护令的法定条件。人民法院在收到申请后 6 小时内便作出人身安全保护令，裁定：一、禁止被申请人吴某对申请人吴某某实施家庭暴力；二、禁止被申请人吴某限制申请人吴某某人身自由、虐待申请人；三、禁止被申请人吴某剥夺申请人吴某某受教育的权利。

【典型意义】

未成年子女是独立的个体，他们享有包括受教育权在内的基本民事权利。父母对未成年子女负有抚养、教育、保护义务。在处理涉及未成年人事项时，

应当坚持最有利于未成年人的原则,尊重未成年人人格尊严、适应未成年人身心健康发展的规律和特点,尊重未成年人受教育的权利。父母应当在充分保障未成年子女身体、心理健康基础上,以恰当的方式教育子女。本案中,父亲虽系出于让孩子取得更好高考成绩的良好本意,但其采取的冻饿、断绝与外界交流等方式损害了未成年人的身体健康,违背了未成年人的成长规律,禁止出门上学更是损害了孩子的受教育权,名为"爱"实为"害",必须在法律上对该行为作出否定性评价。

(三) 家庭教育令

胡某诉陈某变更抚养权纠纷案
——发出全国首份家庭教育令

《未成年人权益司法保护典型案例》第 3 号
2022 年 3 月 2 日

【基本案情】

2020 年 8 月,原告胡某和被告陈某协议离婚,约定女儿胡小某由其母即被告陈某抚养,原告每月支付抚养费。一个月后,因被告再婚,有两三个星期未送胡小某去上学。自 2020 年 12 月 10 日起,原告为胡小某找来全托保姆单独居住,原告自己住在距胡小某住处 20 公里的乡下别墅内,由保姆单独照护胡小某,被告每周末去接孩子。原告胡某认为离婚后,被告陈某未能按约定履行抚养女儿的义务,遂将陈某诉至法院,请求法院判令将女儿胡小某的抚养权变更给原告。经法庭询问,胡小某表示更愿意和妈妈陈某在一起生活。

【裁判结果】

法院经审理认为,原告胡某与被告陈某协议离婚后,对未成年女儿胡小某仍负有抚养、教育和保护的义务。本案原、被告双方都存在怠于履行抚养义务和承担监护职责的行为,忽视了胡小某的生理、心理与情感需求。鉴于胡小某表达出更愿意和其母亲即被告一起共同生活的主观意愿,法院判决驳回原告的诉讼请求。同时，法院认为，被告陈某在无正当理由的情况下由原告委托保姆单独照护年幼的女儿，属于怠于履行家庭教育责任的行为，根据家庭教育促进法的相关规定，应予以纠正。裁定要求陈某多关注胡小某的生理、心理状况和情感需求，与学校老师多联系、多沟通，了解胡小某的详细状况，并要求陈某与胡小某同住，由自己或近亲属养育与陪伴胡小某，切实履行监护职责，承担起家庭教育的主体责任，不得让胡小某单独与保姆居住生活。

【典型意义】

《家庭教育促进法》作为我国家庭教育领域的第一部专门立法，将家庭教育由传统的"家事"，上升为新时代的"国事"，开启了父母"依法带娃"的时代，对于全面保护未成年人健康成长具有重大而深远的意义。家庭教育促进法规定，父母应当加强亲子陪伴，即使未成年人的父母分居或者离异，也应当相互配合履行家庭教育责任，任何一方不得拒绝或者怠于履行。鉴于本案被告未能按照协议切实履行抚养义务、承担监护职责，人民法院在综合考虑胡小某本人意愿的基础上依法作出判决，并依照家庭教育促进法，向被告发出了全国第一份家庭教育令，责令家长切实履行监护职责。家庭教育令发出后，取得了良好的社会反响。发布本案例，旨在提醒广大家长，家庭教育促进法明确规定，"父母或者其他监护人应当树立家庭是第一个课堂、家长是第一任老师的责任意识，承担对未成年人实施家庭教育的主体责任，用正确思想、方法和行为教育未成年人养成良好思想、品行和习惯"。希望广大家长认真学习这部重要法律，认真履行为人父母的重大责任，加强家庭家教家风建设，努力为未成年人健康成长营造良好的家庭环境。

未成年被告人邹某寻衅滋事及家庭教育令案
——未成年被告人父母怠于履行职责，跨域接受家庭教育指导

《未成年人权益司法保护典型案例》第4号

2022年3月2日

【基本案情】

邹某从小随父母生活在A省某市，后邹某的母亲因工作变动将邹某带至B省生活、上学，邹某父亲仍在A省工作。邹某母亲因工作原因，对邹某的学习、生活关心较少，邹某父亲也只是偶尔电话问候。由于生活习惯等原因，邹某无法很好融入新的生活环境，开始与社会上的闲散青年接触，时常不回家。2020年5月，邹某因打架斗殴被公安机关治安处罚。邹某父母未能引起重视，仍疏于对邹某的教育、管理。2021年3月，邹某因与多人打架斗殴，被检察机关以涉嫌寻衅滋事罪提起公诉。

【裁判结果】

法院经审理认为，邹某的行为构成寻衅滋事罪，判处有期徒刑一年二个月。在审理过程中，承办法官发现邹某在B省生活、学习的时间并不长，对新的生活环境还在适应过程中，邹某的父母因为工作原因，疏于对邹某的管理教育，也缺乏正确实施家庭教育的方法，遂决定向邹某的父母签发《家庭教育令》，责令其限期到"家庭教育爱心指导站"接受家庭教育指导，并联合当地检察院、教委等部门，邀请邹某之前生活地社区的网格员召开谈心会，制定详细计划，共同对邹某的父母进行有针对性的家庭教育指导。目前邹某的父母已接受家庭教育指导3次，效果良好。

【典型意义】

家庭教育缺失是未成年人犯罪的重要原因之一。随着《家庭教育促进法》的正式实施，人民法院在办理未成年人犯罪案件时，发现监护人怠于履行家庭教育职责，或不正确实施家庭教育侵害未成年人合法权益的情形，通过发出家庭教育令，引导其正确履行家庭教育职责，能够为未成年人健康成长营

造良好的家庭环境,从源头上预防和消除未成年人再次违法犯罪。本案审理中,法院联合检察、公安、司法、教育等部门,成立了"家庭教育爱心指导站",借助两地力量,凝聚工作合力,为家庭教育失范的邹某父母进行指导,帮助他们树立家庭教育主体责任意识,积极履行家庭教育职责。跨域家庭教育指导,是落实《家庭教育促进法》的有益探索,展现了人民法院的责任担当。

(四)人格权侵害禁令

李某某申请人格权侵害禁令案
——为避免合法权益受到难以弥补的损害,人民法院可以依法作出人格权侵害禁令

《依法惩治网络暴力违法犯罪典型案例》第六号

2023年9月25日

【基本案情】

自2022年5月至2023年4月,被告张某某使用其拥有40万粉丝的网络账号直播40余次,发布针对李某某的视频,其中含有大量谩骂和人身攻击言辞。引发网民围观,跟进评论、嘲讽、诋毁。同时,张某某还组建粉丝群,煽动他人辱骂李某某。李某某据此向法院提起网络侵权责任纠纷诉讼。案件审理期间,经法庭释明后,张某某仍每晚定时直播,继续针对李某某发布相关侵权言论,并公开李某某数位身份证号码。2023年7月6日,李某某向法院提出人格权侵害禁令申请。

【裁判结果】

北京互联网法院裁定认为,结合张某某既往行为和本案实际情况,其正在实施侵害行为,且继续实施侵权行为的可能性较大。涉案直播视频播放量较高,若不及时制止,将极大增加原告李某某的维权负担,导致侵权影响范围、损害后果进一步扩大。据此,依法作出裁定,责令张某某立即停止在涉

案账号中发布侵害李某某名誉权的内容。该裁定发生法律效力后，被申请人张某某已停止相关行为。

【典型意义】

网络暴力借助信息技术手段实施，与现实空间之中的侵害行为具有明显不同。特别是，网络暴力的强度及其对被害人合法权益的损害程度，往往与网络暴力信息的传播速度、规模直接相关联。基于此，阻断网络暴力信息扩散、发酵往往具有急迫性，需要采取紧急措施，避免对合法权益造成难以弥补的损害。对此，《民法典》第九百九十七条规定："民事主体有证据证明行为人正在实施或者即将实施侵害其人格权的违法行为，不及时制止将使其合法权益受到难以弥补的损害的，有权依法向人民法院申请采取责令行为人停止有关行为的措施。"据此，权利人对正在实施或者即将实施侵害其人格权的网络暴力行为，在提起民事诉讼时，还可以向人民法院申请依法适用人格权侵害禁令制度。

本案即是依法适用人格权侵害禁令的案例，被告发布相关侵权信息的持续时间较长、信息受众群体规模巨大，对原告名誉权造成严重负面影响，人民法院根据原告申请，在一周内即作出人格权侵害禁令，及时制止了被告继续实施相关行为，有力维护了受害人合法权益。

（五）承认与执行法院判决、仲裁裁决

某航运（新加坡）有限公司申请执行香港仲裁裁决案

《内地与香港特别行政区发布 10 起相互执行仲裁裁决的典型案例》
内地人民法院案例第一号
2020 年 11 月 27 日

【案号】

（2018）粤 72 认港 1 号、（2019）粤 72 认港 1 号

【基本案情】

2012 年 2 月 1 日，某航运（新加坡）有限公司（以下简称甲公司）与某运输有限公司（以下简称乙公司）签订包运合同，约定由乙公司运载甲公司货物，因该包运合同产生的所有争议提交香港仲裁，适用英国法。同年 4 月 21 日，甲公司向乙公司发送电子邮件，确认双方在前述包运合同的基础上达成补充合同，约定新增一批货物运输，其他条款和条件适用包运合同。后双方就补充合同的履行发生争议，甲公司于 2016 年 2 月 16 日在香港提起仲裁。香港仲裁庭分别作出首次终局裁决和费用终局裁决，裁决乙公司支付相应赔偿款项及相关仲裁费用。

仲裁裁决生效后，甲公司向广州海事法院申请认可和执行上述两份仲裁裁决。乙公司答辩认为，甲公司提交的仲裁协议未经公证认证，也未提交经过正式证明的中文译本；涉案货物运输系补充合同约定内容，补充合同是当事人双方通过电话形式口头达成的，未约定仲裁条款或者仲裁协议，乙公司亦从未认可仲裁庭具有管辖权；执行仲裁裁决将违反内地仲裁法关于仲裁协议必须明示的要求以及《民法总则》关于意思表示的有关规定，违反社会公共利益。

【裁判结果】

广州海事法院认为，第一，甲公司申请认可和执行仲裁裁决的文书符合

《最高人民法院关于内地与香港特别行政区相互执行仲裁裁决的安排》（以下简称《安排》）关于形式要件的要求。第二，仲裁协议成立与否属于对仲裁协议效力的审查范围，并且，因双方当事人未对确认仲裁协议效力的准据法作出约定，根据《安排》第七条第一项，应依据仲裁地法律即香港法律对涉案仲裁协议是否成立进行审查。而依据香港法律有关规定，涉案电子邮件记载的合同并入条款构成有效成立的仲裁协议。第三，违反内地法律有关规定，并不能等同于违反内地社会公共利益，除非认可和执行仲裁裁决将造成严重损害内地法律基本原则的后果。内地《仲裁法》对仲裁协议的明示要求和《民法总则》对意思表示的要求，不属于内地法律的基本原则范围。基于以上理由，裁定认可和执行涉案两份仲裁裁决。另，根据甲公司的申请，广州海事法院于作出认可和执行仲裁裁决的裁定前，对乙公司在某银行深圳分行的存款予以冻结。

【典型意义】

第一，明确仲裁协议成立与否属于仲裁协议效力审查范围。仲裁协议是当事人申请认可和执行仲裁裁决时必须提交的文书，其直接关系到仲裁庭是否具有管辖权。对仲裁协议效力的审查，是认可和执行仲裁裁决需要解决的先决问题。为此，《安排》第七条第一项明确规定仲裁协议无效的，裁定不予执行。但是，仲裁协议无效作广义理解还是狭义理解，是否包括仲裁协议不成立的情形，实践中存在争议。本案没有局限于字面意思，而是从条文本意出发，认为仲裁协议是否成立是仲裁协议是否有效的前提，属于仲裁协议效力的审查范畴。仲裁协议无效应包括仲裁协议不成立的情形。

第二，在作出认可和执行裁定前，依申请采取保全措施。法院在受理认可和执行仲裁裁决申请之前或者之后，可否对被申请人的财产采取保全措施，《安排》并未明确规定，实践中理解也不一致。本案参照《关于内地与澳门特别行政区相互认可和执行仲裁裁决的安排》，并根据《民事诉讼法》及其司法解释有关规定，依当事人申请，分别在当事人申请认可和执行仲裁裁决前，采取诉前保全措施；在当事人申请认可和执行仲裁裁决后、法院作出认可和执行裁定之前，采取诉中保全措施。审理法院通过预防性救济措施促进裁决顺利执行，有利于保护当事人合法权益。

美国某建筑师事务所申请执行香港仲裁裁决案

《内地与香港特别行政区发布10起相互执行仲裁裁决的典型案例》

内地人民法院案例第二号

2020 年 11 月 27 日

【案号】

(2016)苏 01 认港 1 号

【基本案情】

2013 年 3 月 29 日、5 月 15 日，美国某建筑师事务所（以下简称某事务所）与某地产开发有限公司（以下简称某公司）签订有关地块设计合同，并约定了仲裁条款，将争议提交中国国际经济贸易仲裁委员会，按照申请仲裁时该仲裁委员会现行有效的仲裁规则进行仲裁，仲裁地点为香港特区。因合同履行发生争议，2015 年 2 月，某事务所向中国国际经济贸易仲裁委员会香港仲裁中心（以下简称贸仲香港中心）申请仲裁，请求裁决某公司支付所欠设计费并承担违约责任等。

贸仲香港中心根据自 2015 年 1 月 1 日起施行的《中国国际经济贸易仲裁委员会仲裁规则》受理本案，并于 2015 年 11 月 28 日作出（2015）中国贸仲港裁字第 0003 号仲裁裁决。2016 年 6 月 7 日，某事务所向江苏省南京市中级人民法院申请执行该仲裁裁决第 3 项，即支付利息部分。某公司未提出异议。

【裁判结果】

江苏省南京市中级人民法院经审查认为，某公司对涉案仲裁裁决无异议，并已经履行仲裁裁决所确定的设计费本金部分，仅对第 3 项逾期利息部分未予支付。涉案仲裁裁决亦不存在违反内地社会公共利益的情形。故依据《最高人民法院关于内地与香港特别行政区相互执行仲裁裁决的安排》（以下简称《安排》）第一条、第七条的规定，裁定执行该仲裁裁决第 3 项。

【典型意义】

该案是内地仲裁机构在香港设立的分支机构以香港为仲裁地作出的仲裁裁决获得内地法院执行的首案,具有里程碑意义。该案明确,确认仲裁裁决籍属的标准为仲裁地,并据此认定涉案仲裁裁决系香港仲裁裁决,符合《安排》的适用条件。

内地法律对不同类型仲裁裁决规定了不同审查标准,且一般以仲裁机构所在地确定仲裁裁决的籍属。《最高人民法院关于香港仲裁裁决在内地执行的有关问题的通知》(以下简称《通知》)规定,对于在香港作出的临时仲裁裁决,以及国外仲裁机构在香港作出的仲裁裁决,人民法院应当按照《安排》的规定进行审查。这实际上明确了以仲裁地而非仲裁机构所在地作为判断仲裁裁决籍属的标准。但是,《通知》并未明确规定内地仲裁机构以香港为仲裁地作出的仲裁裁决是否属于香港仲裁裁决的问题。本案依仲裁地认定内地仲裁机构在香港设立的分支机构作出仲裁裁决的籍属,符合《通知》精神,也符合国际通行标准。

甲咨询有限公司、乙有限公司
申请执行香港仲裁裁决案

《内地与香港特别行政区发布10起相互执行仲裁裁决的典型案例》

内地人民法院案例第三号

2020年11月27日

【案号】

(2020)京04认港5号

【基本案情】

甲咨询有限公司(DAVID DEIN CONSULTANCY LIMITED)(以下简称甲公司)、乙有限公司(BRAMLEY CORPORATION LTD)(以下简称乙公司)分别与北京某足球俱乐部有限责任公司(以下简称某俱乐部)于2018年8月24日签署了相同的《顾问协议》各一份,约定将争议提交至香港国际仲裁中心以仲裁方式解决，准据法为英格兰法律。2018年11月21日，某俱乐部据此向香港国际仲裁中心提交仲裁通知。后甲公司、乙公司提出反请求。香港国际仲裁中心就此于2020年3月5日作出了案号为HKIAC/A18211的裁决：某俱乐部对《顾问协议》构成了毁约性违约；某俱乐部应向甲公司、乙公司支付相关费用及利息。

仲裁裁决生效后，甲公司、乙公司依据《最高人民法院关于内地与香港特别行政区相互执行仲裁裁决的安排》（以下简称《安排》）向北京市第四中级人民法院申请认可和执行该仲裁裁决。被申请人某俱乐部答辩称，人民法院应裁定不予认可和执行该仲裁裁决，并提出涉案仲裁协议无效、仲裁庭的组成与当事人之间的协议以及香港特别行政区法律不符、仲裁庭程序与当事人之间的协议不符、违反社会公共利益、金额不予认可等理由。

【裁判结果】

北京市第四中级人民法院经审查认为，第一，本案当事人仅约定合同的准据法为英格兰实体法，未明确确认涉外仲裁协议效力应适用的法律，因仲裁机构所在地和仲裁地均在香港，故应适用香港《仲裁条例》进行审查，依规定该协议有效。第二，依据仲裁时香港国际仲裁中心有效的2018年版港仲规则，仲裁庭的组成并不违反该规则。仲裁员与二公司的董事均在英国足协任职，并不必然表明仲裁员与二公司之间具有利益关系或者利害关系。仲裁庭的公开事项当事人已知情，并不需要披露和认定程序违法。第三，申请人提供的部分仲裁文书抄送、账单费用支出并不证明存在仲裁程序与协议不符，上述情况属于在仲裁程序中公开事项，并不违反保密条款。第四，社会公共利益应是关系到全体社会成员的利益，为社会公众所享有，不同于合同当事人的利益，虽然某俱乐部的部分资产属于国有资产，但不能将与其有关的所有事项均认定为社会公共利益。故裁定认可和执行香港特别行政区香港国际仲裁中心HKIAC/AC18211号仲裁裁决。

【典型意义】

1. 本案明确了当事人援引《安排》第七条中"仲裁庭的组成或者仲裁庭程序与当事人之间的协议不符"条款，提出仲裁员存在披露、回避等程序问题时，法院应依据仲裁规则，结合社会生活经验合理判断，以是否足以影响仲裁的公正性和独立性为原则进行审查。本案中，仲裁员因工作、生活、学习等社会活动需要而与人接触、交往，以及在同一组织任职等情况并不一定构成回避规则中规定的利害关系或其他影响公正仲裁的关系，对于与仲裁员独立性以及与公正仲裁无关的内容，可以不予披露。

2. 本案对社会公共利益进行了阐释，具有一定参考意义。社会公共利益应是关系全体社会成员的利益，为社会公众所享有，为整个社会发展存在所需要，具有公共性和社会性，不同于合同当事人的利益。涉案仲裁处理的争议为平等民事主体间的合同争议，处理结果仅影响合同当事人，不涉及社会公共利益。虽然本案被申请人某俱乐部的部分资产属于国有资产，但不能将与其有关的所有事项均认定为社会公共利益。

甲国际有限公司申请执行香港仲裁裁决案

《内地与香港特别行政区发布10起相互执行仲裁裁决的典型案例》
内地人民法院案例第四号
2020年11月27日

【案号】

(2016) 津01认港1号

【基本案情】

2007年1月15日，甲国际有限公司（以下简称甲公司）与乙天津中心发展有限公司（以下简称乙公司）就"莱佛士"标志和商标使用事宜达成《许可合同》。同日，某酒店管理（北京）有限公司（系甲公司的关联公司，以下简称某酒店）与乙公司就酒店管理运营合作事宜签订《酒店管理合同》。《许可合同》约定由该合同产生的或与该合同有关的任何争议、争论或纠纷应提交香港国际仲裁中心根据申请仲裁时仲裁庭当时有效的仲裁规则最终仲裁解决，仲裁地点为香港，同时约定，如果《酒店管理合同》或任何其他交易合同因任何原因终止，该合同立即终止。《酒店管理合同》约定有关争议提交中国国际经济贸易仲裁委员会上海分会（以下简称上海贸仲）裁决。

2012年1月20日，甲公司向香港国际仲裁中心申请就《许可合同》所涉争议进行仲裁。2012年1月29日，某酒店向上海贸仲申请就《酒店管理合同》所涉争议进行仲裁。此后，香港国际仲裁中心作出仲裁裁决（案件编号HKIAC/A12016），裁决乙公司向甲公司支付相应款项及利息。甲公司向天津市第一中级人民法院申请执行仲裁裁决。被申请人乙公司以裁决所处理的争议不在仲裁协议条款之内等理由认为其违反《最高人民法院关于内地与香港特别行政区相互执行仲裁裁决的安排》（以下简称《安排》第七条的规定，应不予执行。

【裁判结果】

天津市第一中级人民法院经层报天津市高级人民法院、最高人民法院审查认为，第一，香港国际仲裁中心的裁决涉及《酒店管理合同》的情形不构成超裁，不属于《安排》第七条第一款第三项的情形。第二，仲裁庭对管辖问题的处理并未违反当事人的协议及香港特别行政区法律，不属于《安排》第七条第一款第四项的情形。第三，乙公司所提出的质疑，不属于对仲裁员公正性或独立性的质疑，而是对管辖权的质疑，仲裁庭有权予以决定，无须由仲裁中心理事会决定，故不属于《仲裁裁决执行安排》第七条第一款第四项的情形。综上，天津市第一中级人民法院依照《安排》第一条、第六条、第七条之规定，裁定执行香港国际仲裁中心于2014年11月19日、2015年3月19日作出的编号为HKIAC/A12016的部分裁决和终局裁决。

【典型意义】

本案在仲裁裁决是否属于《安排》第七条第一款第三项所规定的"超裁"情形方面，明确了以下规则：仲裁庭仅在裁决理由的事实认定和说理部分对非属其管辖的争议进行评判，并未在裁决主文中涉及其他合同争议的，不构成"超裁"。

本案中，甲公司提请香港国际仲裁中心仲裁的事项是有关《许可合同》履行的相关争议。因《许可合同》和《酒店管理合同》关系密切，故仲裁裁决在查明事实和说理部分涉及了《酒店管理合同》的有关情况。该分析认定是仲裁庭审理《许可合同》纠纷所无法避免的。仲裁庭最终仅围绕仲裁请求就《许可合同》所涉争议作出了相应的裁决结果，并未对《酒店管理合同》所涉争议作出具体的裁决项。有关争议属于当事人在仲裁协议中约定交付仲裁的范围，涉案仲裁裁决不存在《安排》第七条第一款第三项所规定的"超裁"情形。

甲设计集团国际咨询有限公司申请执行香港仲裁裁决案

《内地与香港特别行政区发布10起相互执行仲裁裁决的典型案例》
内地人民法院案例第五号
2020年11月27日

【案号】

（2019）川01认港1号

【基本案情】

2013年11月13日，甲设计集团国际咨询有限公司（以下简称甲公司）与成都乙置地有限公司（以下简称乙公司）、成都丙实业有限公司（以下简称丙公司）签订《中国成都某酒店景观设计服务协议》（以下简称《服务协议》）。《服务协议》约定，由本合同或本合同违约、终止或无效引起的或与之相关的任何争议、争论或权利主张应根据届时有效的《联合国国际贸易法委员会仲裁规则》（以下简称《仲裁规则》）在香港通过仲裁解决。因合同履行过程中发生争议，2018年3月5日，甲公司向香港国际仲裁中心申请仲裁。2019年5月5日，仲裁庭作出《最终裁决》，支持了甲公司所有仲裁请求。2019年6月4日，仲裁庭作出《最终裁决之更正》，对《最终裁决》进行了更正和更新。后甲公司向四川省成都市中级人民法院申请执行上述仲裁裁决。

乙公司、丙公司共同答辩认为：第一，仲裁员的选任未依据《仲裁规则》第8条的规定采取名单法先行征求各方当事人意见，而是径行指定独任仲裁员，属于《最高人民法院关于内地与香港特别行政区相互执行仲裁裁决的安排》（以下简称《安排》）第七条第四项规定情形。第二，仲裁员未按司法部令第69号《中国委托公证人（香港）管理办法》规定向被申请人送达相关仲裁文书，属于《安排》第七条第二项规定情形。故请求驳回申请。

【裁判结果】

四川省成都市中级人民法院经审查认为，第一，关于涉案仲裁庭的组成。

双方在《服务协议》中约定适用《仲裁规则》。案涉仲裁程序中，香港国际仲裁中心行使裁量权指定独任仲裁员符合以上规定。第二，关于仲裁庭是否以适当方式向被申请人送达。涉案仲裁程序中仲裁员按照双方《服务协议》约定的地址送达相关文书，且被申请人也表明确实收到，符合《仲裁规则》第二条关于送达的规定，不存在仲裁员未适当通知被申请人的问题。被申请人主张应按《中国委托公证人（香港）管理办法》规定向被申请人送达相关仲裁文书，与《仲裁规则》规定不符，对该意见不予采纳。

【典型意义】

本案明确，判断送达是否成功的依据应当是仲裁程序适用的仲裁规则。"未经依法送达"，是被申请人较常提出的不予执行香港仲裁裁决的理由。判断是否依法有效送达，首先应当明确送达程序所依据的规定。本案中，双方在合同中约定，由本合同或本合同违约、终止或无效引起的或与之相关的任何争议、争论或权利主张应根据届时有效的《仲裁规则》解决。据此，本案充分尊重当事人的选择，依据《仲裁规则》有关规定，并按照双方《服务协议》约定的地址送达相关文书，且被申请人也表明确实收到，不存在仲裁员未适当通知被申请人的问题。被申请人主张应按《中国委托公证人（香港）管理办法》规定向被申请人送达相关仲裁文书，与《仲裁规则》规定不符。

高某燕诉某控股有限公司及其他案

《内地与香港特别行政区发布10起相互执行仲裁裁决的典型案例》
香港特别行政区法院案例第二号
2020年11月27日

【案号】

[2012] 1 HKLRD 627
CACV 79/2011

【基本案情】

申请人通过股份转让协议及补充股份转让协议（"该协议"），将一家香港公司的股份转让给答辩人。该香港公司在一家位于中国内地的合资企业煤生意中拥有实质权益。该协议受中国内地法律管辖并规定在内地某仲裁委进行仲裁。

根据该仲裁委《仲裁规则》第三十七条，调解—仲裁应由仲裁庭或首席仲裁员进行，或在仲裁双方同意下，由任何第三方进行。仲裁庭进行了两次会议。第一次聆讯后，仲裁庭主动向仲裁双方建议，由答辩人向申请人支付人民币2.5亿元以解决此案。

在第二次聆讯前，在答辩人委任的仲裁员和首席仲裁员都不在场的情况下，申请人委任的仲裁员及答辩人的关系人在该仲裁委秘书长的邀请下参加了非正式会议，该会议被声称为调解仲裁的会议。该仲裁委秘书长不是由双方协议任命的。据称，他是主持非正式会议的人，并要求答辩人的关系人说服答辩人接受仲裁庭的建议。

仲裁双方最终未能达成和解。仲裁庭颁下了对申请人有利的裁决。该裁决建议（但并不是要求）赔偿额人民币5000万元。答辩人从来没有就仲裁庭的举止投诉过，因为担心这样做会与仲裁庭产生对抗。答辩人遂向该仲裁委所在地中级人民法院提出诉讼，并指称该仲裁委秘书长操纵了仲裁结果，因而违反了法律和仲裁规则。结果，被驳回。

后来，申请人根据香港法例第341章《仲裁条例》（已废除）第2GG条和第40B条，获得许可在香港强制执行仲裁裁决。答辩人在申请搁置该许可时辩称，由于裁决受到偏颇或表面偏颇的影响，强制执行裁决会与公共政策相抵触。答辩人辩称，申请人委任的仲裁员、仲裁委秘书长和答辩人的关系人企图透过他们之间晚饭期间举行的一次非正式会议向答辩人施加压力，使答辩人向申请人支付人民币2.5亿元，以换取一个对答辩人有利的裁决。原讼庭法官裁定该仲裁裁决受到表面偏颇的影响。该法官亦裁定，答辩人在所谓的非正式会议事件后继续进行第二次聆讯并不代表放弃了对偏颇提出申诉的权利。申请人遂提出上诉。

【争议】

1. 适用于强制执行公约仲裁裁决的公共政策理据是否适厈于内地仲裁裁决？有关门槛有多高？（"争议1"）

2. 答辩人是否放弃了就违反仲裁委规则的情况进行申诉的权利？（"争议

2")

3. 表面偏颇（相对于实际偏颇）是否足以构成拒绝强制执行仲裁裁决的公共政策理据？（"争议3"）

4. 基于案件的事实情况，所指称的表面偏颇是否构成拒绝强制执行仲裁裁决的公共政策理据？（"争议4"）

【分析】

争议1

法庭裁定，基于公共政策理据拒绝强制执行公约仲裁裁决的法律哲学亦适用于内地仲裁裁决。相关的门槛很高，理由是国际礼节原则必须被"编织"到公共政策的概念中，亦因此必须在涉及外地（包括内地）的仲裁裁决的情况下予以实施。在这一点上，法庭援引了 Hebei Import & Export Corp 诉 Polytek Engineering Co Ltd（1999）2 HKCFAR 111 一案的判词。法庭在该案中指出，为使国际礼节原则予以实施，除非强制执行外地仲裁裁决会与香港的道德和公正的基本概念相抵触，否则法庭不会拒绝强制执行；而得出这结论需要非常充分的理由。

争议2

法庭裁定如果仲裁一方希望以违反仲裁规则的情况作为依据，其应即时提出相关依据；不应等待并得悉其申索的结果为如何后，才决定作出申诉；亦不应犹如没有违规情况般让仲裁继续进行。因此，答辩人不应在非正式会议事件后仅向法庭提交补充意见，亦不应在没有作出申诉的情况下参加第二次仲裁聆讯。法庭还指出，答辩人对申请人的诚信作出的攻击并不能替代对仲裁庭或仲裁委秘书长有关其任何偏颇或不当行为所作出的申诉。基于上述原因，答辩人在法律上被视为放弃了就偏颇情况进行申诉。

法庭解释，如果当初作出了有关申诉，仲裁庭或仲裁委所在地人民法院可能已经采取了补救措施；而两者都更有能力就案件的事实裁定偏颇是否存在。法庭认为，尽管仲裁委所在地人民法院拒绝以偏颇为由搁置仲裁裁决的决定对香港法庭没有约束力，亦即使不容反悔原则并没有因为前述法院的决定而在本案适用，香港法庭有权在决定是否强制执行仲裁裁决时，慎重考虑仲裁委所在地人民法院的决定。

争议3

经对 Hebei Import & Export Corp 诉 Polytek Engineering Co Ltd 一案中所表达的观点进行仔细诠释后，法庭认为法庭可以仅因为表面偏颇而拒绝强制执行仲裁裁决。可是，如果仲裁一方希望以表面偏颇作为依据，它要达到的门槛比以实际偏颇作为依据时所适用的门槛高，而法庭在行使有关的酌情权时应该审慎。

争议4

法庭按其对相关事实的评估，认为不存在"客观持平的观察者"恐怕表面偏颇的情况。法院裁定，虽然一般人可能会与原讼庭法官一样对调解进行的方式感到不安，因为香港的调解通常以不同的方式进行，但是否会引起表面的偏见可能取决于对调解地点通常如何进行调解的理解。有关这方面，法庭表示必须充分考虑仲裁委所在地人民法院拒绝搁置仲裁裁决的决定。

法庭重申，法庭只会在强制执行仲裁裁决会与执行地（在本案里为香港）的道德和公正的基本概念相抵触的情况下拒绝强制执行裁决。因此，法庭不应仅因为非正式会议的形式在香港可能会引起看似表面偏颇而拒绝在香港强制执行该仲裁裁决。

【裁决】

上诉得直。

【典型意义】

如果仲裁一方希望以违反仲裁规则的情况作为依据，其应即时提出相关依据；不应等待并得悉其申索的结果为如何后，才决定作出申诉；亦不应犹如没有违规情况般让仲裁继续进行。

法庭只会在强制执行仲裁裁决会与执行地的道德和公正的基本概念相抵触的情况下拒绝强制执行裁决。法庭尊重在进行调解的惯常的调解形式，不会仅因形式和本地不一样而轻易引用违反公共政策。

某化工股份有限公司诉某石油国际事业（香港）有限公司案

《内地与香港特别行政区发布10起相互执行仲裁裁决的典型案例》

香港特别行政区法院案例第四号

2020年11月27日

【案号】

[2011] 4 HKLRD 604

CACV 31/2011

【基本案情】

作为买方的上诉人跟作为供应商的答辩人订立了合同，以获得3937.448吨硫的供应，并以购买价3051522.20美元为交换条件。上诉人拒绝接收3810578吨硫，原因是所提供的硫的规格不正确。因此，上诉人要求就该批硫退还一共为2953198美元购买价余额。

双方就争议进行了由内地某仲裁委在内地的一个仲裁庭审理的仲裁。仲裁庭作出了对上诉人有利的裁决，当中裁定：

（a）上诉人须向答辩人退还3810.578吨的硫；

（b）答辩人须向上诉人退还2953198美元（即就交易已收取的支付款项）；

（c）答辩人须向上诉人支付赔偿、杂项费用及上诉人的成本支出，加上利息（如有逾期支付情况）；

（d）答辩人对裁决的诠释则是，根据上述第（b）及（c）项，退还已收取之交易支付款项余额和支付其他款项的先决条件是，上诉人必须先退还拒绝接收的硫，且退还的硫的品质须相等于供应予上诉人时的"状况和质量"。

为回应答辩人的书面申请和询问，仲裁委发出了3封信函（"仲裁委信函"）。前两封信函由仲裁委确认答辩人对裁决的诠释。第3封信函陈述了仲裁庭认为前述的两封信函是对裁决的"补充说明"，并构成该裁决的一部分观点。

答辩人发出的有关要求澄清以至颁发补充仲裁裁决的信函，以及仲裁委信函中的两封所载的回复都没有被抄送给上诉人。上诉人不同意答辩人对裁决的诠释，并申请了许可在香港强制执行裁决第（b）及（c）项。答辩人反对其申请，并申请了许可强制执行裁决的第（a）项。法庭裁定答辩人胜诉。随后，上诉人向上诉庭提出上诉。

【争议】

1. 鉴于香港法例第341章《仲裁条例》（已废除）第2GG（1）条，法庭应否"按仲裁裁决、命令或指示的条款而作出法庭判决"。（"争议1"）

2. 鉴于仲裁裁决的指辞和强制执行法庭的义务，上述仲裁裁决第（b）及（c）项所提及的义务是否取决于上述仲裁裁决的第（a）项？（"争议2"）

3. 基于归还原则适用的情况，上述仲裁裁决第（a）项下的义务是否独立于其第（b）项下的义务？（"争议3"）

4. 根据《仲裁法》第五十六条及/或内地某仲裁委员会仲裁规则有关条款，仲裁委信函是否构成补充或附加仲裁裁决，即构成裁决的一部分？（"争议4"）

5. 有关仲裁委信函的有效性应否由内地有关法院，而不是香港的强制执行法庭处理？（"争议5"）

【分析】

争议1

法庭援引了权威判决，指出仲裁裁决的强制执行应"几乎是行政程序的事宜"；而基于重要的政策因素，法庭需要确保仲裁裁决能被有效且迅速地强制执行。法庭认为，法庭应该尊重仲裁裁决背后的清晰意图，而无权摸索裁决背后的理由或猜测其意图。根据《仲裁条例》第2GG（1）条，法庭应在裁决的认受阶段"按仲裁裁决的条款"登录法庭判决。

争议2

法庭认为，撇开仲裁委信函的事宜，该仲裁裁决明显没有指出上述裁决第（b）及（c）项下的付款义务取决于第（a）项。因此，在根据仲裁裁决作出的法庭判决以强制执行第（b）至（c）项的情况下，不应施加条件。否则，仲裁裁决将会被改变而不是被强制执行。按这道理，法庭没有理由对硫的状态和质量施加进一步的条件。

争议3

基于3个原因,法庭拒绝接纳答辩人有关上述仲裁裁决第(a)和(b)项下的义务因为归还原则适用的情况而不会彼此独立的论点:首先,法庭不应猜测裁决背后的意图;其次,归还原则在不同的司法管辖区有所不同,有关的法律应该由仲裁庭应用;最后,即使假设仲裁裁决有关退还已付款项和退还货品的义务并不是彼此独立,法庭亦不能因此而断定有关的裁决必须取决于彼此。归还法下的权利和义务,不可以与为了对这些权利和义务给予实效所作的裁决和命令相混淆。

争议4

根据《仲裁法》第五十六条及/或内地某仲裁委仲裁规则相关条款,仲裁委信函并不构成补充或附加裁决。因此,在香港的强制执行程序中,仲裁庭或仲裁委信函所表达的观点不可被接纳。

争议5

基于3个理由,法庭拒绝接纳答辩人有关应该由内地有关法院,而不是香港的强制执行法庭来处理仲裁委信函作为补充或附加裁决的有效性的论点:其一,如果法庭发现在所谓的仲裁裁决或补充裁决与相关法律或规则下的仲裁裁决或补充裁决之间的要求存在明显差异,强制执行法庭无须接受被描述为仲裁裁决或补充裁决的所有文件;其二,强制执行法庭有权考虑其有关强制执行外国或内地仲裁裁决的公共政策。在本案里,仲裁委信函其中的第2和第3封的事宜涉及公共政策中的自然公义规则。

【裁决】

上诉得直。

【典型意义】

强制执行仲裁裁决应"几乎是机械式的程序"。强制执行法庭无权亦无须摸索有关仲裁裁决背后的理由或猜测其意图。作为强制执行法庭,香港法庭有权判断一份文件是否仲裁裁决或补充仲裁裁决,或其中的一部分。法庭亦有权按其有关强制执行外国或内地仲裁裁决的公共政策决定是否拒绝强制执行仲裁裁决。自然公义规则是否被恪守的问题(此乃本案的仲裁委信函涉及的事宜）会被法庭纳入其考虑当中。

郭某开诉某化工有限公司案

《内地与香港特别行政区发布10起相互执行仲裁裁决的典型案例》
香港特别行政区法院案例第五号
2020年11月27日

【案号】

[2013] 3 HKLRD 484
HCCT 35/2012

【基本案情】

根据申请人与答辩人在内地某仲裁委员会管理的仲裁，仲裁庭作出了裁决，裁定答辩人败诉（"该裁决"）。该裁决要求答辩人向申请人支付：(1) 人民币29195470.58元的经济损失赔偿及相关利息人民币12293716.33元；(2) 人民币50万元的法律费用；(3) 人民币675473元的仲裁程序费用，以及人民币134574元的仲裁员费用。

随后，申请人获得法庭发出的命令及许可，容许该裁决在香港予以强制执行（"该命令"）。

答辩人以该裁决超出了交付仲裁的范围，及仲裁程序与法律相抵触为理由，向内地某人民法院申请了搁置或撤销该裁决。香港法庭认为此申请的性质并非以案件所涉及的争议的是非曲直为由提出上诉。

随后，答辩人根据香港法例第4A章《高等法院规则》第73号命令第10(6)条规则（"高院规则"）的规定，发出传票（"该传票"）以搁置或更改该命令。这正是本案中法庭要解决的问题。

【争议】

1. 有关强制执行内地仲裁裁决的案件，法庭是否有司法管辖权押后程序？（"争议1"）

2. 法庭在押后有关申请搁置或更改该命令的聆讯时，一方申请保证时应考虑哪些因素？（"争议2"）

【分析】

争议1

法庭指出，即使《仲裁条例》在强制执行内地仲裁裁决程序的部分并没有提及有关押后程序的条文，即等同于押后有关强制执行普通仲裁裁决或公约仲裁裁决程序的条文，并不代表法庭没有司法管辖权押后有关强制执行内地仲裁裁决程序。法庭认为其有一般及固有权力去管制其程序，包括押后程序；此权力已隐含在高院规则第73号命令第10A条规则当中。

争议2

法庭引述并参考了英国法庭在 Soleh Boneh International Ltd 诉 Government of the Republic of Uganda [1993] 2 LLR 208 一案中所列出的原则。该案中，英国法庭决定押后聆讯，同时要求与讼的有关方提供相当于仲裁裁决金额的保证以待瑞典法庭裁定仲裁裁决是否具约束力。在该案上诉的程序中，法庭考虑了两项因素。经法庭简短审议，有关仲裁裁决无效的论点的可取性，以及强制执行仲裁裁决的难易程度，以及如果执行有延误，执行会否因为资产转移或不经意的交易而变得困难。有关仲裁裁决无效的论点越有力，或强制执行的困难程度会因为执行被延误而提升的情况越明显，法庭越有可能会命令与讼的有关方提供保证。

根据上述原则，法庭考虑了一系列与本案有关的因素，包括答辩人未有提供任何文件以列明它向内地某人民法院所提出的有关搁置或撤销该裁决的申请的是非曲直，从而支持它有关该裁决是"明显无效"的论点；答辩人更改了其注册办事处，答辩人出售了其工业物业，答辩人的财政状况在变差，而且答辩人公司股份（被形容为过时资产）被母公司于该裁决被颁下后的短时间内出售；还有，已公布的总资产（约4504万港元）及未经审计的净负债（约1.435亿港元）。

【裁决】

基于上述因素，及在没有有关特定保证金额会超出答辩人能力范围的陈词的情况下，法庭押后该传票聆讯以待内地某人民法院裁定该裁决应否被搁置或撤销，及命令答辩人提供2000万港元作为保证金，以保障该裁决在聆讯被押后的情况下能在香港成功予以强制执行的机会。

【典型意义】

香港特区高等法院有权押后有关强制执行内地仲裁裁决程序的聆讯并要求答辩人提供保证金。

关于应否命令答辩人提供保证以履行裁决，法院的考虑因素主要有两点。其一是裁决无效的论点。如果裁决明显无效，则应押后聆讯并不应发出命令要求提供保证；但是，如果该裁决明显有效，则应该立即发出强制执行命令或发出命令要求提供大量保证。其二是法院应考虑执行的难易程度以及任何延迟执行的影响，如透过资产的转移或不经意的交易。

明晰仲裁裁决籍属认定规则　明确外国仲裁机构在中国作出的裁决视为涉外仲裁裁决
——美国甲工业有限公司申请承认和执行外国仲裁裁决案

《最高人民法院发布第三批涉"一带一路"建设典型案例》第9号

2022年2月28日

【基本案情】

乙公司为买方，甲公司为卖方，在广州签订《合同》及《补充协议》，《合同》第十六条争议解决方式约定："凡因本合同引起的或与本合同有关的任何争议，双方应通过友好协商解决。如果协商不能解决，应提交国际商会仲裁委员会根据国际惯例在项目所在地进行仲裁。该仲裁委员会作出的裁决是终局性的，对双方均有约束力。除仲裁委员会另有规定外，仲裁费用由败诉一方负担。仲裁语言为中、英双语。"该仲裁条款中所称的"项目"系《补充协议》第三条所列明的"广州猎德污水处理厂四期工程"，地点在中国广州。后因合同履行发生争议，甲公司向国际商会国际仲裁院秘书处提起仲裁申请。该院独任仲裁员在广州作出《终局裁决》。后甲公司向广州市中级人民法院申请承认和执行前述仲裁裁决。

【裁判结果】

广州市中级人民法院审查认为，案涉裁决系外国仲裁机构在我国内地作出的仲裁裁决，可以视为我国涉外仲裁裁决。被申请人不履行裁决的，甲公司可以参照《民事诉讼法》关于执行涉外仲裁裁决的规定向被申请人住所地或财产所在地的中级人民法院申请执行。甲公司依据《纽约公约》或《关于内地与香港特别行政区相互执行仲裁裁决的安排》申请承认和执行仲裁裁决，法律依据显属错误，故裁定终结审查。甲公司可依法另行提起执行申请。

【典型意义】

该案经报核至最高人民法院同意，首次明确了境外仲裁机构在我国内地作出的仲裁裁决籍属的认定规则，将该类裁决视为我国涉外仲裁裁决，确认该类裁决能够在我国内地直接申请执行，有利于提升我国仲裁制度的国际化水平，树立了"仲裁友好型"的司法形象，对于我国仲裁业务的对外开放及仲裁国际化发展具有里程碑意义。

【一审案号】

广州市中级人民法院（2015）穗中法民四初第 62 号

积极适用互惠原则承认和执行外国法院判决
——崔某与尹某申请承认和执行韩国法院判决案

《最高人民法院发布第三批涉"一带一路"建设典型案例》第 10 号

2022 年 2 月 28 日

【基本案情】

2009 年 11 月 6 日，韩国居民尹某向崔某借款 8000 万韩元。因尹某未归还借款，崔某向韩国水原地方法院起诉。2017 年 7 月 20 日，韩国水原地方法院作出判决，判令尹某向崔某支付 8000 万韩元及利息。因尹某经常居所地为青岛市城阳区，且其主要财产均在我境内，崔某向青岛市中级人民法院申请承认并执行韩国水原地方法院作出的上述判决。

【裁判结果】

青岛市中级人民法院审查认为，韩国首尔地方法院曾对山东省潍坊市中级人民法院的民事判决予以承认，可以根据互惠原则对符合条件的韩国法院民商事判决予以承认和执行。案涉韩国判决依据韩国民事诉讼法送达，已经发生法律效力，且判决的承认和执行不违反我国法律的基本原则或者国家主权、安全、社会公共利益，故裁定予以承认和执行。

【典型意义】

互惠原则的适用，不仅影响一国法院对外国判决的承认和执行，也会影响本国判决在国外法院的承认和执行。韩国首尔地方法院曾对山东省潍坊市中级人民法院的一份判决予以认可。该院在其对我国法院生效判决予以确认的判决书中阐述，如其以互惠关系承认中国法院判决，但中国法院仍以与韩国不存在互惠关系为由拒绝承认韩国法院判决的，则其将不再继续维持两国之间存在互惠关系。本案基于互惠原则，对韩国法院的判决予以承认和执行，积极维护中韩之间的互惠关系，推进两国间判决的承认和执行，对于促进两国之间经贸合作交流、增强"一带一路"参与市场主体的信心，具有积极作用。

【一审案号】

山东省青岛市中级人民法院（2018）鲁02协外认6号

甲航运有限公司与乙国际航运有限公司申请承认和执行外国仲裁裁决案

《2021年全国海事审判典型案例》第8号

2022年6月7日

【基本案情】

申请人甲公司与被申请人丙公司，就双方之间的租船合同纠纷提交英国伦敦进行仲裁。仲裁裁决作出后，甲公司向上海海事法院申请承认和执行该仲裁裁决。丙公司提出管辖权异议，认为其作为注册在马绍尔群岛共和国的外国公司，在中国未设立主要办事机构，也无任何财产，中国法院对本案无管辖权。

【裁判结果】

上海海事法院审查认为，根据《海事诉讼特别程序法》的规定，当事人申请承认和执行国外海事仲裁裁决的，可向被执行人住所地或者财产所在地海事法院提出。丙公司系注册在马绍尔群岛的离岸公司，但案涉租船确认书、仲裁裁决均记载其经营地在中国上海，且在案涉业务往来邮件中亦称丙公司与其关联公司为同一家公司，而该关联公司办公地址与案涉租船确认书记载的丙公司地址一致。综合上述证据确认中国上海系丙公司的主要办事机构所在地，上海海事法院依法对案件具有管辖权，裁定驳回丙公司的管辖权异议。上海市高级人民法院二审维持一审裁定。因案涉仲裁裁决不存在《承认及执行外国仲裁裁决公约》（以下简称《纽约公约》）规定的拒绝承认和执行的情形，故上海海事法院裁定承认和执行该仲裁裁决。裁定作出后，丙公司主动履行了裁决确定的义务。

【典型意义】

本案是海事法院准确适用《纽约公约》，支持外国仲裁裁决在中国承认与执行的典型案例。该案注重国内法与国际公约的衔接，通过裁判明确了当外国离岸公司注册地、登记地与主要办事机构所在地不一致时，应以主要办事机构所在地作为住所地。本案审查中秉持公约"有利于裁决执行"的精神，通过对被申请人办事机构所在地的准确认定，确定管辖权，为中外当事人提供平等的司法保护，并依据公约规定裁定承认和执行仲裁裁决，促使丙公司主动履行裁决确定的义务。本案充分体现了我国法院依法行使管辖权，恪守国际公约义务，对仲裁领域国际司法协助机制的友好支持态度，有利于提升中国海事司法的影响力和公信力。

【一审案号】

（2020）沪72协外认1号

认可和执行香港仲裁裁决 依法保护"一带一路"共建国家的企业合法权益
——甲资源国际私人有限公司申请认可和执行香港国际仲裁中心仲裁裁决案

《最高人民法院发布第四批涉"一带一路"建设典型案例》第 11 号

2023 年 9 月 27 日

【基本案情】

2015 年 9 月至 2016 年 9 月，甲公司分别与乙公司、丙公司、丁贸易公司、戊公司四家公司签订买卖合同，购买冶金焦炭等。四份合同均约定争议适用英国法管辖，由香港特别行政区香港国际仲裁中心仲裁解决。后甲公司与四家公司对合同履行均发生争议，甲公司对四批次货物的履行提出四个仲裁申请，香港国际仲裁中心依据甲公司的申请，将上述四个仲裁程序合并为一个仲裁，裁决四家公司向甲公司连带支付款项。甲公司向法院申请认可和执行上述仲裁裁决。乙公司、丁贸易公司、戊公司认为甲公司与各公司分别签订的合同中存在仲裁条款，同一份合同不能同时约束多名被申请人，仲裁庭将甲公司与各公司的仲裁合并为一个仲裁，违反仲裁规则。

【裁判结果】

天津市第三中级人民法院审查认为，甲公司与各公司分别签订的多份合同中均存在仲裁条款，但其中的任何一份合同均不能同时约束多个被申请人，对该四个案件适用"多份合同，单个仲裁"程序，不符合香港国际仲裁中心《2013 机构仲裁规则》第 29 条关于适用该程序应当满足"导致仲裁的各仲裁协议分别约束仲裁所有当事人"这一条件的规定。但在仲裁庭组成后明确赋予当事人异议权的时间段内，四家公司均未正式提出异议，而是参加了仲裁程序。根据《2013 机构仲裁规则》第 29.2 条关于"只要可以有效放弃，当事各方放弃基于依第 29 条开始单个仲裁而对仲裁庭作出的任何裁决的效力和/或执行提出任何的异议"的规定和第 31 条关于"当事人知道或理应知道未按本规则（包括一个或多个仲裁协议）的规定或其引发的要求行事，但仍继续参与仲裁而未立即提出异议的，应视为已放弃提出异议的权利"的规定，应视为该四家公司已经放弃了对适用该程序提出异议的权利。该案经向最高人民法院报核，裁定对案涉仲裁裁决予以认可和执行。

【典型意义】

本案是中国企业与"一带一路"共建国家的企业之间发生国际货物买卖合同纠纷，经香港国际仲裁中心仲裁后，外国企业向我国法院申请认可和执行仲裁裁决的案件。本案中涉及"多份合同、单个仲裁"，人民法院依据香港国际仲裁中心仲裁规则审查认定仲裁程序的合法性，有效维护了仲裁当事人的正当程序权利。随着"一带一路"倡议的深入推进，香港的国际仲裁机构成为"一带一路"项目纠纷当事人经常选择的争议解决平台之一。本案根据内地与香港相互执行仲裁裁决的安排，依法认可和执行案涉裁决，为当事人在港解决"一带一路"纠纷提供了强有力的司法保障。

【一审案号】

天津市第三中级人民法院（2019）津03认港1号

厘清互惠原则适用标准 依法承认"一带一路"合作共建国家法院的民商事判决
——某建筑有限公司申请承认与执行新加坡国家法院民事判决案

《最高人民法院发布第四批涉"一带一路"建设典型案例》第12号

2023年9月27日

【基本案情】

2020年5月15日，在新加坡注册成立的某公司向新加坡国家法院（SINGAPORE STATE COURTS）起诉中国公民潘某臣民间借贷纠纷。在新加坡国家法院发出盖有法院印章的传票令状和索偿书后，由某公司的律师向潘某臣送达。在两次送达失效后，该律师根据法院作出的命令，将文件张贴在潘某臣住所的门上。新加坡国家法院的命令内容为：送达附有索偿书的传票令状连同法院此间签发的一份庭令副本可以有效地通过张贴在新加坡某地址前门上（该地址为潘某臣最后可知的地址），以及通过 AR 挂号邮寄该地址。上述方式送达的传票令状、索偿书及法庭向潘某臣发出的庭令可视为适当和充分的送达。因潘某臣未出庭，新加坡国家法院于 2020 年 8 月 23 日作出判决，内容为：潘某臣支付某公司 118225.8 新元及利息。某公司遂向潘某臣住所地法院即浙江省温州市中级人民法院提出申请承认和执行上述民事判决。

浙江省温州市中级人民法院审查期间，潘某臣确认新加坡国家法院作出的命令中所列地址为其在新加坡的住址，并对新加坡国家法院作出的上述判决不持异议。某公司确认潘某臣已履行部分判决内容。

【裁判结果】

浙江省温州市中级人民法院经审查认为，我国与新加坡之间虽未缔结或者共同参加关于互相承认和执行生效裁判文书的国际条约，但由于新加坡高等法院曾对我国法院的民事判决予以执行，根据互惠原则，我国法院可以依据《民事诉讼法》第二百八十八条的规定，对符合条件的新加坡法院的民事判决予以承认和执行。该案虽系缺席判决，但潘某臣已经得到合法传唤；该判决已经生效且不存在违反中华人民共和国法律的基本原则或者国家主权、安全、社会公共利益的情形，遂裁定对案涉判决的法律效力予以承认。

【典型意义】

本案是人民法院依法适用互惠原则，承认"一带一路"合作共建国家法院民商事判决的案例。在我国与新加坡并未缔结关于相互承认和执行生效民商事裁判文书的双边司法协助协定，亦未共同参加相关国际条约的情况下，本案通过厘清互惠原则的适用标准，积极促进我国和新加坡之间相互承认和执行民商事判决，较好践行了《中华人民共和国最高人民法院和新加坡共和国最高法院关于承认与执行商事案件金钱判决的指导备忘录》的精神，对于保障高质量共建"一带一路"，着力营造开放包容的法治化国际化营商环境等方面均具有积极意义。

【一审案号】

浙江省温州市中级人民法院（2022）浙 03 协外认 4 号

严格执行《承认及执行外国仲裁裁决公约》承认外国仲裁裁决

——乌兹别克斯坦甲有限责任公司申请承认和执行乌兹别克斯坦工商会国际商事仲裁院仲裁裁决案

《最高人民法院发布仲裁司法审查典型案例》第 1 号

2024 年 1 月 16 日

【基本案情】

2017 年 9 月，甲公司与乙公司通过互联网订立国际货物买卖合同，约定因乙公司未按合同约定交付货物，甲公司可根据仲裁协议向该公司所在地仲裁机构乌兹别克斯坦工商会国际商事仲裁院提起仲裁申请。甲公司申请仲裁后，乌兹别克斯坦工商会国际商事仲裁院依法作出仲裁裁决，裁令由乙公司向甲公司返还相应货款、承担赔偿金及仲裁费。甲公司向广东省佛山市中级人民法院提出承认案涉仲裁裁决的申请。乙公司抗辩称签署合同的人员刘某并非其公司员工，无权代表其对外订立买卖合同，故其与甲公司不存在仲裁协议，案涉仲裁裁决不应被承认。

【裁判结果】

广东省佛山市中级人民法院认为，中国和乌兹别克斯坦共和国均为《承认及执行外国仲裁裁决公约》缔约国，本案应适用《承认及执行外国仲裁裁决公约》相关规定进行审查。根据《承认及执行外国仲裁裁决公约》第二条、第四条之规定，判断案涉仲裁裁决是否符合《承认及执行外国仲裁裁决公约》第五条不予承认和执行条件的前提是当事人之间是否存在合法有效的仲裁协议。结合案涉买卖合同的磋商情况、合同加盖乙公司业务章已经具备一定的外观形式、合同约定了乙公司联系地址、乙公司银行账户收取付款等事实，该院认定甲公司有理由相信刘某有权代表乙公司与其订立案涉合同，合同中约定的仲裁协议成立，且效力及于乙公司，乙公司关于双方不存在仲裁协议以及不应承认本案仲裁裁决的主张不能成立。该院据此裁定承认案涉外国仲裁裁决。

【典型意义】

本案仲裁裁决由乌兹别克斯坦仲裁机构作出，涉及中乌两国公司之间的国际货物买卖合同纠纷。在中方当事人加盖的印章为非经登记备案公章的情况下，办案法院结合合同的磋商、签订以及履行情况，认定外方当事人已尽到合理注意义务，由此确认中外双方当事人之间存在有效的仲裁协议。本案审结后，办案法院收到乌兹别克斯坦共和国驻上海总领事馆的致谢信。本案体现了人民法院严格依照国际公约的规定承认"一带一路"共建国家仲裁机构所作裁决、切实履行国际条约义务的司法立场，有力服务保障高质量共建"一带一路"。

【案号】

广东省佛山市中级人民法院（2021）粤06协外认1号

准确适用《最高人民法院关于内地与香港特别行政区相互执行仲裁裁决的安排》认可和执行香港仲裁裁决

——甲国际有限公司申请认可和执行香港国际仲裁中心仲裁裁决案

《最高人民法院发布仲裁司法审查典型案例》第2号
2024年1月16日

【基本案情】

2020年2月，卖方甲公司与买方乙公司洽谈交易，通过电邮及微信等电子通信途径磋商国际货物买卖合同，在双方就货物买卖要素初步达成一致后，甲公司通过电邮向乙公司发送了包含买卖交易基本要素的表格以及四份合同草案。乙公司接收合同草案文本后对合同细节向甲公司进行了回应，针对其中的三份合同草案分别提出卸货港、数量、滞期费的异议，但未对其中所载的仲裁条款提出异议。甲公司进行相应修改并向乙公司再次发送了合同草案。乙公司收到后，回复"等公司审批流程走完后回签"，但其后并未回签。后乙公司以双方未签署合同为由，认为合同未成立并拒绝接货。前述四份合同草案均约定因合同产生的争议提交香港国际仲裁中心仲裁。2020年6月，甲公司向香港国际仲裁中心申请仲裁，要求乙公司赔偿违约损失并承担仲裁费用。香港国际仲裁中心于 2021 年 5 月作出仲裁裁决。甲公司于 2021 年 10 月向浙江省杭州市中级人民法院申请认可和执行该仲裁裁决。乙公司则主张双方之间不存在仲裁协议且认可和执行该仲裁裁决违背内地社会公共利益，应当不予认可和执行该仲裁裁决。

【裁判结果】

浙江省杭州市中级人民法院认为，该案应当适用仲裁裁决的法律即香港特别行政区法律对诉争仲裁协议是否有效成立进行审查。根据查明的香港特别行政区《仲裁条例》的规定和相关判例的观点，结合双方的过往交易背景，双方在意图缔结合同的磋商过程中交换了记载有仲裁条款的合同文本，虽然乙公司并未主动向甲公司发送合同文本，但就相应合同文本进行了回应，且未对仲裁条款提出异议。因此，即使双方最终并未一致签署该合同文本，基于仲裁协议效力的独立性原则，应当认定双方就四份合同草案所载的仲裁条款达成合意。该仲裁条款符合香港特别行政区《仲裁条例》第 19 条关于"合意提交仲裁"及"书面形式"要求，其合法成立并具有法律效力。不论双方是否形成合法有效的交易合同，均不影响该仲裁条款的效力。案涉纠纷系特定合同当事人间的争议，处理结果仅影响合同当事人，不涉及社会公共利益。该院依据《最高人民法院关于内地与香港特别行政区相互执行仲裁裁决的安排》《最高人民法院关于内地与香港特别行政区相互执行仲裁裁决的补充安排》的规定，裁定认可和执行案涉仲裁裁决。

【典型意义】

该案根据《最高人民法院关于内地与香港特别行政区相互执行仲裁裁决的安排》第七条第一款第一项的规定，在当事人未约定仲裁协议准据法的情况下，适用仲裁裁决地的法律判断仲裁协议成立问题，同时根据仲裁协议独立性原则，明确仲裁条款的成立可以独立于合同的成立之裁判规则，对同类案件的审查具有参考意义。

【案号】

浙江省杭州市中级人民法院（2021）浙 01 认港 1 号

八、特殊诉讼程序

（一）公益诉讼

1. 环境污染民事公益诉讼

北京市朝阳区自然之友环境研究所、福建省绿家园环境友好中心诉谢某锦等四人破坏林地民事公益诉讼案

《最高人民法院发布环境侵权典型案例》第 1 号
2015 年 12 月 29 日

【基本案情】

2008 年 7 月 29 日，谢某锦等四人未经行政主管部门审批，擅自扩大采矿范围，采取从山顶往下剥山皮、将采矿产生的弃石往山下倾倒、在矿山塘口下方兴建工棚的方式，严重毁坏了 28.33 亩林地植被。2014 年 7 月 28 日，谢某锦等人因犯非法占用农用地罪分别被判处刑罚。2015 年 1 月 1 日，北京市朝阳区自然之友环境研究所、福建省绿家园环境友好中心提起诉讼，请求判令四被告承担在一定期限内恢复林地植被的责任，赔偿生态环境服务功能损失 134 万元；如不能在一定期限内恢复林地植被，则应赔偿生态环境修复费用 110 万余元；共同偿付原告为诉讼支出的评估费、律师费及其他合理费用。

【裁判结果】

福建省南平市中级人民法院一审认为，谢某锦等四人为采矿占用林地，不仅严重破坏了 28.33 亩林地的原有植被，还造成了林地植被受损至恢复原状期间生态服务功能的损失，依法应共同承担恢复林地植被、赔偿生态功能损失的侵权责任。遂判令谢某锦等四人在判决生效之日起 5 个月内恢复被破坏的 28.33 亩林地功能，在该林地上补种林木并抚育管护 3 年，如不能在指定期限内恢复林地植被，则共同赔偿生态环境修复费用110万余元；共同赔偿生态环境服务功能损失127万元，用于原地或异地生态修复；共同支付原告支出的评估费、律师费、为诉讼支出的其他合理费用16.5万余元。福建省高级人民法院二审维持了一审判决。

【典型意义】

本案系新《环境保护法》实施后全国首例环境民事公益诉讼，涉及原告主体资格的审查、环境修复责任的承担以及生态环境服务功能损失的赔偿等问题。本案判决依照《环境保护法》第五十八条和《最高人民法院关于审理环境民事公益诉讼案件适用法律若干问题的解释》的规定，确认了自然之友、绿家园作为公益诉讼原告的主体资格；以生态环境修复为着眼点，判令被告限期恢复被破坏林地功能，在该林地上补种林木并抚育管护3年，进而实现尽快恢复林地植被、修复生态环境的目的；首次通过判决明确支持了生态环境受到损害至恢复原状期间服务功能损失的赔偿请求，提高了破坏生态行为的违法成本，体现了保护生态环境的价值理念，判决具有很好的评价、指引和示范作用。

中华环保联合会诉宜春市甲实业有限公司等水污染公益诉讼案

《最高人民法院发布人民法院环境资源审判保障长江经济带高质量发展典型案例》第4号

2018年11月28日

【基本案情】

甲公司经营的粗铟工厂无危险废物经营资质、未依法取得建设项目环境影响评价审批同意、未配套任何污染防治设施。甲公司与乙公司签订协议，约定乙公司为甲公司的粗铟生产提供资金支持，乙公司派人参与甲公司的经营管理和业务购销，并约定了盈利分配比例。甲公司与丙公司签订合同，丙公司分8次非法向甲公司提供铅泥291.85吨，乙公司支付丙公司用于非法采购危险废物款项65万元。丁公司负责人杨某坚与甲公司签订合同，由丁公司向甲公司提供机头灰、铅泥，进行非法提炼利用。丁公司分 12 次向甲公司提供机头灰 149.14 吨。戊公司将机头灰与甲公司非法置换铅泥，分 17 次向甲公司提供机头灰 351.29 吨。丙公司、丁公司、戊公司向甲公司提供的危险废物共计 792.28 吨。甲公司在生产过程中，将未经处理的含镉、铊、镍等重金属及砷的废液、废水，通过私设暗管的方式，直接排入袁河和仙女湖流域，造成新余市第三饮用水厂供水中断的特别重大环境突发事件。中华环保联合会起诉请求判令各被告立即停止违法转移、处置危险废物，向公众赔礼道歉；承担清除污染及环境应急处置费用 9263301 元；各被告对袁河、仙女湖流域的生态环境进行修复，并承担生态环境修复费用 21991610 元和生态环境修复期间服务功能的损失、监测费用等 9952443 元。

【裁判结果】

江西省新余市中级人民法院一审认为，甲公司通过私设暗管的方式向袁河偷排重金属污染物直接导致本次污染袁河、仙女湖流域生态环境事件，对环境侵权损害后果具有重大过错；甲公司从事非法经营危险废物的资金来源于乙公司，乙公司对环境侵权损害后果具有一定过错；戊公司、丁公司、丙公司分别向甲公司非法提供危险废物，对环境侵权损害后果亦具有一定过错。甲公司承担主要责任，乙公司、戊公司、丁公司、丙公司分别承担次要责任。判决各被告人立即停止违法转移、处置危险废物，向公众赔礼道歉；赔偿应急处置费用、应急监测费用及专家技术咨询费、评估费；承担生态环境修复费用及赔偿生态环境受到损害至恢复原状期间服务功能损失；承担合理的律师费。江西省高级人民法院二审维持原判。

【典型意义】

本案在数人环境侵权的责任认定方面进行了有益的探索。长江中下游江河湖泊众多，流域生态功能退化严重，接近 30% 的重要湖库处于富营养化状态，生态环境形势严峻。本案中，甲公司通过私设暗管的方式偷排重金属污染物直接导致袁河和仙女湖流域特别重大环境突发事件，系直接的污染者。甲公司从事非法经营危险废物的资金来源于乙公司，戊公司、丁公司、丙公司则分别向甲公司非法提供危险废物，均应当按照其过错承担相应的责任。人民法院根据污染环境、破坏生态的范围和程度、生态环境恢复的难易程度、侵权主体过错程度等因素，参考专家意见，将危险废物的绝对数量作为承担责任大小的依据，判决五家公司按比例承担责任，并在省级媒体向公众赔礼道歉，有效保障了重点区域的水环境保护和水生态修复。

中华环境保护基金会诉某水务（扬州）有限公司水污染公益诉讼案

《最高人民法院发布人民法院环境资源审判保障长江经济带
高质量发展典型案例》第5号
2018年11月28日

【基本案情】

某公司位于江苏省扬州化学工业园区内，经营范围为污水处理厂的开发、经营，主要接纳处理化工园区内各企业的工业废水及农歌安置小区、青山镇的生活污水。因2015年12月22日至2016年4月14日多次发生排水口废水污染物超标排放事件（排放的废水中化学需氧量和氨氮含量超标），仪征市环保局数次对某公司进行行政处罚，某公司按时缴纳了行政罚款。为解决废水超标排放问题，某公司实施了临时加药应急方案及长效稳定方案，催化氧化处理工程和长江排水口改造工程经过建设方和施工方的内部验收，但未经过环保部门竣工验收批复。中华环境保护基金会起诉请求判令某公司立即停止污染水环境的排放行为并消除水环境污染危险，赔偿超标排污所产生的水环境治理费用；向社会公众公开赔礼道歉。2017年7月5日，扬州化学工业园区管理委员会与某公司解除扬州青山污水处理厂项目特许经营协议。

【裁判结果】

经扬州市中级人民法院主持调解，双方当事人达成调解协议：因特许经营协议已解除，停止污染水环境的生产、排放行为并消除水环境污染危险客观上已无必要，中华环境保护基金会同意撤回该项诉讼请求；某公司赔偿生态环境损害费用，用于扬州地区环境修复，确定第三方修复机构以及修复方案，修复机构及方案的确定须经扬州环境保护主管部门审核通过并报扬州中院备案后实施，修复方案应在审核确定后一年内实施完毕，中华环境保护基金会有权监督修复方案的实施过程和效果;鉴于某公司在超标排污发生后采取了诸多措施并取得良好效果,且当庭致歉并表示将继续积极推进环境修复工作,中华环保基金会予以谅解,某公司应递交书面致歉信;律师费等费用由某公司负担;双方再无其他争议。扬州市中级人民法院将调解协议内容进行了公告,公告期间内未有任何个人或单位提出异议。扬州中院经审查认为,上述协议内容符合法律规定,不违反社会公共利益,予以确认。

【典型意义】

长三角地区沿江重化工企业高密度布局、人口密度大,人民法院需要通过服务和保障沿江化工污染整治、固体废物处置、城镇污水垃圾治理等生态环境保护专项行动,依法同理城市群工业污染案件和涉城镇污水、垃圾处理案件,实现法律效果、社会效果和生态效果的有机统一。本案中,某公司作为工业废水、生活污水处理企业,本应自觉履行生态环境保护的主体责任,将环境保护要求纳入企业经营管理机制,积极开展技术创新和改造,将污水处理达标后才能排放进入长江水体。但该企业仍然多次发生排水口废水污染物超标排放的情况并受到行政处罚。公益诉讼案件受理后,工业园区管委会及时与污染企业解除了特许经营协议,避免了环境损害后果的进一步扩大。人民法院则充分发挥调解的纠纷解决功能,着眼环境利益最大化,确保污染者即时履行生态环境修复责任。

被告人王某、王某平污染环境案,浙江省缙云县人民检察院诉被告缙云县某电镀厂、王某等4人水污染民事公益诉讼案

《长江经济带生态环境司法保护典型案例》第4号

2020年1月9日

【基本案情】

被告人王某系浙江省缙云县某电镀厂(以下简称某电镀厂)负责人。2018年5月23日下午,王某安排员工王某平,在晚上将该厂污水处理站内未经净化处理的工业废水通过暗管排放。当晚21时起至24日凌晨3时,王某平

按照王某指示，将厂房内应急池中含氰化物、铜、铬、镍等成分的约70吨工业废水通过暗管直接排放到厂区外好溪水域。经监测，排放污染物中铬含量超标3倍以上，镍、铜含量超标10倍以上。此外，2017年8月至2018年1月，王某为节约开支，以明显低于市场正常处置价格或明知他人不具备危险废物处理资质的情况下，将生产中产生的电镀废弃污泥交由他人处置，倾倒、堆放至福建省浦城县。经环保监管部门认定，倾倒、堆放于空地的泥状废弃物为危险废物，共1341.22吨。

在刑事案件审理过程中，浙江省缙云县人民检察院向浙江省丽水市中级人民法院提起水污染民事公益诉讼。经法院审理查明，某电镀厂为王某、王某亮、胡某嵘三人合伙经营。2018年5月23日21时至24日凌晨3时，因前述污染事故造成好溪4300余亩水域受到污染，下游水域出现大量鱼类死亡，产生渔业资源恢复费用、生态损害鉴定评估费用等共314万余元。

【裁判结果】

浙江省缙云县人民法院一审认为，被告人王某、王某平通过暗管逃避监管的方式，排放含铬、镍、铜等重金属的污染物。王某违反国家规定，非法处置危险废物1341.22吨，后果特别严重。王某、王某平的行为均已构成污染环境罪。一审法院判决被告人王某犯污染环境罪，判处有期徒刑五年，并处罚金13万元；被告人王某平犯污染环境罪，判处有期徒刑一年六个月，并处罚金1.5万元。

就浙江省缙云县人民检察院提起的水污染民事公益诉讼一案，一审判决某电镀厂赔偿渔业资源恢复费用、生态损害鉴定评估费用等共314万余元；某电镀厂财产不足以支付的，由王某、王某亮、胡某嵘以其个人其他财产予以清偿；王某平承担连带清偿责任；某电镀厂、王某平在省级媒体上公开赔礼道歉。

【典型意义】

本案系暗管偷排有毒有害水污染物以及跨省倾倒危险废物污染环境案件。生态环境是人民群众健康生活的重要因素，也是需要刑事和民事法律共同保护的重要法益。被告人因同一污染环境、破坏生态行为被追究刑事责任的，不影响其依法应承担的民事责任。本案中，人民法院统筹适用刑事和民事责任,在依法从严惩治王某、王某平污染环境罪的同时,依法判处某电镀厂承担生态环境修复、损害赔偿和赔礼道歉等民事责任,并判令王某平承担连带责任,王某和王某亮、胡某嵘承担补充清偿责任,体现了损害担责及全面赔偿原则,实现惩治犯罪和保护生态、维护公益相统一。

湖南省益阳市环境与资源保护志愿者协会诉湖南某纸业有限公司水污染公益诉讼案

《最高人民法院发布人民法院环境资源审判保障长江经济带
高质量发展典型案例》第 6 号
2018 年 11 月 28 日

【基本案情】

某纸业公司位于湖南省沅江市漉湖芦苇场,其生产过程中产生的废水经环保设施处理后通过草尾河排入洞庭湖。2016 年 10 月 17 日,某纸业公司开始对污染处理设施进行升级改造。12 月 1 日,在修建曝气系统基建工程时,由于曝气池与厌氧池液位落差偏大致使隔离钢板出现裂缝,造成部分废水通过曝气池溢入未拆除完全的原漉湖纸厂废水排放管道进入草尾河。但某纸业公司未立即采取停机、停产、限排等应急措施。12 月 4 日,曝气池与厌氧池之间的隔离钢板突然断裂,造成曝气池液位上涨,致使大量废水通过原漉湖纸厂废水排放管道直接进入草尾河,流入洞庭湖。同日,益阳市环境监察支队得到群众举报后进行现场勘查,在暗管进口、排污口取水样检测,报告显示排污口和暗管进口(未处理废水排放口)化学需氧量、悬浮物、总磷悬浮物均超标。某纸业公司于当日采取了停产、停排的应急措施,并于 12 月 5 日将原漉湖纸厂废水排放管道拆除后用混凝土封堵。某纸业公司为确保排放污染物稳定达标排放,于 2017 年 4 月启动新污水处理项目建设。益阳市环保协会提起公益诉讼,请求判令某纸业公司对污染的水环境要素进行修复,并承担生态环境修复费用(以司法鉴定为准);承担污染检测检验费、评估鉴定费、差旅费、专家咨询费、案件受理费。

【裁判结果】

湖南省岳阳市君山区人民法院一审认为，某纸业公司利用原漉湖纸厂废水排放管道超标排放工业废水至草尾河，流入洞庭湖。经检测，被告排放的废水中悬浮物、化学需氧量、总磷等严重超标，实质上已经对草尾河及洞庭湖造成污染，损害了社会公共利益。因此，被告的行为违反了《水污染防治法》的规定，应当承担侵权民事责任，消除对草尾河及洞庭湖产生的危害，承担生态环境修复费用。关于非法超标排放的废水量的核定及生态环境修复费用的计算，考虑某纸业公司超标排放、偷排系因污水处理设施技改时设施破损所致，且排污时间不长，加之事件发生后被告采取停产、停排的应急措施并启动新污水处理项目建设，综合考虑湖南省环境保护科学研究院的环境工程专家的意见，酌定本次事件造成的生态环境修复费用数额按偷排废水虚拟治理成本的 4.5 倍计算，判令某纸业公司支付生态环境修复费用 230924.61 元；支付益阳市环保协会差旅费 4075 元；负担本案专家咨询费 4000 元。

【典型意义】

本案系人民法院跨行政区划审理的水污染公益诉讼案件。案涉污染行为发生地为益阳沅江，按照湖南高院跨行政区划集中管辖环洞庭湖环境资源案件的安排，本案由岳阳市君山区法院洞庭湖环境资源法庭审理，是环境资源案件跨行政区划集中管辖的生动实践。一审法院邀请湖南环境保护科学研究院的工程专家以专家证人的形式出庭，就生态环境损害赔偿数额等专业问题出具意见，既有效提高了案件事实认定的客观性，又有效克服了环境资源审判鉴定难的瓶颈问题，对类案的处理具有一定借鉴意义。

浙江省开化县人民检察院诉衢州某化工有限责任公司环境民事公益诉讼案

《最高人民法院发布人民法院环境资源审判保障长江经济带
高质量发展典型案例》第7号
2018年11月28日

【基本案情】

2005年8月2日，某公司与开化县华埠镇新安村第一承包组签订土地租赁合同，租赁约2亩土地用于工业固体废物填埋，共填埋三百吨有机硅胶裂解产生的废渣、废活性炭等工业固废。2016年7月，开化县环境保护局调查发现，表层土已被某公司填埋的黑色固体废弃物污染，主要污染物为苯、甲苯。2016年11月，开化县环境保护局对某公司作出责令改正违法行为决定书，责令某公司将填埋于新安村的危险废物交由有资质的单位处理。2016年12月，某公司委托有处置资质公司将该工业固废及感官上觉得受污染的土壤全部挖出清运处理，共计1735.8吨。经对残留土壤进行检测，确认填埋在新安村的工业固废产生的渗滤液对填埋地的土壤和附近马金溪河流水生态环境以及地下水生态环境造成了损害。经采样监测，清理后的场地现场水潭中化学需氧量、氨氮、总磷、总氮浓度超标；马金溪下游化学需氧量、总氮超标。经对污染地块调查与风险评估，受污染地块土壤中苯含量超过人体健康可接受风险水平，需要修复。开化县人民检察院向衢州市中级人民法院提起环境民事公益诉讼，请求判令某公司赔偿生态环境服务功能损失，支付修复生态环境费用，承担鉴定评估费等费用。经浙江省高级人民法院批准，衢州市中级人民法院裁定本案由开化县人民法院审理。

【裁判结果】

浙江省开化县人民法院一审认为，某公司违规填埋工业固废，造成生态环境受到损害的事实清楚，应依法承担侵权民事责任。综合考虑已查明的具体污染情节、被告的主观过错程度、污染环境的范围和程度、生态环境恢复的难易程度、生态环境的服务功能等因素，判决某公司赔偿生态环境受到损害期间的服务功能损失，支付修复生态环境费用，承担鉴定评估费等费用。

【典型意义】

本案系因土地利用方式不当污染土壤并引发水污染的环境民事公益诉讼案件。人民法院通过依法审理土壤污染案件，强化土壤污染管控和修复，防止有毒有害污染物、危险化学品、危险废物等通过地下水循环系统进入长江干支流，彰显了山水林田湖草是生命共同体的基本理念。本案中，马金溪作为钱江源国家森林公园的重要水域，是开化县城市集中饮用水水源地。某公司填埋工业固体废物产生渗滤液，对填埋地土壤和马金溪河流水生态环境以及地下水生态环境造成损害，对水源地水质产生不良影响。人民法院从长江流域生态系统的整体性着眼，综合考虑多种因素，依法判决某公司承担环境侵权责任，赔偿生态环境受到损害期间的服务功能损失和生态环境修复费用，有效保障了饮用水水源地的水质安全。

中华环保联合会诉德州某有限公司大气污染民事公益诉讼案

《最高人民法院发布环境侵权典型案例》第 2 号

2015 年 12 月 29 日

【基本案情】

德州某公司是一家从事玻璃及玻璃深加工产品制造的企业，位于山东省德州市区内。某公司虽投入资金建设脱硫除尘设施，但仍有两个烟囱长期超标排放污染物，造成大气污染，严重影响了周围居民生活。2014 年，某公司被环境保护部[①]点名批评，并被山东省环境保护行政主管部门多次处罚，但其仍持续超标向大气排放污染物。2015 年 3 月 25 日，中华环保联合会提起诉讼，请求判令某公司立即停止超标向大气排放污染物，增设大气污染防治设施，经环境保护行政主管部门验收合格并投入使用后方可进行生产经营活动；赔偿因超标排放污染物造成的损失 2040 万元及因拒不改正超标排放污染物行

---

① 现为生态环境部。

为造成的损失780万元，并将赔偿款项支付至地方政府财政专户，用于德州市大气污染的治理；在省级及以上媒体向社会公开赔礼道歉；承担本案诉讼、检验、鉴定、专家证人、律师及其他为诉讼支出的费用。

山东省德州市中级人民法院受理本案后，向某公司送达民事起诉状等诉讼材料，向社会公告案件受理情况，并向德州市环境保护局告知本案受理情况。德州市人民政府、德州市环境保护局积极支持、配合本案审理，并与一审法院共同召开协调会。通过司法机关与环境保护行政主管部门的联动、协调，某公司将全部生产线关停，在远离居民生活区的天衢工业园区选址建设新厂，启动老厂区搬迁工作。2015年9月21日，法院组织原、被告双方质证，就相关证据材料、被告整改情况等问题见面沟通、交换意见。本案尚在审理之中。

【典型意义】

环境公益诉讼案件的审理，要依法协调环境保护与经济发展的关系，支持政府部门行使环境治理与生态修复职责，督促企业在承担环境保护义务与责任基础上更好地经营发展。本案是新环境保护法实施后人民法院受理的首例针对大气污染提起的环境民事公益诉讼。法院立案受理后，按照《最高人民法院关于审理环境民事公益诉讼案件适用法律若干问题的解释》和《最高人民法院、民政部、环境保护部关于贯彻实施环境民事公益诉讼制度的通知》的要求，及时与政府部门沟通，发挥司法与行政执法协调联动作用，促使被告及时停止污染行为，主动关停生产线，积极整改，重新选址，搬离市区，防止了污染及损害的进一步扩大，促进某公司向节能环保型企业转型发展。本案虽然尚未审结，但上述做法符合环境公益诉讼案件的审理原则和工作要求，所取得的阶段性审理成效值得肯定。

中国生物多样性保护与绿色发展基金会诉深圳市甲环保有限公司、浙江乙网络有限公司大气污染责任纠纷案

《2019年度人民法院环境资源典型案例》第三十一号

2020年5月8日

【基本案情】

深圳市甲环保有限公司（以下简称甲公司）于2015年9月起在乙网销售汽车用品，主要销售产品为使机动车尾气年检蒙混过关的所谓"年检神器"产品，已售出3万余件，销售金额约为300万元。中国生物多样性保护与绿色发展基金会（以下简称绿发会）提起环境民事公益诉讼，请求判令：甲公司和浙江乙网络有限公司（以下简称乙公司）赔礼道歉；甲公司停止生产案涉非法产品；乙公司对甲公司停止提供第三方交易平台服务；二者以连带责任方式承担生态环境修复费用1.52亿元（具体数额以评估鉴定报告为准）及绿发会就诉讼所支相关费用。

【裁判结果】

浙江省杭州市中级人民法院一审认为，甲公司宣传产品能通过弄虚作假方式规避机动车年检，教唆或协助部分机动车主实施侵权行为，损害社会公共利益。乙网已尽审查义务、及时采取删除措施，无须承担连带责任。鉴于环境污染事实客观存在，依据《最高人民法院关于审理环境民事公益诉讼案件适用法律若干问题的解释》，判决：甲公司在国家级媒体上向社会公众道歉（内容须经法院审核）；甲公司向绿发会支付律师费、差旅费、相关工作人员必要开支等15万元，并赔偿大气污染环境修复费用350万元（款项专用于我国大气污染环境治理）。浙江省高级人民法院二审维持原判。

【典型意义】

本案系社会组织提起的涉大气污染环境民事公益诉讼案件，已入选2019年度中国十大影响性诉讼。本案中，甲公司销售使机动车尾气年检蒙混过关

的所谓"年检神器",造成不特定地区大气污染物的增加,导致环境污染,应承担环境侵权责任。人民法院在鉴定困难的情况下,结合污染破坏环境的范围和程度、生态环境的稀缺性、生态环境恢复的难易程度、防治污染设备的运行成本、被告因侵害行为所获得的利益及其过程、程度等因素,合理确定生态环境修复费用,符合《最高人民法院关于审理环境民事公益诉讼案件适用法律若干问题的解释》的规定。本案判决同时指出,乙公司作为信息平台服务提供商,应加强网络平台信息管理,建立行之有效的检索及监管制度。本案的审理,在生态环境修复费用的合理确定上,对类案处理具有指导意义,亦有利于在网络时代督促销售企业及网络平台确立应有的生态环境保护责任意识。

北京市朝阳区自然之友环境研究所诉某汽车（中国）投资有限公司大气污染责任纠纷案

《2019年度人民法院环境资源典型案例》第三十三号

2020年5月8日

【基本案情】

北京市环境保护局经油检,认定某汽车（中国）投资有限公司（以下简称某汽车）自2013年3月1日至2014年1月20日进口中国并在北京地区销售的全新胜达3.0车辆的排气污染数值排放超过京V标准的限值,并据此作出行政处罚决定。北京市朝阳区自然之友环境研究所（以下简称自然之友）提起本案诉讼。一审审理中,一审法院委托对案涉车辆超标排放的大气环境污染物对环境的影响及修复进行了鉴定。

【裁判结果】

经北京市第四中级人民法院主持,双方达成如下调解协议：某汽车已经停止在北京地区销售不符合排放标准的全新胜达3.0车辆,已经通过技术改进等方式对所有在北京地区销售的不符合排放标准的全新胜达3.0车辆进行维修并达排放标准。某汽车向信托受托人某信托股份有限公司交付信托资金120万元,用于保护、修复大气环境、防治大气污染,支持环境公益事业;某汽车就本案所涉及销售车辆不符合排放标准一事向社会公众致歉,并承诺支持环境公益事业等。上述调解协议已经依法公示、确认。

【典型意义】

本案系全国首例将慈善信托机制引入公益诉讼专项资金制度的环境民事公益诉讼案件。公益诉讼赔偿金的管理和使用,直接关系公益诉讼目的的实现。本案中,在人民法院主持下,双方达成调解,以公益诉讼赔偿金为信托财产,设立专项慈善信托,借助信托机构的资金管理经验,充分发挥公益诉讼赔偿金的资金效用。由某汽车出资修建充电桩从而间接实现保护大气环境的目的,亦进一步拓展了替代性修复的方式。同时,人民法院对该项信托设立由公益组织代表、环境专家、法学专家组成的信托决策委员会,作为信托监察人,切实保障信托资金真正用于"保护、修复大气环境,防治大气污染,支持环境公益事业"的目的,是对公益诉讼专项资金管理、使用和监督制度的有益探索。

中国生物多样性保护与绿色发展基金会诉秦皇岛某包装玻璃有限公司大气污染责任民事公益诉讼案

《生态环境保护典型案例》第 8 号
2019 年 3 月 2 日

【基本案情】

2015 年 12 月至 2016 年 4 月,秦皇岛某包装玻璃有限公司(以下简称某公司)因未取得排污许可证,玻璃窑炉超标排放二氧化硫、氮氧化物等大气污染物并拒不改正等行为,被秦皇岛市海港区环境保护局分四次罚款共计 1289 万元。2015 年 2 月,某公司签订总金额为 3617 万元的《玻璃窑炉脱硝脱硫除尘总承包合同》。2016 年中国生物多样性保护与绿色发展基金会(以下简称绿发会)提起本案诉讼后,某公司缴纳行政罚款共计 1281 万元,并加快了脱硝脱硫除尘改造提升进程,于 2016 年 6 月 15 日通过环保验收,于 2016 年 6 月 17 日、2017 年 6 月 17 日取得排污许可证。2016 年 12 月 2 日,某公司再次投入 1965 万元，增设脱硝脱硫除尘备用设备一套。环境保护部①环境规划院环境风险与损害鉴定评估研究中心接受一审法院委托，按照虚拟治理成本法，将某公司自行政处罚认定损害发生之日至环保达标之日造成的环境损害数额评估为 154.96 万元。

【裁判结果】

河北省秦皇岛市中级人民法院一审认为，本案起诉后，某公司积极投入，加快治理污染设备的更新改造，诉讼过程中经环保验收已达标排放并取得排污许可证，其非法排放大气污染物的违法行为已经停止。环境保护部环境规划院环境风险与损害鉴定评估研究中心具备法定资质，评估依据已经双方当事人质证，按照虚拟治理成本法计算的环境损害数额包括修复被污染的大气环境的费用和因非法排放大气污染物给环境造成的损害两项内容，应予确认。某公司污染大气行为影响群众日常生活，造成了一定的精神损害，应承担赔礼道歉的民事责任。绿发会虽主张差旅费、律师费等费用，但未提交充分证据，考虑本案实际情况予以酌定。一审法院判决某公司赔偿损失 154.96 万元，分三期支付至秦皇岛市专项资金账户，用于该地区的环境修复；在全国性媒体上刊登致歉声明；向绿发会支付因本案支出的合理费用 3 万元。河北省高级人民法院二审维持一审判决。

【典型意义】

本案系京津冀地区受理的首例大气污染公益诉讼案。大气污染防治是污染防治三大攻坚战之一，京津冀及周边地区是蓝天保卫战的重点区域。本案审理法院正确适用《最高人民法院关于审理环境民事公益诉讼案件适用法律若干问题的解释》，结合绿发会的具体诉讼请求，对某公司非法排放大气污染物造成的环境损害进行了界定和评估，积极探索公益诉讼专项资金账户运作模式，确保环境损害赔偿金用于受损环境的修复。本案受理后，某公司积极缴纳行政罚款，主动升级改造环保设施，成为该地区首家实现大气污染治理环保设备"开二备一"的企业，实现了环境民事公益诉讼的预防和修复功能，同时还起到了推动企业积极承担生态环境保护社会责任以及采用绿色生产方

---

① 现为生态环境部。

式的作用,具有良好的社会导向。本案的审理和公开宣判对司法服务保障京津冀及周边地区环境治理和经济社会发展具有重要的示范效应,将对京津冀及周边地区大气污染防治和区域生态文明建设起到积极的促进作用。

德清县人民检察院诉德清某保温材料公司大气污染责任纠纷民事公益诉讼案

《司法积极稳妥推进碳达峰碳中和典型案例》第二号

2023年2月17日

【基本案情】

德清某保温材料公司主要从事聚氨酯硬泡组合聚醚保温材料的生产,以及聚氨酯保温材料、塑料材料、建筑材料等批发零售。2017年8月至2019年6月期间,德清某保温材料公司在明知三氯一氟甲烷(俗称氟利昂)系受控消耗臭氧层物质(ODS),且被明令禁止用于生产使用的情况下,仍向他人购买并用于生产聚氨酯硬泡组合聚醚保温材料等。德清某保温材料公司购买三氯一氟甲烷共计849.5吨;经核算,其在使用三氯一氟甲烷生产过程中,造成三氯一氟甲烷废气排放量为3049.7千克。2019年10月,浙江省湖州市生态环境局分别以德清某保温材料公司存储使用的正戊烷等化学用品不符合环评要求、涉嫌超配额使用ODS为由,作出两份行政处罚决定书。2019年7月,德清某保温材料公司及其法定代表人祁某明涉嫌污染环境罪被公安机关立案侦查。2020年3月,德清县人民法院作出刑事判决,被告德清某保温材料公司犯污染环境罪,判处罚金70万元(案涉行政罚款在本罚金中予以折抵,不重复执行);被告人祁某明犯污染环境罪,判处有期徒刑十个月并处罚金5万元。2020年8月,浙江省生态环境科学技术研究院对德清某保温材料公司排放三氯一氟甲烷事件作出《生态环境损害鉴定评估报告》,确定生态环境损害值为746421元~866244元,鉴定评估费用15万元。2020年10月,德清县人民检察院提起民事公益诉讼,请求德清某保温材料公司赔偿生态环境损害费用746421元,并承担鉴定评估费用15万元。

【裁判结果】

浙江省湖州市中级人民法院一审认为,三氯一氟甲烷系有害物质、危险环境物质;德清某保温材料公司产生的三氯一氟甲烷废气未经有效处置,排放至周围环境中,将损害周围环境及空气质量,该物质可以扩散到大气同温层中,并以催化分解的方式破坏臭氧层,臭氧层的破坏将会导致过量的紫外线辐射到达地面,从而影响人类健康并造成生态环境损害,德清某保温材料公司应当承担其排放三氯一氟甲烷行为的环境污染责任;遂判决德清某保温材料公司赔偿生态环境损害费用 746421 元,支付鉴定评估费用 15 万元。宣判后,各方均未上诉。

【典型意义】

三氯一氟甲烷被释放到大气层后,受到紫外线的照射,将造成臭氧层破坏。我国作为《保护臭氧层维也纳公约》《关于消耗臭氧层物质的蒙特利尔议定书》的缔约国,一贯高度重视国际环境公约履约工作,于 2010 年发布《消耗臭氧层物质管理条例》《中国受控消耗臭氧层物质清单》,其中三氯一氟甲烷作为第一类全氯氟烃是国际公约规定的受控消耗臭氧层物质,被全面禁止使用。值得注意的是,因本案当事人的同一行为,同时触犯了不同法律规定,依法应当承担相应的法律责任。在本案诉讼前,行政机关已经对当事人予以行政处罚,刑事案件中当事人也被依法判处相应刑事责任。本案民事公益诉讼中,人民法院依据《环境保护法》第六十四条、《大气污染防治法》第一百二十五条等规定,认定侵权人承担环境污染责任并赔偿损失。本案是人民法院在环境保护领域统筹协调适用行政、刑事、民事三种责任,落实最严格制度最严密法治的生动体现,对相关行业和社会公众具有较强警示和教育作用。

常州市环境公益协会诉储某清、常州甲物资再生利用有限公司等土壤污染民事公益诉讼案

《最高人民法院发布环境侵权典型案例》第 3 号

2015 年 12 月 29 日

【基本案情】

2012 年 9 月 1 日至 2013 年 12 月 11 日，储某清经常州市甲物资再生利用有限公司（以下简称甲公司）同意，使用该公司场地及设备，从事"含油滤渣"的处置经营活动。其间，无锡乙化工有限公司（以下简称乙公司）明知储某清不具备处置危险废物的资质，允许其使用危险废物经营许可证并以该公司名义从无锡丙石油制品有限公司（以下简称丙公司）、常州丁石化有限公司（以下简称丁公司）等处违规购置油泥、滤渣，提炼废润滑油进行销售牟利，造成甲公司场地及周边地区土壤受到严重污染。2014 年 7 月 18 日，常州市环境公益协会提起诉讼，请求判令储某清、甲公司、乙公司、丙公司、丁公司共同承担土壤污染损失的赔偿责任。

【裁判结果】

江苏省常州市中级人民法院受理后，组成由环境保护专家担任人民陪审员的合议庭审理本案，依照法定程序就环境污染损害情况委托鉴定，并出具三套生态环境修复方案，在受污染场地周边公示，以现场问卷形式收集公众意见，最终参考公众意见、结合案情确定了生态环境修复方案。法院认为，储某清违反国家规定，借用乙公司的危险废物经营资质并以该公司名义，将从丙公司、丁公司购买的油泥、滤渣进行非法处置，污染周边环境；甲公司明知储某清无危险废物经营许可证，为储某清持续实施环境污染行为提供了场所和便利，造成其场地内环境污染损害结果的发生；丙公司、丁公司明知储某清行为违法，仍然违规将其生产经营过程中产生的危险废物交由储某清处置，未支付处置费用，还向储某清收取危险废物价款。五被告之行为相互结合导致损害结果的发生，构成共同侵权，应当共同承担侵权责任。遂判令五被告向江苏省常州市生态环境法律保护公益金专用账户支付环境修复赔偿

金 283 万余元。一审判决送达后，各方当事人均未上诉。判决生效后，一审法院组织检察机关、环境保护行政主管部门、鉴定机构以及案件当事人共同商定第三方托管方案，由第三方具体实施污染造成的生态环境治理和修复。

【典型意义】

环境侵权案件具有很强的专业性、技术性，对于污染物认定、损失评估、因果关系认定、环境生态修复方案等问题，通常需要从专业技术角度作出评判。受案法院在审理过程中，邀请环境保护专家担任人民陪审员，委托专业机构进行鉴定评估，制作生态环境修复方案，很好地发挥了技术专家和专业机构的辅助与支持作用。此外，受案法院将土壤修复方案向社会公布、听取公众意见，保障了公众对环境修复工作的有效参与；引入第三方治理模式，通过市场化运作，将环境修复交由专业公司实施，既有利于解决判决执行的监管，也有利于提高污染治理效率。

铜仁市人民检察院诉贵州甲化工有限公司、广东乙贸易有限公司土壤污染责任民事公益诉讼案

《生态环境保护典型案例》第 9 号

2019 年 3 月 2 日

【基本案情】

贵州甲化工有限公司（以下简称甲公司）、广东乙贸易有限公司（以下简称乙公司）均未取得危险废物经营许可证。2010 年 5 月，两公司建立合作关系，乙公司提供原料给甲公司加工，加工费为生产每吨硫酸 240 元，硫酸产品及废渣由乙公司负责接收销售。2011 年 11 月 1 日，两公司签订《原料购销协议》，以甲公司名义对外向中金岭丙冶炼厂购买硫精矿原料。2011 年 11 月 1 日至 2015 年 7 月 6 日，甲公司共取得硫精矿 66900 吨，用于生产硫酸。2015 年 3 月 30 日至 2018 年 3 月 30 日，甲公司整体承包给乙公司独立经营，其间曾发生高温水管破裂事故，导致生产车间锅炉冷却水直接排入厂外河流。上述生产过程中，生产原材料和废渣淋溶水、生产废水流入厂区外，造成厂区外一、二号区域土壤污染。经鉴定，一号区域为灌草地，重金属污染面积

约达3600平方米,全部为重度污染。二号区域为农田,重金属污染面积达39500平方米,91%的土壤为重度污染,7%的土壤为中度污染,2%的土壤为轻度污染。污染地块的种植农作物重金属超标。县环境保护局于2015年、2016年两次责令甲公司拆除排污暗管、改正违法行为,处以行政罚款。2016年9月,甲公司及其法定代表人梁某训、乙公司余某因犯污染环境罪被追究刑事责任。2017年12月,贵州省环境科学研究设计院出具《损害评估报告》,确认案涉土壤污染损害费用包括消除危险费用、污染修复、期间生态服务功能损失共计639.7万元。

【裁判结果】

贵州省遵义市中级人民法院一审认为,甲公司、乙公司均无危险废物经营许可证,不具备危废处理资质。两公司生产过程中实施了污染行为,案涉污染土壤中重金属与甲公司生产原料、废渣及排放废水中所含重金属成分相同,具有同源性,且污染土壤区域的重金属含量均远高于对照检测点,足以认定两公司排污行为与案涉土壤及地上农作物中度污染之间的因果关系。两公司先为合作,后为承包,主观上具有共同故意,客观上共同实施了污染行为,应承担连带责任。一审法院判决甲公司、乙公司立即停止侵害,在对生产厂区进行综合整改及环境监控,未通过相关环保行政职能部门监督验收前,不得生产;对厂区留存全部原料及废渣进行彻底无污染清除,逾期则应当支付危废处置费60.3万元,聘请第三方处置;对案涉土壤进行修复,逾期则支付修复费用230万元,聘请第三方修复;赔偿生态环境期间服务功能损失127.19万元,承担本案鉴定费38.6万元。

【典型意义】

本案是由检察机关提起的土壤污染民事公益诉讼案件。土壤是经济社会可持续发展的重要物质基础。尤其本案所涉二号区域用途为农用耕地,其上农作物及农产品的安全更是直接关切群众身体健康。本案审理法院依法启动鉴定程序对案涉专业问题作出技术判断,鉴定机构出具的评估报告同时提供了土壤污染的风险判定和具体修复方案,为推动后续土壤修复治理提供了专业技术支撑。本案审理法院还向县政府发出司法建议,建议通过征用程序改变二号区域的农用耕地用途,消除被污染土地继续种植农作物可能带来的人体健康风险。同时,突出保护农用耕地、基本农田的价值理念,将农用耕地用途改变导致农用耕地功能丧失纳入期间服务功能损失,建立了民事裁判与行政执法之间的衔接路径。本案的正确审理,为案涉土壤污染构建了"责任人修复+政府监管+人民法院强制执行+人民检察院监督"的全新复合治理路径,有力地推进了污染土壤的修复治理,确保实现涉地农业生产环境安全,体现了司法保护公益的良好效果。

广东省广州市人民检察院诉广州市花都区某垃圾综合处理厂、李某强固体废物污染环境民事公益诉讼案

《2020年度人民法院环境资源典型案例》第五号
2021年6月4日

【基本案情】

2007年1月开始,李某强担任广州市花都区某垃圾综合处理厂(以下简称某垃圾厂)的实际投资人及经营者。2007年5月,李某强代表某垃圾厂与广州市花都区炭步镇三联竹湖经济合作社先后签订土地租用协议,合作种植树木合同及补充协议,租用竹湖大岭北约400亩土地合作种植树木,某垃圾厂可运送经筛选的垃圾上山开坑填埋、覆盖后种树。后李某强组织工人将未经处理的垃圾、垃圾焚烧后产生的炉渣堆放在后山,时间长达10年。经检测,某垃圾厂倾倒垃圾的方量为407390.10立方米,质量为24.78万吨。经鉴定,服务功能损失费用为1714.35万元。广州市花都区人民政府成立工作小组对垃圾场进行前期整治,工程费用约348.60万元。在整治处理阶段,当地政府以政府采购的方式委托中标企业联合体于2020年9月底前完成清理整治主要工作,于2020年12月20日前完成全部清理整治工作并通过验收,工程费用为10995.57万元。生态环境修复费用合计11344.19万元,监测、鉴定、勘测费用合计44.89万元。广东省广州市人民检察院提起民事公益诉讼,请求某垃圾厂赔偿上述费用,其实际投资人李某强在企业对上述费用不能清偿时承担赔偿责任。

【裁判结果】

广东省广州市中级人民法院一审认为，作为经营生态保护和环境治理的某垃圾厂受利益驱使，无视社会公共利益，恣意丢弃原生垃圾，造成生态环境在近10年内持续受损，受损的生态环境已无法在短期内恢复。一审判决某垃圾厂支付案涉场地生态环境修复费用、服务功能损失费用、鉴定费及其他合理费用共计约1.31亿元，李某强对上述债务时承担补充清偿责任，某垃圾厂、李某强在省级媒体上公开赔礼道歉。该案一审判决已发生法律效力。

【典型意义】

本案系涉农村固体废物污染的环境民事公益诉讼案件。近年来，生活垃圾处理问题日益凸显，社会广泛关注。尤其是生活垃圾作为固体废弃物由于可运输、可填埋，其污染行为更具隐蔽性，难以被发现查处。本案中，行为人向农村土地大量倾倒未经处理的垃圾、垃圾焚烧后产生的炉渣，时间长达10年，对农村生态环境以及农产品安全造成严重危害，影响极其恶劣。人民法院判令垃圾厂除承担修复费用外，还承担服务功能损失、鉴定费和其他合理费用，其经营者亦要承担补充责任，为落实最严格制度最严密法治理念保护生态环境提供了司法范例。本案的处理还极大震慑了向农村偷运、偷埋生活垃圾行为，委托第三方机构进行清理整治工作的方式亦为解决农村面临的生态环境治理问题、贯彻绿色发展理念、服务乡村振兴提供了司法经验，也为进一步规范城市生活垃圾的处置，增强人民群众环保意识，为解决"垃圾围城"之困发出了司法警示。

丽水市绿色环保协会诉青田县某废油回收再利用加工厂、胡某泉等非法倾倒废渣污染环境民事公益诉讼案

《人民法院依法审理固体废物污染环境典型案例》第九号

2022年3月1日

【基本案情】

青田县某废油回收再利用加工厂于2008年成立，并以胡某泉个人名义取

得个体工商户营业执照，但该厂实际由胡某泉等13人合伙经营。该厂在未取得危险废物经营许可证的情况下，以废矿物油为主要原料，通过"土法炼油"方式非法提炼非标柴油，随意排放废气，并将焚烧后的煤渣与废渣混合物倾倒在厂区周边，致使周边土壤受到严重污染。经鉴定，倾倒废渣的行为对1732.5立方米土壤造成污染，其中622.5立方米土壤需要开展工程修复，费用为37.14万元。另，青田县某废油回收再利用加工厂及胡某泉等人于2019年7月缴纳138万元至环境保护局危险废物处置保证金专户，用于涉案污染物的处置。

【裁判结果】

浙江省丽水市中级人民法院经调解，各方当事人达成调解协议，认可已缴纳的138万元用于涉案污染物的处置，并将剩余32.87万元用于偿还本案所涉土壤修复工程费用和土壤生态补偿费用，不足部分由各被告在本协议签订之日起3日内支付等。

【典型意义】

本案是因非法倾倒废渣引发的污染环境民事公益诉讼案件。本案中，法院充分考虑因固体废物污染造成的环境损害修复的急迫性，积极发挥司法职能，多次组织现场勘验、座谈，在充分实现原告全部诉讼请求以及取得各方当事人同意的情况下，调动各类主体的积极性，以调解的方式化解了纠纷，实现政府、法院、检察院、社会团体以及侵权人的共同参与、共同协作、共同治理，使得修复工程费用和生态补偿费用以最快的形式、最短的时间到位，为陆续开展的污染修复工作提供了保障，在定分止争的同时，实现受损生态环境的及时有效修复。

人民陪审员参加七人合议庭审理海洋环境民事公益诉讼案

《人民陪审员参审十大典型案例》第 6 号

2022 年 10 月 11 日

一、案件基本情况

2016 年 8 月 23 日，某货船船长李某某与从事垃圾收购的中介崔某某联系，约定驾船前往某地码头装载垃圾运至海上倾倒，每吨垃圾按照 65 元结算，李某某雇请甘某某到船上工作，当日到达提供垃圾货源的温某某指定的码头装载垃圾 659.3 吨，崔某某支付李某某 3.5 万元。次日，李某某驾船并指示甘某某操作挖掘机将船上装载的大部分垃圾倾倒入海，共计 563.99 吨。8 月 25 日，案涉船舶及船上人员被海关缉私部门查获。经评估，本次垃圾倾倒事件造成海洋环境容量损害、海水水质污染、海洋生物死亡等后果，珠海市生态环境局向广州海事法院提起公益诉讼，请求判令温某某、崔某某、李某某、甘某某及案涉船舶船主连带赔偿恢复费用、垃圾清运处理费用等损失合计 204.9 万元，并赔礼道歉，珠海市人民检察院支持原告提起诉讼。广州海事法院从具有涉海专业知识的人民陪审员名单中随机抽取 4 名人民陪审员，与 3 名法官组成 7 人合议庭，由院长担任审判长。一审判决被告温某某、崔某某、李某某赔偿环境恢复费用等损失合计 204.9 万元，甘某某在赔偿额 85.54% 的范围内承担连带责任，并共同向公众公开赔礼道歉。被告温某某、甘某某不服，提起上诉。广东省高级人民法院二审驳回上诉，维持原判。

二、人民陪审员发挥的参审作用

本案是由侵权人向海洋倾倒垃圾引起的海洋环境民事公益诉讼案。3 名人民陪审员来自涉海相关行业，热心海洋环境公益事业，在案件审理过程中发挥积极作用。一是认真查明事实。人民陪审员围绕争议事实展开调查，结合事实问题清单，就垃圾倾倒事件是否造成海洋环境损害、5 名被告是否共同实施了污染环境的行为、造成的环境损害范围等具体事实认定逐项发表意见，合议笔录长达 36 页。二是进一步提出科学合理的生态修复意见。合议中，人民陪审员运用专业知识，分析提出倾倒入海的垃圾在海洋洋流运动的影响下已极度分散，客观上难以通过打捞、收集、清运等方式消除影响，在被告方表示没有能力恢复海洋环境的情况下，如果判决被告修复海洋环境，反而难以使受损的海洋环境得到及时修复，并不利于社会公共利益保护。这一意见被合议庭采纳，决定支持原告诉讼请求，采取替代性环境修复方式，通过建立环境损害与修复生态环境服务的折现量之间的等量关系确定最终赔偿数额，判决被告赔偿生态环境修复费用。

【典型意义】

关心海洋、认识海洋、经略海洋，树立海洋命运共同体理念，是海洋强国的必由之路。本案法官认真履行与案件审判相关的指引、提示义务，精心制作事实问题清单，确保4名人民陪审员在海洋环境损害事实查明中的专业作用得到充分发挥，彰显了环境司法的公众参与原则；4名人民陪审员认真履行职责，增加了裁判的可接受度；互联网全程庭审直播的形式，展示了人民司法定分止争功能，有力保护了粤港澳大湾区海域海洋生态环境，进一步发挥了海洋环境司法的规范、教育、引导功能，贯彻了环境司法的公众参与原则，提升了公众的海洋环境保护意识和法治意识。

河北省唐山市人民检察院诉某航运公司沉船打捞民事公益诉讼案

《海洋自然资源与生态环境检察公益诉讼典型案例》第1号
2023年12月29日

【关键词】

民事公益诉讼　海洋生态环境保护　沉船打捞　消除危险

【基本案情】

2016年7月2日，广东某航运公司所属"某某61"钢制散货船在唐山市曹妃甸海域东锚地北侧发生自沉事故，未予以打捞。沉船长84米，总重2263吨，船尾触底，船头涨潮时高于海面近2米。沉没时船中存有轻油约2.6吨、机油约200公斤，均属危险废物，一旦泄漏将严重污染海洋环境，且沉船位置临近海洋牧场，附近常有作业渔船经过，威胁船舶航行安全，有再次发生接触事故、引发次生污染损害的风险隐患。

【检察履职】

2020年7月，唐山市人民检察院接到群众举报线索后随即展开调查，经现场勘查并向有关部门核实情况、委托出具专家意见，查明"某某61"货船沉没原因为自沉，该船负自沉事故全部责任，但案涉航运公司一直怠于完成沉船打捞作业。因船舶在海洋非主航道沉没，海事部门无权强制责任主体打捞，2020年10月，唐山市人民检察院向天津海事法院提起民事公益诉讼，请求判令航运公司打捞沉船，恢复相关海域原状，并消除环境损害风险。

【法院裁判】

本案由天津海事法院一审，天津市高级人民法院二审。法院经审理认为，某航运公司怠于打捞所属沉船，致使曹妃甸周边海洋生态环境安全以及航行安全均存在重大风险。行政执法与提起民事公益诉讼是为实现海洋环境保护目的而设定的不同方式和路径，二者并不存在冲突。在法律规定的有关部门不提起诉讼的情况下，检察机关基于案涉船舶沉没的现状，可能造成海洋生态环境损害风险、航行安全风险及其次生风险，有权提起民事公益诉讼。该沉船长期未打捞，违反了我国法律和行政法规的规定，给周边海域的海洋生态环境和航行安全带来了重大安全隐患和风险，依法应当消除危险、恢复原状，判决某航运公司于判决生效之日起90日内完成打捞案涉沉船的全部作业。

【典型意义】

本案是因船舶沉没引发的海洋环境保护预防性民事公益诉讼案件。检察机关针对造成海洋生态环境重大损害风险的违法行为提起民事公益诉讼，要求船舶所有人承担消除危险、恢复原状的责任。人民法院准确适用《最高人民法院、最高人民检察院关于办理海洋自然资源与生态环境公益诉讼案件若干问题的规定》，依法确认检察机关有权向有管辖权的海事法院提起诉讼，针对船舶沉没可能发生的环境污染及航行安全风险，判决船舶所有人在合理期限内打捞沉船，消除环境污染风险。本案办理充分体现了司法机关坚持"保护优先、预防为主"的原则,及时阻止和消除破坏海洋生态环境的重大风险,为保护海洋生态环境筑牢了蓝色司法屏障。

上海市人民检察院第三分院诉王某某等非法捕捞民事公益诉讼案

《海洋自然资源与生态环境检察公益诉讼典型案例》第 2 号

2023 年 12 月 29 日

【关键词】

民事公益诉讼　海洋生态资源保护　海洋伏季休渔期　非法捕捞水产品　共同侵权

【基本案情】

2020 年 7 月 9 日,在东海海域伏季休渔期期间,王某某为牟取利益,组织沈某等共 9 人,驾驶悬挂"2020 伏季休渔资源调查船"横幅的船只,假借科考任务的名义至东海水域,使用桁杆拖网捕捞水产品,并故意关闭北斗系统以躲避渔政检查。至 2020 年 7 月 15 日上午,船满载停靠码头时,执法部门当场查获梭子蟹、杂鱼、虾等渔获物共计 17289 公斤。刑事判决认定,9 被告均构成非法捕捞水产品罪,判处有期徒刑八个月至一年不等,缓刑一年;扣押在案的网具一顶、渔获物 17289 公斤,予以没收。因案涉渔获物长期扣押已经变质,在刑事判决作出后,公安机关对案涉渔获物作了无害化处理。

【检察履职】

上海市人民检察院第三分院经审查,认为王某某等 9 人非法捕捞水产品的行为,破坏了东海天然渔业资源和水生生态环境,损害了社会公共利益。经上海市价格认证中心认定,基准日 2020 年 7 月 15 日案涉捕捞的梭子蟹市场批发价格为 1689500 元。三分院委托司法鉴定科学研究院对本案进行资源损害鉴定评估,认定在东海水域禁渔期采用桁杆拖网进行非法捕捞,破坏水生生态系统食物链,影响水生生态系统的稳定,造成渔业资源直接损失额 1689500 元、恢复费用 5068500 元。

三分院于 2021 年 9 月 2 日向上海海事法院提起民事公益诉讼，请求判令王某某等 9 被告公开向社会赔礼道歉，连带赔偿生态环境损害费用 6758000 元，连带支付生态环境损失鉴定费用 4000 元。

【法院裁判】

上海海事法院生效判决认为，九被告在明知东海伏季休渔制度的情况下，依旧共同实施非法捕捞水产品行为，对东海海洋水产资源和海洋生态造成严重破坏，构成共同侵权。判令：王某某等 9 人应在省级以上媒体上公开向社会赔礼道歉，于判决生效之日起 10 日内连带赔偿生态环境损害费用 6758000 元、生态环境损失鉴定费用 4000 元，支持了检察机关全部诉讼请求。

【典型意义】

海洋伏季休渔期制度对保护海洋生物多样性、确保海洋渔业资源永续利用意义重大。本案被告被追究刑事责任后，检察机关依法履职，向海事法院提起民事公益诉讼，要求被告承担生态环境损害费用。海事法院依法认定非法捕捞组织人和行为人对破坏海洋生态环境的后果承担共同侵权的赔偿责任，是对违反禁渔期规定非法捕捞行为的严厉打击，既增加了侵权人的违法成本，也对潜在违法者起到警戒作用。本案中，海事法院依法支持检察机关提起的海洋自然资源与生态环境公益诉讼请求，形成多元共治格局，体现了司法机关以最严格制度最严密法治保护海洋生态环境的鲜明态度和坚定决心，是对"以时禁发""取予有节"的海洋生态资源保护意识的生动阐释，彰显了检察公益诉讼制度在服务保障海洋生态文明建设中发挥的重要作用。

江苏省南京市人民检察院诉周某等非法捕捞民事公益诉讼案

《海洋自然资源与生态环境检察公益诉讼典型案例》第 3 号

2023 年 12 月 29 日

【关键词】

民事公益诉讼　海洋生态损害系统性评估　跨省异地劳务代偿

【基本案情】

2020 年禁渔期间,周某鼓动朱某甲、朱某乙等人出海捕捞生产作业,并承诺所有捕获渔获物由其收购。朱某甲、朱某乙在周某的鼓动和组织下,为牟取非法利益,使用"三无"船只以及发电机、电缆线等禁用工具,采用拖网作业方式,在江苏盐城市射阳新洋港近海区域,4 次非法电捕捞大黄鱼、大鲳鱼、马鲛鱼等水产品,并将非法捕捞的水产品以 2.062 万元的价格出售给周某,周某贩卖至农贸市场。

【检察履职】

江苏省滨海县人民检察院以民事公益诉讼立案后,于 2022 年 8 月 12 日将案件移送南京市人民检察院审查起诉。南京市检察院审查认为,朱某甲、朱某乙在禁渔期使用禁用工具非法捕捞水产品,严重破坏海洋生态环境,应当承担侵权责任。周某明知禁渔期禁止捕捞,仍鼓动和组织朱某甲、朱某乙进行非法捕捞,并对两人非法捕捞的水产品予以收购。上述三人侵权行为共同造成了海洋生态环境损害后果,应当承担连带赔偿责任。检察机关经综合审查,建议评估机构考虑禁渔期带电拖网作业对海洋生态系统稳定性、安全性等不利影响,分层次从禁渔期、电捕捞、拖网捕捞对海洋生态环境的破坏方面进行系统、全面评价。

2022 年 11 月 23 日,南京市检察院向南京海事法院提起民事公益诉讼,诉请周某等 3 人连带承担生态环境损害修复费用。检察机关同步开展被告生活、工作情况调查,发现周某 3 人生活较为困难,且已充分认识到行为的社会危害性，建议可以环境公益劳动折抵部分赔偿。

【法院裁判】

南京海事法院生效判决认为，三被告的非法捕捞行为影响了鱼类、虾类等海洋水生生物的生长发育和繁殖，破坏了海底生物群落和生态环境的稳定，已经造成海洋生态环境的严重损害，应当承担生态环境损害修复费用和生态环境损害鉴定评估费用等环境侵权责任。三被告对海洋生态环境侵权行为具有共同故意，构成共同侵权。因三被告家庭经济困难，请求以劳务代偿的方式替代履行部分生态修复责任，检察机关表示同意。后法院判令：周某、朱某甲、朱某乙共同承担生态环境损害修复费用247440元。其中，103410元用于修复被损害的海洋生态环境，剩余部分以劳务代偿的方式履行，在江苏省盐城市滨海县公安局、浙江省温州市海洋与渔业执法支队的监督下实施。周某、朱某甲、朱某乙支付评估费用2500元。支持了检察机关全部诉讼请求。

【典型意义】

禁渔期带电拖网捕捞对海洋生态环境造成严重破坏，司法机关在公益诉讼中要进行全面审查，推动评估鉴定不仅对"看得见"的损失进行评价，也对"看不见"的损失进行评价，助力海洋生态系统全面保护。司法机关坚持生态优先理念，创新"海上枫桥经验"，与行政执法多元协作、跨区域协调，判令被告在当地海洋行政部门监管下"家门口"劳务代偿，兼顾了生态环境保护与被告生存发展权利之间的平衡，在"一案一修复"中凸显惩治与教育相结合的司法作用，实践长三角海洋生态环境区域协同治理新模式。

福建省宁德市人民检察院与林某某等海洋自然资源与生态环境民事公益诉讼案

《2022年全国海事审判典型案例》第5号

2023年6月30日

【基本案情】

林某某在未取得海域使用权证和采矿许可证的情况下，指使高某某驾驶船舶到福安市湾坞镇等海域非法盗采海砂 17 次，累计 11295.33M³，并用以销售牟利。林某某、高某某均以非法采矿罪被追究刑事责任。宁德市人民检察院向厦门海事法院提起海洋自然资源与生态环境民事公益诉讼，请求判令林某某、高某某连带赔偿生态环境损害及修复费用 68 万余元。

【裁判结果】

厦门海事法院在查清事实的基础上，主持各方当事人就案涉损失赔偿达成"海洋碳汇+替代性修复"的调解协议。二被告连带赔偿海洋生态环境损害修护费用 680298.19 元，其中 18 万元由二被告以自愿认购并委托海峡资源环境交易中心购买海洋碳汇的方式分三年履行，剩余赔偿款项由二被告通过公益性劳务代偿方式履行，承担福安市湾坞镇海域海洋环境治理辅助工作，包括但不限于海洋垃圾打捞、海岸维护、海洋环境保护宣传等，期限酌定为三年，期满后劳务不足以抵偿的，仍需承担赔偿责任。该调解协议经公告和送达生效后，被告已依约购买了首期 2400 吨海洋碳汇，并积极通过劳务履行其他义务。

【典型意义】

海事法院秉持生态恢复性司法理念，在综合考量生态环境损害、修复成本和被告经济状况、修复能力的情况下，将损害赔偿机制与海洋碳汇开发有机结合，主持双方当事人达成调解协议。通过"海洋碳汇+替代性修复"民事责任承担方式，既可以避免因被告赔偿能力弱引发的执行难困境，也可以破解赔偿款与治理修复脱节的困境，在一定程度上实现碳平衡的目的。本案探索并丰富了海洋环境侵权的损害赔偿机制，创新海洋生态司法，在"一案一修复"中凸显惩治与教育相结合的司法作用，是海事法院助力构建具有中国特色的海洋环境公益诉讼制度，司法服务碳达峰、碳中和的积极实践。

【一审案号】

（2022）闽 72 民初 40 号

海南省海口市人民检察院与梁某等海洋环境民事公益诉讼案

《2022 年全国海事审判典型案例》第 4 号

2023 年 6 月 30 日

【基本案情】

2019 年 8 月 19 日晚，梁某、薛某某、简某等人在海南省文昌市海域非法盗采海砂 533M³，被文昌市自然资源和规划局处以没收海砂和罚款的行政处罚。同年 9 月，为达到掩盖非法采砂的目的，薛某某与叶某担任法定代表人的某公司签订了港口航道清淤疏浚施工合同。12 日晚，叶某组织薛某某进行采砂作业，梁某安排刘某、简某随船监督，在文昌市海域盗采海砂 3664.70M³。被海警查获后，梁某等 5 人均以非法采矿罪被追究刑事责任。海口市人民检察院向海口海事法院提起公益诉讼，请求判令各被告在各自行为范围内连带赔偿生态环境损失和专家咨询费等。

【裁判结果】

海口海事法院审理认为，各被告在未取得开采海砂行政许可、未进行专项环境影响评价，亦未采取任何生态保护措施的情况下进行采砂，违反了我国矿产资源和海洋环境保护法律法规，破坏了所涉海域的水文地质和生态环境。各被告明知违法，仍分工进行非法采砂，构成共同侵权，依法应当承担相应的侵权责任，判令被告薛某某、梁某、简某连带赔偿海洋生态环境损失 99560 元，被告叶某、刘某、某公司在 60528 元的范围内承担连带赔偿责任，全部被告连带承担专家咨询费用 5999.80 元。本案一审判决已生效。

【典型意义】

海砂对维系海洋生态系统和海洋地质地貌稳定具有重要作用。非法开采海砂不仅严重破坏国家矿产资源，影响海洋地质构造，破坏海洋生物多样性，还会因海砂未经处理流入市场对建筑安全带来严重隐患，威胁人民群众生命财产安全，必须严厉打击。本案中，海事法院坚持最严格保护和全面、立体追责的生态环境保护理念，依法支持检察机关提起海洋自然资源与生态环境民事公益诉讼，在被告承担刑事责任的基础上，依法追究非法盗采海砂主要参与者的民事侵权法律责任，有力震慑盗采海砂违法犯罪，促进海洋生态环境修复与保护，充分体现海事法院深入贯彻习近平生态文明思想和习近平法治思想，在服务国家海洋战略、护航海洋生态文明建设中的坚定立场、积极作为和重要作用。

【一审案号】

（2022）琼72民初37号

中华环保联合会诉谭某洪、方某双环境污染民事公益诉讼案

《最高人民法院公布环境资源刑事、民事、行政典型案例》第7号
2017年6月22日

【基本案情】

2011年8月，方某双将其承包的两个鱼塘转租给谭某洪。当年9月1日至3日，谭某洪向其中一个面积为0.75亩的鱼塘倾倒不明固体污泥110车。之后，方某双收回鱼塘，撒上石灰后继续养鱼。2011年9月14日，广州市白云区环境保护局到上述被倾倒污泥的鱼塘进行现场检查取样。经检测，确认该鱼塘铜和锌超过相应阈值。中华环保联合会诉请法院判令谭某洪、方某双共同修复鱼塘至污染损害发生前的状态和功能，或承担恢复鱼塘原状所需的环境污染处理费4092432元，广州市白云区人民检察院作为支持起诉人支持中华环保联合会提起诉讼。

【裁判结果】

广州市白云区人民法院一审认为，中华环保联合会作为专门从事环境保护公益活动的全国性、非营利性社团组织，对危害社会公益的行为提起公益诉讼，为当地百姓消除环境污染损害，对其积极维护公共利益的行为予以赞许。双方对于谭某洪向涉案鱼塘倾倒不明固体污泥、造成环境污染的事实均无异议，对该侵权事实予以认定。只要污染源没有清理，重金属通过食物链

的浓缩和富集会对鱼塘及周边环境形成持续的污染危害。方某双既未证明鱼塘倾倒污泥前已经受到污染，也未证明污染损害已经消除。遂判决谭某洪、方某双共同修复涉案鱼塘到本次污染损害发生之前的状态和功能；逾期未修复的，由环保部门指定具有专业清污资质的机构代为修复，修复费用由谭某洪与方某双共同承担，并相互负连带责任。广州市中级人民法院二审认为，中华环保联合会作为专门从事与环境相关活动的非营利性社会团体，依法有权对损害社会公共利益的行为提起环境民事公益诉讼；广州市白云区人民检察院作为国家法律监督机关，在社会公共利益遭受损害的情况下，支持中华环保联合会提起环境民事公益诉讼，具有合法性和正当性。谭某洪倾倒污泥的行为造成鱼塘污泥中的铜、锌重金属超标，损害了社会公共利益，构成环境污染侵权，其依法应承担相应的法律责任。本次污染的损害后果是由谭某洪倾倒污泥的行为和方某双出租鱼塘的行为直接结合所共同导致的，故二人构成共同侵权，应当承担连带责任。谭某洪直接倾倒污泥导致污染的发生，其对损害结果的发生起主要作用；而方某双仅为倾倒污泥提供场所和便利，且在事后积极向村委会反映情况，配合村委会阻止了谭某洪的继续倾倒行为，其行为对损害结果的发生仅起次要作用，故酌情确定谭某洪承担80%的责任，方某双承担20%的责任。修复鱼塘属于谭某洪和方某双履行生效法律文书所确定的行为义务，如果二人逾期未履行，应当由人民法院选定代为修复的机构，而非由环保部门指定。二审法院对谭某洪、方某双的责任分担以及代履行机构的选定等内容进行改判。

【典型意义】

本案系倾倒固体废物污染水体的环境民事公益诉讼案件。本案由社会组织作为原告、检察机关支持起诉，弥补了个体受害者难以应付专业性强、案情复杂的环境侵权诉讼的不足和环境公益救济主体的缺失，无论对个体权益还是对社会公共利益的保护都非常必要和及时。本案环境污染的后果是鱼塘污泥中的铜、锌重金属超标，侵权行为所侵害的环境权益是公众享有无害水产品和清洁水环境的权益，虽然没有证据显示已有特定主体因此受到重金属的毒害，但是二审判决基于"超过最高容许含量的重金属会通过食物链进一步浓缩和富集，并最终毒害人体"的原理认定污染行为"造成损害"，符合环境污染损害的特点，对于审理固体废物污染案件具有一定示范意义。

山东省烟台市人民检察院诉王某殿、马某凯环境污染民事公益诉讼案

《最高人民法院发布人民法院服务保障新时代生态文明建设典型案例》第4号

2018年6月4日

【基本案情】

2014年2月至4月期间,王某殿、马某凯在没有办理任何注册、安检、环评等手续的情况下,在莱州市柞村镇消水庄村从事盐酸清洗长石颗粒项目。作业过程中产生的60吨废酸液发生渗漏。渗漏废酸液对酸洗池周边土壤和地下水造成污染,又通过排水沟对消水河水体造成污染。2014年年底,王某殿、马某凯盐酸清洗长石颗粒作业被莱州市公安局查获关停后,王某殿用沙土将20吨废酸液填埋于酸洗池内。经鉴定,王某殿、马某凯的行为对附近的地下水、土壤和消水河水体造成污染,案涉酸洗池内受污染沙土属于危险废物,因污染造成的生态环境损失共计77.6万元。2016年6月1日,王某殿、马某凯因犯污染环境罪被追究刑事责任。2017年1月3日,烟台市人民检察院向烟台市中级人民法院提起环境民事公益诉讼,请求判令王某殿、马某凯消除危险,治理酸洗池内受污染沙土,对污染区域周边地下水、土壤和消水河内水体的污染部分恢复原状;如不能恢复原状、消除危险,则赔偿酸洗池内受污染沙土的处置费用及生态损害修复费用共计77.6万元。

【裁判结果】

山东省烟台市中级人民法院一审认为,王某殿、马某凯用来填埋废酸液的沙土吸附酸洗池中的废酸液,成为含有或沾染腐蚀性毒性的危险废物。鉴定机构出具的环境损害检验报告将酸洗池内受污染沙土总量223吨作为危险废物量,单位治理成本为每吨250元至800元。莱州市环境监测站监测报告显示,酸洗池内残留废水属于强酸性废水。王某殿、马某凯通过酸洗池、排水沟排放的酸洗废水系危险废物,导致部分居民家中水井无法饮用。储存于酸洗池期间渗漏的废水渗透至周边土壤和地下水,排水沟内的废水流入消水

河。涉案污染区域周边没有其他类似污染源，可以确定受污染地下水系王某殿、马某凯实施的环境污染行为造成。根据专家意见，在消除污染源阻断污染因子进入地下水环境的情况下，原污染区可能达到水质标准，但并不意味着地区生态环境好转或已修复。王某殿、马某凯仍应当承担污染区域的生态环境损害修复责任，不能自行修复的，应当承担修复费用。一审法院根据鉴定机构出具的检验报告，取虚拟治理成本的 6 倍，按照已生效的刑事判决认定的偷排酸洗废水 60 吨计算，认定生态环境损害修复费用为 72 万元。一审法院判决：王某殿、马某凯在环境保护主管部门的监督下按照危险废物的处置要求将酸洗池内受污染沙土 223 吨进行处置消除危险，如不能自行处置，则赔偿处置费用 5.6 万元，由环境保护主管部门委托第三方进行处置；对污染区域周边地下水、土壤和消水河内水体的污染治理制定修复方案并进行修复，逾期不履行修复义务或者修复未达到标准的，赔偿生态损害修复费用 72 万元，支付至烟台市环境公益诉讼基金账户。一审判决已发生法律效力。

【典型意义】

本案系人民检察院提起的环境民事公益诉讼，涉及污染地表水、地下水、土壤及危险废物的处置等一系列问题。本案判决明确污染区域水质恢复达标并不意味着区域生态环境已经修复，侵权人以此为由主张不承担法律责任不能得到支持。对于生态环境损害修复费用的认定，法院采纳鉴定意见将酸洗池内受污染沙土纳入危险废物，同时认定被告排放的强酸废水亦属危险废物，进而参照合理的计算方法确定了处置费用和生态环境损害修复费用。本案判决被告在环境保护主管部门监督下履行修复责任，有利于受损生态环境的科学修复和判决义务的妥当履行，对于此类案件的审理具有较好的示范意义。

江苏省泰州市人民检察院诉王某朋等 59 人生态破坏民事公益诉讼案

《最高人民法院发布 2019 年度人民法院环境资源典型案例》第三十四号

2020 年 5 月 8 日

【基本案情】

2018 年上半年,董某山等非法捕捞者在长江干流水域,使用网目尺寸小于 3 毫米的禁用渔具非法捕捞长江鳗鱼苗并出售谋利。王某朋等非法收购者明知长江鳗鱼苗系非法捕捞所得,单独收购或者通过签订合伙协议、共同出资等方式建立收购鳗鱼苗的合伙组织,共同出资收购并统一对外出售,均分非法获利。秦某兵在明知王某朋等人向其出售的鳗鱼苗系在长江中非法捕捞的情况下,仍多次予以收购。2019 年 7 月,泰州市人民检察院以王某朋、董某山、秦某兵等 59 人实施非法捕捞、贩卖、收购长江鳗鱼苗行为,破坏长江生态资源,损害社会公共利益为由提起民事公益诉讼,请求王某朋、董某山、秦某兵等 59 人对所造成的生态资源损害结果承担连带赔偿责任。

【裁判结果】

江苏省南京市中级人民法院一审认为,董某山等非法捕捞者于禁渔期内,在长江干流水域多次非法捕捞长江鳗鱼苗,造成生物多样性损害,应当承担赔偿责任。王某朋等非法收购者与非法捕捞者之间形成了完整的利益链条,共同造成生态资源的损害,应当共同承担连带赔偿责任。一审判决,判令王某朋等 13 名非法收购者对其非法买卖鳗鱼苗所造成的生态资源损失连带赔偿 850 余万元;秦某兵、董某山等其他收购者、捕捞者根据其参与非法买卖或捕捞的鳗鱼苗数量,承担相应赔偿责任或与直接收购者承担连带赔偿责任。江苏省高级人民法院二审维持原判。

【典型意义】

本案系江苏环境资源审判"9+1"机制正式运行后,南京环境资源法庭立案受理、公开开庭审理并作出裁判的第一起案件,也是自 2016 年 1 月国家调整长江流域禁渔期以来，全国首例判令从捕捞、收购到贩卖长江鳗鱼苗"全链条"承担生态破坏赔偿责任的案件，充分体现了人民法院"用最严格制度最严密法治"保护长江生态环境的决心和力度。本案适用七人制合议庭进行审理，通过采用专家出庭接受询问的方式，综合衡量生态破坏后果，科学计算得出生态资源损失，同时明确可以采用劳务代偿的方式折抵部分生态损害赔偿数额，为长江生态修复提供了有效路径，对维护长江地区生态安全，全面加强长江水生生物保护工作，形成人与自然和谐共生绿色发展格局具有重要积极意义。本案庭审由多名省、市人大代表旁听，超过1700万网民在线观看，中央电视台进行全程现场直播，并制作专题节目予以报道，《人民日报》等全国40余家国内主流媒体对庭审及审理进程进行跟踪报道，具有良好的宣教引导意义。

河南省环保联合会诉聊城某化工有限公司环境污染公益诉讼纠纷案

《黄河流域生态环境司法保护典型案例》第六号

2020年6月5日

【基本案情】

2015年3月至5月，聊城某化工有限公司（以下简称某化工公司）擅自将其生产过程中产生的废硫酸15车共计1000余吨，交给没有危险废物运输处置资质的陈某玲等8人进行非法处置，分别倾倒在南乐县近德固乡潴龙河（流入黄河支流马颊河），以及千口镇柴庄村北、清丰县韩村乡等7处河沟内。该废酸属于《国家危险废物名录》中"HW34 废酸类"危险废物，对地表水和土壤环境造成严重损害，并直接造成周边群众的麦苗和林木枯死。河南省环保联合会提起民事公益诉讼，请求判令某化工公司恢复原状或承担治理费用及已经发生的鉴定评估费、应急处置费等，并公开赔礼道歉。濮阳市人民检察院依法支持起诉。

【裁判结果】

经河南省濮阳市中级人民法院（以下简称濮阳中院）主持调解，双方达成如下调解协议：一、某化工公司赔付环境修复治理费用600万元，第一期300万元已缴纳，第二期300万元于2019年1月1日前缴纳至濮阳中院指定账户。二、某化工公司法定代表人薛某林自愿承诺：薛某林面向社会开放其拥有的CN201720746317.9号"一种回收氟化氢的装置"实用新型专利，任何单位或个人均可以善意地实施该专利，该项承诺一经作出不可撤销。三、某化工公司在濮阳市级媒体上公开赔礼道歉。四、某化工公司支付河南省环保联合会律师费15万元。濮阳中院将调解协议内容依法进行了公告，公告期间内未有任何个人或单位提出异议。濮阳中院经审查认为，上述协议内容符合法律规定，不违反社会公共利益，予以确认。

【典型意义】

本案系社会组织起诉、由检察机关支持起诉的涉水和土壤污染环境民事公益诉讼案件。本案中，企业将生产出的废酸交给没有危险废物运输处置资质的个人非法倾倒至黄河流域多处河沟，对地表水和土壤环境造成严重损害，应承担环境侵权责任。人民法院组织双方达成和解协议，内容不仅包括企业承担环境修复治理费用、赔礼道歉等法律责任，企业的法定代表人还主动向社会开放了其拥有的环境保护方面实用新型专利。人民法院在依法支持社会组织环境公益诉权，确保污染者即时履行环境修复责任的同时，着眼环境利益最大化，积极创新审判执行方式，取得了良好的法律效果和社会效果。

中华环境保护基金会诉中化重庆某化工有限公司环境污染民事公益诉讼案

《长江流域生态环境司法保护典型案例》第六号

2021年2月25日

【基本案情】

中化重庆某化工有限公司（以下简称某化工公司）将生产过程中产生的磷石膏直接堆放在长江边长达18年，覆盖面积达700余亩，最深处达125米，造成当地生态环境损害严重，并对长江生态安全产生重大威胁。经媒体曝光后，某化工公司立即制定环境问题整改处置方案，并报请重庆市环保监管部门批准。2017年1月，中华环境保护基金会以某化工公司超标排放污染物等行为违法，给当地环境带来极大破坏为由提起环境民事公益诉讼，请求判令某化工公司立即停止环境侵害行为，赔偿相应的修复费用以及生态环境服务功能损失费或采取替代性修复方式。重庆市人民检察院第三分院依法支持起诉。

【裁判结果】

重庆市第三中级人民法院一审审理中，中华环境保护基金会与某化工公司达成如下调解协议：一是某化工公司承诺严格贯彻落实重庆市及当地环保主管部门批复同意的环境问题整改处置方案，在2019年12月31日前完成封场、覆土、复绿等环境整治工作；二是某化工公司支付803700.80元，用于本案或者本地区大气环境、水环境修复或替代性修复等公益用途。一审法院经审查认为，上述协议内容符合法律规定，不违反社会公共利益，予以确认。在一审法院监督下，某化工公司已完成调解书确定的各项义务。

【典型意义】

本案系长江边磷石膏尾矿库引发的环境污染民事公益诉讼。总磷是长江首要超标污染因子，磷石膏尾矿库通过渗滤液渗漏等方式污染土壤、地下水等，对长江构成巨大威胁。本案中，人民法院探索建立以法院为主导的案件执行机制，充分延伸环境资源审判职能，及时向有关单位发出司法建议，形成监督合力，确保某化工公司按时按约履行调解书。同时，积极构建生态环境修复协调联动机制，邀请检察机关、环境资源行政主管部门共同制定生态环境修复评估标准，对修复工作进行联合巡检；邀请人大代表、政协委员对案件执行工作进行监督。本案的审判和执行过程创新完善环境民事公益诉讼案件执行机制，充分体现出人民法院在服务和保障长江流域生态文明建设中的主动担当作为。

中国生物多样性保护与绿色发展基金会诉甲水电开发有限公司环境民事公益诉讼案

《长江流域生态环境司法保护典型案例》第八号

2021年2月25日

【基本案情】

雅砻江上的牙根梯级电站由甲水电开发有限公司（以下简称甲公司）负责建设和管理，现处于项目预可研阶段，水电站及其辅助工程（公路等）尚未开工建设。中国生物多样性保护与绿色发展基金会（以下简称绿发会）认为，雅江县麻郎措乡沃洛希村（音译）附近的五小叶槭种群是当今世界上残存最大的五小叶槭种群，是唯一还有自然繁衍能力的种群。牙根梯级电站即将修建，根据五小叶槭雅江种群的分布区海拔高度和水电站水位高度对比数值，牙根梯级水电站以及配套的公路建设将直接威胁到五小叶槭的生存，对社会公共利益构成直接威胁。绿发会遂提起本案诉讼。

【裁判结果】

四川省甘孜藏族自治州中级人民法院一审认为，鉴于五小叶槭在生物多样性红色名录中的等级及牙根梯级电站建成后可能存在对案涉地五小叶槭原生存环境造成破坏、影响其生存的潜在风险，可能损害社会公共利益。考虑到牙根梯级电站现处在项目预可研阶段，故判决甲公司应当将五小叶槭的生存环境作为牙根梯级电站项目可研阶段环境评价工作的重要内容，环境影响报告书经环境保护行政主管部门审批通过后，才能继续开展下一步的工作。

【典型意义】

本案系全国首例针对珍稀野生植物的预防性公益诉讼。长江上游是我国水能资源蕴藏丰富的地区，也是自然环境良好、生物物种丰富、地质条件脆弱的生态功能区。本案中，人民法院依法处理好生态环境保护与经济发展的关系，将生态优先原则贯穿到水电规划开发的全过程，在进行项目可行性研究时充分尊重五小叶槭的生存环境，成功避免了环境安全与效益价值的冲突。

同时，五小叶槭虽未列入我国《国家重点保护野生植物名录》，但世界自然保护联盟已将其评估为"极度濒危"、列入红色名录，人民法院判令甲公司采取预防性措施保护五小叶槭生存环境，充分体现了我国作为《生物多样性公约》缔约国的责任和担当。

湖北省人民检察院武汉铁路运输分院诉某生态种养殖有限公司通海水域污染损害责任环境民事公益诉讼案

《长江流域生态环境司法保护典型案例》第九号

2021年2月25日

【基本案情】

网湖大湖为网湖湿地自然保护区内的主要湖泊，并被湖北省人民政府列入第一批湖泊保护名录。某生态种养殖有限公司（以下简称某公司）与黄石市网湖湿地自然保护区管理局签订合同，约定由其承包网湖大湖进行生态渔业养殖。2014年至2016年，某公司先后向网湖大湖违法投放磷肥约1000吨、氮肥约2000吨、有机肥约1000吨，豆渣、啤酒糟等约46000吨。网湖整体水质类别由2013年的Ⅲ类逐渐降至2016年的Ⅴ类，水质恶化，主要超标项目为总磷，水质呈中富营养状态级别。湖北省人民检察院指定武汉铁路运输分院提起民事公益诉讼。

【裁判结果】

武汉海事法院一审认为，网湖大湖水质总磷超标的损害后果，与某公司进行渔业养殖过程中违法过度投放肥料和饲料的行为具有直接因果关系，某公司作为污染者，应承担侵权责任。故依据湖北省环境科学研究院生态环境损害司法鉴定中心出具的鉴定意见，判决某公司赔偿网湖大湖水体环境损害费1946776元，支付至阳新县财政局非税财政专户，用于网湖大湖水体的整体治理与恢复工作；并在市级以上新闻媒体向社会公开赔礼道歉。

【典型意义】

本案系渔业养殖引发的水污染纠纷案件。长江流域湿地、湖泊分布广泛，类型多样齐全，在维护淡水资源安全、生态安全等方面起着十分重要的作用。网湖湿地位于长江一级支流富水河下游，是东方白鹳、小天鹅等珍稀濒危动植物的栖息地，被专家誉为"湿地水禽遗传基因保存库"。本案中，某公司虽然依据合同享有在案涉区域进行生态渔业养殖的权利，但同时也负有不得投肥（粪）养殖、采取措施避免水体污染的义务。人民法院判决某公司承担的环境损害赔偿款用于网湖大湖水体的整体治理与恢复工作，为改善和恢复湖泊、湿地生态系统的质量和功能提供有力司法保障。

湖南省益阳市人民检察院诉夏某安等15人非法采矿民事公益诉讼案

《2020年度人民法院环境资源典型案例》第四号

2021年6月4日

【基本案情】

2016年6月至8月，夏某安等15人为牟取非法利益，分别驾驶九江采158号、沅江采1168号采砂船、江苏籍999号采砂船至洞庭湖下塞湖区域非规划采区非法采砂。夏某安等15人分工负责，共同实施非法采砂行为，获利总额为2243.33万元。经鉴定：夏某安等15人的非法采砂行为对采砂区域的生态环境造成的影响分为水环境质量受损、河床结构受损、水源涵养受损和水生生物资源受损，其中水生生物资源损失为2.65万元，修复水生生物资源受损和河床结构与水源涵养受损所需的费用，分别为7.97万元和865.61万元，合计873.58万元。夏某安等人非法采矿罪已经另案刑事生效判决予以认定。2019年7月，湖南省益阳市人民检察院提起民事公益诉讼，请求夏某安等15人对其非法采砂行为所造成的生态环境损害承担连带赔偿责任，并赔礼道歉。

【裁判结果】

湖南省益阳市中级人民法院一审认为，夏某安等15人未依法取得采矿许可证，私自开采国家矿产资源，构成非法采砂。因此对采砂区域的生态环境造成损害，应予赔偿。一审判决夏某安对因非法采砂造成的采砂水域生态环境修复费用 873.58 万元承担赔偿责任,夏顺泉等 14 人依据其具体侵权行为分别在 824 万元至 3.8 万元不等范围内承担连带责任,并在国家级媒体上公开赔礼道歉。湖南省高级人民法院二审维持原判。

【典型意义】

本案系在洞庭湖域非法采砂犯罪行为引发的环境民事公益诉讼。洞庭湖是长江流域重要的调蓄湖泊,具有丰富的水域岸线资源。本案所涉下塞湖,地处洞庭湖腹地,又是洞庭湖湿地的重要组成部分,区域内矿产资源丰富。夏某安等人非法采砂行为,严重威胁洞庭湖河床的稳定性及防洪安全,破坏长江水生生物资源繁衍生存环境和洞庭湖生态环境。人民法院在另案追究非法采砂违法犯罪行为刑事责任的同时,发挥民事公益诉讼的审判功能,判令非法采砂人承担民事责任,赔偿生态环境损害并赔礼道歉,体现了惩治和修复并重,统筹适用刑事、民事法律责任的现代环境司法理念,对切实营造守护一江碧水的社会氛围起到了重要的指引作用。

广西壮族自治区来宾市人民检察院诉佛山市某石油科技有限公司等 72 名被告环境污染民事公益诉讼案

《2020 年度人民法院环境资源典型案例》第六号

2021 年 6 月 4 日

【基本案情】

佛山市某石油科技有限公司(以下简称某公司)于 2016 年 4 月成立,原法定代表人黄某昌。同年 10 月变更为黄某顺,2019 年 5 月又变更为黄某昌。自 2016 年起,经刘某义主动联系,某公司等四家企业明知其无危险废物经营许可证,仍分别将废酸油渣交由其处置。刘某义安排柯某水、韦某文非法将危险废物运输至广西境内武宣县交由韦某榜非法贮存、处置。运输事宜系卓某祥等 39 名司机(所驾驶车辆分别挂靠在柳江县①某汽车运输有限公司等 18 家运输公司、物流公司)自"货车帮"平台获悉。梁某邦、韦某模为他人非

---

① 2016 年 3 月 30 日,国务院同意撤销柳江县,设立柳州市柳江区。

法处置危险废物提供场地。上述人员因犯污染环境罪已被另案追究刑事责任。经鉴定，武宣县共有 5 个堆放点受到污染，废酸油渣重量 5681.18 吨，污染土壤重量 917.68 吨，共造成生态环境损害 1941.56 万元、鉴定评估费 252.10 万元。广西壮族自治区来宾市人民检察院提起民事公益诉讼，请求某公司等 72 名被告承担环境污染侵权责任。

【裁判结果】

广西壮族自治区来宾市中级人民法院一审认为，某公司等 4 家企业明知无危险废物处置资质仍将废酸油渣交由刘某义等人处置，造成环境污染，应承担侵权责任。卓某祥等 39 名司机及其挂靠的 18 家运输公司、物流公司对所运输物质不知情，不构成侵权。一审判决相关主体对武宣县 5 个堆放点的损失承担连带赔偿责任，并明确了每一堆放点的具体数额。一审判决后，某公司、黄某昌、黄某顺不服，提起上诉。广西壮族自治区高级人民法院二审认为，4 家企业虽均有非法处置废酸油渣的行为，但相互之间并无共同意思联络，不能简单以共同侵权而全案适用连带责任。二审改判某公司等按照其侵权事实对各个堆放点的损失按份平担责任，刘某义等人承担连带责任。

【典型意义】

本案系跨省区倾倒固体危险废物污染环境所引发的环境损害民事公益诉讼。本案涉及 72 名被告，包括 4 家废酸油渣生产企业，5 名企业投资管理人员，4 名废酸油渣收集、贮存、利用和处置者，2 名提供场所便利者，39 名运输司机及挂靠的 18 家运输公司、物流公司，具有污染事件参与者众多、污染地点分散、环境污染损失重大等显著特点。人民法院深入剖析危险废物的生产者、提供者与危险废物的收集、贮存、利用、处置者以及堆放场地提供者的行为不同程度地交叉、结合，依法正确处理了数人环境侵权下的责任承担，对类似案件的处理具有较好的示范作用。本案二审由广西壮族自治区高级人民法院院长担任审判长，新闻媒体高度关注，本案的审理起到了很好的法治宣传效果。

江西省上饶市人民检察院诉张某明、毛某明、张某生态破坏民事公益诉讼案

《2020年度人民法院环境资源典型案例》第七号

2021年6月4日

【基本案情】

2017年4月左右,张某明、毛某明、张某3人约定前往三清山风景名胜区攀爬"巨蟒出山"岩柱体(又称巨蟒峰)。2017年4月15日凌晨,张某明、毛某明、张某3人携带电钻、岩钉、铁锤、绳索等工具开始攀爬巨蟒峰底部。在攀爬过程中由张某明在有危险的地方打岩钉,毛某明、张某则沿着张某明布好的岩钉和绳索攀爬,3人通过互相协作、互相配合的方式共同攀爬至巨蟒峰顶部。经现场勘查,张某明在巨蟒峰上打入岩钉26个。事后,三清山管委会建设了巨蟒峰智能监测系统,为此支付建设费用51.08万元。经专家评估,此次"巨蟒峰案的价值损失评估值"不应低于该事件对巨蟒峰非使用价值造成损失的最低阈值1190万元。张某明、张某、毛某明故意毁坏名胜古迹罪已经另案刑事生效文书认定。江西省上饶市人民检察院提起民事公益诉讼,请求张某明、张某、毛某明依法连带赔偿巨蟒峰非使用价值造成损失的最低阈值1190万元,连带支付采取消除危险的措施建设巨蟒峰智能监测系统的费用51.08万元、聘请专家所支出的评估费用15万元,并在全国性知名新闻媒体上公开赔礼道歉。

【裁判结果】

江西省上饶市中级人民法院一审认为,张某明、张某、毛某明使用打岩钉的方式对巨蟒峰进行攀爬,该行为明显属于对环境资源的损害,上饶市检察院有权提起生态破坏民事公益诉讼。一审审理中,上饶市检察院申请撤回要求张某明、张某、毛某明连带支付采取消除危险的措施建设巨蟒峰智能监测系统的费用51.08万元的诉讼请求,予以准许。综合考虑巨蟒峰作为世界自然遗产的珍稀性,张某明、张某、毛某明的行为造成的后果的严重性以及社会影响的广泛性,同时在兼顾张某明、张某、毛某明的经济条件和赔偿能

力等具体问题的基础上，酌定张某明、张某、毛某明连带赔偿环境资源损失计600万元、支付专家费15万元，并在全国性媒体上刊登公告，向社会公众赔礼道歉。江西省高级人民法院二审维持原判。

【典型意义】

本案系故意损毁名胜古迹引发的生态破坏民事公益诉讼案。三清山风景名胜区是我国国家重点风景名胜区，并被列入世界自然遗产、世界地质公园名录。巨蟒峰地质遗迹点是其珍贵的标志性景观和最核心的部分，既是不可再生的珍稀自然资源性资产，也是可持续利用的自然资产，具有重大科学价值、美学价值和经济价值。本案当事人采用破坏性攀爬方式攀爬巨蟒峰，在巨蟒峰花岗岩柱体上钻孔打入26个岩钉，对其造成严重损毁。人民法院在依法惩处其故意损毁名胜古迹罪、警示世人不得破坏国家保护的名胜古迹的同时，提起本案生态破坏民事公益诉讼，结合本案实际情况和专家意见，判令其承担生态环境修复责任，对促进名胜古迹的保护和修复，引导社会公众树立正确的生态文明观，珍惜和善待人类赖以生存和发展的自然资源和生态环境具有重要的示范作用。

江苏省南京市人民检察院诉王某林生态破坏民事公益诉讼案

《2020年度人民法院环境资源典型案例》第八号
2021年6月4日

【基本案情】

2015年至2018年期间，王某林违反国家管理矿产资源法律规定，在未取得采矿许可证的情况下，使用机械在南京市浦口区永宁镇老山林场原山林二矿老宕口内、北沿山大道建设施工红线外非法开采泥灰岩、泥页岩等合计十余万吨。江苏省南京市浦口区人民检察院以王某林等人的行为构成非法采矿罪向江苏省南京市玄武区人民法院提起公诉。江苏省南京市人民检察院提起本案生态破坏民事公益诉讼，诉请判令王某林承担生态破坏侵权责任，赔偿生态环境损害修复费用189.31万元以及事务性费用40万元，并提出了相应的修复方案。

【裁判结果】

江苏省南京市中级人民法院一审认为，环境和生物之间、生物和生物之间协同共生，相互影响、相互依存，形成动态的平衡。非法采矿对生态资源造成复合性危害，将直接导致开采区域的植被和土壤破坏，影响林草蓄积、水土涵养，影响鸟类和其他动物的栖息环境，造成生态系统的整体破坏及生物多样性的减少，最终影响人类的生产生活和优美生态环境的实现。王某林违反矿产资源法的规定，未取得采矿许可证即实施非法采矿行为，造成生态环境的破坏，应对生态环境损害后果承担赔偿责任。一审法院当庭宣判，王某林对其非法采矿造成的生态资源损失189.31万元承担赔偿责任，其中149.84万元用于南京市山林二矿生态修复工程及南京市浦口区永宁街道大桥林场路口地质灾害治理工程使用，39.47万元用于上述地区生物多样性的恢复及保护使用，王某林承担损害评估等事务性费用40万元。该案一审判决已发生法律效力。

【典型意义】

本案是非法采矿引发的生态破坏民事公益诉讼案件。本案案发地部分位于长江沿线10公里岸口整治范围内，在长江沿岸非法露天采矿，不仅造成国家矿产资源损失，还必然造成开采区域生态环境破坏及生态要素损失。本案审理坚持系统思维，正确区分认定矿产资源损失和生态要素损失，深化了对生态环境系统破坏的认识；聚焦受损生态环境的损失构成及修复问题，正确区分赔偿款项的性质，将生物栖息地明确为重要的生态保护和修复目标，将属于改善受破坏的自然环境状况，恢复和维持生态环境要素正常生态功能发挥范畴的赔偿费用，用于侵权行为发生地生态修复工程及地质灾害治理工程使用；属于生物多样性受到影响的损失，纳入生物多样性恢复考量范畴，用于侵权行为发生地生物多样性的恢复及保护使用，全面体现生态环境要素的一体保护和系统修复，为长江生态环境系统保护发挥了积极作用，也为类似案件的办理提供了样本。本案于2020年12月4日第七个国家宪法日公开审理并当庭宣判，对引导公众树立正确的生态文明观，善待生态环境具有宣教引导意义。

濮阳市人民检察院诉山东甲精细化工有限公司等环境民事公益诉讼案

《黄河流域生态环境司法保护典型案例》第五号

2021年11月25日

【基本案情】

2015年10月至2016年2月，山东省甲精细化工有限公司（以下简称甲公司）与河南乙生物科技有限公司（以下简称乙公司）将生产过程中产生的工业含酸废水，交给没有处置资质的寇某汉、寇某伟等人，后寇某汉、寇某伟联系靳某建等人，将上述工业含酸废水通过靳学建所在的范县污水处理厂的暗管非法倾倒进河南省范县城市污水管网。经鉴定，工业含酸废水属于《国家危险废物名录》中"HW34废酸类"危险废物。范县污水处理厂不具备处理上述工业含酸废水的能力，废水中的危险物质被排入黄河支流金堤河内，对金堤河造成严重污染。经河南生态环境损害司法鉴定中心评估，甲公司非法倾倒的危险废物造成的地表水环境损害数额为358万余元、环境污染财产损害数额为11万余元、应急处置费为89万余元；乙公司非法倾倒的危险废物造成地表水环境损害数额为175万余元、环境污染财产损害数额为5万余元、应急处置费43万余元。

【裁判结果】

本案部分涉案主体因构成刑事犯罪，已经另案追究刑事责任。在本案审理过程中，经河南省濮阳市中级人民法院主持调解，各方当事人自愿达成了调解协议：（一）甲公司分2期先后支付治理费用459万余元和358万余元，乙公司分2期先后支付治理费用224万余元和175万余元；（二）自调解书生效之日起2年内，如二被告能够通过技术改造对生产过程中产生的污水进行处理，明显降低环境风险，并经过第三方评估，2年内产生的污水均符合排放标准，且2年内没有因环境违法行为受到处罚的，其在协议生效后已支付的技术改造费用可以向濮阳市人民检察院、濮阳市中级人民法院申请抵扣第二期应支付款项，二被告所支付的技改费用等于或大于第二期应支付款项时，二被告不再支付第二期应支付费用；（三）二被告购买环境污染责任保险的保费可向濮阳市人民检察院、濮阳市中级人民法院申请抵扣第二期应支付款项的相应数额；（四）二被告在调解书生效之日起 30 日内分别在国家级媒体上为其污染环境的行为向社会公众公开赔礼道歉。

【典型意义】

本案系检察机关针对跨省非法倾倒工业废水污染黄河主要支流，严重危害黄河流域水体安全的违法行为在刑事案件后，另行提起的环境民事公益诉讼案件。本案考虑到企业的实际困难，由被告分期支付赔偿款，先期支付一部分环境治理修复费用、财产损失及应急处置费用，并积极进行企业技术改造，提高企业防范环境污染事故的技术能力，用技改资金折抵第二期环境治理修复费用，不仅最大限度地修复生态环境，而且积极助力企业绿色转型。本案还探索了由涉事化工企业购买环境责任险折抵环境修复治理费用的责任承担方式。环境责任险目前并非化工企业强制购买的保险，通过购买此种保险，一旦发生环境污染事故，将大大增强高风险化工企业修复生态环境的能力，最大限度维护生态环境安全。濮阳地处豫、鲁、冀三省交界，是全国重要的化工基地，被告的非法倾倒工业废水的行为污染了黄河的重要支流金堤河，有关人员被依法追究刑事责任后，检察机关又提起民事公益诉讼，实现了刑事打击与民事赔偿的有效衔接，确保被破坏的生态环境得到及时修复。

浮梁县人民检察院诉某化工集团有限公司环境污染民事公益诉讼案

《人民法院贯彻实施民法典典型案例（第一批）》第十一号

2022 年 2 月 25 日

【典型意义】

本案是我国首例适用《民法典》惩罚性赔偿条款的环境污染民事公益诉讼案件。《民法典》侵权责任编新增规定了污染环境和破坏生态的惩罚性赔偿制度，贯彻了"绿水青山就是金山银山"的环保理念，增强了生态环境保护力度，是构建天蓝地绿水净的美好家园的法治保障。审理法院在判令被告承担生态环境修复费用、环境功能性损失等补偿性费用之外,采取"基数+倍数"的计算方式,结合具体案情决定以环境功能性损失费用为计算基数,综合考虑侵权人主观过错程度、侵权后果的严重程度、侵权人的经济能力、赔偿态度、受到行政处罚的情况等调节因素确定倍数,进而确定最终的惩罚性赔偿数额,为正确实施环境污染和生态破坏责任惩罚性赔偿制度提供了有益借鉴。

【基本案情】

2018年3月3日至同年7月31日,被告某化工集团有限公司(以下简称被告公司)生产部经理吴某民将公司生产的硫酸钠废液交由无危险废物处置资质的吴某良处理,吴某良又雇请李某贤将30车共计1124.1吨硫酸钠废液运输到浮梁县寿安镇八角井、浮梁县湘湖镇洞口村的山上倾倒,造成了浮梁县寿安镇八角井周边约8.08亩范围内的环境和浮梁县湘湖镇洞口村洞口组、江村组地表水、地下水受到污染,影响了浮梁县湘湖镇洞口村约6.6平方公里流域的环境,妨碍了当地1000余名居民的饮用水安全。经鉴定,两处受污染地块的生态环境修复总费用为人民币2168000元,环境功能性损失费用共计人民币57135.45元,并产生检测鉴定费95670元。受污染地浮梁县湘湖镇洞口村采取合理预防、处置措施产生的应急处置费用共计人民币528160.11元。其中,吴某良、吴某民、李某贤等因犯污染环境罪已被另案判处六年六个月至三年二个月不等的有期徒刑。公益诉讼起诉人起诉请求被告公司赔偿相关生态环境损害。

【裁判结果】

生效裁判认为,被告公司将生产废液交由无危险废物处置资质的个人处理,放任污染环境危害结果的发生,主观上存在故意,客观上违反了法律规定,损害了社会公共利益,造成严重后果。且至本案审理期间,涉案倾倒废液行为所致的环境污染并未得到修复,损害后果仍在持续,符合《民法典》第一千二百三十二条规定的环境侵权惩罚性赔偿适用条件。综合该公司的过错程度、赔偿态度、损害后果、承担责任的经济能力、受到行政处罚等因素,判令其赔偿环境修复费用2168000元、环境功能性损失费用57135.45元、应急处置费用532860.11元、检测鉴定费95670元,并承担环境污染惩罚性赔偿

171406.35 元，以上共计 3025071.91 元；对违法倾倒硫酸钠废液污染环境的行为在国家级新闻媒体上向社会公众赔礼道歉。

【民法典条文指引】

第一千二百三十二条　侵权人违反法律规定故意污染环境、破坏生态造成严重后果的，被侵权人有权请求相应的惩罚性赔偿。

上海市人民检察院第三分院诉郎溪某固体废物处置有限公司、宁波高新区某贸易有限公司、黄某庭、薛某走私"洋垃圾"污染环境民事公益诉讼案

《人民法院依法审理固体废物污染环境典型案例》第八号

2022 年 3 月 1 日

【基本案情】

郎溪某固体废物处置有限公司法定代表人钱某东联系黄某庭，欲购买进口含铜固体废物。黄某庭为此联系宁波高新区某贸易有限公司以及薛某。薛某在某国组织了一批 138.66 吨的铜污泥，由宁波高新区某贸易有限公司以铜矿砂品名制作了虚假报关单证，并将进口情况以《钱总货物清单 222》传真等方式告知郎溪某固体废物处置有限公司。确认后，由黄某庭在上海港报关进口。后该批固体废物被海关查获滞留港区，无法退运。经鉴定，涉案铜污泥中含有大量重金属，需委托有危险废物经营许可证单位进行无害化处置，处置费用为 105.37 万元。上海市人民检察院第三分院提起本案民事公益诉讼。另，在本案诉讼前，上海市人民检察院第三分院就宁波高新区某贸易有限公司、黄某庭、薛某共同实施走私国家禁止进口固体废物提起刑事公诉，宁波高新区某贸易有限公司、黄某庭、薛某被追究刑事责任，郎溪某固体废物处置有限公司未被追究刑事责任。

【裁判结果】

上海市第三中级人民法院一审认为，四被告在明知铜污泥系国家禁止进口的固体废物的情况下，共同商议、分工合作，实施了非法进口、购买境外

固体废物的行为，造成了环境污染风险，损害了社会公共利益，依法应当承担侵权责任。判决四被告连带赔偿非法进口固体废物（铜污泥）的处置费105.37万元。

上海市高级人民法院二审判决驳回上诉，维持原判。

【典型意义】

本案是因走私"洋垃圾"引发的环境污染民事公益诉讼案件。《固体废物污染环境防治法》第一百一十五条规定，违反本法规定，将中华人民共和国境外的固体废物输入境内的，由海关责令退运该固体废物，处五十万元以上五百万元以下的罚款。承运人对前款规定的固体废物的退运、处置，与进口者承担连带责任。近年来，我国不断加大对"洋垃圾"的打击力度，出台了一系列的制度全面禁止"洋垃圾"入境，但出于巨大非法利益的诱惑，仍有不少违法行为人铤而走险，从国外进口"洋垃圾"，对我国生态环境造成了重大安全隐患。本案中，在进口的固体废物无法退运情况下，法院判决违法行为人承担无害化处置费用，体现了"环境有价、损害担责"原则，有效震慑潜在的违法行为人，同时明确了违法行为人在承担刑事责任的同时，仍需承担相应的民事责任，体现了环境司法对违法行为人全面追责的鲜明态度。

重庆市人民检察院第二分院诉张某奉、赵某辉破坏长江防护林环境民事公益诉讼案

《森林资源民事纠纷典型案例》第五号

2022年6月14日

【基本案情】

2015年11月至2016年4月期间，被告张某奉、赵某辉为种植药材销售获利，未办理相关手续，在重庆市奉节县云雾乡采用挖掘机作业方式，损毁重点公益防护林地118.43亩。2017年4月，重庆市万州区人民法院以张某奉、赵某辉构成非法占用农用地罪，分别判处有期徒刑二年十个月缓刑四年、有期徒刑三年缓刑四年，并各处罚金40万元。该案审理期间，张某奉、赵某辉主动补植树苗，恢复植被。重庆市人民检察院第二分院于2019年9月委托

西南大学司法鉴定所鉴定后，认为张某奉、赵某辉2017年补植的林地，部分不符合验收标准，需继续履行补植义务，遂提起民事公益诉讼，请求二被告就地进行生态修复或者承担修复费用，支付鉴定费，并公开向社会赔礼道歉。

【裁判结果】

重庆市第二中级人民法院一审认为，张某奉、赵某辉虽然已经承担了刑事责任，但其刑事责任的承担未吸收或覆盖民事责任。从现场勘查和司法鉴定情况看，受损生态环境并没有基于二被告的修复行为得到有效恢复。遂判决：张某奉、赵某辉按照鉴定意见书所载修复方案，在2021年12月31日前完成补植补造，并管护至2024年12月31日；如在上述期限内未履行该义务，则应承担生态环境修复费用86453.9元；二被告在重庆市级媒体上向社会公众赔礼道歉，并支付鉴定费5500元。宣判后，当事人均未上诉，一审判决已发生法律效力。

【典型意义】

长江三峡库区是我国重要的淡水资源储备库和生态功能区，也是农村人口众多、发展相对落后的大山区。为改善生态环境、涵养水源，库区沿江区域种植了大量长江防护林。部分农户法律意识不强，受利益驱动，毁损林地种植经济作物。本案中，被告在刑事案件审理期间主动补植树苗，但经鉴定，其补植有部分不符合验收标准，原受损林地并未得到有效修复。人民法院贯彻落实《长江保护法》要求，秉持恢复性司法理念，限期被告按照林地修复方案就地继续履行补植复绿、管护抚育义务，明确了受损森林生态环境的修复验收标准。宣判后，被告均表示愿意自行补植、管护林木，当地林业主管部门为当事人提供技术指导并组织验收。本案通过引导行为人从生态环境的"破坏者"转变为"修复者"，依法保障长江流域生态环境修复，实现了司法审判的法律效果、社会效果和生态效果相统一。

浙江省遂昌县人民检察院诉叶某成生态破坏环境民事公益诉讼先予执行案

《森林资源民事纠纷典型案例》第四号

2022年6月14日

【基本案情】

2018年11月，被告叶某成在位于浙江省遂昌县的国家三级公益林山场中清理枯死松木时，滥伐活松树89株，立木蓄积量为22.9964立方米，折合材积13.798立方米。案发后，叶某成投案自首且认罪认罚。浙江省遂昌县人民检察院认为不需要追究其刑事责任，遂于2019年7月作出不起诉决定。根据林业专家出具的修复意见，叶某成应在案涉山场补植二至三年生木荷、枫香等阔叶树容器苗1075株。浙江省遂昌县人民检察院于2020年3月27日提起民事公益诉讼，并在案件审理中提出先予执行申请，要求叶某成按照修复意见先行在案涉山场补植复绿。由于种植木荷、枫香等阔叶树的时间节点已过，公益诉讼起诉人变更诉讼请求，要求叶某成根据林业专家重新出具的修复意见，补植一至二年生杉木苗1288株，并进行抚育以保证存活率，否则需承担生态修复费用。

【裁判结果】

浙江省丽水市中级人民法院认为，叶某成破坏生态环境的行为清楚明确，鉴于当前正是植树造林的有利时机，先予执行有利于生态环境得到及时有效恢复，故裁定予以准许，责令叶某成在30日内履行补植复绿义务。叶某成于2020年4月7日履行完毕，浙江省遂昌县自然资源和规划局于当日验收。一审法院经审理认为，叶某成违法在公益林山场滥伐林木，破坏了林业资源和生态环境，应当承担环境侵权责任，判决其对补植的树苗抚育3年，种植当年成活率不低于95%，三年后成活率不低于90%，否则需承担生态功能修复费用9658.4元。宣判后，当事人均未上诉，一审判决已发生法律效力。

【典型意义】

尊重自然、顺应自然、保护自然的和谐共生理念，既传承了天地人和的中华民族优秀文化传统，又体现了当前中国所采取的绿色、可持续发展战略，具有鲜明的时代特征。《森林法》第一条立法目的、第三条基本原则充分肯定了尊重自然理念。森林资源民事纠纷案件的处理，在专业事实认定、责任承担方式、修复方案履行等方面，均应当尊重森林生长发育的自然规律。本案中，人民法院判令被告采用补种复植方式恢复森林生态环境，明确修复义务的具体要求，并确定了其在期限内未履行补植、抚育义务所应承担的修复费用。同时，考虑到补植树苗的季节性要求和修复生态环境的紧迫性，认定本案符合法律规定的因情况紧急需要先予执行的情形，责令被告根据专业修复意见，在适宜种植时间及时履行补植义务，最大限度保障了树苗存活率和生长率。本案体现了人民法院贯彻《民法典》绿色原则，创新环境资源裁判执行方式，有效避免因诉讼程序导致生态环境修复延迟，促使森林生态环境功能及时有效恢复。

江苏省扬州市人民检察诉高某龙等 10 人环境民事公益诉讼案

《最高人民法院发布长江流域水生态司法保护典型案例》第九号

2020 年 9 月 25 日

【基本案情】

2019 年年初，高某龙等 8 人在高邮湖、邵伯湖禁渔期内，使用电瓶、逆变器、电渔网等工具，多次采用快艇拉网方式电捕鱼，捕获渔获物 1.3 万余斤。李某宽明知非法捕捞仍利用工作之便违规开闸。王某早明知系非法捕捞渔获物仍予收购。高某龙、李某宽、王某早等 10 人因非法捕捞行为已被另案依法追究刑事责任。江苏省扬州市人民检察提起环境民事公益诉讼，请求判令高某龙等 10 人在国家级媒体上公开赔礼道歉，并依法承担相应的生态环境损害赔偿责任。

【裁判结果】

江苏省南京市中级人民法院一审认为,高某龙等人作为电捕鱼组织实施者,组织策划或直接实施电捕行为,造成生态资源重大损害;李某宽作为协助者,其行为与生态资源损害结果之间有法律上的因果关系;王某早作为收购者,与高某某形成固定的捕捞、销售、收购链条,均应在相应范围内承担赔偿责任。一审法院判令高某龙等人在国家级媒体上公开赔礼道歉,并对非法捕捞、收购行为造成的生态资源损失、直接渔业资源损失分别或者连带承担152.44万元至3.95万元不等的赔偿责任,上述款项用于高邮湖、邵伯湖地区生态资源修复。一审判决已发生法律效力。

【典型意义】

本案系在长江流域国家级水产种质资源保护区非法捕捞水产品引发的环境民事公益诉讼。本案中,人民法院对从事或者协助非法捕捞、收购的全部当事人均课以法律责任,并在庭后开展增殖放流、集中销毁电鱼器具网具等多种活动,体现了人民法院严惩非法捕捞、销售、收购长江野生鱼类黑色产业链条的决心,有助于营造全社会保护长江流域生态环境的良好氛围。

上海市人民检察院第三分院诉蒋某成等6人生态破坏民事公益诉讼案

《生物多样性司法保护典型案例》第九号

2022年12月5日

【基本案情】

2020年4月至5月期间,蒋某成、周某华联系蒋某平等3人在长江流域重点水域以及水产种质资源保护区内进行非法捕捞作业,由蒋某成、周某华统一收购渔获物,蒋某成还雇佣夏某军接驳搬运渔获物并协助销售。上海铁路运输法院就此作出生效刑事判决,认定案涉6人非法捕捞长江刀鱼及凤尾鱼共计1470.9公斤,价值101673.7元,均构成非法捕捞水产品罪。经鉴定,该非法捕捞行为造成的渔业资源直接损失为101673.7元,渔业资源恢复费用为 305021.1 元，环境敏感区附加损失为 406694.8 元，共计 813389.6 元。上海市人民检察院第三分院提起民事公益诉讼，请求 6 被告连带赔偿生态环境损害及鉴定费用，并公开向社会赔礼道歉。

【裁判结果】

上海海事法院一审认为，6 被告在禁渔期、禁渔区使用禁用渔具从事非法捕捞，对长江天然渔业资源和水生生态环境造成损害，构成共同侵权，应依法承担连带责任。经鉴定，本案非法捕捞造成的生态环境损害包括天然渔业资源直接损失、渔业资源恢复费用，以及环境敏感区附加损失。遂判决 6 被告连带赔偿生态环境损害 813389.6 元和鉴定费用 4000 元，并公开向社会赔礼道歉。宣判后，当事人均未上诉，一审判决已发生法律效力。

【典型意义】

长江系中华民族的母亲河，拥有独特的生态系统，是我国重要的生态宝库。依法惩治长江流域重点水域非法捕捞，加大对生物种群及其生存环境的保护，是人民法院贯彻落实《长江保护法》的重要举措之一。本案非法捕捞地点位于长江刀鲚水产种质资源保护区，属于上海市生态保护红线范围，为生态环境敏感脆弱区域。在该区域实施非法捕捞，受损渔业资源恢复难度更大，更易引发生物链结构受损及生态系统功能退化。人民法院依法判令侵权人承担环境敏感区附加损失，旨在保护具有较高经济价值和遗传育种价值的水产种质资源的生长繁育区域水生生态，警示和震慑长江保护区内非法捕捞行为，对于引导社会公众增强水生野生动物保护意识，筑牢长江流域生态安全屏障，服务保障长江经济带生态优先、绿色发展具有示范意义。

山东省青岛市人民检察院诉青岛市崂山区某艺术鉴赏中心生态破坏民事公益诉讼案

《生物多样性司法保护典型案例》第十号

2022 年 12 月 5 日

【基本案情】

青岛市崂山区某艺术鉴赏中心（以下简称某艺术中心）系经营餐饮服务的个体工商户，2017 年至 2018 年期间在未依法取得收购、出售野生动物行政许可的情况下，先后购入大王蛇 3 条、穿山甲 1 只、熊掌 4 只，并将部分野生动物做成菜品销售。经鉴定，大王蛇为孟加拉眼镜蛇，属于《国家保护的有重要生态、科学、社会价值的陆生野生动物名录》中的"三有"保护动物；熊掌为棕熊熊掌，棕熊属于《国家重点保护野生动物名录》中的国家二级保护野生动物；穿山甲于 2020 年 6 月被确定为国家一级保护野生动物。2020 年 10 月，某艺术中心负责人吴某霞因犯非法收购、出售珍贵、濒危野生动物罪，被判处有期徒刑三年，缓刑三年，并处罚金 6 万元。后山东省青岛市人民检察院提起民事公益诉讼，经评估，某艺术中心破坏生态行为造成野生动物损失 8.3 万元、生态环境服务功能损失 90.75 万元。

【裁判结果】

山东省青岛市中级人民法院一审认为，某艺术中心违法收购珍贵、濒危野生动物，将其做成菜品销售，造成野生动物及其生态价值损失近百万元，除应承担生态环境侵权赔偿责任外，还应依法承担惩罚性赔偿责任。某艺术中心在本案审理过程中悔改态度较好，申请以劳务代偿方式承担部分惩罚性赔偿责任，予以准许。遂判决某艺术中心赔偿野生动物损失、生态环境服务功能损失及惩罚性赔偿共计 108 万余元，其中惩罚性赔偿 99050 元中的 24924 元以某艺术中心指定两人、每人提供 60 日生态环境公益劳动的方式承担，由法院指定当地司法局作为协助执行单位管理和指导，最迟于 2022 年 1 月 28 日前完成。宣判后，当事人均未上诉，一审判决已发生法律效力。

【典型意义】

餐饮服务经营者违法收购珍贵、濒危野生动物,将其做成菜品销售,为非法猎捕、杀害野生动物提供了市场和动机。《民法典》第一千二百三十二条规定了生态环境侵权惩罚性赔偿责任,加大对严重违法行为的处罚力度。本案中,被告故意侵权行为造成野生动物及其生态价值损失近百万元,人民法院依法判令其承担生态环境损害赔偿责任,并适用惩罚性赔偿,同时根据案件具体情况允许被告以提供有益于生态环境保护的公益劳务方式替代履行部分惩罚性赔偿责任。宣判后,被告在协助执行单位组织下,参与向当地餐饮企业宣讲野生动物保护知识和发放宣传单等活动,取得良好社会效果。本案的处理充分体现人民法院严厉惩治非法交易、经营野生动物的行为,革除滥食野生动物陋习,切实保障人民群众生命健康安全的坚定立场。

湖南省株洲市人民检察院诉陈某云、罗某酃生态破坏民事公益诉讼案

《生物多样性司法保护典型案例》第十一号

2022年12月5日

【基本案情】

2018年7月31日,湖南省人民政府发布《湖南省人民政府关于禁止猎捕野生动物的通告》,明确规定自2018年8月1日起至2023年7月31日止,全省行政区域范围内禁止猎(捕)列入《国家重点保护野生动物名录》《湖南省地方重点保护野生动物名录》和《国家保护的有重要生态、科学、社会价值的陆生野生动物名录》的野生动物。2019年9月,陈某云在未办理相关狩猎手续的情况下,非法捕捉昭觉林蛙、黑斑蛙共3.5公斤约280只,全部出售给罗某酃经营的水产店。同年10月,炎陵县森林公安局在该水产店查获并追回昭觉林蛙、黑斑蛙共220只,送检完毕后予以放生。湖南省株洲市人民检察院以陈某云、罗某酃的行为破坏自然资源和生态环境、损害社会公共利益为由,提起环境民事公益诉讼。经评估,陈某云、罗某酃造成国家野生动物资源损失6000元(100元/只×60只)。

【裁判结果】

湖南省炎陵县人民法院一审认为,陈某云未取得狩猎证,在湖南省禁猎区、禁猎期内非法猎捕昭觉林蛙、黑斑蛙并出售;罗某鄙从陈某云处收购、出售、宰杀昭觉林蛙、黑斑蛙,前述行为破坏国家野生动物资源,危及猎捕地的生物多样性和生态平衡,损害了社会公共利益。遂判决陈某云、罗某鄙共同赔偿国家野生动物资源损失6000元,在株洲市级以上媒体向社会公众赔礼道歉,并以植树造林、设立野生动物保护牌的方式修复生态环境。宣判后,当事人均未上诉,一审判决已发生法律效力。

【典型意义】

《野生动物保护法》规定,依法保护"有重要生态、科学、社会价值的陆生野生动物"。案涉昭觉林蛙、黑斑蛙属于《国家保护的有重要生态、科学、社会价值的陆生野生动物名录》规定保护的"三有"动物及《湖南省重点保护野生动物名录》保护动物,因其系食、药两用的珍贵蛙种,经常成为非法捕捉、食用的对象。根据湖南省野生动物救护繁殖中心出具的专家评估意见,在长期进化中,每只昭觉林蛙、黑斑蛙都携带着本种群的基础基因以及个体的特殊基因,由此构成该种群的生物遗传多样性,其复杂的基因结构是世上独一无二的,一旦消失,相应的生态价值、科研价值和经济价值损失无法挽回。本案通过依法判令非法捕猎、收购、出售、宰杀者承担生态环境损害赔偿责任,责令其采取替代性修复方式,对查获的昭觉林蛙、黑斑蛙及时放生,教育和引导广大群众对滥捕滥食野生动物的违法行为说"不",将生物多样性保护理念融入生态文明法治建设全过程。

北京市丰台区源头爱好者环境研究所诉石柱土家族自治县某港经济开发有限公司等生态破坏民事公益诉讼案

《生物多样性司法保护典型案例》第十二号

2022年12月5日

【基本案情】

水磨溪湿地自然保护区于2009年建立,位于重庆市石柱县西沱镇长江干流岸边,属于内陆湿地县级自然保护区,主要保护湿地生态系统和以国家一级保护植物、三峡库区特有种荷叶铁线蕨为代表的野生动植物资源。2011年6月起,石柱土家族自治县某港经济开发有限公司(以下简称某港开发公司)擅自占用该保护区兴建移民生态工业园基础设施,导致该保护区湿地生态系统遭到严重破坏。2013年,某港开发公司整体合并至石柱土家族自治县某盛经济发展有限公司(以下简称某盛开发公司),但该公司并未注销。2018年5月起,石柱县人民政府启动水磨溪湿地自然保护区环境问题整改,并委托专业机构制定了生态修复方案。同年10月,北京市丰台区源头爱好者环境研究所提起公益诉讼,请求判令某港开发公司、某盛开发公司等停止侵权、恢复原状并赔偿生态服务功能损失。诉讼过程中,某港开发公司、某盛开发公司根据前述生态修复方案进行了整改,自然保护区内生态环境基本恢复。

【裁判结果】

重庆市第四中级人民法院一审认为,某港开发公司、某盛开发公司在水磨溪湿地自然保护区内修建工业园区,严重损害湿地生态环境,应当承担侵权责任。虽然两公司在诉讼过程中已按照生态修复方案对受损生态进行了基本修复,但生态环境受到损害至其恢复原状期间的服务功能损失客观存在,侵权人仍应予以赔偿。结合生态破坏的范围和程度、生态环境的稀缺性、生态环境恢复的难易程度等因素,判令某港开发公司、某盛开发公司赔偿生态服务功能损失300万元并支付合理诉讼费用。宣判后,当事人均未上诉,一审判决已发生法律效力。

【典型意义】

湿地被誉为"地球之肾""物种宝库",在保护生物多样性、涵养水源、调节气候、改善水质等方面发挥着不可替代的重要作用。我国正在加快建立以国家公园为主体的自然保护地体系,确保重要自然生态系统、自然遗迹、自然景观和生物多样性得到系统保护,提升生态产品供给能力,维护国家生态安全。本案系侵权人在长江上游干流附近的湿地自然保护区内修建工业园区破坏湿地生态系统引发的环境民事公益诉讼,案涉地区物种丰富,有三峡库区特有濒危植物荷叶铁线蕨,属于《世界自然保护联盟濒危物种红色名录》中的极危物种。侵权人在自然保护区内违法开发建设,严重破坏受保护的湿地生态系统。人民法院贯彻损害担责、全面赔偿原则,在侵权人停止侵权、修复生态的基础上,依法判令其承担修复期间生态服务功能损失,为加强自然保护地生物多样性及生态环境保护,维护国家生态安全提供了有力司法保障。

南京市人民检察院诉徐某、刘某生态破坏民事公益诉讼案

《湿地生态保护典型案例》第八号

2023 年 5 月 31 日

【基本案情】

2020 年 12 月 15 日,徐某在江苏省常州市长荡湖投放其从刘某处购买并由其运至现场的鲇鱼 25000 斤。此后,常州市金坛区、溧阳市长荡湖渔政监督大队累计打捞死亡鲇鱼 20208 斤。经鉴定,死亡鲇鱼为革胡子鲇,系外来物种。经评估,徐某的投放行为对长荡湖渔业资源造成的直接损害补偿(赔偿)费不少于 7427.6 元至 44565.5 元,对长荡湖生态环境造成损害至修复完成期间的服务功能损失 5000 元至 6000 元。江苏省南京市人民检察院就徐某、刘某向天然水域投放外来物种的行为提起民事公益诉讼,诉请徐某、刘某连带赔偿违法放生造成的长荡湖渔业资源直接损失 3 万元,连带赔偿生态环境受到损害至修复完成期间服务功能损失 5000 元,连带承担惩罚性赔偿 5000

元用于长荡湖生态环境保护法治宣传,连带赔偿专家评估费用 1.8 万元。

【裁判结果】

南京市中级人民法院经审理认为,徐某、刘某在未向当地渔业行政主管部门报告的情况下,擅自向长荡湖投放大量外来物种的行为违反国家规定,导致该水域环境要素和生物要素发生不利改变,造成生态环境损害及生物安全风险,应当承担生态环境损害及惩罚性赔偿责任。遂判决徐某承担其因违法投放外来物种革胡子鲶所造成的生态资源损失 3 万元、服务功能损失 5000 元、事务性费用 1.8 万元及惩罚性赔偿金 5000 元,刘某对上述费用承担连带责任。上述赔偿款项用于长荡湖生态环境修复和生物安全风险防范科普、法治宣传。宣判后,各方均未上诉。一审判决已发生法律效力。

【典型意义】

作为长江、太湖之间重要的调蓄性过水湖泊,长荡湖生态的健康稳定对环太湖流域水环境安全、湿地生物多样性具有重要意义。本案中,侵权人未经批准擅自向长荡湖投放外来物种造成生态环境损害及生物安全风险,人民法院在适用生态环境损害责任的同时,充分发挥惩罚性赔偿制度功能,判决侵权人承担惩罚性赔偿责任,并将惩罚性赔偿金用于生物安全风险防范科普、法治宣传,在惩罚性赔偿金的适用情形和使用路径方面进行了有益探索。本案庭审邀请了多家媒体集中报道,网络同步直播,100 多万网友在线观看,提升了公众参与生物安全风险防范和湿地保护的主动性和积极性,引起了较好的社会反响。

湖州市人民检察院诉德清县某绢纺塑化公司环境污染责任民事公益诉讼案

《湿地生态保护典型案例》第九号
2023 年 5 月 31 日

【基本案情】

2019 年 3 月下旬至 4 月 2 日,德清县某绢纺塑化公司为降低其排放污水中污染物总氮浓度，为逃避环保部门监管，该公司污水处理站负责人沈某松指使污泥操作工沈某法等人，采用轮流定时关闭或打开污水站标排口的污水出水口阀门以及清水管道阀门的方式，干扰在线自动监测设备自动取水样，并将总氮等污染物浓度超标的污水2万余吨排放至厂区北侧河道中。该河道流经下渚湖湿地。2019年4月2日，浙江省湖州市生态环境局德清分局会同公安部门对该公司进行突击检查，发现上述违法事实。经鉴定，排放废水显著超过外环境地表水本底值，导致环境污染，造成生态环境损失595155元至618130元，鉴定评估费用9万元。2019年9月25日，浙江省德清县人民法院以污染环境罪对德清县某绢纺塑化公司的沈某松、沈某法等人作出另案刑事判决。浙江省湖州市人民检察院以德清县某绢纺塑化公司为被告提起本案民事公益诉讼，诉请德清县某绢纺塑化公司赔偿生态环境损害费用595155元，并承担鉴定评估费9万元。

【裁判结果】

湖州南太湖新区人民法院经审理认为，德清县某绢纺塑化公司违反《环境保护法》《水污染防治法》有关规定，采用轮流定时关闭或打开污水站标排口的污水出水口阀门以及清水管道阀门的方式，干扰在线自动监测设备自动取水样，将生产过程中产生的污水未经有效处理即排入河道造成污染，严重破坏生态环境，对社会公共利益造成损害，应当承担相应的民事侵权责任。遂判决德清县某绢纺塑化公司支付生态环境损害赔偿金595155元和鉴定评估费9万元。宣判后，各方均未上诉。一审判决已发生法律效力。

【典型意义】

下渚湖湿地是长三角地区生态系统多样性高、原生状态保持最完整的天然湿地之一，具有重要的生态功能价值。本案被告公司在下渚湖湿地周边水域排放污染物浓度超标的工业废水，严重污染水体和湿地。人民法院依法打击污染环境犯罪的同时，判令本案被告承担支付生态损害赔偿金责任，切实贯彻"环境有价，损害担责"原则；坚持生态修复优先，积极引导被告购买湿地碳汇，并将碳汇认购金定向用于构建以沉水植物群落为核心的湿地生态涵养系统，提高下渚湖湿地水系自我净化和碳汇功能，保障湿地生态功能和可持续利用，实现生态效益、社会效益、经济效益相统一。

海南省人民检察院第一分院诉李某清、叶某青生态破坏民事公益诉讼案

《国家公园司法保护典型案例》第七号

2023 年 10 月 17 日

【基本案情】

2020 年 1 月起,被告李某清、叶某青未经行政许可,陆续雇人砍伐位于海南热带雨林国家公园范围内的海南省黎母山林场鹦哥傲分站内一条土路两旁的马占树,砍伐过程中还毁坏了两株桫椤树。后两人把砍伐的马占树拉走出售得款 18450 元。经鉴定,被伐林木地块为二级保护林地,森林类别为省级公益林,林种为防护林;被伐林木立木蓄积量 171 立方米;被毁坏的两株桫椤树为国家二级保护植物大桫椤;被伐林木造成生态服务功能损失总价值 74902.95 元/年,案涉造林修复投资经概算为 49501.8 元。上述鉴定评估费用 3 万元。李某清因犯盗伐林木罪被另案判处有期徒刑四年六个月。海南省人民检察院第一分院就李某清、叶某青的盗伐林木行为提起生态破坏民事公益诉讼,诉请:李某清、叶某青连带承担因盗伐林木造成的生态服务功能损失费用 149805.9 元、生态环境损害修复费用 49501.8 元、鉴定评估费用 3 万元。

【裁判结果】

海南省第一中级人民法院经审理认为,李某清、叶某青的侵权行为对林场生态环境造成了损害,应对造成的生态环境损害承担相应民事责任。遂判决:李某清、叶某青连带赔偿因盗伐林木造成的生态服务功能损失费用 149805.9 元、生态环境损害修复费用 49501.8 元,连带承担本案生态环境损害鉴定评估费用 3 万元。宣判后,各方均未上诉,一审判决已发生法律效力。

【典型意义】

涉案黎母山林区位于海南岛中部,为海南热带雨林国家公园的重要组成部分。本案被告在国家公园范围内的重点保护区砍伐毁坏林木的数量大,致使天然林生态系统的完整性、生物多样性、水土保持等生态功能和价值减损,

破坏热带雨林的生态环境，损害社会公共利益。人民法院判令侵权人对生态资源损失进行赔偿，加大行为人的违法成本，有力震慑潜在违法行为的发生，有利于营造全民保护热带雨林资源、维护美好生态环境的社会氛围，也向社会公众传递了人民法院打击破坏生态环境行为、高质量护航国家公园建设的态度。

浙江省开化县人民检察院诉陆某燕等四人生态破坏民事公益诉讼案

《国家公园司法保护典型案例》第八号

2023年10月17日

【基本案情】

被告陆某燕、徐某系夫妻，二人在浙江省开化县某农贸市场经营一家野味店。2018年11月，开化县森林公安局接到公益志愿者举报后，在二人仓库内当场查获并扣押疑似白鹇3只、野猪11只、野兔42只、黄麂23只。经查，2017年12月底，被告王某经由被告程某俊通过微信联系徐某购买猫头鹰1只，并通过录制宰杀视频验货、邮寄交付等方式完成交货，后由王某送给朋友食用。经鉴定，案涉3只疑似白鹇为白鹇，属国家二级保护动物；猫头鹰为雕鸮，属国家二级保护动物。经评估，陆某燕非法收购、销售珍贵、濒危野生动物和非法收购其他野生动物的行为对生态环境资源造成损害价值107860元，其中徐某共同参与的非法收购、销售珍贵、濒危野生动物和非法收购其他野生动物的行为造成损害价值97860元；程某俊、王某的非法收购珍贵、濒危野生动物行为对生态环境资源造成损害价值为1.5万元。陆某燕、徐某、王某、程某俊四人被另案追究刑事责任。浙江省开化县人民检察院以徐某等四人为被告提起民事公益诉讼，诉请：陆某燕支付生态环境和资源损害赔偿款107860元，徐某对其中97860元承担连带赔偿责任，程某俊、王某各自分别对其中的1.5万元承担连带赔偿责任；四被告在媒体上赔礼道歉。

【裁判结果】

浙江省衢州市中级人民法院经审理认为，陆某燕、徐某共同经营野味店的过程中非法收购、出售国家重点保护野生动物和没有合法来源证明的非国家重点保护野生动物，王某、程某俊为食用目的非法收购国家重点保护野生动物，四被告行为对生态环境和资源造成损害，应当承担侵权责任。其中，陆某燕就案涉全部事实承担责任，应支付生态环境和资源损害赔偿款107860元；徐某对其中97860元与陆某燕承担连带赔偿责任；王某、程某俊对其中1.5万元与陆某燕、徐某承担连带赔偿责任。遂判决支持了公益诉讼起诉人的全部诉讼请求。该判决已发生法律效力。

【典型意义】

本案发生在钱江源—百山祖国家公园钱江源园区，系由非法收购、出售国家重点保护野生动物引发的生态破坏民事公益诉讼案件。钱江源—百山祖国家公园于2016年被纳入国家公园体制试点，是《国家公园空间布局方案》遴选出的49个候选国家公园之一。钱江源—百山祖国家公园钱江源园区完整地保存着全球稀有的、大面积的中亚热带低海拔原生常绿阔叶林，被誉为"长江三角洲的最后一块生态处女地"，也是诸多珍贵、濒危野生动物的最后"基因保护地"。本案中被侵害野生动物中白鹇和雕鸮均为珍稀鸟类，属国家二级保护动物。白鹇作为明清时期五品官服的图案，是清廉、正直的象征，具有极佳的观赏性和文化蕴意。四被告非法收购、出售野生动物，通过录制宰杀视频验货、网络支付、邮寄交货等方式，企图逃避监管和追责，是为牟取一己私利对大自然的过度攫取。人民法院依法判令四被告支付生态环境和资源损害赔偿款并赔礼道歉，在刑事追责之外挽回生态损失，彰显了以最严格制度最严密法治保护国家公园生态环境的决心，警示国家公园区域内人员依法依规开展经营活动，促进现代文明与原始生态和谐交融，共建共享人与自然和谐共生的国家公园。

鄂尔多斯市人民检察院诉鄂尔多斯市某矿业有限责任公司生态破坏民事公益诉讼案

《最高人民法院发布司法服务黄河流域生态保护和
高质量发展典型案例》第二号
2024 年 5 月 29 日

【基本案情】

鄂托克旗棋盘井镇位于内蒙古鄂尔多斯高原西部，距黄河直线距离仅 20 公里，该区域属严重缺水地区。被告鄂尔多斯市某矿业有限责任公司（以下简称某矿业公司）的煤矿矿井位于棋盘井地下水超采区，在生产经营过程中需严格依照批准的取水许可规定条件，取用因矿井掘进、开采破坏地下水含水层而产生的疏干水。鄂托克旗水利局 2016 年为某矿业公司煤矿生产经营核发取水许可证，许可该公司年疏干水量 64.46 万立方米，年取水量 29.52 万立方米，年退水量 46.91 万立方米。2022 年 3 月，某矿业公司因将矿井疏干水通过未经批复的管道退至其他公司，且未安装计量设施，被鄂尔多斯市水利局处以罚款、补缴水资源税等行政处罚。经评估，某矿业公司超量疏干水量共计 331.23 万立方米，对区域具有水资源服务功能的奥灰含水层间接影响损害量为 51.64 万立方米。检察机关对此提起民事公益诉讼。

【裁判结果】

内蒙古自治区鄂尔多斯市中级人民法院一审认为，《水法》规定了取水许可制度和水资源有偿使用制度。《内蒙古自治区地下水保护和管理条例》进一步明确对矿产资源开采、地下工程建设疏干排水量达到规模的管理规制。某矿业公司的超量疏干水行为影响了地下水资源服务功能，造成地下水生态环境严重损害，应当承担生态环境损害修复责任。遂判决某矿业公司赔偿生态环境损害费用 194.68 万元及评估费。宣判后，各方均未上诉，一审判决已发生法律效力。

【典型意义】

本案系一起保护黄河流域地下水资源利用的典型案例。黄河流域干旱少雨，水资源短缺，地下水资源弥足珍贵。节约用水、保护水资源是全社会共同的责任。《黄河保护法》明确规定量水而行、节水为重的基本原则，并对水资源节约集约利用作出专章规定。人民法院严格执行黄河流域水资源刚性约束制度，依法判令未依照批准的取水许可规定条件取水、未按规定安装取水计量设施的煤炭开采企业赔偿地下水生态环境服务功能损失，有力维护了区域地下水环境和饮水安全、生态安全。同时，教育引导被告企业认识到违法取用疏干水的危害，被告当庭对其生态环境损害行为赔礼道歉。本案审理对于加强水资源司法保护，促进节约用水，提升地下水资源集约节约安全利用水平具有积极意义。

山东省济南市人民检察院诉某医院等环境污染民事公益诉讼案

《最高人民法院发布2023年度环境资源审判典型案例、人民法院依法审理生态环境领域第三方服务机构弄虚作假典型案例》第8号

2024年6月5日

【基本案情】

2005年5月，某市立医院与某集团签署《合作协议书》，合作经营济南市某甲医院。某集团利用济南市某甲医院的物资、人员条件，设立某肿瘤医院。2008年12月，某肿瘤医院引进伽马刀设备一套，内含201枚CO-60Ⅱ类放射源。2013年，某市立医院代某肿瘤医院与甲医院签订《医疗设备租借协议书》，约定将伽马刀设备租借给甲医院，双方按项目毛收入提取收益。后合作因故终止，双方约定协议终止后2个月内某市立医院将案涉伽马刀及放射源搬离。此后，双方并未对案涉放射源依法进行处置，一直闲置于甲医院。2016年12月，某肿瘤医院名称变更为某医院。

2020年9月，济南市生态环境局市中分局对某医院下达《责令改正违法行为决定书》，要求在20日内完成放射源处置工作。到期后，该放射源仍未

得到处理。2021年3月，山东省生态环境厅向某医院作出通知，指定某公司代为处置案涉放射源，由某医院承担费用。某医院对闲置放射源退役处置存在异议，认为应当由实际使用人承担处置费用。某医院、甲医院、某市立医院就处置责任承担产生纷争，导致案涉放射源一直未能得到处置，带来放射性污染严重危险。山东省济南市人民检察院依法提起环境污染民事公益诉讼，请求判令某医院、某市立医院、甲医院承担放射源处置费用290万元，某医院履行协助办理处置手续义务。

【裁判结果】

济南铁路运输中级法院一审认为，因某医院、某市立医院、甲医院对案涉放射源长期闲置放任不管，对生态环境安全和社会公共健康形成安全隐患，损害了社会公共利益，故判决共同支付放射源处置费用290万元。山东省高级人民法院二审认为，某医院、某市立医院、甲医院分别实施了不履行处置案涉放射源责任的侵权行为，且均足以导致放射性污染危险发生。依法判决某医院、某市立医院和甲医院连带承担案涉放射源处置费用290万元。该判决已生效。

【典型意义】

本案系全国首例放射性污染预防性民事公益诉讼案。案涉放射源违规闲置对环境公共安全造成了潜在危险，人民法院贯彻预防性司法理念，发出生态环境保护禁止令，禁止当事人未经生态环境部门许可擅自处置案涉放射源；裁定先予执行全部处置费用，保障了案涉放射源的后续处置；判令案涉放射源的登记使用人、实际使用人和具体保管人依法对消除案涉放射源危险产生的处置费用承担连带责任，有利于教育、警醒相关从业者规范生产经营，积极履行放射源处置责任，保护生态环境；向放射源管理机关提出开展放射源排查并加强日常监管的司法建议，从源头杜绝放射性污染发生的可能，助力提升人民群众健康权益和生命安全保障水平。

某环境研究所诉某新能源公司等生态环境保护民事公益诉讼案

《最高人民法院发布2023年度环境资源审判典型案例、人民法院依法审理生态环境领域第三方服务机构弄虚作假典型案例》第9号

2024年6月5日

【基本案情】

某新能源公司经核准在宁夏回族自治区中卫市某地区建设某风电项目。该项目建设中，某环境研究所认为某新能源公司未经环评开工建设风电项目，严重损害当地生态环境，造成重大损害风险，尤其威胁国家二级保护动物黄羊的生存环境，遂提起生态环境保护民事公益诉讼。人民法院经调查了解，在中卫北山地区曾出现过黄羊。在案证据表明，案涉项目施工期和运营期采取了有效的污染防治措施和生态环保措施，基本落实了环评报告表及批复文件中提出的环境保护措施，并通过项目竣工环保验收。

【裁判结果】

宁夏回族自治区中卫市中级人民法院一审认为，案涉风电项目所在地并未被确定为黄羊重要栖息地，该项目所在区域虽发现少量黄羊，但数量不足以认定该区域系黄羊生息繁衍的重要区域，不能因项目所在地内出现过黄羊就认定项目所在地系黄羊的重要栖息地。依据黄羊在案涉区域的活动情况，结合案涉项目的实际建设情况，风力发电机系点状排布，风机运行所产生的噪声在允许范围内，项目建设未对所在区域环境造成根本性改变，且项目建成后可采用设置围栏、人工植草的方法恢复植被，案涉项目的建设未对项目范围内黄羊的生存环境产生难以逆转的损害。一审判决驳回某环境研究所的诉讼请求。宁夏回族自治区高级人民法院二审维持原判。

【典型意义】

本案系一起人民法院正确处理高质量发展与高水平保护关系的民事公益诉讼典型案例。案涉风电项目系利用丰富且洁净的可再生风能资源进行发电

的绿色产业，有利于促进"碳中和"目标实现，促进经济社会绿色可持续发展。同时，风电项目建设可能会破坏生态环境，不利于生物多样性保护。人民法院综合考虑案涉风电项目对野生动物可能造成的影响及影响程度、企业能否采取有效措施减少或消除生产经营活动对环境造成的影响等因素，认为案涉风电项目的建设未对项目范围内黄羊的生存环境产生难以逆转的损害或存在损害风险，故未予支持停止风电项目建设的诉讼请求。该案对于司法助力高质量发展与高水平保护、加快推进人与自然和谐共生的现代化及同类案件的审理具有很好的借鉴和示范意义。

北京市丰台区某环境研究所诉某铝业股份有限公司兰州分公司环境污染民事公益诉讼案

《青藏高原生态保护典型案例》第七号

2023年5月5日

【基本案情】

被告某铝业股份有限公司兰州分公司（以下简称某铝业公司）于2015年至2018年之间，长期违反法律规定，超标排放工业气体及颗粒物，在未采取防尘措施的情况下破碎作业，导致粉尘污染，数次被处以行政处罚。某铝业公司对固体危险废物大修渣（废阴极炭块）处置不彻底，将其与建筑垃圾、生活垃圾共计1500余吨混合填埋在大通河流经区域地下。北京市丰台区某环境研究所（以下简称某环研所）提起环境民事公益诉讼，请求判令某铝业公司立即停止侵害、恢复原状、公开赔礼道歉并赔偿环境损失等。

【裁判结果】

甘肃矿区人民法院经审理并组织调解，促成双方自愿达成如下调解协议：1.某铝业公司已按照生态环境行政主管部门要求及某环研所的诉讼请求，完成废渣处置及大气排放的清理整改工作，案涉场地不再具有环境风险；2.某铝业公司已经按照第三方鉴定机构出具的评估报告，完成生态环境治理修复工作并承担相关费用；3.某环研所为本次诉讼所支付的律师费、差旅费、案件受理费等，由某铝业公司负担。该调解协议经依法公告，公告期内未收到任何异议。一审法院审查认为调解协议不违反法律规定，未损害社会公共利益，依法予以确认并制作调解书。调解书已发生法律效力。

【典型意义】

大通河系黄河支流湟水的最大支流，发源于青藏高原祁连山脉东段，流经甘肃连城国家级自然保护区，具有重要生态功能。本案中，被告超标排污、违规处置固体废物，造成区域大气和粉尘污染，严重影响大通河流域的地下水质和生态系统，对黄河上游地区的水循环系统及水资源补给造成不利影响。人民法院受理案件后，督促被告落实整改、及时减损、积极修复，监测数据显示整改后已不再具有环境风险，这起社会关注的环境公益诉讼案件最终以被告公司自愿接受环保社会组织诉讼请求并积极履行生态环境修复义务的方式得以妥善解决。人民法院遵循自愿合法和维护社会公共利益原则，一方面严守生态红线，确保人民群众环境权益和社会公共利益得到及时有效救济；另一方面优化多元解纷机制，保障企业正常生产经营，助力高质量发展，实现了案件办理的政治效果、法律效果、社会效果、生态效果有机统一。

2. 侵害英雄烈士名誉权纠纷公益诉讼

董存瑞、黄继光英雄烈士名誉权纠纷公益诉讼案
——杭州市西湖区人民检察院诉瞿某某侵害烈士名誉权公益诉讼案

《人民法院大力弘扬社会主义核心价值观十大典型民事案例》案例一
2020年5月13日

【基本案情】

瞿某某在其经营的网络店铺中出售两款贴画，一款印有"董存瑞舍身炸碉堡"形象及显著文字"连长 你骗我！两面都有胶！！"，另一款印有"黄继光舍身堵机枪口"形象及显著文字"为了妹子，哥愿意往火坑跳！"。杭州市某居民在该店购买了上述印有董存瑞、黄继光宣传形象及配文的贴画后，认为案涉网店经营者侵害了董存瑞、黄继光的名誉并伤害了其爱国情感，遂向杭州市西湖区检察院举报。

西湖区检察院发布公告通知董存瑞、黄继光近亲属提起民事诉讼。公告期满后,无符合条件的原告起诉,西湖区检察院遂向杭州互联网法院提起民事公益诉讼。

【裁判结果】

杭州互联网法院认为,英雄烈士是国家的精神坐标,是民族的不朽脊梁。英雄烈士董存瑞在"解放战争"中舍身炸碉堡,英雄烈士黄继光在"抗美援朝"战争中舍身堵枪眼,用鲜血和生命谱写了惊天动地的壮歌,体现了崇高的革命气节和伟大的爱国精神,是社会主义核心价值观的重要体现。任何人都不得歪曲、丑化、亵渎、否定英雄烈士的事迹和精神。被告瞿某某作为中华人民共和国公民,应当崇尚、铭记、学习、捍卫英雄烈士,不得侮辱、诽谤英雄烈士的名誉。其通过网络平台销售亵渎英雄烈士形象贴画的行为,已对英雄烈士名誉造成贬损,且主观上属明知,构成对董存瑞、黄继光的名誉侵权。同时,被告瞿某某多年从事网店销售活动,应知图片一经发布即可能被不特定人群查看,商品一经上线便可能扩散到全国各地,但其仍然在网络平台发布、销售上述贴画,造成了恶劣的社会影响,损害了社会公共利益,依法应当承担民事法律责任。该院判决瞿某某立即停止侵害英雄烈士董存瑞、黄继光名誉权的行为,即销毁库存、不得再继续销售案涉贴画,并于判决生效之日起10日内在国家级媒体公开赔礼道歉、消除影响。

【典型意义】

核心价值:革命英烈保护

董存瑞、黄继光等英雄烈士的事迹和精神是中华民族共同的历史记忆和宝贵的精神财富。对英烈事迹的亵渎,不仅侵害了英烈本人的名誉权,给英烈亲属造成精神痛苦,也伤害了社会公众的民族和历史感情,损害了社会公共利益。互联网名誉侵权案件具有传播速度快、社会影响大等特点,该两案系全国首次通过互联网审理涉英烈保护民事公益诉讼案件,明确侵权结果发生地法院对互联网民事公益诉讼案件具有管辖权,有利于高效、精准打击利用互联网侵害英雄烈士权益不法行为,为网络空间注入尊崇英雄、热爱英雄、景仰英雄的法治能量。

淮安谢勇烈士名誉权纠纷公益诉讼案
——淮安市人民检察院诉曾某侵害烈士名誉权公益诉讼案

《人民法院大力弘扬社会主义核心价值观十大典型民事案例》案例二

2020年5月13日

【基本案情】

江苏省淮安某小区一高层住宅发生火灾，消防战士谢勇在解救被困群众时坠楼壮烈牺牲，公安部和江苏省有关部门追认谢勇同志"革命烈士"称号，追记一等功以及追授谢勇"灭火救援勇士"荣誉称号。被告曾某对谢勇烈士救火牺牲一事在微信群中公然发表"不死是狗熊，死了就是英雄""自己操作失误掉下来死了能怪谁，真不知道部队平时是怎么训练的""别说拘留，坐牢我多（都）不怕"等侮辱性言论，歪曲烈士谢勇英勇牺牲的事实。谢勇的近亲属表示对曾某的侵权行为不提起民事诉讼，并支持检察机关提起诉讼追究曾某侵权责任。江苏省淮安市人民检察院遂向淮安市中级人民法院提起民事公益诉讼，请求判令曾某通过媒体公开赔礼道歉、消除影响。

【裁判结果】

淮安市中级人民法院认为，英烈精神是弘扬社会主义核心价值观和爱国主义精神的体现，全社会都应当认识到对英雄烈士合法权益保护的重要意义，有责任维护英雄烈士的名誉和荣誉等民事权益。本案中，被告曾某利用微信群，发表带有侮辱性质的不实言论，歪曲烈士谢勇英勇牺牲的事实。因该微信群成员较多且易于传播，被告的此种行为对谢勇烈士不畏艰难、不惧牺牲、无私奉献的精神造成了负面影响，已经超出了言论自由的范畴，构成了对谢勇烈士名誉的侵害。网络不是法外之地，任何人不得肆意歪曲、亵渎英雄事迹和精神。诋毁烈士形象是对社会公德的严重挑战，被告曾某的行为侵犯社会公共利益，该院判令曾某应当在当地地级市一级报纸上公开赔礼道歉。

【典型意义】

核心价值：当代英烈保护

本案是《英雄烈士保护法》实施后全国首例适用该法进行审判的案件，是以检察机关提起公益诉讼方式保护当代消防英烈名誉、维护社会公共利益的典型案例。本案中，谢勇烈士的英雄事迹和精神为国家所褒扬，成为全社会、全民族宝贵的精神遗产，其名誉、荣誉等人格权益已经上升为社会公共利益，不容亵渎。曾某利用成员众多、易于传播的微信群，故意发表带有侮辱性质的不实言论，歪曲烈士谢勇英勇牺牲的事实，诋毁烈士形象，已经超出了言论自由的范畴，侵害了谢勇烈士人格权益和社会公共利益，应承担相应的法律责任。本案裁判顺应时代要求，回应民众呼声，通过释法说理匡扶正义，传播社会正能量，弘扬时代主旋律，对营造崇尚英烈、敬重英烈、捍卫英烈精神的社会环境以及引导公众树立正确的历史观、民族观、文化观，起到积极作用。

杭州市上城区人民检察院诉杭州某网络科技有限公司英雄烈士保护民事公益诉讼案

《人民法院抓实公正与效率践行社会主义核心价值观典型案例》第 1 号

2023 年 8 月 2 日

【基本案情】

杭州某网络科技有限公司为会员搭建信息中介、资源共享平台。其将付费会员称为"雷锋会员"，将提供服务的平台称为"雷锋社群"，将自己注册运营的微信公众号称为"雷锋哥"，在微信公众号上发布有"雷锋会员""雷锋社群""雷锋书架""雷锋资源"文字的宣传海报和文章，并在公司住所地悬挂"雷锋社群"文字标识，根据级别收取不同年费。据"雷锋哥"微信公众号文章介绍，微信公众号有"30 万+"粉丝，"雷锋社群"有 1 万多名会员。该公司以"雷锋社群"的名义多次举办"创业广交会""电商供应链大会"及"全球云选品对接会"等商业活动。该公司还以"雷锋社群会费""雷锋社群推广费""雷锋社群年会参会费"等名目收取客户费用 30 多万元。杭州市上城区人民检察院提起公益诉讼，请求判令杭州某网络科技有限公司停止在经营项目中以雷锋的名义进行宣传，并在浙江省内省级媒体就使用雷锋姓名赔礼道歉。

【裁判结果】

杭州互联网法院认为，杭州某网络科技有限公司使用雷锋同志姓名的行为是一种商业行为，侵害了雷锋同志的人格利益，曲解了真正的雷锋精神，损害了社会公共利益，有悖于社会主义核心价值观，依法应当承担法律责任。法院判决杭州某网络科技有限公司停止使用雷锋同志姓名的行为并在浙江省内省级报刊向社会公众发表赔礼道歉的声明。

【典型意义】

英雄的事迹和精神是中华民族共同的历史记忆和精神财富，雷锋同志的姓名作为一种重要的人格利益，应当受到保护。《英雄烈士保护法》第二十二条规定："任何组织和个人不得将英雄烈士的姓名、肖像用于或者变相用于商标、商业广告，损害英雄烈士的名誉、荣誉。"杭州某网络科技有限公司使用的"雷锋"文字具有特定意义，确系社会公众所广泛认知的英雄姓名。为了商业目的，在"雷锋哥"微信公众号中使用"雷锋社群"和"雷锋会员"，宣传"资源共享，互帮互助的雷锋精神"口号，明知英雄的姓名具有特定的意义，仍擅自将其用于商业组织和商业活动行为，侵犯了英雄的人格利益，实际曲解了社会公众所广泛认知的雷锋精神。

人民陪审员参加七人合议庭审理曾某侵害烈士名誉公益诉讼案

《人民陪审员参审十大典型案例》第1号

2022年10月11日

一、案件基本情况

2018年，江苏省淮安市某小区高层住宅发生火灾，淮安市消防支队水上大队城南中队副班长谢勇，在抢险灭火过程中不幸坠楼，壮烈牺牲，公安部批准谢勇同志为烈士并颁发献身国防金质纪念章。被告曾某对谢勇烈士救火牺牲一事在微信群中公然发表侮辱性言论，歪曲谢勇烈士英勇牺牲的事实，该微信群共有成员131人，群内多人阅见曾某发表侮辱英烈言论。检察机关提起民事公益诉讼。江苏省淮安市中级人民法院随机抽取4名人民陪审员与3

名法官组成7人合议庭审理本案。生效判决认为，被告曾某利用微信群发表带有侮辱性质的不实言论，歪曲烈士谢勇英勇牺牲的事实，构成对谢勇烈士名誉的侵害。曾某的行为侵犯了社会公共利益，判决被告曾某于判决生效之日起7日内在报纸上公开赔礼道歉。

二、人民陪审员发挥的参审作用

参与审理本案的人民陪审员本职工作分别是退休人民教师、电视台编辑、社区工作者、企业职员，来源组成较为广泛。合议庭组成后，人民陪审员迅速进入角色，积极履职。一是深入现场调查。人民陪审员数次走访涉事社区，全面了解事发经过，广泛听取民声民意，将个人意见建议和征集到的群众看法进行整理，与法官深入交流，相关意见被合议庭列为庭审重点调查内容。二是积极参与庭审合议。庭审中，人民陪审员围绕案件争议事实主动发问；合议时，人民陪审员从公众常识、公序良俗等方面作出独立分析判断，展现了普通民众看待烈士名誉侵权问题的视角，拓展了法官办案思维；判决书拟制完成后，人民陪审员与法官共同推敲斟酌、核稿校对，提出有针对性、建设性的修改意见，该案判决书被评为"江苏法院优秀裁判文书"。三是主动释法普法。该案判决后，人民陪审员主动担当社会责任，入校园、入社区、入企业，以案释法，积极影响身边群众，促进英雄烈士保护法深入人心，助推树立尊崇英烈、尊重英雄的良好社会风尚。

【典型意义】

本案是《英雄烈士保护法》实施后全国首例英烈保护民事公益诉讼案件，受到社会各界广泛关注。本案人民陪审员以严肃认真的工作态度，忠实履行审判职责，认真梳理案情，深入开展调查，广泛征集民意，在庭审时就当地群众关心关注的主要问题积极主动发问，充分结合朴素的公平正义理念，以社会公众的视角对事实认定问题进行分析判断，提高了裁判的公信力和认可度，有力促进以司法公正引领社会公平正义目标的实现。该案入选"人民法院大力弘扬社会主义核心价值观十大典型民事案例"。

罗某侵害英雄烈士名誉、荣誉暨附带民事公益诉讼案
——在网络平台上侮辱抗美援朝英雄烈士，构成侵害英雄烈士名誉、荣誉罪并应承担民事责任

《涉英烈权益保护十大典型案例》第一号

2022年12月8日

【基本案情】

2021年，罗某观看《长津湖》电影和纪录片后，为博取关注，使用新浪微博账号（粉丝数220余万）发帖，侮辱在抗美援朝长津湖战役中牺牲的中国人民志愿军"冰雕连"英烈。上述帖文因用户举报被平台处理，此前阅读量2万余次。罗某次日删除该帖文，但相关内容已经在网络上广泛传播，引发公众强烈愤慨。罗某曾系知名媒体人，曾使用上述账号先后发表侮辱、嘲讽英雄烈士等帖文9篇，其账号被平台处置30次。海南省三亚市城郊人民检察院提起刑事附带民事公益诉讼，认为应当以侵害英雄烈士名誉、荣誉罪追究罗某刑事责任，建议判处有期徒刑七个月，同时请求判令罗某承担相应民事责任。

【裁判结果】

海南省三亚市城郊人民法院认为，被告人罗某在互联网上使用侮辱性语言抹黑中国人民志愿军"冰雕连"英烈，否定社会主义核心价值观和伟大的抗美援朝精神，破坏社会公共秩序，情节严重，其行为构成侵害英雄烈士名誉、荣誉罪。罗某系自首，可以依法从轻处罚，自愿认罪认罚，可以依法从宽处理。附带民事公益诉讼被告罗某作为网络"大V"，多次在网上公开发表言论侮辱、贬损英雄烈士，严重侵害社会公共利益，应当承担民事责任。罗某自愿赔偿8万元用于抗美援朝烈士精神事迹纪念、宣传等公益事业，予以认可。人民法院作出刑事附带民事判决，被告人罗某犯侵害英雄烈士名誉、荣誉罪，判处有期徒刑七个月；附带民事公益诉讼被告罗某在相关网站及报纸上公开赔礼道歉。

【典型意义】

英雄烈士既包括个人，也包括群体，既包括有名英雄烈士，也包括无名英雄烈士。中国人民志愿军的英雄事迹是中华民族共同的历史记忆和宝贵的精神财富，伟大的抗美援朝精神跨越时空、历久弥新，是社会主义核心价值观的重要体现，全体中华儿女要永续传承、世代发扬，绝不容许亵渎、诋毁。电影《长津湖》旨在缅怀中国人民志愿军"冰雕连"英烈，罗某却在观看电影后，在网络平台发帖公然歪曲历史，侮辱、抹黑英烈，伤害公众情感，严重破坏社会公共秩序。本案通过司法手段严惩侵害抗美援朝英雄烈士群体名誉、荣誉行为，维护社会公共利益，护航传承和弘扬爱国主义精神，推动培育和践行社会主义核心价值观。

仇某侵害英雄烈士名誉、荣誉暨附带民事公益诉讼案
——在网络平台上采用侮辱、诽谤方式侵害卫国戍边英雄烈士名誉、荣誉构成犯罪并应承担民事责任

《涉英烈权益保护十大典型案例》第三号

2022年12月8日

【基本案情】

仇某在卫国戍边官兵誓死捍卫国土的英雄事迹被报道后，为博取眼球，使用其新浪微博账号"辣笔小球"（粉丝数250余万），先后发布2条微博，歪曲卫国戍边官兵祁发宝、陈红军、陈祥榕、肖思远、王焯冉等同志的英雄事迹和英雄精神。上述微博在网络上迅速扩散，引发公众强烈愤慨，造成恶劣社会影响。截至仇某删除微博时，上述微博共计阅读量20万余次。江苏省南京市建邺区人民检察院提起刑事附带民事公益诉讼，认为应当以侵害英雄烈士名誉、荣誉罪追究被告人仇某刑事责任，同时请求判令被告仇某通过国内主要门户网站及全国性媒体公开赔礼道歉，消除影响。

【裁判结果】

江苏省南京市建邺区人民法院认为，被告人仇某公然蔑视国家法律和社

会公德，在网络上采用侮辱、诽谤方式侵害英雄烈士名誉、荣誉，造成恶劣社会影响，严重破坏社会秩序，损害社会公共利益，情节严重，构成侵害英雄烈士名誉、荣誉罪。附带民事公益诉讼被告仇某发表不当言论，亵渎英雄烈士事迹和精神，侵害英雄烈士名誉、荣誉，应当承担民事侵权责任。作出刑事附带民事判决，被告人仇某犯侵害英雄烈士名誉、荣誉罪，判处有期徒刑八个月；附带民事公益诉讼被告仇某通过国内主要门户网站及全国性媒体公开赔礼道歉，消除影响。

【典型意义】

"辣笔小球"案是《刑法修正案（十一）》增设"侵害英雄烈士名誉、荣誉罪"后的全国首案。本案依法认定仇某的行为构成侵害英雄烈士名誉、荣誉罪，通过科处刑罚，保护英烈权益，弘扬英烈精神，回应社会关切，发挥司法裁判教育、警示作用，具有首案引领意义。有助于推动社会公众形成维护英雄烈士名誉、荣誉，严惩亵渎、诋毁英烈言行的广泛共识，大力弘扬社会主义核心价值观，彰显司法保护英烈权益、弘扬英烈精神的坚定立场。

李某、吴某侵害英雄烈士荣誉民事公益诉讼案
——在英雄烈士纪念设施保护范围内从事有损纪念英雄烈士环境和氛围的活动应承担法律责任

《涉英烈权益保护十大典型案例》第五号

2022 年 12 月 8 日

【基本案情】

2018 年，李某、吴某身着仿纳粹军服，前往萧山烈士陵园拍摄大量照片，后李某将身着仿纳粹军服的照片发布在其好友数 1940 人的 QQ 空间中，被多人转发扩散，引发广大网民热议，社会影响恶劣，相关内容相继被各大新闻网站转载，短时间内即达 3 万余条。2019 年，公安机关调查后，根据情节严重程度，对李某、吴某分别处以行政拘留 14 日和 7 日的行政处罚。浙江省杭州市人民检察院提起本案民事公益诉讼，请求判令李某、吴某在浙江省省级以上媒体公开赔礼道歉、消除影响。

【裁判结果】

浙江省杭州市中级人民法院认为,李某、吴某对英雄烈士以及烈士陵园所蕴含的精神价值,应具有一般民众的认知和觉悟。李某、吴某的行为轻视英雄烈士,无视公众情感,蔑视法律尊严,侮辱和亵渎英雄烈士荣誉,侵害烈士亲属及社会公众情感,损害社会公共利益和社会道德评价秩序,后果严重,依法应当承担相应民事法律责任,判决李某、吴某在浙江省省级以上媒体公开赔礼道歉、消除影响。

【典型意义】

烈士陵园作为向公众开放的英雄烈士纪念设施,供公众瞻仰、悼念英雄烈士,开展纪念教育活动,告慰先烈英灵。任何组织和个人不得在英雄烈士纪念设施保护范围内从事有损纪念英雄烈士环境和氛围的活动,否则将承担相应法律责任。本案的依法审理,对此类侵害英烈荣誉行为起到有效的教育、警示和震慑作用。本案审理过程中还邀请百余名学生到庭旁听,并通过中国庭审公开网进行全程直播,让庭审成为全民共享的法治公开课和爱国主义教育公开课,有助于引起社会公众警醒,推动在全社会真正形成尊重英雄、保护英雄的共识,进一步传承英烈精神。

某网络科技公司侵害英雄烈士姓名民事公益诉讼案
——擅自将英烈姓名用于商业用途,侵害英雄烈士
人格利益和社会公共利益

《涉英烈权益保护十大典型案例》第六号
2022年12月8日

【基本案情】

某网络科技公司为电商企业提供信息中介、资源共享平台,将付费会员称为"雷锋会员"、平台称为"雷锋社群"、微信公众号称为"雷锋哥"并发布有"雷锋会员"等文字的宣传海报和文章,在公司住所地悬挂"雷锋社群"文字标识等。该公司以"雷锋社群"名义多次举办"创业广交会""电

商供应链大会"等商业活动，并以"雷锋社群会费"等名目收取客户费用共计30万余元。浙江省杭州市上城区人民检察院提起民事公益诉讼，要求某网络科技公司立即停止在经营项目中以雷锋名义进行的宣传，并在浙江省省级媒体赔礼道歉。

【裁判结果】

杭州互联网法院认为，某网络科技公司使用的"雷锋"文字确系社会公众所广泛认知的雷锋同志之姓名，其明知雷锋同志的姓名具有特定意义，仍擅自用于开展网络商业宣传，构成对雷锋同志姓名的侵害，同时损害社会公共利益，依法应当承担法律责任。判决某网络科技公司停止使用雷锋同志姓名的行为，并在浙江省省级报刊向社会公众发表赔礼道歉声明。

【典型意义】

本案是《民法典》实施后首例保护英烈姓名的民事公益诉讼案件。依据其中第一百八十五条、第一千条规定，侵害英雄烈士等的姓名、肖像、名誉、荣誉，损害社会公共利益的，应当承担消除影响、恢复名誉、赔礼道歉等民事责任，且应当与行为的具体方式和造成的影响范围相当。雷锋同志的姓名不仅作为一种重要的人格利益受法律保护，还涉及社会公共利益。本案裁判明确，将雷锋同志的姓名用于商业广告和营利宣传的行为，侵害英雄烈士人格利益；同时，将商业运作模式假"雷锋精神"之名推广，既曲解雷锋精神，与社会公众的一般认知相背离，也损害承载于其上人民群众的特定感情，损害社会公共利益。本案通过司法手段，为网络空间注入缅怀英烈、敬仰英烈的法治正能量。

赵某侵害英雄烈士名誉民事公益诉讼案
——在网络平台上发表不当言论亵渎英烈事迹和精神应当承担法律责任

《涉英烈权益保护十大典型案例》第八号

2022 年 12 月 8 日

【基本案情】

马金涛同志系贵州省贵阳市公安局花溪分局贵筑派出所民警。2018 年，马金涛同志在执行抓捕毒犯任务中牺牲，年仅 30 岁。人力资源和社会保障部、公安部追授马金涛同志"全国公安系统一级英雄模范"称号。马金涛同志因公殉职次日，赵某在人数众多的微信群中对此发表侮辱性言论。贵州省六盘水市人民检察院就赵某侵害马金涛烈士名誉提起民事公益诉讼，请求判令赵某通过贵州省省级以上媒体向社会公开赔礼道歉、消除影响。

【裁判结果】

贵州省六盘水市中级人民法院认为，马金涛烈士在缉毒工作中献出年轻的生命，他英勇无畏、无私奉献的精神，值得全社会学习、弘扬、传承和捍卫。赵某在人数众多的微信群中公然发表不当言论亵渎英烈事迹和精神，贬损英烈名誉，伤害烈属情感，同时也给一线缉毒民警带来心理上伤害，已经超出言论自由范畴，是对社会公德的严重挑战，损害社会公共利益，应当依法承担民事侵权责任。判决赵某在贵州省省级媒体公开赔礼道歉、消除影响。

【典型意义】

缉毒英雄英勇无畏、无私奉献的精神不容亵渎。本案侵权人通过互联网媒体，诋毁、侮辱、诽谤英雄人物，丑化英雄人物形象，贬损英雄人物名誉，削弱英烈精神价值，损害社会公共利益。本案通过民事公益诉讼加大对英雄烈士名誉的保护力度，充分体现人民法院弘扬英烈精神、保护英烈权益的坚定立场，有助于引导社会公众自觉维护和弘扬英烈精神，推动全社会形成学习英烈革命气节、崇尚英烈、捍卫英烈的良好社会风尚。

杭州市临平区人民检察院诉陈某英雄烈士保护民事公益诉讼案

《人民法院贯彻实施民法典典型案例（第二批）》第三号

2023年1月12日

【典型意义】

习近平总书记指出，一切民族英雄都是中华民族的脊梁，他们的事迹和精神都是激励我们前行的强大力量。① 英烈不容诋毁，法律不容挑衅。《民法典》第一百八十五条"英烈条款"的核心要义是保护英雄烈士的人格利益，维护社会公共利益，弘扬尊崇英烈、扬善抑恶的精神风气。肖思远烈士为国戍边守土，遭敌围攻壮烈牺牲，其英雄事迹必将为人民群众缅怀铭记。该案适用《民法典》规定，认定陈某的行为侵害肖思远烈士的名誉、荣誉，损害了社会公共利益，鲜明表达了人民法院严厉打击和制裁抹黑英雄烈士形象行为的坚定立场，向全社会传递了热爱英雄、崇尚英雄、捍卫英雄的强烈态度。

【基本案情】

2020年6月15日，戍边烈士肖思远在边境冲突中誓死捍卫祖国领土，突围后又义无反顾返回营救战友，遭敌围攻壮烈牺牲，于2021年2月被中央军委追记一等功。2021年2月至4月间，陈某在人民日报、央视新闻、头条新闻等微博账号发布的纪念、缅怀肖思远烈士的文章下，发表针对肖思远烈士的不当评论内容共计20条，诋毁其形象和荣誉。公益诉讼起诉人认为，陈某的行为侵害戍边烈士肖思远的名誉和荣誉，损害社会公共利益，故向人民法院提起民事公益诉讼，请求判令陈某在全国性的新闻媒体上公开赔礼道歉、消除影响。

【裁判结果】

生效裁判认为，《民法典》第一百八十五条侧重保护的是已经成为社会公

---

① 摘自2015年9月2日习近平颁发"中国人民抗日战争胜利70周年"纪念章仪式上的讲话。

共利益重要组成部分的英雄烈士的人格利益。英雄烈士是中华民族最优秀群体的代表，英雄烈士和他们所体现的爱国主义、英雄主义精神，是我们党魂、国魂、军魂、民族魂的不竭源泉和重要支撑，是中华民族精神的集中反映。英雄烈士的事迹和精神是中华民族的共同记忆，是社会主义核心价值观的重要体现。抹黑英雄烈士，既是对社会主义核心价值观的否定和瓦解，也容易对人民群众的价值观念造成恶劣影响。陈某在互联网空间多次公开发表针对肖思远烈士名誉、荣誉的严重侮辱、诋毁、贬损、亵渎言论，伤害了国民的共同情感和民族精神，污染了社会风气，不利于民族共同记忆的赓续、传承，更是对社会主义核心价值观的严重背离，已构成对社会公共利益的侵害。故判决陈某在全国性的新闻媒体上向社会公众公开赔礼道歉、消除影响。

【民法典条文指引】

第一百八十五条 侵害英雄烈士等的姓名、肖像、名誉、荣誉，损害社会公共利益的，应当承担民事责任。

杭州市上城区人民检察院诉某网络科技有限公司英雄烈士保护民事公益诉讼案

《人民法院贯彻实施民法典典型案例（第一批）》第三号

2022 年 2 月 25 日

【典型意义】

英雄烈士是一个国家和民族精神的体现，是引领社会风尚的标杆，加强对英烈姓名、名誉、荣誉等的法律保护，对于促进社会尊崇英烈、扬善抑恶、弘扬社会主义核心价值观意义重大。为更好地弘扬英雄烈士精神，增强民族凝聚力，维护社会公共利益，《民法典》第一百八十五条对英雄烈士等的人格利益保护作出了特别规定。本案适用《民法典》的规定，认定将雷锋姓名用于商业广告和营利宣传，曲解了雷锋精神，构成对雷锋同志人格利益的侵害，损害了社会公共利益，依法应当承担相应法律责任，为网络空间注入缅怀英烈、热爱英烈、敬仰英烈的法治正能量。

【基本案情】

被告某网络科技有限公司将其付费会员称为"雷锋会员",将其提供服务的平台称为"雷锋社群",将其注册运营的微信公众号称为"雷锋哥",在微信公众号上发布有"雷锋会员""雷锋社群"等文字的宣传海报和文章,并在公司住所地悬挂"雷锋社群"文字标识。该公司以"雷锋社群"名义多次举办"创业广交会""电商供应链大会""全球云选品对接会"等商业活动,并以"雷锋社群会费"等名目收取客户费用16笔,金额共计308464元。公益诉讼起诉人诉称,要求被告立即停止在经营项目中以雷锋的名义进行宣传,并在浙江省内省级媒体就使用雷锋姓名赔礼道歉。

【裁判结果】

生效裁判认为,英雄的事迹和精神是中华民族共同的历史记忆和精神财富,雷锋同志的姓名作为一种重要的人格利益,应当受到保护。某网络科技有限公司使用的"雷锋"文字具有特定意义,确系社会公众所广泛认知的雷锋同志之姓名。该公司明知雷锋同志的姓名具有特定的意义,仍擅自将其用于开展网络商业宣传,会让公众对"雷锋社群"等称谓产生误解,侵犯了英雄烈士的人格利益。将商业运作模式假"雷锋精神"之名推广,既曲解了"雷锋精神",与社会公众的一般认知相背离,也损害了承载于其上的人民群众的特定感情,对营造积极健康的网络环境产生负面影响,侵害了社会公共利益。故判决被告停止使用雷锋同志姓名的行为(包括停止使用"雷锋哥"微信公众号名称、"雷锋社群"名称、"雷锋会员"名称等),并在浙江省内省级报刊向社会公众发表赔礼道歉的声明。

【民法典条文指引】

第一百八十五条 侵害英雄烈士等的姓名、肖像、名誉、荣誉,损害社会公共利益的,应当承担民事责任。

第一千条 行为人因侵害人格权承担消除影响、恢复名誉、赔礼道歉等民事责任的,应当与行为的具体方式和造成的影响范围相当。

行为人拒不承担前款规定的民事责任的,人民法院可以采取在报刊、网络等媒体上发布公告或者公布生效裁判文书等方式执行,产生的费用由行为人负担。

3. 刑事附带民事公益诉讼

被告人甲某周盗伐林木刑事附带民事公益诉讼案

《黄河流域生态环境司法保护典型案例》第一号

2020年6月5日

【基本案情】

被告人甲某周为自建房屋申请砍伐木材50立方米。2018年7月底，在尚未取得林木采伐许可证情况下，甲某周谎称已取得砍树指标，请人在崇尔乡列更山上砍伐云杉树木39棵，蓄积为44.87立方米。同年9月10日，甲某周主动到若尔盖县森林公安局投案，如实供述犯罪事实，后签署认罪认罚具结书。四川省若尔盖县人民检察院依法提起刑事附带民事公益诉讼。

【裁判结果】

四川省若尔盖县人民法院一审认为，甲某周在未取得林木采伐许可证的情况下，以非法占有为目的，擅自砍伐国家所有林木云杉，蓄积44.87立方米，数量巨大，已构成盗伐林木罪。鉴于甲某周构成自首，其盗伐林木目的是用于自建房且能认罪认罚，故对其减轻处罚。若尔盖县人民检察院依法提起附带民事公益诉讼，主体适格，程序合法，对其公益诉讼请求予以支持。一审法院判决甲某周犯盗伐林木罪，判处有期徒刑二年、缓刑三年，并处罚金2000元；甲某周在判决生效后6个月内，补种云杉树390株。

【典型意义】

本案系盗伐林木引发的刑事附带民事公益诉讼案件。若尔盖县地处黄河上游，是重要的水源涵养区。该区域的森林资源具有保持水土、维护生物多样性等重要作用。通过案件审理，人民法院统筹运用刑事、民事责任方式，落实恢复性司法理念，在判决甲某周负刑事责任的同时承担补植复绿的生态环境修复责任，构建惩处和复绿并举的责任追究机制，对于有效树立"伐树要许可、毁树须担责"的生态保护意识，推动形成人与自然和谐共生的绿色生活方式，具有积极的促进作用。

被告人秦某学滥伐林木刑事附带民事公益诉讼案

《长江流域生态环境司法保护典型案例》第三号

2021年2月25日

【基本案情】

2016年9月至2017年1月，被告人秦某学在没有办理林木采伐许可证的情况下，擅自将位于保靖县毛沟镇卧当村白云山国家级自然保护区核心区自己承包山上的杉木进行砍伐，其中核心区内面积117.5亩，核心区外面积15.46亩，并雇佣他人将砍伐的杉木运出并销售。经鉴定，秦某学共砍伐林木1010株，林木蓄积153.36立方米。湖南省保靖县人民检察院依法提起刑事附带民事公益诉讼。

【裁判结果】

湖南省保靖县人民法院一审认为，秦某学滥伐白云山国家级自然保护区核心区内的公益林，林木蓄积153.36立方米，数量巨大，构成滥伐林木罪。鉴于秦某学系初犯、认罪，积极交纳补植复绿的保证金66025元，有悔罪表现，应从轻判处。保靖县人民检察院要求秦某学恢复原状的诉讼请求，于法有据，予以支持。一审法院判决秦某学犯滥伐林木罪，判处有期徒刑三年、缓刑四年，并处罚金1万元；秦某学在判决生效后2年内在白云山国家级自然保护区内栽植一年生杉树苗5050株，存活率达到90%以上。

【典型意义】

本案系滥伐林木引发的刑事附带民事公益诉讼案件。白云山国家级自然保护区位于武陵山区，是长江流域洞庭湖支流沅江的重要水源涵养区。该地区的森林资源具有保持水土、维护生物多样性等重要作用。本案中，秦某学未取得林木采伐许可证，擅自砍伐、销售自然保护区内公益林，损害社会公共利益。人民法院统筹运用刑事、民事责任方式，有效确立"伐树要许可、毁树须担责"，并支持检察机关恢复原状的诉讼请求，对于推动形成人与自然和谐共生的绿色生活方式，具有积极的促进作用。

阿某等盗伐林木刑事附带民事公益诉讼案

《司法积极稳妥推进碳达峰碳中和典型案例》第十号

2023年2月17日

【基本案情】

阿某等6被告人得知枫树、槭树可卖给商家制作小提琴、大提琴而获利，遂产生结伙盗伐林木牟利的念头。2021年5月至9月期间，6被告人结伙先后在位于大熊猫国家公园范围内的四川省雅安市宝兴县、天全县境内盗伐枫树和槭树60.68立方米，并运往乐山市出售，获利20余万元。四川省雅安市宝兴县人民检察院以盗伐林木罪对阿某等6人提起公诉，并提起附带民事公益诉讼，诉请6被告人按照植被恢复方案在宝兴县国有林范围内补种云杉70株，当年造林存活率不低于90%，3年保存率不低于85%，6被告人赔偿相应经济损失并赔礼道歉。诉讼中，6被告人积极履行民事赔偿义务，自愿从四川联合环境交易所有限公司认购碳汇用于修复被破坏的生态环境。

【裁判结果】

四川省雅安市宝兴县人民法院经审理认为，森林资源是自然资源的重要组成部分，发挥着吸碳、储碳的重要生态功能，对维护生态安全、应对气候变化发挥着重要作用。6被告人为追求经济利益而盗伐林木的行为，严重损害了森林资源。6被告人盗伐林木均位于大熊猫国家公园范围内，其行为严重破坏了自然生态系统的原真性、完整性和系统性，不仅应承担相应的刑事责任，还应承担对生态资源造成侵害的民事责任。根据6被告人的犯罪事实及自首、认罪悔罪情节，购买碳汇替代承担生态环境受到损害至修复完成期间服务功能损失等情节，判处相应的刑罚。同时判决附带民事公益诉讼6被告人按照生态环境修复方案补种云杉70株，当年造林存活率不低于90%，3年保存率不低于85%；赔偿林木被盗损失（已履行），并要求在市级以上媒体公开赔礼道歉。宣判后，各方未上诉、抗诉。

【典型意义】

本案判决被告人采取"补植复绿"替代修复受损害的生态环境,有利于固碳增汇,对于减缓和适应气候变化具有积极意义。同时,在被告人自愿认购碳汇的基础上,人民法院创新适用将被告人购买林业碳汇在碳市场注销、以替代承担生态环境受到损害至修复完成期间服务功能丧失导致损失的赔偿方式,有效缓解了案涉补种树木幼龄期固碳增汇能力缺失的问题。此外,建设国家公园的目的是保持自然生态系统的原真性和完整性,保护生物多样性,保护生态安全屏障,给子孙后代留下珍贵的自然资产。本案适用碳汇修复大熊猫国家公园受损生态环境,也体现了整体保护、系统修复的国家公园保护理念。

王某民等6人滥伐林木、危害国家重点保护植物刑事附带民事公益诉讼案

《国家公园司法保护典型案例》第五号

2023年10月17日

【基本案情】

2022年2月,被告人王某民以其妻名义与案外人乔某某签订《林权林地转让合同书》,受让位于吉林省图们市凉水镇某村林地3785亩的林地使用权、林木所有权。同年4月,王某民使用案外人王某的身份证申请办理了林木采伐许可证,采伐地点为凉水林场的三个伐区,批准采伐总蓄积456立方米,树种为柞树。同年4月至5月,王某民雇佣被告人张某奎组织多人进场作业,被告人沙某、刘某军、徐某仁等负责采伐,被告人杨某负责归楞、装车。王某民等人实际伐木区域除了上述经批准的三个伐区外,还包括未经批准的楞场东侧伐区等三个伐区,性质为集体林区或国有林区;砍伐树木包括柞树、杨树、紫椴等。经鉴定,王某民等人违反林木采伐许可的树种、数量和采伐方式,非法采伐柞树、杨树等林木立木蓄积1438立方米价值131万余元;采伐国家二级保护植物紫椴485株,立木蓄积257立方米,价值23万余元。吉林省珲春林区人民检察院以滥伐林木罪、危害国家重点保护植物罪就上述行

为提起公诉；并对王某民等六被告提起附带民事公益诉讼，诉请：王某民承担修复生态环境综合费用156万余元，沙某、张某奎、杨某对此承担连带责任，刘某军、徐某仁对其中14万元承担连带责任，6被告共同承担鉴定费用5000元。

【裁判结果】

吉林省珲春林区人民法院经审理认为，王某民、沙某等6人违反林木采伐许可证规定数量、树种和采伐方式，任意采伐林木，数量巨大，其行为构成滥伐林木罪。王某民、沙某违反国家规定，故意采伐国家重点保护植物紫椴，情节严重，构成危害国家重点保护植物罪。对王某民、沙某应当以滥伐林木罪和危害国家重点保护植物罪实行数罪并罚。王某民等6人犯罪行为严重破坏生态环境、危及生物多样性保护，使社会公共利益受到严重损害，应承担民事侵权责任。遂判处：王某民等6人2年至7年不等的有期徒刑，并处1万元至120万元不等的罚金；王某民承担修复生态环境综合费用156万余元，沙某、张某奎、杨某对此承担连带责任，刘某军、徐某仁对其中14万元承担连带责任，鉴定费用5000元由六被告共同承担。宣判后，各方未上诉、抗诉，一审判决已发生法律效力。

【典型意义】

本案系发生在东北虎豹国家公园范围内滥伐林木及危害国家重点保护植物的案件。东北虎豹国家公园内优质的森林资源和完整的生物链为东北虎、豹等珍稀野生动物提供了良好的生态家园。随着国家公园保护力度的加大，近年来，几十年不见的东北虎、豹重回故里繁衍生息。紫椴有"象牙板"和"世界四大行道树"的美称，具有较大的药用、欣赏和经济价值，属于国家濒危保护物种以及国家二级保护野生植物。本案中，人民法院依法对滥伐林木行为和故意采伐国家重点保护植物行为予以数罪并罚，加大对破坏森林资源犯罪的惩治和震慑力度；同时判令行为人赔偿生态环境修复费用，对保护东北虎豹栖息地生物多样性和生态系统安全具有积极作用。本案裁判后，人民法院践行能动司法理念，立足东北虎豹国家公园生态资源管护实际，向有关部门发出司法建议，推动形成国家公园保护的强大合力。

云南省澜沧县人民检察院诉歪某毁林种茶刑事附带民事公益诉讼案

《森林资源民事纠纷典型案例》第一号

2022年6月14日

【基本案情】

2008年6月至2019年6月，被告人歪某在未办理林地占用手续及林木采伐许可证的情况下，擅自将位于云南省澜沧县某村的国有公益林砍伐、围割，用于种植茶树。其非法占用林地10.6亩，砍伐、围割林木142株，造成林地大量毁坏。犯罪后，歪某投案自首。云南省澜沧县人民检察院就其行为提起刑事附带民事公益诉讼。

【裁判结果】

云南省澜沧县人民法院审理中，就附带民事公益诉讼部分组织双方达成调解，由歪某赔偿森林植被恢复费用3392元，并已当庭履行。就刑事部分，该院一审认为，被告人歪某违反土地管理法规，擅自砍伐林木，改变林地用途，面积达10.6亩，其行为已构成非法占用农用地罪。歪某犯罪后自动投案且如实供述，可以从轻处罚。遂判处歪某拘役四个月，并处罚金3000元。宣判后，各方未上诉、抗诉，一审判决已发生法律效力。

【典型意义】

森林是水库、钱库、粮库、碳库，对国家生态安全具有基础性、战略性作用。林地以及依托于林地生存的森林、野生动植物和微生物是地球表面最重要的生态资源之一，也是维护生态平衡的基本保障。本案所涉的云南澜沧江畔景迈山，是中国著名古茶山之一，迄今已有1828年历史，被誉为"世界茶文化自然博物馆""人类农耕文明奇观"。近年来，部分村民受利益驱使，非法侵占周边林地，毁林种茶，把茶树种植演变为对森林的疯狂蚕食。然而，古茶树喜湿好肥，对生长环境的洁净度要求极高，需要纯天然的森林环境。破坏森林资源，不仅破坏了野生古茶树的生长环境，也打破了古茶山的生态平衡，最终损害的是当地群众及其子孙后代的长远利益。人民法院依法惩处破坏森林资源犯罪行为，对附带民事公益诉讼积极促成调解，通过"刑罚＋修复"的责任方式，有效保护了景迈山古茶林的生存环境。本案体现了人民法院完整准确全面贯彻新发展理念，引导公众保护和可持续利用自然资源，努力让人与自然和谐共生的生态文明生生不息、代代传承。

江苏省连云港经济技术开发区人民检察院诉仰某梅等三人森林失火刑事附带民事公益诉讼案

《森林资源民事纠纷典型案例》第二号

2022年6月14日

【基本案情】

2019年9月，仰某梅兄妹三人携带火种、纸钱至江苏省连云港市某山上上坟烧纸。仰某梅引火时不慎点燃周围落叶、灌木，三人扑灭了明火，但未继续观察也未向有关部门报告即离去。后暗火复燃导致大面积山林被烧，过火林地面积2.4693公顷，烧死树木1138株，过火杂竹林面积1.4公顷，受灾树木材积23.78立方米。火烧迹地林种为水土保持林，属于国家级重点生态公益林。经林业部门出具评估报告和修复方案，认定失火行为导致的森林生态效益期间损失为39.3万元，主要包括涵养水源、保育土壤、固碳释氧、积累营养物质、净化大气环境、森林防护、保护野生动物功能价值等；修复方案为栽植黑松1500株和朴树500株，营造混交林方式，验收时苗木保存率应达到90%以上，修复所需替代费用为39.3万元。案发后，仰某梅于当日主动投案，三人共计交纳43万元作为生态环境效益损失赔偿金，并表示超出损失部分作为补植修复保证金。连云港经济技术开发区人民检察院以失火罪对仰某梅提起公诉，同时对仰某梅等三人提起附带民事公益诉讼。

【裁判结果】

江苏省灌南县人民法院一审认为，被告人仰某梅因疏忽大意引发火灾，已构成失火罪，但犯罪后主动投案，如实供述，主动交纳生态环境效益损失费用，愿意通过补植等方式修复受损环境，依法从轻处罚。附带民事公益诉讼被告仰某梅等三人作为完全民事行为能力人，应当知道使用明火祭拜可能引发森林火灾，其疏忽大意致使林地原有植被遭到严重破坏，应当对所造成的森林生态环境损害承担连带赔偿及修复责任。遂判处仰某梅有期徒刑一年，缓刑二年；仰某梅等三人连带赔偿生态环境效益损失 39.3 万元，于 2021 年 10 月 31 日前按照修复方案要求补植复种；如逾期未履行，连带赔偿生态修复费用 39.3 万元（已交纳的保证金予以抵扣）。宣判后，各方未上诉、抗诉，一审判决已发生法律效力。

【典型意义】

森林火灾对森林资源的危害极大，不仅在短时间内破坏大面积森林，造成严重财产损失和人身伤亡，还导致森林生态系统服务功能丧失。破坏森林资源案件的审理，除依法追究行为人法律责任外，核心是受损生态环境的修复。本案中，人民法院依据林业部门出具的专业意见，制定详细修复方案作为判决附件，明确被告在原地补植复绿的栽植品种、规格、数量、时间、养护期限和要求等，采取自然恢复和人工修复相结合措施，确保了森林修复的科学性、合理性和可操作性。被告在本案中自愿交纳生态环境损失赔偿金和补植修复保证金，人民法院将该情形作为从轻量刑情节，并确定在其不履行修复义务时将保证金用于支付森林生态环境修复费用，有效保障生态环境及时修复。本案巡回审判由上百家媒体报道，并经全国消防系统微信公众平台转载，通过"线上直播+线下补植"方式，引导公众形成生态祭祀、安全用火的良好社会风尚。

王某前祁连山森林草原失火刑事附带民事公益诉讼案

《青藏高原生态保护典型案例》第二号

2023 年 5 月 5 日

【基本案情】

2022 年 5 月 16 日，被告人王某前在祁连山国家公园甘肃片区土林沟青泉一带，参加肃南县某村"祭泉"民俗活动时，使用随身携带的打火机点燃"煨桑"用品。活动结束后，王某前用石块将"煨桑"火种封盖，在未确定火种完全熄灭的情况下离开,致使火种引燃周边干草引发火灾。经鉴定,过火总面积121.69亩,其中乔木林地35.43亩、天然牧草地86.26亩,火灾共烧毁祁连圆柏847株、青海云杉778株、爬地柏342株、锦鸡儿6930丛,损失共计468578元。祁连山林区人民检察院以失火罪对王某前提起公诉,同时提起附带民事公益诉讼。

【裁判结果】

甘肃省祁连山林区法院一审认为,王某前因过失引发森林草原火灾,构成失火罪。其行为同时侵害国家林草资源,破坏自然生态,给国家和社会公共利益造成较大损害,依法应承担民事侵权责任。遂判处王某前有期徒刑九个月,缓刑一年六个月;王某前依据补植工程作业设计完成生态修复义务,逾期未按要求完成修复,承担生态修复费用98.67万元或按照后期评估数额承担相应费用。宣判后,各方未上诉、抗诉,一审判决已发生法律效力。

【典型意义】

祁连山绵亘于青藏高原东北边缘,是我国重要生态功能区,生态系统涵盖森林、草原、冰川、荒漠等,自然资源丰富,珍稀野生动植物种类繁多,在维系高原高寒生态系统质量和稳定性方面发挥着重要作用。本案系因野外用火不慎引发森林草原失火的刑事案件。人民法院在综合研判案件实际情况与当地生态条件的前提下,采纳专业机构意见,判决附带民事公益诉讼被告按照专业修复方案对遭受破坏的林草资源予以植被恢复。同时,考虑到祁连山区域内有多个民族居住生活,民族风俗各异,野外用火频次较高,人民法院前往案发地宣判,以案释法,警醒广大群众提高森林草原防火及安全用火意识,在传承民族风俗文化的同时,共同守护好赖以生存的绿色家园,取得了"挽救一个人,教育一群人,恢复一片绿"的良好效果。

广西壮族自治区防城港市港口区人民检察院诉许某等非法占用红树林林地刑事附带民事公益诉讼案

《海洋自然资源与生态环境检察公益诉讼典型案例》第 9 号

2023 年 12 月 29 日

【基本案情】

2016 年始,防城港某置业公司法定代表人许某虚构其合作开发码头项目,骗取他人钱款用于个人消费。杨某某经人介绍认识许某,许某告知其码头项目需要大量土石方填海。杨某某和许某签订协议。后杨某某经人介绍认识广西某建筑公司法定代表人邓某某,当时其承包港口区某安置房工程弃土运输。杨某某以防城港某置业公司名义与广西某建筑公司邓某某签订《土石方工程合作协议书》。签订协议后,在明知占用红树林地需要办理林地审批手续而未办理的情况下,杨某某、邓某某雇佣工程车从某安置房工程处装运弃土到许某指定的所谓码头项目海域填放,造成沿海湿地 13.15 亩红树林林地被毁。

【检察履职】

2021 年 10 月 21 日,防城港市港口区人民检察院就上级院移送的防城港市某村存在工程土石方非法填海造成沿海湿地红树林死亡的案件线索进行立案调查。案件办理过程中,港口区检察院发挥刑事检察职能作用,在提前介入阶段引导收集公益损害证据。针对红树林具体被损坏株数无法调查清楚的问题,向广西红树林研究中心、中国生态学学会红树林生态专业委员会、广西红树林资源保护评审委员会征询专家意见,明确案涉区域属于红树林林地,破坏红树林周围生态环境也要一并纳入修复。

2022 年 4 月 1 日,港口区检察院依法向港口区人民法院提起刑事附带民事公益诉讼。因本案中存在案涉区域红树林植被及生长环境遭受严重破坏急需修复,但因案件侦办、审查、诉讼导致无法及时修复的现实冲突,港口区自然资源局积极履职进行统一修复并已逐渐恢复案涉区域红树林生态环境。港口区检察院根据修复红树林地支付的资金请求判令侵权人依法连带承担清除污染产生的清运土石方费用、修复生态产生的补种红树林费用,并进行公开赔礼道歉。

【法院裁判】

本案由广西壮族自治区防城港市港口区人民法院一审，防城港市中级人民法院二审。法院经审理作出刑事附带民事公益诉讼判决认为，三被告在无林地、用海审批手续情况下，非法占用林地，导致大量红树林林地毁坏，构成非法占用农用地罪，并应承担共同侵权的连带赔偿责任。判令附带民事公益诉讼被告许某、杨某某、邓某某连带赔偿清除被毁红树林地污染产生的清运土方费用、补种红树林费用 1735048.2 元，并在防城港市新闻媒体上进行公开赔礼道歉。

【典型意义】

近年来，随着南方沿海地区经济建设发展，土石方工程施工填埋红树林湿地造成红树林大面积死亡情形时有发生。人民法院从修复受损红树林湿地环境的根本目的出发，采纳检察机关提交的证据材料和专家意见，合理认定补种株数，充分考虑红树林生态环境有效修复，合理确定修复范围和修复内容，明确生态环境损害赔偿金，既契合红树林湿地保护的特殊性，又考虑到刑事被告人实际情况。在执行过程中，人民法院、检察机关、行政机关共同督促实施，促进红树林及时有效修复。

被告人贡某等 3 人非法猎捕、杀害珍贵、濒危野生动物刑事附带民事公益诉讼案

《黄河流域生态环境司法保护典型案例》第三号

2020 年 6 月 5 日

【基本案情】

2017 年 12 月间，被告人贡某等 3 人在玉树市仲达乡邦琼寺附近一山沟处用铁丝陷阱非法捕杀 3 只母马麝，并将尸体埋于现场附近。玉树市森林公安局民警接群众报案后将 3 人当场抓获。经鉴定，案涉野生动物马麝为国家一级重点保护动物，3 只马麝整体价值为 9 万元。青海省玉树市人民检察院依法

提起刑事附带民事公益诉讼。

【裁判结果】

青海省玉树市人民法院一审认为，贡某等3人的行为，构成非法猎捕、杀害珍贵、濒危野生动物罪。3被告人的行为损害了社会公共利益，应承担因犯罪行为给国家野生动物资源造成的损失。一审法院判决贡某等3人犯非法猎捕、杀害珍贵、濒危野生动物罪，判处有期徒刑五年至三年六个月不等，并处罚金；判决3被告共同赔偿野生动物资源损失9万元，并公开向社会公众道歉。

【典型意义】

本案系非法猎捕、杀害珍贵、濒危野生动物引发的刑事附带民事公益诉讼案件。保护珍贵、濒危野生动物对于保护生物多样性、维护生态系统平衡具有重要意义。三江源地区是黄河的发源地，生物多样性丰富，但同时也属于生态脆弱区。本案在严惩破坏野生动物资源犯罪的同时，依法判决赔偿国家经济损失并赔礼道歉，体现了司法保护生态环境公共利益的功能，对于全面禁止和惩治非法野生动物交易，引导社会公众树立自觉保护野生动物及其栖息地意识，维护国家生物安全和生态安全具有重要意义。

上海铁路运输检察院诉邢某成非法猎捕、杀害珍贵、濒危野生动物刑事附带民事公益诉讼案

《最高人民法院发布长江流域水生态司法保护典型案例》第八号

2020年9月25日

【基本案情】

2019年8月6日，被告人邢某成在未取得捕捞许可证的情况下，驾驶自购渔船，行驶至上海市崇明区佘山岛北面水域，拖网作业实施捕捞，捕获疑似中华鲟活体一条及花鲢、鲈鱼若干，后将上述渔获物放入冰柜。经鉴定，确认该疑似中华鲟死亡个体为中华鲟，系国家一级保护野生动物。上海铁路运输检察院以邢某成犯非法猎捕、杀害珍贵、濒危野生动物罪提起公诉，并

提起附带民事公益诉讼，请求判令邢某成赔偿损失4万元，公开向社会公众赔礼道歉。

【裁判结果】

上海市崇明区人民法院一审认为，被告人邢某成非法猎捕国家一级保护野生动物中华鲟，并致其死亡，构成非法猎捕、杀害珍贵、濒危野生动物罪；其行为造成国家野生动物资源损失，损害了社会公共利益，尚应承担生态环境损害赔偿责任。一审法院判处被告人邢某成有期徒刑一年，并处罚金5000元；赔偿国家野生动物资源损失4万元，并公开赔礼道歉。一审判决已发生法律效力。

【典型意义】

本案系在上海长江口中华鲟湿地自然保护区非法猎捕、杀害珍贵、濒危野生动物引发的刑事附带民事公益诉讼案件。中华鲟是地球上现存的最古老脊椎动物之一，是国家一级保护野生动物。上海长江口中华鲟湿地自然保护区是世界上最大的河口湿地之一，是中华鲟的重要栖息地。本案是长三角区域第一起非法猎捕、杀害中华鲟刑事案件，也是《上海市中华鲟保护管理条例》出台之后首例涉及非法猎捕、杀害中华鲟的案件。本案判决对于保护、延续中华鲟自然种群，维护长江流域珍贵、濒危水生野生动物栖息地生态安全具有重要示范意义。

李某华等十一人危害珍贵、濒危野生动物刑事附带民事公益诉讼案

《国家公园司法保护典型案例》第四号

2023年10月17日

【基本案情】

2019年以来，被告人李某华多次联系被告人龙某军猎捕野生小熊猫活体。2019年至2020年4月，龙某军将其自己捕获的野生小熊猫活体15只出售给李某华及被告人李某秋（李某华之子）；李某华父子将其中14只运至山东莱

州、江苏南京等地，向被告人刘某甲出售2只，向其他三名动物园经营者（另案处理）共出售10只，非法获利29万元。2020年11月至12月，龙某军从被告人高某林处收购4只野生小熊猫活体后，将其中1只耳朵有缺陷的野生小熊猫放生，将3只小熊猫驾车运至四川省泸定县，李某华父子及被告人刘某乙驾车从泸定购得该3只小熊猫后返回途中被公安机关查获。2020年4月以来，李某华父子到四川省平武县锁江羌族乡从被告人马某曹处收购金丝猴活体18只；其中13只，由李某华父子二人雇佣被告人张某华、刘某乙运输至安徽铜陵出售给经营动物园的被告人徐某珍、沈某等人，非法获利56万元。经鉴定，案涉小熊猫均为国家二级保护野生动物，单只价值为4万元；金丝猴均为川金丝猴，系国家一级保护野生动物，单只价值为50万元。雅安市人民检察院以危害珍贵、濒危野生动物罪对李某华等十一人提起公诉，并提起附带民事公益诉讼，诉请李某华、李某秋、刘某甲、龙某军赔偿死亡的野生小熊猫11只公益赔偿金共计44万元，李某华、李某秋、马某曹赔偿死亡的野生金丝猴1只公益赔偿金50万元，李某华等十一名被告共同在媒体公开赔礼道歉。

【裁判结果】

四川省雅安市中级人民法院经审理认为，李某华等人非法猎捕、出售、收购、运输国家重点保护的珍贵、濒危野生动物的行为，均构成危害珍贵、濒危野生动物罪。其中李某华、李某秋非法收购、运输、出售国家一级保护野生动物川金丝猴18只，国家二级保护野生动物小熊猫18只，野生动物价值共计972万元，属情节特别严重，综合考虑李某华具有累犯、坦白等情形，李某秋具有立功等情节，判处李某华有期徒刑十四年并处罚金50万元、李某秋有期徒刑八年并处罚金30万元。马某曹非法猎捕、出售国家一级保护野生动物川金丝猴18只，野生动物价值900万元，属情节特别严重；综合考虑其系自首等情节，判处马某曹有期徒刑十一年并处罚金30万元。判处其余被告人有期徒刑三年至六年不等，并处罚金5万元至25万元不等。对于动物园经营者刘某甲、徐某珍，并处自刑罚执行完毕之日或者假释之日起五年内禁止从事与野生动物有关的一切经营性活动。判令民事公益诉讼被告李某华、李某秋、刘某甲、龙某军共同赔偿公益赔偿金44万元，李某华、李某秋、马某曹共同赔偿公益赔偿金50万元，李某华等十一人在媒体公开赔礼道歉。宣判后,马某曹等部分被告人不服提起上诉。四川省高级人民法院审理后裁定驳回上诉,维持原判。

【典型意义】

本案案发地之一的四川省绵阳市平武县,是大熊猫国家公园的核心区,素有"天下大熊猫第一县"的美誉。大熊猫国家公园对于加强大熊猫及其伞护的其他物种和典型生态脆弱区整体保护,打造国家重要生态屏障具有重要意义。本案中,被告人在大熊猫国家公园内猎捕国家重点保护野生动物用于销售,已经形成了危害珍贵、濒危野生动物犯罪的"猎捕—收购—运输—销售"完整产业链,且以民营动物园为链条终端,通过动物园收购和再次交易将野生动物"洗白",严重破坏大熊猫国家公园内自然生态系统的原真性、完整性和系统性。本案部分被告人身为动物园经营者,具有从事野生动物收购、饲养、出售、运输等便利,其明知收购、运输珍贵、濒危野生动物必须按照法定程序审批,却为追求经济利益而利用其职业便利实施非法收购、运输野生动物犯罪,已严重违背职业道德和从业义务,为预防其再实施此类犯罪,人民法院对其判处"禁止令",禁止犯罪人再次从事野生动物经营,体现了打击和预防犯罪并重,以最严法治守护国家公园生态安全的决心。

海南省海口市人民检察院诉周某某非法收购珍贵、濒危野生动物民事公益诉讼案

《海洋自然资源与生态环境检察公益诉讼典型案例》第4号

2023年12月29日

【基本案情】

2013年前后,周某某通过"以物易物"方式从他人手中收购国家重点保护野生动物玳瑁和绿海龟,并在没有取得主管部门许可的情况下进行养殖。公安机关在其养殖场内查扣活体绿海龟10只、活体玳瑁5只、绿海龟遗骨1副。后公安机关将前述活体绿海龟和玳瑁移交海南热带海洋学院海南省两栖爬行动物研究重点实验室"海龟保育中心"寄养,以进行放生前的野化训练。刑事判决认定周某某向他人收购玳瑁的行为构成非法收购珍贵、濒危野生动

物罪，判处其有期徒刑八个月、罚金 3 万元；对查获的绿海龟等认为现有证据不足以证明构成犯罪，未予定罪量刑。

【检察履职】

就寄养救助在"海龟保育中心"的海龟救助、野化、放生的相关问题及海洋生态损害及其如何修复问题，海南省海口市人民检察院向"海龟保育中心"函询了专业意见，并委托江苏省海洋水产研究所进行了生态损害评估。2021 年 11 月 2 日，海南省海口市人民检察院向海口海事法院提起诉讼，主张周某某赔偿生物物种资源损失，并承担案涉海龟寄养、放生费用，在省级媒体向社会公开赔礼道歉。

【法院裁判】

本案由海口海事法院一审，海南省高级人民法院二审。法院经审理认为，周某某违法收购玳瑁，违法养殖绿海龟行为，对海洋生态环境造成了损害，应当承担生物资源和生态环境修复费用。判令周某某自判决生效之日起 10 日内支付海洋生态环境损害赔偿金 210595 元，该款项上交国库用于支付案涉 15 只活体海龟的寄养、放生费用或用于其他海洋生态环境修复；周某某应在判决生效之日起 10 日内在海南省级以上媒体公开赔礼道歉；周某某自判决生效之日起 10 日内支付评估费用 6400 元。

【典型意义】

本案系由非法收购国家重点保护野生动物引发的生态破坏民事公益诉讼案件。案涉玳瑁、绿海龟是有地球上"活化石"之称的海洋旗舰物种，因数量稀少，也是《濒危野生动植物种国际贸易公约》附录Ⅰ中的保护物种，对维护海洋生物种群多样性和海洋生态系统的平衡具有重要作用。被告的非法收购及养殖行为破坏了野生动物资源和海洋生态环境，应当承担生态损害赔偿责任。在活体野生动物具有放生条件的情况下，司法机关秉持生态恢复优先理念，坚持将野化放归、生态修复作为首要选择，起诉和判决周某某承担野化训练及放归费用，充分彰显了保护海洋的传统生态意识和生态养护智慧，以全方位、立体化的司法保护体系构筑守护碧海蓝天的有力司法防线。

江苏省东台市人民检察院诉施某华非法
狩猎刑事附带民事公益诉讼案

《最高人民法院发布 2019 年度人民法院环境资源典型案例》第三十六号

2020 年 5 月 8 日

【基本案情】

2018 年 10 月 7 日至 22 日，被告人施某华非法猎捕野生鸟类 647 只。经鉴定，猎捕的鸟类中合计 646 只属于国家保护的有重要生态、科学、社会价值的陆生野生动物。一审审理中，江苏省东台市人民检察院提起附带民事公益诉讼，请求判令施某华赔偿因侵权造成的国家资源损失 19.38 万元，在市级以上媒体公开赔礼道歉。

【裁判结果】

江苏省东台市人民法院一审认为，被告人施某华违反狩猎法规，在禁猎期非法狩猎野生动物，数量多达 646 只，种类多达 8 种，情节严重，其行为构成非法狩猎罪。其犯罪行为破坏了野生动物资源，损害了国家和社会公共利益。以非法狩猎罪判处被告人施某华有期徒刑八个月。判令施某华赔偿国家资源损失人民币 19.38 万元；在盐城市级以上公开发行的报纸上发表赔礼道歉声明。

【典型意义】

本案系非法狩猎引发的刑事附带民事公益诉讼案件。案涉 646 只鸟类属于"三有"野生动物，是自然生态系统的固有组成部分，对维持生态平衡、促进生态系统物质循环具有重要作用。特别是，案涉猎捕地点位于黄海湿地范围内。黄海湿地是全球数百万迁徙候鸟的停歇地、换羽地和越冬地，已被列入世界自然遗产名录。大量猎捕野生鸟类将会严重破坏黄海湿地的生物多样性，致使湿地生态失衡。本案中，人民法院依法以非法狩猎罪判处被告人实刑的同时，判决其赔偿国家资源损失并赔礼道歉，体现了司法保护生态环境公共利益的功能。同时，人民法院考虑本案被告人无业、家庭生活困难等情形，依法引导被告人以环境整治、林业看护等环境公益劳动的方式替代履行部分国家资源损失赔偿责任，体现了宽严相济的刑事政策和恢复性环境司法理念。

李某良、羊某理失火、羊某理非法狩猎刑事附带民事公益诉讼案

《国家公园司法保护典型案例》第六号

2023 年 10 月 17 日

【基本案情】

被告人李某良与羊某理相约到山林内熏蜂采摘野生蜂蜜，并将该过程录制视频用于蜂蜜出售。2021 年 4 月 1 日，李某良、羊某理到海南热带雨林国家公园管护站内汇合，并携带打火机、铁桶、摄像机等工具步行上山寻找蜂蜜。后李某良在点燃火把熏蜂过程中，不慎将蜂窝周围的茅草引燃。李某良一边扑火，一边喊羊某理帮忙救火。羊某理发现火势正在向其所在位置燃烧便逃离现场，李某良见状也逃离现场。经鉴定，本次森林火灾过火面积为 90 亩（均为有林地），系一级保护林地（重点公益林），火烧林木的树种为松树和天然阔叶树。羊某理、李某良被抓获归案后，羊某理如实供述了公安机关尚未掌握的本人非法狩猎罪的犯罪行为。海南省人民检察院第二分院以李某良、羊某理犯失火罪，以羊某理另犯非法狩猎罪提起公诉；并对二人提起附带民事公益诉讼，诉请：羊某理、李某良按照生态环境修复方案共同对被毁损的 90 亩林地进行异地修复，或者连带承担修复费用 26.7 万元（通过支付费用或劳务代偿等方式履行），连带赔偿被毁林地生态环境受到损害至修复完成期间服务功能丧失造成的损失 698736 元、本案鉴定及修复方案编制费用 3 万元。

【裁判结果】

海南省第二中级人民法经审理认为，李某良、羊某理违反森林保护及森林防火法规，熏蜂采蜜造成森林火灾，使公私财产遭受重大损失，构成失火罪。羊某理违反狩猎法规，在禁猎区内使用禁用工具、方法进行狩猎，破坏

野生动物资源，情节严重，构成非法狩猎罪。李某良、羊某理失火行为大量烧毁林木，对当地林业资源及生态环境造成严重损害，应承担相应的民事责任。遂判处羊某理数罪并罚，决定执行有期徒刑一年六个月，李某良有期徒刑一年二个月；判令李某良、羊某理连带承担异地修复费用 26.7 万元（通过支付费用或劳务代偿等方式履行）、生态服务功能损失鉴定及修复方案编制费用 3 万元，连带赔偿被毁林地生态环境受到损害至修复完成期间服务功能丧失造成的损失 698736 元。宣判后，各方未上诉、抗诉，一审判决已发生法律效力。

【典型意义】

本案系发生在海南热带雨林国家公园范围内的一起刑事附带民事公益诉讼案件。海南热带雨林国家公园面积占全国国土面积的比例不足 0.046%，但拥有全国约 20% 的两栖类、33% 的爬行类、38.6% 的鸟类和 20% 的兽类野生动物资源，其中属于国家重点保护野生动物的有 145 种，属于海南省特有野生动物的有 23 种，有着极其重要的生物多样性价值。保护好海南热带雨林国家公园的良好生态环境，是人民法院环境资源审判工作的重要使命。本案中，人民法院依法严肃打击对热带雨林生态平衡有严重影响的失火、非法狩猎犯罪行为的同时，判令侵权人依法承担生态赔偿责任，践行了生态环境保护领域的最严法治原则。此外，考虑到被告经济困难，准许其通过劳务代偿的方式履行异地生态修复义务，既体现了司法对民生保障的关切，也有助于判决内容的实际履行，帮助被告改变其固有的"靠山吃山、靠海吃海"思想，有利于带动周边亲友转变生产生活方式，实现人与自然的和谐共生。

云南省昆明市盘龙区人民检察院诉闵某、钱某礼非法捕捞水产品罪刑事附带民事公益诉讼案

《最高人民法院发布长江流域水生态司法保护典型案例》第三号
2020 年 9 月 25 日

【基本案情】

2017 年 10 月 1 日夜，被告人闵某、钱某礼在滇池水域船房河使用电鱼器

捕鱼，被当场查获电鱼器一套，渔获物鲫鱼 14 条、泥鳅 67 条。云南省昆明市盘龙区人民检察院以闵某、钱某礼犯非法捕捞水产品罪提起公诉，并提起附带民事公益诉讼，请求判令闵某、钱某礼承担相应生态环境损害赔偿责任。

【裁判结果】

云南省昆明市盘龙区人民法院一审认为，被告人闵某、钱某礼违反水产资源保护法规，在滇池禁渔期，在禁渔区内使用禁用的工具和方法非法捕捞，情节严重，构成非法捕捞水产品罪；其非法捕捞行为对生态环境造成破坏，依法应承担相应赔偿责任。一审法院分别判处被告人闵某、钱某礼罚金 2000 元；各向滇池水域增殖放流价值 4000 元的高背鲫鱼、花白鲢鱼及鳙鱼鱼苗，并通过新闻媒体公开赔礼道歉。一审判决已发生法律效力。

【典型意义】

本案系在滇池水域非法捕捞水产品引发的刑事附带民事公益诉讼案件。滇池属长江上游金沙江水系，为国家级风景名胜区，具有重要的景观养护、湿地调节和气候改善等生态服务功能。被告人非法电鱼区域属入滇河道，其行为影响滇池水域生物休养生息及鱼类产卵繁殖，破坏滇池水域生态环境。人民法院结合当事人违法犯罪情节轻微的事实，在适用财产刑、施以罚金的同时，采用"增殖放流"方式依法追究生态环境损害赔偿责任，有助于加大非法捕捞违法犯罪成本，促进受损水域生态环境修复治理，对类案审理具有一定的借鉴意义。

贵州省毕节市七星关区人民检察院诉曾某飞等 3 人非法捕捞水产品刑事附带民事公益诉讼案

《最高人民法院发布长江流域水生态司法保护典型案例》第四号
2020 年 9 月 25 日

【基本案情】

2019 年 9 月 16 日，被告人曾某飞等 3 人在贵州省毕节市七星关区大屯乡大河村赤水河水域，使用电击方式捕捞野生鱼类。经现场清点，三被告人共捕获河鱼205条，净重4.86斤。贵州省毕节市七星关区人民检察院以曾某飞等3人犯非法捕捞水产品罪提起公诉，并提起附带民事公益诉讼，请求判令曾某飞等3人在省级以上主流媒体公开赔礼道歉，赔偿国家因恢复受损水产资源所需费用9000元。本案案发后，被告人曾某飞等3人与检察院、当地农业农村局达成增殖放流生态补偿协议，自愿登报道歉和修复受损生态。

【裁判结果】

贵州省毕节市七星关区人民法院一审认为，被告人曾某飞等3人违反国家保护水产资源法规，共同实施故意犯罪，在禁渔区、禁渔期使用禁用的工具、方法捕捞水产品，情节严重，构成非法捕捞水产品罪；其行为并影响自然生态平衡，造成渔业资源破坏，损害国家利益和社会公共利益，应当依法赔偿。一审法院依法判处曾某飞等3人各管制六个月，在省级以上主流媒体公开赔礼道歉，并赔偿恢复受损水产品资源修复所需费用9000元。一审判决已发生法律效力。

【典型意义】

本案系在长江上游珍稀特有鱼类国家级自然保护区非法捕捞水产品引发的刑事附带民事公益诉讼案。本案所涉七星关区赤水河段，地处上述自然保护区实验区范围内。被告人在禁渔期内使用电鱼方式非法捕捞水产品，对自然保护区的渔业资源和生态环境造成严重破坏。人民法院在追究被告人刑事责任的同时，促进被告人与检察机关、行政执法机关签订生态补偿协议，深索创新"恢复性司法实践+社会化综合治理"的裁判执行机制，有力维护长江上游珍稀特有鱼类及其栖息地生态环境安全。

四川省崇州市人民检察院诉张某、汪某林非法捕捞水产品刑事附带民事公益诉讼案

《最高人民法院发布长江流域水生态司法保护典型案例》第五号

2020 年 9 月 25 日

【基本案情】

2019 年 5 月 1 日，被告人张某、汪某林共谋至崇州市街子镇味江河水文站河段，采取电瓶连接逆变器的方式捕鱼，被现场查扣捕鱼工具和渔获物，包括鲫鱼、鲤鱼、白条鱼等 10 个品种共计 4.96 斤。经鉴定，上述捕捞行为造成渔业资源损失 6839.28 元和其他间接生态损害。四川省崇州市人民检察院以被告人张某、汪某林犯非法捕捞水产品罪提起公诉，并提起附带民事公益诉讼，请求判令张某、汪某林赔偿渔业资源损失费 6839.28 元，并承担本案渔业资源损失价值鉴定服务费 8000 元和公告费 1000 元。

【裁判结果】

四川省崇州市人民法院一审认为，被告人张某、汪某林在禁渔区、禁渔期使用禁用的工具、方法捕捞水产品，造成渔业资源损失，情节严重，构成非法捕捞水产品罪，属共同犯罪，其中张某为主犯，王某林为从犯；其二人的非法捕捞行为破坏了水域生态环境和生物多样性，应依法承担生态环境损害赔偿责任。鉴于二人系初犯，有悔罪表现，在庭前与当地生态环境保护中心签订参加社会实践活动协议，承诺参加一年六个月的社会实践活动。一审法院依法酌定从轻处罚，分别判处张某、汪某林有期徒刑，并适用缓刑；连带赔偿渔业资源损失费、鉴定费、公告费共计 15839.28 元，没收扣押在案的捕鱼工具上缴国库。一审判决已发生法律效力。

【典型意义】

本案系在长江流域天然河流非法捕捞水产品引发的刑事附带民事公益诉讼案。被告人非法捕捞水产品，严重破坏天然河流的渔业资源和水文状况，应予惩治。人民法院参考专家意见，采取被告人参与社会实践公益活动以及

将渔业资源损失费直接用于水域环境治理的方式，替代通常的"增殖放流"修复方式，拓展丰富了生态修复责任承担形式，有助于确保长江流域生态修复落到实处，促进惩罚犯罪与修复生态效果统一。

湖南省岳阳市君山区人民检察院诉何某焕、孙某秋非法捕捞水产品刑事附带民事公益诉讼案

《最高人民法院发布长江流域水生态司法保护典型案例》第六号
2020年9月25日

【基本案情】

2018年3月27日，被告人何某焕、孙某秋驾驶渔船至长江岳阳段君山银沙滩、孙梁洲附近水域非法捕捞，何某焕负责驾船、控制发电机设备，孙某秋负责使用电舀子电鱼、舀鱼，被当场查获非法捕捞渔获物165.58斤。湖南省岳阳市君山区人民检察院以何某焕、孙某秋犯非法捕捞水产品罪提起公诉，并提起附带民事公益诉讼，请求判令二人连带承担恢复原状和赔偿生态环境修复费用的民事责任。

【裁判结果】

湖南省岳阳市君山区人民法院一审认为，被告人何某焕、孙某秋违反保护水产资源法规，在禁渔期、禁渔区使用禁止使用的工具非法捕捞水产品，情节严重，构成非法捕捞水产品罪，其二人均系主犯；其非法捕捞行为损害作业范围内环境公共利益，应当连带承担生态环境损害赔偿责任。一审法院分别判处被告人何某焕、孙某秋拘役两个月，缓刑六个月，没收电捕鱼作案工具；责令其二人将4762元生态修复费用交付有关渔政部门购买幼鱼，投放于案发水域。一审判决已发生法律效力。

【典型意义】

本案系在洞庭湖水系非法捕捞水产品引发的刑事附带民事公益诉讼案件。被告人采用电捕鱼非法作业方式，严重影响作业范围内各类水生动物种群繁衍，破坏洞庭湖和长江流域水生物资源和水生态环境。本案系洞庭湖环境资

源法庭挂牌成立以来集中管辖审理的第一起非法捕捞水产品案件。人民法院在追究当事人刑事责任的同时，判令其将生态修复费用交付渔政部门，由渔政部门购买幼鱼、代为履行"增殖放流"，创新生态环境损害赔偿责任执行方式，有利于促进司法与行政执法机关的协调联动，确保受损水生生物资源和水生态得到及时有效修复。

湖北省宜昌市伍家岗区人民检察院诉李某九等8人非法捕捞水产品刑事附带民事公益诉讼案

《最高人民法院发布长江流域水生态司法保护典型案例》第七号
2020年9月25日

【基本案情】

2017年10月，被告人李某九、陈某新、雷某华为实施电捕鱼，共同出资购买电捕鱼船舶1艘及相关设备，后李某九又邀约熊某孝入伙。此间，李某九邀约李某红等人参加非法捕捞，按次给付参与捕捞费用。2018年4月10日至6月4日，被告人李某九等8人多次在长江枝江段禁渔水域非法捕捞水产品共计5376.6斤，变卖渔获物得赃款25148元。经评估，被告人李某九等8人的非法捕捞行为造成成鱼潜在损失量约7976斤，幼鱼损失量约174万尾。湖北省宜昌市伍家岗区人民检察院以李某九等8人犯非法捕捞水产品罪提起公诉，并提起附带民事公益诉讼，请求李某九等8人投放成鱼7976斤、幼鱼174万尾以修复生态。一审审理中，李某九等人的亲属代为缴纳生态修复费用，用于放流成鱼、幼鱼。

【裁判结果】

湖北省宜昌市伍家岗区人民法院一审认为，被告人李某九等8人违反保护水产资源法律法规，在长江禁渔期、禁渔区内使用禁用方法捕捞水产品，情节严重，构成非法捕捞水产品罪。鉴于被告人李某九等人积极履行生态修复义务，依法可以酌情从轻处罚；其非法捕捞行为破坏了长江生态环境和渔业资源，应连带承担生态环境损害赔偿责任。一审法院分别判处被告人李某九等8人有期徒刑二年至六个月不等，退缴违法所得；并就电捕鱼水域放流成鱼 7976 斤、幼鱼 174 万尾承担连带责任（已履行的放流部分予以扣减）。一审判决已发生法律效力。

【典型意义】

本案系在长江中上游非法捕捞水产品引发的刑事附带民事公益诉讼案件。本案所涉长江宜昌至枝江段，渔业资源丰富，是长江重要经济鱼类产卵场的主要分布江段。近年来"电毒炸"非法捕捞作业方式屡禁不止，导致该江段渔业资源不断衰退。本案系目前为止该江段内抓获的最大团伙电捕鱼案件，人民法院对 8 名被告人判处实刑，同时判令采用放流成鱼和幼鱼的方式对受损水体进行修复，并将生态修复义务履行情况纳入量刑情节，展示了人民法院注重生态系统修复的司法理念，有力保障长江流域水生生物资源安全。

被告人李某根非法捕捞水产品刑事附带民事公益诉讼案

《长江流域生态环境司法保护典型案例》第一号
2021 年 2 月 25 日

【基本案情】

2018 年 1 月至 2019 年 4 月，被告人李某根在明知扬州市江都区长江夹江流域属于禁渔期、电鱼为禁止使用的捕捞方法情况下，驾驶快艇，利用电磁波高频逆变器、带导线的抄网等工具组成电捕工具采用电鱼方法在夹江水域非法捕捞水产品 60 余次，捕获鲢鱼、鳊鱼等野生鱼类 900 余斤并出售，获利 9000 元。经扬州市江都区渔政监督大队认定，李某根使用的电捕工具属于《渔业法》规定禁止使用的捕捞方法。原中华人民共和国农业部①通告〔2017〕6 号《关于公布率先全面禁捕长江流域水生生物保护区名录的通告》及《国家级水产种质资源保护区资料汇编》，明确长江扬州段四大家鱼国家级水产种质资源保护区施行全面禁捕，扬州市江都区长江夹江流域属于上述禁渔区。江苏省扬州市江都区人民检察院依法提起刑事附带民事公益诉讼。

---

① 现为农业农村部。

【裁判结果】

审理中,江苏省扬州市江都区人民检察院与李某根就生态环境修复达成和解协议:一、李某根自签订协议之日起10日内在省级媒体上公开赔礼道歉;二、李某根自签订本协议之日起10日内增殖放流价值25000元的鱼苗(已履行);三、李某根自签订本协议之日起二年内再行增殖放流价值22500元的鱼苗。江苏省如皋市人民法院一审认为,李某根违反保护水产资源法规,在禁渔区使用禁用的方法捕捞水产品,情节严重,已构成非法捕捞水产品罪。鉴于李某根案发后自动投案,如实供述自己的罪行,构成自首;已退缴违法所得,且采取增殖放流修复生态环境,可从轻处罚。一审法院判决李某根犯非法捕捞水产品罪,判处有期徒刑一年,没收违法所得9000元。

【典型意义】

本案系非法捕捞水产品引发的刑事附带民事公益诉讼案件。长江十年禁捕是贯彻习近平总书记关于"共抓大保护、不搞大开发"①的重要指示精神,保护长江母亲河和加强生态文明建设的重要举措,是为全局计、为子孙谋,功在当代、利在千秋的重要决策。本案中,案发地位于四大家鱼种质资源区的长江流域扬州段,是鱼类的重要洄游通道,也是鱼类育肥产卵和越冬的最佳场所。李某根电鱼的行为对自然水域的水生生物产生极大杀伤力,严重威胁生态资源和水环境,故人民法院依法以非法捕捞罪判处其有期徒刑并没收违法所得。同时,李某根仍需承担增殖放流的生态修复责任,确保长江流域生态环境得到及时有效修复。2020年12月,最高人民法院、最高人民检察院、公安部、农业农村部联合制定了《依法惩治长江流域非法捕捞等违法犯罪的意见》,明确对长江流域非法捕捞等危害水生生物资源的各类违法犯罪进行严厉打击,确保长江流域禁捕工作顺利实施。

---

① 摘自2016年1月5日习近平总书记在推动长江经济带发展座谈会上的讲话。

安徽省巢湖市人民检察院诉魏某文等 33 人非法捕捞水产品刑事附带民事公益诉讼案

《2020 年度人民法院环境资源典型案例》第九号

2021 年 6 月 4 日

【基本案情】

2020 年 1 月至 5 月,魏某文明知巢湖水域处于禁渔期间,仍事前通谋由邓某军、汪某云等人在巢湖水域非法捕捞水产品,由魏某文收购、销售。后邓某军、汪某云等人采取"下地笼""刀鱼网"等非法方式,捕捞水产品 7.50 万余斤,非法获利 45 万余元,造成渔业资源生态环境严重破坏。安徽省巢湖市人民检察院于 2020 年 10 月提起公诉,指控被告人魏某文等 33 人犯非法捕捞水产品罪,并作为公益诉讼起诉人提起刑事附带民事公益诉讼,请求判令魏某文等 33 人对其非法捕捞、收购水产品造成的渔业资源损失承担连带赔偿责任。

【裁判结果】

安徽省巢湖市人民法院一审认为,被告人魏某文等 33 人违反我国渔业法的规定,在禁渔期、禁渔区多次进行非法捕捞,情节严重,构成非法捕捞水产品罪。一审法院根据各被告人在共同犯罪中的作用、案发后的自首、坦白等情节,以非法捕捞水产品罪判处被告人魏某文等 33 人有期徒刑十八个月至拘役两个月不等,追缴违法所得。魏某文等人非法收购、销售以及非法捕捞水产品的行为,破坏生态环境,损害社会公共利益,应当承担相应的民事责任,依其侵权行为事实,判令魏某文等 33 人对其非法捕捞、收购水产品造成的渔业资源损失承担相应的连带赔偿责任,并通过省级媒体公开向社会公众赔礼道歉。

【典型意义】

本案系在巢湖非法捕捞水产品引发的刑事附带民事公益诉讼案。巢湖是长江中下游五大淡水湖之一,是长江水域重要的生态屏障,水面资源丰富,渔业资源富饶。近年来，巢湖水生生物生存环境日趋恶劣，生物多样性指数持续下降。本案中，魏某文等33人为利益驱使，在禁渔期、禁渔区非法捕捞、收购、销售白米虾、毛草鱼等水产品，直接导致巢湖水域水生物种数量减少，破坏巢湖渔业资源和水域生态环境，损害巢湖水域的生物多样性和生态平衡。本案发生在长江十年禁渔禁令发布之后，人民法院依法严惩重处，筑牢长江生态安全边界，对引导沿岸渔民的捕捞行为，有效遏制非法捕捞，维护巢湖及长江中下游流域生态系统平衡具有重要意义。

唐某良等三人非法捕捞青海湖裸鲤刑事附带民事公益诉讼案

《青藏高原生态保护典型案例》第一号

2023年5月5日

【基本案情】

2021年8月20日下午，被告人唐某良联系被告人赵某仓、杜某龙前往青海省海南藏族自治州共和县青海湖环湖东路羊场附近，使用橡皮艇、船尾机、渔网、水裤等工具捕捞青海湖裸鲤。8月21日凌晨，唐某良驾驶载鱼车辆返回时侧翻，被执法民警查获。当场查获疑似青海湖裸鲤总计重239.65公斤。经鉴定，渔获物为青海湖裸鲤，为修复生态应在青海湖增殖放流裸鲤23965尾，所需费用46971.4元。青海省西宁市城西区人民检察院以非法捕捞水产品罪对唐某良等三人提起公诉，同时提起附带民事公益诉讼。

【裁判结果】

青海省西宁市城西区人民法院一审认为，唐某良、赵某仓、杜某龙违反水产资源保护法规，在禁渔期、禁渔区捕捞青海省重点保护水生野生动物青海湖裸鲤，情节严重，其行为均构成非法捕捞水产品罪。遂判处三被告人有期徒刑十个月至拘役六个月不等，没收犯罪工具；同时判决其共同支付生态修复费用46971.4元，并公开赔礼道歉。宣判后，各方未上诉、抗诉，一审判决已发生法律效力。

【典型意义】

青海湖位于青藏高原东北部,是我国最大的内陆高原湖泊,在维系青藏高原生态安全和阻止西部荒漠化向东蔓延方面发挥着重要作用。环湖40余条河流及众多泉水形成大面积的高原湿地,成为候鸟迁徙停留和生息繁衍的天堂。青海湖裸鲤,俗称湟鱼,是青海湖特有野生动物物种,在青海湖"水—鱼—鸟—草地"生态系统中处于基础地位。本案中,人民法院依法打击破坏青海湖水生动物资源犯罪,判令附带民事公益诉讼被告共同承担生态修复费用并组织增殖放流,切实贯彻"环境有价,损害担责"原则,及时修复受损生态环境,有力维护青海湖裸鲤种群数量稳定和生态系统食物链安全,展示了司法守护青藏高原生物多样性、筑牢国家西部生态安全屏障的有益实践。

泰州市人民检察院诉王某某等59人非法捕捞、收购长江鳗鱼苗生态破坏民事公益诉讼案

《人民法院高质量服务保障长三角一体化发展典型案例》第1号

2023年5月22日

【裁判要旨】

1. 当收购者明知其所收购的鱼苗系非法捕捞所得,仍与非法捕捞者建立固定买卖关系,形成完整利益链条,共同损害生态资源的,收购者应与捕捞者对共同实施侵权行为所造成的生态资源损失承担连带赔偿责任。

2. 侵权人使用禁用网具非法捕捞,在造成其捕捞的特定鱼类资源损失的同时,也破坏了相应区域其他水生生物资源,严重损害生物多样性的,应承担包括特定鱼类资源损失和其他水生生物资源损失在内的生态资源损失赔偿责任。当生态资源损失难以确定时,人民法院应结合生态破坏的范围和程度、资源的稀缺性、恢复所需费用等因素,充分考量非法行为的方式破坏性、时间敏感性、地点特殊性等特点,并参考专家意见,综合作出判断。

【基本案情】

长江鳗鱼苗是具有重要经济价值且禁止捕捞的水生动物苗种。2018 年上半年，董某某等 38 人单独或共同在长江干流水域使用禁用渔具非法捕捞长江鳗鱼苗并出售谋利。王某某等 13 人明知长江鳗鱼苗系非法捕捞所得，单独收购或者通过签订合伙协议、共同出资等方式建立收购鳗鱼苗的合伙组织，共同出资收购并统一对外出售，向高某某等 7 人以及董某某等 38 人非法贩卖或捕捞人员收购鳗鱼苗 116999 条。秦某某在明知王某某等人向其出售的鳗鱼苗系在长江中非法捕捞所得的情况下，仍多次向王某某等人收购鳗鱼苗 40263 条。

王某某等人非法捕捞水产品罪、掩饰、隐瞒犯罪所得罪已经另案刑事生效判决予以认定。2019 年 7 月 15 日，公益诉讼起诉人江苏省泰州市人民检察院以王某某等 59 人实施非法捕捞、贩卖、收购长江鳗鱼苗行为，破坏长江生态资源，损害社会公共利益为由提起民事公益诉讼。

【裁判结果】

江苏省南京市中级人民法院于 2019 年 10 月 24 日作出（2019）苏 01 民初 2005 号民事判决：一、王某某等 13 名非法收购者对其非法买卖鳗鱼苗所造成的生态资源损失连带赔偿人民币 8589168 元；二、其他收购者、捕捞者根据其参与非法买卖或捕捞的鳗鱼苗数量，承担相应赔偿责任或与直接收购者承担连带赔偿责任。王某某等 11 名被告提出上诉。江苏省高级人民法院于 2019 年 12 月 31 日作出（2019）苏民终 1734 号民事判决：驳回上诉，维持原判。

【裁判理由】

法院生效裁判认为：

一、非法捕捞造成生态资源严重破坏，当销售是非法捕捞的唯一目的，且收购者与非法捕捞者形成了固定的买卖关系时，收购行为诱发了非法捕捞，共同损害了生态资源，收购者应当与捕捞者对共同实施的生态破坏行为造成的生态资源损失承担连带赔偿责任。

长江鳗鱼苗是具有重要经济价值且禁止捕捞的水生动物苗种。鳗鱼苗特征明显，无法直接食用，针对这一特定物种，没有大规模的收购，捕捞行为毫无价值。收购是非法捕捞鳗鱼苗实现获利的唯一渠道，缺乏收购行为，非法捕捞难以实现经济价值，也就不可能持续反复地实施，巨大的市场需求系引发非法捕捞和层层收购行为的主要原因。案涉收购鳗鱼苗行为具有日常性、经常性，在收购行为中形成高度组织化，每一个捕捞者和收购者对于自身在利益链条中所处的位置、作用以及通过非法捕捞、出售收购、加价出售、养殖出售不同方式获取利益的目的均有明确的认知。捕捞者使用网目极小的张网方式捕捞鳗鱼苗，收购者对于鳗鱼苗的体态特征充分了解，意味着其明知捕捞体态如此细小的鳗鱼苗必然使用有别于对自然生态中其他鱼类的捕捞方式，非法捕捞者于长江水生生物资源繁衍生殖的重要时段，尤其是禁渔期内，在长江干流水域采用"绝户网"大规模、多次非法捕捞长江鳗鱼苗，必将造成长江生态资源损失和生物多样性破坏，收购者与捕捞者存在放任长江鳗鱼资源及其他生态资源损害结果出现的故意。非法捕捞与收购已经形成了固定买卖关系和完整利益链条。这一链条中，相邻环节均从非法捕捞行为中获得利益，具有高度协同性，行为与长江生态资源损害结果之间具有法律上的因果关系，共同导致生态资源损害。预防非法捕捞行为，应从源头彻底切断利益链条，让非法收购、贩卖鳗鱼苗的共同侵权者付出经济代价，与非法捕捞者在各自所涉的生态资源损失范围内对长江生态资源损害后果承担连带赔偿责任。

二、生态资源损失在无法准确统计时，应结合生态破坏的范围和程度、资源的稀缺性等因素，充分考量非法行为的方式破坏性、时间敏感性和地点特殊性，并参考专家意见，酌情作出判断。

综合考虑非法捕捞鳗鱼苗方式系采用网目极小的张网进行捕捞，加之捕捞时间的敏感性、捕捞频率的高强度性、捕捞地点的特殊性，不仅对鳗鱼种群的稳定造成严重威胁，还必然会造成对其他渔业生物的损害，进而破坏了长江生物资源的多样性，给长江生态资源带来极大的损害。依照《最高人民法院关于审理环境民事公益诉讼案件适用法律若干问题的解释》第二十三条的规定，综合考量非法捕捞鳗鱼苗对生态资源造成的实际损害，酌定以鳗鱼资源损失价值的 2.5 倍确定生态资源损失。主要依据有两点：

一是案涉非法捕捞鳗鱼苗方式的破坏性。捕捞者系采用网目极小的张网捕捞鳗鱼苗，所使用张网的网目尺寸违反了《农业部关于长江干流实施捕捞准用渔具和过渡渔具最小网目尺寸制度的通告》中不小于 3 毫米的规定，属于禁用网具。捕捞时必将对包括其他小型鱼类在内的水生物种造成误捕，严重破坏相应区域水生生物资源。案涉鳗鱼苗数量达 116999 条，捕捞次数多、捕捞网具多、捕捞区域大，必将对长江生态资源产生较大危害。

二是案涉非法捕捞鳗鱼苗的时间敏感性和地点特殊性。案涉的捕捞、收购行为主要发生于长江禁渔期，该时期系包括鳗鱼资源在内的长江水生生物资源繁衍生殖的重要时段。捕捞地点位于长江干流水域，系日本鳗鲡洄游通道，在洄游通道中对幼苗进行捕捞，使其脱离自然水体后被贩卖，不仅妨碍鳗鲡种群繁衍，且同时误捕其他渔获物，会导致其他水生生物减少，导致其他鱼类饵料不足，进而造成长江水域食物链相邻环节的破坏，进一步造成生物多样性损害。

考虑到生态资源的保护与被告生存发展权利之间的平衡，在确定生态损害赔偿责任款项时可以考虑被告退缴违法所得的情况，以及在被告确无履行能力的情况下，可以考虑采用劳务代偿的方式，如参加保护长江生态环境等公益性质的活动或者配合参与长江沿岸河道管理、加固、垃圾清理等方面的工作，折抵一定赔偿数额。

辽宁省盖州市人民检察院诉王某某等非法捕捞刑事附带民事公益诉讼案

《海洋自然资源与生态环境检察公益诉讼典型案例》第 7 号

2023 年 12 月 29 日

【基本案情】

王某某、韩某在禁渔期期间，驾驶渔船至辽宁省盖州市渤海海域禁渔区域，使用陷阱类网具非法捕捞八爪鱼 11000 斤，经盖州市发展和改革局认定八爪鱼价值 150300 元。

【检察履职】

2022 年 8 月，盖州市人民检察院在办理刑事案件中发现王某某、韩某于禁渔期擅自在渤海禁渔区使用陷阱类网具非法捕捞八爪鱼，破坏海洋水产资源,损害了国家利益。2022年8月24日,盖州市院以刑事附带民事公益诉讼案件立案,并以案件在辖区内具有重大影响向营口市人民检察院请示报告。经营口市院委托,中国海洋大学山东海事司法鉴定中心对本案公益损害情况开展鉴定,认定王某某、韩某非法捕捞行为损害渤海海域海洋渔业资源,并对增殖放流方案提出建议。

2022年10月10日,盖州市院向鲅鱼圈区人民法院提起刑事附带民事公益诉讼,依法追究王某某、韩某非法捕捞水产品刑事责任;请求判令二被告共同承担渔业资源损害赔偿金61.6万元、鉴定费2万元。

【法院裁判】

营口市鲅鱼圈人民法院生效刑事附带民事判决认为,王某某、韩某违反保护水产资源法规在禁渔期捕捞水产品,情节严重,构成非法捕捞罪。其行为还造成了渔业资源和海洋生态环境损害,应承担相应的民事侵权责任。判决二被告人犯非法捕捞水产品罪并判处相应刑罚,追缴违法所得;二被告赔偿渔业资源损害赔偿金61.6万元和鉴定费2万元。宣判后,案涉渔业资源损害赔偿金61.6万元已缴纳至辽宁省非税收入代解缴账户,用于修复海洋生态和资源损害。

【典型意义】

近年来,由于过度捕捞,渤海海域海洋生态环境及渔业资源受到极大损害,严重影响渤海海域渔业生物正常生长繁殖和生殖群体补充。针对破坏海洋水产资源,给国家造成重大损失的违法犯罪行为,检察机关充分发挥"刑事打击+公益诉讼+海洋生态环境修复"检察职能作用,通过综合运用上下级院一体化办案,全流程监督模式,追究违法行为人责任。人民法院在依法判处被告人刑事责任的同时,判令其赔偿渔业资源损害,对非法捕捞行为人具有震慑作用。本案判决后,为了促进生态环境及渔业资源及时有效修复,人民法院、人民检察院联合海警、当地人民政府及其职能部门开展增殖放流活动,根据鉴定机构出具的报告建议,将渔业资源损害赔偿金购买符合当地海洋生态系统和物种种群繁衍的褐牙鲆放入渤海海域,以增殖放流的方式修复海洋自然资源,展示恢复性司法理念的实践成果。

广东省台山市人民检察院诉廖某某等非法捕捞刑事附带民事公益诉讼案

《海洋自然资源与生态环境检察公益诉讼典型案例》第 8 号

2023 年 12 月 29 日

【基本案情】

广东省台山市位于珠江三角洲西南部,南临南海,海洋资源丰富,拥有中华白海豚省级自然保护区。每逢休渔期,中华白海豚活动更为活跃。在南海海域禁渔期内,廖某某、林某某合谋联系吴某某等多名渔船主至台山市川岛周边海域使用捕蟹笼非法捕捞共计 37.1292 万斤,价值 1191.6656 万元的水产品。

【检察履职】

2021 年 1 月,广东省台山市人民检察院在办理廖某某、林某某等五人非法捕捞水产品刑事案件时发现破坏海洋生态环境,危害中华白海豚等重要物种繁衍及生存环境,损害社会公共利益的线索。2021 年 1 月 14 日,台山市检察院以刑事附带民事公益诉讼立案。根据价格认定书、鉴定机构意见,结合全案材料,台山市检察院确定了本案的生态环境损害额为 48091608 元。为切实修复海洋生态环境,鉴定期间,台山市检察院与鉴定机构多次就修复方案进行沟通,明确增殖放流品种和投放数量,最终确定采用在案涉海域增殖放流 54649.55 万尾虾苗方式,可以及时增加水域种群数量、改善水域生态环境、保持水域生态平衡,快速优化中华白海豚的生存环境,修复因五被告本次非法捕捞造成的海洋生态环境损害。

2021 年 4 月 23 日,台山市检察院向台山市人民法院提起刑事附带民事公益诉讼。因水生生物增殖放流具有良好的生态效益、经济效益和社会效益,为及时有效修复海洋生态环境,综合廖某某等人的实际履行能力,台山市检察院请求法院判决被告林某某、廖某某、李某某三人共同承担 54649.55 万尾虾苗增殖放流到台山市川岛附近海域的生态环境修复责任,唐某某、吴某某对上述修复责任中 2158.936 万尾、454.55 万尾承担连带责任;五被告对 6 万元鉴定费用承担连带赔偿责任，并在国家级以上媒体公开赔礼道歉。

【法院裁判】

本案由广东省台山市人民法院一审，江门市中级人民法院二审。法院经审理作出刑事附带民事判决认为，五被告违反水产资源法律法规，在禁渔区、禁渔期使用禁用的工具捕捞水产品，情节严重，其行为均已构成非法捕捞水产品罪；五被告共同实施损害海洋生态环境与资源保护的行为，损害社会公共利益，依法应当对生态环境损害承担修复责任。判决五被告人犯非法捕捞水产品罪并判处相应刑罚；判令廖某某、李某某、林某某3个月内购买54649.55万尾虾苗在案涉非法捕捞地增殖放流。唐某某、吴某某对其中2158.936万尾、454.55万尾承担连带责任。若无法履行完毕，则廖某某、李某某、林某某支付601.1451万元到台山市财政局指定账户，专门用于修复生态环境，唐某某对其中23.7483万元、吴某某对其中5万元承担连带责任。判决生效后，法院、检察院联合开展释法说理，促使五被告自愿履行完毕。

【典型意义】

我国已实施二十多年海洋伏季休渔制度。对处于近岸海域食物链顶端的中华白海豚，休渔期对保障其生存具有十分重要的意义。针对休渔期非法捕捞行为危害海洋生态环境与生物多样性，检察机关提起刑事附带民事公益诉讼，要求违法行为人以增殖放流方式承担破坏海洋生态环境责任。人民法院坚持恢复性司法理念，在依法作出刑事判决的基础上，依法认定附带民事公益诉讼中的生态环境修复责任。水产品是中华白海豚的重要食物来源，针对非法捕捞数量大，可能会影响中华白海豚食物来源的情况下，人民法院灵活运用增殖放流修复方式，在判决生效后委托台山市农业农村局对被告就虾苗选购、提高虾苗成活率等问题进行专业技术指导，根据生态环境特点在合理时间开展放流活动，及时修复被破坏的海洋生态，有效实现了惩治违法犯罪与修复海洋生物多样性的双重效果。

江苏省南京市鼓楼区人民检察院诉南京某水务有限公司、郑某某等 12 人污染环境刑事附带民事公益诉讼案

《最高人民法院发布 2019 年度人民法院环境资源典型案例》第三十五号

2020 年 5 月 8 日

【基本案情】

被告单位南京某水务有限公司（以下简称某公司）于 2003 年 5 月成立，经营范围为向南京化学工业园排污企业提供污水处理服务，系危险废物国家重点监控企业。被告人郑某某，系某公司总经理。2014 年 10 月至 2017 年 4 月期间，某公司多次采用修建暗管、篡改监测数据、无危险废物处理资质却接收其他单位化工染料类危险废物等方式，向长江违法排放高浓度废水共计 284583.04 立方，污泥约 4362.53 吨，危险废物 54.06 吨。经鉴定，某公司的前述违法行为造成生态环境损害数额合计约 4.70 亿元。江苏省南京市鼓楼区人民检察院于 2018 年 1 月提起公诉，指控被告单位某公司、被告人郑某某等 12 人犯污染环境罪。并作为公益诉讼起诉人于 2018 年 9 月提起刑事附带民事公益诉讼，请求判令被告某公司承担生态环境修复费用。

【裁判结果】

江苏省南京市玄武区人民法院一审认为，被告单位某公司违反国家规定，排放、处置有毒物质和其他有害物质，严重污染环境，后果特别严重，其行为构成污染环境罪。被告人郑某某系直接负责的主管人员，应以污染环境罪定罪处罚。以污染环境罪判处被告单位某公司罚金 5000 万元；判处被告人郑某某等人有期徒刑六年至一年不等，并处罚金 200 万元至 5 万元不等。江苏省南京市中级人民法院二审维持原判。附带民事公益诉讼案件，经江苏省南京市玄武区人民法院调解，江苏省南京市鼓楼区人民检察院与某公司、第三人某（中国）投资有限公司（以下简称某投资公司，系某公司控股股东）签署调解协议，确认某公司赔偿生态环境修复费用现金部分 2.37 亿元；某投资公司对前述款项承担连带责任，并完成替代性修复项目资金投入不少于 2.33 亿元。

【典型意义】

本案系污染环境刑事附带民事公益诉讼案件,亦系最高人民检察院、公安部、原环境保护部联合督办案件。本案中,人民法院依法严惩重罚污染环境犯罪,不仅对被告单位,而且对直接责任人员、分管负责人员以及篡改监测数据的共同犯罪人员,一并追究刑事责任。同时,高度重视对环境公共利益的有效保护,及时引导检察机关补充固定证据,建议公益诉讼起诉人根据新的事实增加诉讼请求,多次组织专家学者、环保行政部门人员论证调解方案,最终确认某公司赔偿生态环境修复费用现金部分2.37亿元,某投资公司对前述款项承担连带责任,并完成替代性修复项目资金投入不少于2.33亿元,用于环境治理、节能减排生态环保项目的新建、升级和提标改造。本案中,某投资公司系基于股东社会责任等考虑,主动加入附带民事公益诉讼案件的调解中并承担环境修复费用,为调解方案的执行提供了有力保障。本案的判决,充分展示了依法从严惩治向长江等重点流域区域违法排污犯罪行为的司法政策,以及损害担责、全面赔偿的救济原则,在惩治、震慑环境污染犯罪,确保长江生态环境及时、有效恢复,促进企业进行绿色升级改造以及引导股东积极承担生态环境保护社会责任等方面,均具有重要的示范意义。

南京某水务有限公司、郑某某等12人污染环境刑事附带民事公益诉讼案

《人民法院服务和保障长三角一体化发展典型案例》第一号

2021年11月2日

【基本案情】

南京某水务有限公司(以下简称某公司)于2003年5月成立,经营范围为向南京化学工业园排污企业提供污水处理服务,郑某某系某公司总经理。2014年10月至2017年4月间,某公司在无危险废物处理资质的情况下,仍违规接收其他单位化工染料类危险废物,并多次修建暗管、篡改监测数据,向长江违法排放高浓度废水284583.04立方,污泥4362.53吨,危险废物54.06吨。经鉴定,某公司的前述违法行为造成生态环境损害数额约4.7亿

元。江苏省南京市鼓楼区人民检察院于 2018 年 1 月向江苏省南京市玄武区人民法院提起公诉，指控被告单位某公司、被告人郑某某等 12 人犯污染环境罪，并作为公益诉讼起诉人于 2018 年 9 月提起刑事附带民事公益诉讼，请求判令某公司承担生态环境修复费用。

【裁判结果】

江苏省南京市玄武区人民法院一审认为，某公司违反国家规定，排放、处置有毒物质和其他有害物质，严重污染环境，后果特别严重，其行为构成污染环境罪。郑某某系某公司直接负责人，应以污染环境罪定罪处罚。该院一审以污染环境罪判处被告单位某公司罚金 5000 万元；判处被告人郑某某及分管负责人员、篡改监测数据的共同犯罪人员有期徒刑六年至一年不等，并处罚金 200 万元至 5 万元不等。江苏省南京市中级人民法院二审维持原判。

本案附带民事公益诉讼，经江苏省南京市玄武区人民法院调解，江苏省南京市鼓楼区人民检察院与某公司、第三人某（中国）投资有限公司（系某公司控股股东）签署调解协议，确认某公司赔偿生态环境修复费用 2.37 亿元；某（中国）投资有限公司对前述款项承担连带责任，并完成替代性修复项目资金投入不少于 2.33 亿元。

【典型意义】

长江是我国第一大河，也是长三角地区可持续发展的生命线。加强长江流域生态环境司法保护，依法惩治向长江水域排污的违法犯罪行为，推进长三角生态绿色一体化发展，是人民法院贯彻落实习近平生态文明思想的一项重要工作。

本案中，人民法院依法从严惩治向长江水域排污的犯罪行为，有效地震慑了潜在污染者，保护了生态环境和自然资源安全。同时，通过对刑事附带民事公益诉讼进行调解，确认排污企业依法赔偿，由其控股股东承担连带责任，并完成替代性修复项目，为生态修复提供了具体的司法保护。

人民法院坚持系统保护思维和恢复性司法理念，充分发挥司法智慧，积极履行环境资源审判职能，不断增强推动建设绿色美丽长三角的使命感、责任感，自觉担负起保障长三角区域生态安全和人民群众环境权益的重要职责，体现了人民法院对长江流域生态文明建设与绿色发展的有力保护，是人民法院为长三角地区生态优先、绿色发展道路保驾护航的生动实践。

王某等3人盗掘古墓葬刑事附带民事公益诉讼案

《依法保护文物和文化遗产典型案例》第七号

2023年2月7日

【基本案情】

2016年至2017年，被告人王某、王某1、王某枫在王某提议、纠集之下，时分时合或者伙同其他人，多次至江苏省苏州市虎丘区何山、横山、吴山岭、华山西峰、华山东峰、观山，以及吴中区羊肠岭、凤凰山等处盗掘古墓葬，其中，王某参与13次、王某1参与8次、王某枫参与11次，共计盗掘古墓葬14座。经鉴定，被盗古墓葬系苏州地区商周至清代古代墓葬，对苏州地方的历史、文化具有较高的研究价值，盗掘行为对古墓葬本体造成了直接、严重的破坏。

经法院主持调解，王某、王某1、王某枫与公益诉讼起诉人（检察机关）达成附带民事赔偿协议，支付古墓修复费用及鉴定评估费用共计82349.59元。

【裁判结果】

江苏省苏州市虎丘区人民法院一审认为，被告人王某、王某1、王某枫违反国家文物管理制度，盗掘具有历史、艺术、科学价值的古墓葬，均构成盗掘古墓葬罪。三被告人多次盗掘古墓葬，情节严重，应依法惩处。在共同犯罪中，王某、王某1系主犯；王某枫系从犯，依法减轻处罚。三被告人归案后如实供述自己的罪行，王某如实供述了公安机关尚未掌握的本案绝大部分同种犯罪事实，可以依法从轻处罚。三被告人均认罪认罚，可依法从宽处理；已足额赔偿被盗掘古墓的修复费用及评估鉴定费用，可酌情从轻处罚。分别判处有期徒刑十一年三个月至九年，并处罚金1.2万元至9000元。已扣押的赃物，予以没收，并责令三被告人按各自参与犯罪的数额，退赔尚未追缴的赃物（或折价款）；责令三被告人退出本案已追缴赃物的销赃所得。

江苏省苏州市中级人民法院二审维持原判。

【典型意义】

本案系盗掘古墓葬引发的刑事案件。被盗吴楚贵族墓葬群是苏州市文物保护单位，具有较大的历史、艺术、科学价值。王某等人先后实施十余次盗掘，对古墓葬本体造成了直接、严重的破坏，也对古墓葬群的自然、人文环境造成了损害。检察机关在提起公诉的同时，依法提起附带民事公益诉讼。人民法院坚持严格依法确定法定刑幅度，坚决严惩盗墓行为，同时注重运用恢复性司法规则，鼓励被告人主动赔偿公益损失，促进古墓葬及周边环境及时修复，依法支持被告人与检察机关达成附带民事赔偿协议，并将被告人足额赔偿情节作为重要酌定从轻处罚因素予以考量。该案依法审理落实了全面追责及刑事、民事责任相协调的要求，彰显了以最严格制度、最严密法治推动历史文化遗产和自然、人文环境一体保护的司法价值取向。

孙某林等 15 人盗掘古墓葬刑事附带民事公益诉讼案

《依法保护文物和文化遗产典型案例》第八号

2023 年 2 月 7 日

【基本案情】

2016 年至 2017 年，被告人孙某林等 15 人经交叉结伙、事先策划，在青海省都兰县热水墓群血渭一号大墓东北角、东侧平台处及血渭牧场（俗称羊圈墓）多次进行盗掘，窃得大量文物。其中，1 个金属材质碗变卖获利 20 余万元，50 余克带花纹金片变卖获利 2 万余元。经鉴定，被盗古墓葬为唐代时期吐蕃墓葬，分别属于全国重点文物保护单位——都兰县热水墓群重要组成部分和夏尔雅玛可布遗址。查获的 646 件文物中，一级文物 14 组、16 件，二级文物 49 组、77 件，三级文物 132 件，一般文物 421 件。

在血渭一号大墓东北角的盗掘行为造成地波探测安防一期工程破坏，产生修复费用 40.64 万元。在羊圈墓盗掘所挖盗洞，产生回填费用 2400 元。青海省海西蒙古族藏族自治州人民检察院提起附带民事公益诉讼，请求判令孙某林等被告分别承担上述费用以及开展抢救性发掘和搭建古墓保护棚产生的费用。

【裁判结果】

青海省海西蒙古族藏族自治州中级人民法院认为,孙某林、夏某、苏某奎、索某等 15 名被告人违反国家文物管理制度,盗掘具有历史、艺术、科学价值的古墓葬,均构成盗掘古墓葬罪。其多次盗掘古墓葬,盗掘确定为全国重点文物保护单位的古墓葬,并盗窃珍贵文物,应依法惩处。被告人在共同犯罪中系从犯,或者具有自首、立功、主动缴纳罚金和公益赔偿金等情节的,依法予以从轻、减轻处罚;被告人系累犯的,依法从重处罚。经综合考量,分别判处有期徒刑六年至十四年,并处罚金 5 万元至 30 万元;被告人犯数罪的,依法并罚。依法没收车辆等作案工具,在案 646 件文物由扣押机关移交都兰县文物行政部门。考虑到破坏古墓葬历史价值、科研价值难以评估,并结合各附带民事诉讼被告的经济能力,确定本案公益赔偿金为 40.88 万元,判决各被告分别缴纳 218.18 元至 81498.18 元不等。

青海省高级人民法院二审维持一审对各被告人的定罪及对孙某林等 13 人的量刑,改判另 2 名被告人的刑期;维持一审判决的其他判项。

【典型意义】

本案系盗掘古墓葬引发的刑事案件。被盗古墓葬属于青海省都兰县热水乡境内的热水墓群,其中,血渭一号大墓是迄今为止热水墓群乃至青藏高原上发现的结构最完整、体系最清晰、形制最复杂的高等级墓葬,对研究唐代吐蕃历史文化、唐蕃关系与民族交流融合等具有重要价值。孙某林等人的盗掘行为严重损毁古墓葬本体结构,严重破坏古墓葬的历史、艺术、科学价值,严重损害国家和社会公共利益。人民法院在依法严惩盗掘古墓葬犯罪行为的同时,正确贯彻损害担责、全面赔偿原则,依法合理认定民事责任范围,统筹考量各被告人的刑事、民事责任,并明确判决将在案文物全部移交文物行政部门。该案体现了人民法院依法严惩重大文物犯罪、推进文物与环境一体保护和系统治理的坚定决心与责任担当,对保护传承少数民族历史文化,激发全体中华民族文化自信自强,具有重大积极意义。

贵州省江口县人民检察院诉陈某平生态破坏民事公益诉讼案

《依法保护文物和文化遗产典型案例》第九号

2023年2月7日

【基本案情】

2021年7月11日，陈某平在贵州梵净山景区排队前往梵净山金顶时，使用登山手杖在省级文物保护单位——"梵净山金顶摩崖"石壁处进行刻划。虽有其他游客提醒、劝阻，陈某平仍执意在该石壁处刻留"××××"字样。经鉴定，刻划行为造成上述文物和景观价值不可逆损害，经济损失在5万元以上。经委托有关机构制定修复方案，需修复费用60952.08元，勘察设计费38000元。贵州省江口县人民检察院提起民事公益诉讼，请求判令陈某平承担上述修复费用、勘察设计费以及惩罚性赔偿金5万元并向公众赔礼道歉。

【裁判结果】

贵州省江口县人民法院一审认为，陈某平在世界自然遗产地梵净山内的省级文物保护单位"梵净山金顶摩崖"处刻划，对文物造成了不可逆损害，也对梵净山的整体生态环境造成了破坏，依法应当承担生态环境修复责任。陈某平不顾他人劝阻，故意破坏生态环境，结合专家意见、陈某平庭审态度、已受行政处罚等情形，酌定确定其承担相应惩罚性赔偿金。依法判决：陈某平承担文物修复费用60952.08元、勘察设计费38000元、生态环境损害惩罚性赔偿金25000元，并对其违法行为在国家级新闻媒体上向社会公众赔礼道歉。

贵州省铜仁市中级人民法院二审维持原判。

【典型意义】

本案系故意损毁文物引发的民事公益诉讼案件。"梵净山金顶摩崖"石壁是具有艺术价值的人文历史遗迹，属省级文物保护单位，是梵净山世界自然遗产不可分割的一部分。陈某平的刻划行为不仅造成了文物遗迹不可逆的损害，贬损了该文物的艺术价值及科学研究价值，破坏了景区的整体生态环境，也侵害了社会公共利益，产生了严重不良社会影响。人民法院坚持损害担责、全面赔偿原则，落实以生态环境修复为中心的损害救济制度，统筹考虑民事、行政责任的有机衔接，实现了惩戒违法、赔偿损失与修复环境的协调统一。该案是人民法院坚持以最严格制度、最严密法治推进文物古迹与生态环境一体保护和系统治理的生动实践，对于引导社会公众摒弃刻字涂鸦、攀爬踩踏等陋习，树立文明出行理念，营造生态文明建设新风尚，具有重要意义。

河北省保定市人民检察院诉易县某石料加工有限公司生态环境保护民事公益诉讼案

《依法保护文物和文化遗产典型案例》第十号

2023年2月7日

【基本案情】

"明长城—紫荆关段"于1996年被列为全国重点文物保护单位，易县某石料加工有限公司（以下简称石料公司）于2014年开始建设，工厂建筑及道路位于紫荆关长城文物保护范围及建设控制地带内，经行政主管机关两次下发停止占用林地违法行为通知书和林业行政处罚决定书仍未停建，后在2016年、2017年又进行扩建，生产经营至本案发生。经鉴定，石料公司石料加工厂建筑及道路违法占用林地、长城文物保护范围及建设控制地带，开采原料、破碎、筛分，造成遗迹周围大片林地裸露空化，对古长城遗迹以及周边生态环境造成损害；造成的林地生态损失为528397.81元；经制定分区修复方案，修复总费用717876.13元，所需时间2年。河北省保定市人民检察院提起民事公益诉讼，请求判令石料公司立即停止侵害并限期拆除其石料加工厂，修复生态环境或者赔偿上述修复费用，赔偿上述林地生态功能损失并支付等额破坏生态惩罚性赔偿金，负担本案鉴定费，在国家级媒体上公开赔礼道歉。

【裁判结果】

河北省保定市中级人民法院认为，长城是不可移动文物，属于人文遗迹，符合法律规定的"环境"范畴。石料公司的行为对长城历史风貌、环境风貌的破坏，不仅是对文物本身及周边环境造成危害，也是对民族精神和民族感情的侵害，应依法承担相应的法律责任。其行为初始于《民法典》施行之前，危害后果一直延续，对社会公共利益造成严重损害，依法应承担惩罚性赔偿。依法判决：石料公司立即停止对"明长城—紫荆关段"紫荆关保护范围内文物历史风貌、环境风貌及生态环境的侵害，拆除其位于长城保护范围及建设控制地带内的石料加工厂；按照鉴定意见确定的修复方案及修复期限，将其破坏的生态环境修复至损害发生之前的状态和功能，如不能按期完成修复工作，则赔偿生态环境修复费用717876.13元；赔偿林地生态环境功能损失费用528397.81元，并支付破坏生态惩罚性赔偿金528397.81元；在国家级媒体向社会公众道歉；负担鉴定费40000元。该判决已生效。

【典型意义】

本案系在文物保护范围内违法建设经营引发的民事公益诉讼案件。长城凝聚了中华民族自强不息的奋斗精神和众志成城的爱国情怀，已经成为中华民族的代表性符号和中华文明的重要象征，也是极为珍贵的世界文化遗产。"明长城—紫荆关段"是全国重点文物保护单位，石料公司在紫荆关保护范围内违法建设经营，破坏长城历史与环境风貌，两次被行政处罚仍不整改。人民法院积极践行新时代生态文明理念，主动对焦中央关于长城国家文化公园建设重大部署，贯彻落实损害担责、全面赔偿原则，依法认定石料公司各项民事责任，实现了政治效果、法律效果、社会效果、生态效果相统一。为巩固提升长城司法保护能力水平，人民法院以本案成功审理为契机，在长城紫荆关段选址建设了首个长城生态环境修复司法保护（教育）基地，积极发挥环境资源审判职能作用，努力推进长城本体及其文化遗产、生态环境一体保护和系统治理。

山东省无棣县人民检察院诉何某等非法采矿刑事附带民事公益诉讼案

《海洋自然资源与生态环境检察公益诉讼典型案例》第6号

2023年12月29日

【基本案情】

渤海北部辽东湾某海域海底沉积物以沙、砾砂、砂砾为主,是优质海砂资源地。何某、梁某雇佣朱某改装船舶,在未取得海砂开采海域使用权证和采矿许可证的情况下在该海域进行非法采砂,后至滨州港海域出售时被海警当场查获。海砂经鉴定测量称重为7821.51吨,另有过驳的2000吨去向不明,盗采行为造成矿产资源和生态环境破坏,损害了社会公共利益。

【检察履职】

山东省无棣县人民检察院在办理何某、梁某、朱某非法采矿刑事案件过程中发现该公益诉讼案件线索后于2021年3月1日立案。该院委托山东海洋资源环境司法鉴定中心对海洋矿产资源和生态环境受损情况进行鉴定。2022年5月9日,无棣县检察院以非法采矿罪对何某、梁某、朱某提起公诉。经依法公告后,该院提起刑事附带民事公益诉讼,诉讼请求为:(1)判令被告何某、梁某、朱某采取增殖放流等替代性方式修复受损的海洋资源与生态环境;如不能修复,应赔偿矿产资源损失108.0366万元,修复海洋生态环境费用12.4352万元;(2)判令被告何某、梁某、朱某支付鉴定费用8万元。

一审判决作出后,无棣县检察院认为法院未认定2000吨去向不明海砂属于事实认定不清,依法启动二审程序,并与山东省滨州市人民检察院共同派员出席二审庭审。二审法院作出的民事调解书生效后,无棣县检察院通过召开联席会议、提供咨询等方式支持相关部门开展生态环境替代性修复工作。

【法院裁判】

山东省无棣县人民法院作出刑事附带民事判决认为,何某、梁某、朱某违反矿产资源法的规定,未取得采矿许可证擅自采矿,其非法采矿的行为致使海洋资源和生态环境遭受损失，依法应予赔偿，判决被告人何某、梁某、朱某犯非法采矿罪并判处相应刑罚，没收违法所得；何某、梁某、朱某赔偿矿产资源损失费和生态环境损害修复费及鉴定费106.4718万元。

二审山东省滨州市中级人民法院开庭调查并主持调解，由何某、梁某、朱某赔偿案涉矿产资源和生态环境损失费、鉴定费共计1284718.1元，除一审期间已缴纳的106.4718万元之外，剩余款项分期缴纳。二审法院经公告出具民事调解书确认了调解协议的效力。截至2023年12月，已执行到位118万元。

【典型意义】

非法开采海砂不仅破坏国家矿产资源，更对海底生态系统造成不可逆转的损害。检察机关在依法打击犯罪的同时，充分发挥职能作用，通过提起刑事附带民事公益诉讼依法追究行为人责任。法院在认定被告人刑事责任的同时，判令其对生态环境损害修复费用承担民事赔偿责任，让破坏生态环境者付出代价。本案判决后，在充分征求专家意见并研究论证的基础上，因不适宜在原地直接修复受损海洋生态环境，案涉法院、检察院依托建立的涉海洋保护联动机制，启动在渤海近海海域生态系统服务功能区用已执行到位的相关案款补植复绿、增殖放流等环境替代修复方式，使受损的海洋生态环境得到有效修复，有助于维护渤海海域生物多样性。

江苏省镇江市金山地区人民检察院诉马某华刑事附带民事公益诉讼案

《人民法院依法保护农用地典型案例》第八号

2024年1月10日

【基本案情】

2013年5月，马某华租赁江苏省镇江市丹徒区上党镇某村民小组农用地33.98亩，在未办理用地手续的情况下擅自在该地块建设猪舍、道路等设施从事养殖业，造成土地毁坏。经鉴定评估，马某华已固化占地面积10925平方米（合16.39亩），其中包括永久基本农田7108平方米（合10.66亩），耕作条件已被破坏。江苏省镇江市金山地区人民检察院向江苏省镇江市京口区人民法院提起刑事附带民事公益诉讼，请求：（1）判令马某华修复被破坏的耕地 16.39 亩，如不能自行修复，承担耕地修复费用 31.96 万元；（2）判令马某华在市级媒体公开赔礼道歉。

对马某华非法占用基本农田 10.66 亩的行为，另案刑事判决被告人马某华犯非法占用农用地罪，判处有期徒刑一年四个月，并处罚金人民币二万元。

【裁判结果】

江苏省镇江市京口区人民法院认为，马某华违反土地管理法规，破坏土地资源，应当承担土地修复责任。判决：一、马某华在判决生效后 6 个月内自行修复被破坏的土地 16.39 亩；如不能自行修复，应承担破坏土地的修复费用 31.96 万元。二、马某华在判决生效后 1 个月内在市级媒体上公开赔礼道歉。马某华不服，提起上诉。

江苏省镇江市中级人民法院认为，马某华非法占用永久基本农田 10.66 亩建设养殖设施，应当拆除有关永久基本农田上的违法建设并依法复垦，如果马某华不能自行实施，则应当承担相应的拆除和修复费用共计 207891 元。对马某华占用设施农用地、园地、沟渠、田坎共计 5.73 亩建设养殖设施、道路，由于相关土地并非耕地，不属于破坏耕地的情形，原审判决认定的部分事实不清，应予部分改判：马某华在判决生效后 6 个月内自行修复被破坏的永久基本农田 10.66 亩；如不能自行修复，应承担破坏永久基本农田的修复费用人民币 207891 元；马某华在判决生效后 1 个月内在市级媒体上公开赔礼道歉。

【典型意义】

人民法院在本案中正确区分了占用的不同农用地性质并作区别处理，既坚决守住耕地红线，又依法保障养殖户合法用地需求，是统筹保护与发展关系的典型案例。因生猪养殖破坏农用地的违法犯罪案件，是基层执法、司法的难点之一，此类案件的审理既要依法保护耕地红线，也要实事求是地保障生猪养殖户的合法用地需求，避免因"一刀切"的执法损害生猪养殖产业的健康发展。本案中，人民法院遵循"以事实为根据，以法律为准绳"原则，根据有关审批规定作区别处理：对于非法占用永久基本农田建设养殖设施的，应当拆除并复垦；对于占用设施农用地建设养殖设施的，如果能够与永久基本农田上的养殖设施区分使用，可不予拆除、复垦；对于占用其他农用地建设养殖设施，并不破坏耕地及农地周边资源环境的，且可以通过一定程序依法建设养殖设施的，由当事人或者有关主管机关依法处理。人民法院坚持把握好高质量发展和高水平保护的辩证统一关系，在严格依法捍卫生态红线的同时，积极贯彻国家支持设施农业的政策，不遗余力地保民生、保发展，通过精细化的裁判，践行《环境保护法》第一条所规定的推进生态文明建设与促进经济社会可持续发展的双重立法目的。

4. 其他公益诉讼

大规模非法买卖个人信息侵害人格权和社会公共利益
——非法买卖个人信息民事公益诉讼案

《民法典颁布后人格权司法保护典型民事案例》第 9 号

2022 年 4 月 11 日

【简要案情】

2019 年 2 月起，被告孙某以 34000 元的价格，将自己从网络购买、互换得到的 4 万余条含姓名、电话号码、电子邮箱等的个人信息，通过微信、QQ 等方式贩卖给案外人刘某。案外人刘某在获取相关信息后用于虚假的外汇业务推广。公益诉讼起诉人认为，被告孙某未经他人许可，在互联网上公然非法买卖、提供个人信息，造成 4 万余条个人信息被非法买卖、使用，严重侵害社会众多不特定主体的个人信息权益，致使社会公共利益受到侵害，据此提起民事公益诉讼。

【裁判结果】

杭州互联网法院经审理认为，《民法典》第一百一十一条规定，任何组织或者个人需要获取他人个人信息的，应当依法取得并确保信息安全，不得非法收集、使用、加工、传输他人个人信息，不得非法买卖、提供或者公开他人个人信息。被告孙某在未取得众多不特定自然人同意的情况下，非法获取不特定主体个人信息,又非法出售牟利,侵害了承载在不特定社会主体个人信息之上的公共信息安全利益。遂判决孙某按照侵权行为所获利益支付公共利益损害赔偿款34000元,并向社会公众赔礼道歉。

【典型意义】

本案是《民法典》实施后首例个人信息保护民事公益诉讼案件。本案准确把握《民法典》维护个人信息权益的立法精神,聚焦维护不特定社会主体的个人信息安全,明确大规模侵害个人信息行为构成对公共信息安全领域社会公共利益的侵害,彰显司法保障个人信息权益、社会公共利益的决心和力度。

江苏省消费者权益保护委员会与某电子科技（天津）有限公司消费民事公益诉讼案

《人民法院高质量服务保障长三角一体化发展典型案例》第2号
2023年5月22日

【裁判要旨】

智能电视机开启时开机广告自动播放的,如智能电视生产者同时也是开机广告的经营者,其有义务向消费者明确提示该产品含有开机广告功能,并告知能否即时一键关闭。智能电视生产者对其生产销售的智能电视未提供即时一键关闭功能的,消费者权益保护组织为维护不特定消费者合法权益,提起民事公益诉讼,要求智能电视生产者提供开机广告一键关闭功能,人民法院应予支持。

【基本案情】

被告某电子科技（天津）有限公司（以下简称某公司）是"乐某TV""**TV""**TV超级电视"等品牌智能电视机的经营者。2019年3月16日,原告江苏省消费者权益保护委员会（以下简称江苏省消保委）接到南京市一名消费者的投诉,反映被告销售的智能电视存在开机广告且不能关闭。

原告接到消费者投诉后，履行了下列公益性职责：（1）受理投诉并进行调查。调查中，原告发现被告销售的智能电视开机时会自动播放15秒左右的开机广告，未在销售时以显著的方式向消费者提示或告知存在开机广告，相关广告也不能关闭。针对消费者的投诉，原告进行了问卷调查。消费者纷纷留言表示不能接受智能电视开机广告，智能电视开机广告侵害了消费者的权益。（2）根据调查结果，集中约谈了包括被告在内的智能电视经营者，并向被告发送了整改通知。2019年9月4日，原告向包括被告在内的智能电视经营者发送了《智能电视开机广告侵犯消费者权益问题的约谈函》。2019年10月10日，原告集中约谈了包括被告在内的七家市场占有率较高的品牌智能电视经营者，集中告知其智能电视开机广告侵害了消费者的知情权、选择权和公平交易权。同日，原告向被告发送了《企业告知书》，要求被告在销售智能电视时向消费者告知其产品存在开机广告，并且为消费者提供一键关闭开机广告功能，履行保护消费者知情权、选择权、公平交易权、健全投诉处理机制等法律义务。（3）提起本案公益诉讼。经过集中约谈，智能电视生产厂商先后向原告发送整改情况回复函，原告认为上述厂商已经通过技术手段解决了一键关闭开机广告的问题。被告于2019年9月20日致函原告，对约谈函中提出的问题进行回复，于2019年10月21日再次致函原告，对电视开机服务进行承诺及保障。原告认为，多数智能电视经营者能够整改，但是被告并未积极整改。原告作为依法成立的消费者权益保护组织，依据《民事诉讼法》第55条规定，提起公益诉讼，以维护众多不特定消费者的合法权益。

一审庭审中，被告辩称，电视在开机热机阶段完全无法播放电视内容，如果没有广告就是黑屏状态，因此待机期间的广告或其他用户自定义视频并未影响用户观看电视。

原告为证明开机广告并非智能电视必须具备的功能，提交了《测试报告》，并申请有专门知识的人孙某某出庭，以证明智能电视开机时，技术上可以在播放广告同时实现一键关闭。孙某某出具《专家意见》并陈述：（1）开机时播放广告不是智能电视开机的必要程序。（2）播放开机广告延长了开机时间，增加了消费者的等待时间。（3）智能电视开机广告需要利用因特网下载更新内容。（4）从技术可行性角度看，在播放开机广告同时可以提供一键关闭功能，消费者操作关闭广告的按键后，能够立即关闭广告。

关于提供一键关闭开机广告具体时间，被告陈述其已经提供开机广告一键关闭功能,是在 15 秒开机广告剩余 5 秒的时候出现一键关闭窗口。原告主张其诉讼请求是要求被告在智能电视开机广告播放同时提供一键关闭广告功能,即在开机广告播放时可以立即关闭、随时关闭。

另查明,原告江苏省消保委经江苏省人民政府批准,于 2017 年 9 月 13 日依法成立,代替原"江苏省消费者协会"履行《消费者权益保护法》赋予的公益性职责。一审法院于 2020 年 1 月 2 日受理本案后,对本案受理情况进行了公告,但直至开庭前,无任何有权机关或社会组织申请参与本案诉讼。

再查明,一审期间,被告对其生产的智能电视的开机广告实施了整改,在外包装上就开机广告业务进行提示,增大提示字体。

【裁判结果】

江苏省南京市中级人民法院于 2020 年 11 月 10 日作出(2020)苏 01 民初 62 号民事判决:一、被告某电子科技(天津)有限公司于判决生效之日起为其销售的带有开机广告的智能电视机在开机广告播放的同时提供一键关闭功能;二、驳回原告江苏省消费者权益保护委员会的其他诉讼请求。一审判决后,某电子公司不服,向江苏省高级人民法院提起上诉。江苏省高级人民法院于 2021 年 3 月 23 日作出(2021)苏民终 21 号民事判决:驳回上诉,维持原判。

【裁判理由】

法院生效裁判认为:本案是全国第一起因开机广告提起的公益诉讼,不仅直接涉及众多不特定消费者权益,也间接影响数十家智能电视机生产企业的利益,还可能对未来智能电视行业的发展产生引导作用。开机广告是智能电视的生产者通过智能电视的内置程序,利用因特网下载更新内容,并在用户开机时自动播放的广告。智能电视生产者对开机广告内容和播放模式具有决定权。因此,智能电视的生产者同时也是开机广告的经营者。本案系因消费者购买某公司生产的电视机出现开机广告问题引发的纠纷。消费者的自主选择权是指消费者有权根据自己的意愿自主选择或拒绝特定商品和服务的权利。鉴于某公司的双重身份,相较于传统消费纠纷,本案消费者的自主选择权具有更加丰富的内涵,自主选择权是否受到侵害应分为两个层面讨论。

(一)关于某公司是否侵害消费者购买电视机的选择权问题。某公司在产品销售页面、产品说明书、某商城网站的购买协议和产品外包装上就开机广告进行了提示，增大了提示字体。从提示的内容来看，某公司已经表明开机时会出现开机广告，部分机型包装上还载明了可以通过设置照片、视频等方式替代开机广告。在一般情况下，尚不至于使消费者产生误解，从而可以保障消费者购买电视机的选择权。因此，可以认为某公司在销售智能电视时对其存在开机广告事项基本履行了向消费者的告知义务。然而，需要指出的是，某公司在相关提示中关于消费者是否可一键关闭开机广告的表述还不够清晰，仍有继续改进的空间。

（二）关于某公司是否侵害消费者观看开机广告的选择权问题。法律并不禁止广告经营者通过互联网等方式向消费者推送广告或者其他商业信息，但应当保证消费者的拒绝权（选择权）。消费者是否接收商业信息的选择权是基于自身意愿产生的无须说明理由的权利，通过显著方式设置一键关闭窗口是保证该权利实现的法定形式，也是经营者应承担的无条件的法定义务。该法定义务应当是即时和彻底的，关闭窗口只有与互联网广告同时出现且能够彻底关闭广告才能充分保护消费者的选择权，才能实现法律规定的"确保一键关闭""不影响用户正常使用网络"的规范目的。

某公司销售的智能电视为消费者提供了设置开机照片、视频的功能，但该功能只赋予了消费者选择看开机照片、视频或是开机广告的权利，并未赋予消费者拒绝观看开机广告或其他开机照片、视频的权利，不当限缩了消费者选择权的范围。因此该功能不能免除或替代经营者的法定义务。而江苏省消保委提交的《测试报告》和《专家意见》已经证明，播放开机广告延长了开机时间，增加了消费者的等待时间，且在播放开机广告的同时设置一键关闭功能在技术上并无障碍。因此，即使某公司所称基于技术原因，电视开机时需要热机等待，如不播放广告会出现黑屏的事实成立，也不能作为其拒绝设置一键关闭窗口的理由。某公司生产和销售的"乐某TV"" ** TV"" ** TV超级电视"等品牌智能电视加载的开机广告，在直到播放最后5秒时才弹出一键关闭窗口，消费者才能选择关闭开机广告，明显降低了消费者观看电视的体验，侵害了消费者的选择权。

法院注意到当前消费市场普遍存在低价销售智能电视并通过播放开机广告盈利的现实状况。法院充分尊重企业的经营模式和商业选择，深知消费市场的繁荣稳定离不开消费者、经营者、投资者等各类市场主体的积极参与和共同努力，必须依法维护各方权益，不可偏废导致利益失衡，也完全理解某公司对己方整改后竞争力下降的担忧。但是，市场允许的竞争应当是正当和公平的竞争，任何商业营利模式的创新都不能以违反法律规定，扭曲市场竞争，损害消费者和其他经营者的合法权益为代价。市场普遍存在违法现象更不能作为豁免特定经营者法律责任的理由。

山东省滨州市人民检察院诉杨某义、山东省某实业有限公司民事公益诉讼案

《人民法院依法保护农用地典型案例》第九号

2024年1月10日

【基本案情】

2011年1月10日，杨某义（山东省某实业有限公司的出资人及经营管理人）与山东省滨州市沾化区古城镇西张王村村民委员会就村内45.21亩集体土地签订租赁合同，用于厂房及其他项目的建设。2017年8月7日，山东省滨州市沾化区国土资源局（以下简称沾化区国土局）因山东省某实业有限公司、杨某楠（系杨某义之子、山东省某实业有限公司法定代表人）非法占地作出行政处罚，责令其拆除违法占地上的建筑物和其他设施、退还非法占用的土地、恢复土地原貌，并给予罚款，同时将该案件线索移送公安机关立案侦查。2018年2月7日，沾化区国土局又向山东省某实业有限公司作出《履行行政处罚决定催告书》，山东省某实业有限公司仍未履行。在法定期限内，沾化区国土局未申请强制执行。2018年5月2日，山东省滨州市沾化区人民法院作出刑事判决，认定杨某义、山东省某实业有限公司均构成非法占用农用地罪。之后，山东省滨州市人民检察院向济南铁路运输中级法院提起民事公益诉讼，请求判令杨某义、山东省某实业有限公司停止侵害，排除非法占用涉案耕地上的建筑物及设施，恢复土地原状。

【裁判结果】

济南铁路运输中级法院认为，杨某义、山东省某实业有限公司未经批准，以租赁形式长期非法占用涉案耕地建造厂房、污水处理设施等用于生产经营，

造成涉案耕地大量毁坏，损害国家利益和社会公共利益。本案检察机关提起民事公益诉讼符合法律规定，不受行政机关是否先期作出行政处罚、采取行政措施的制约。判决：一、杨某义、山东省某实业有限公司立即停止对涉案耕地的非法占用，于本判决生效之日起6个月内自行拆除涉案耕地上的建筑物及设施并对涉案耕地进行修复，修复完成后应经当地行政主管部门验收合格；二、上述第一项义务逾期未完成的，杨某义、山东省某实业有限公司应当交纳生态环境修复费用223633.65元；三、杨某义、山东省某实业有限公司于本判决生效后10日内向山东省滨州市人民检察院支付鉴定费28400元。

山东省高级人民法院二审维持原判。

【典型意义】

本案是行为人因非法占用农用地被行政处罚和刑事制裁，在未履行行政处罚决定情形下，同时依法承担拆除违法建筑物、修复涉案耕地的民事责任的典型案例。保护耕地就是保护粮食安全，人民法院应当统筹适用多种法律责任，对农用地进行"全环节、全要素、全链条"保护。本案中，行政机关对非法占用耕地的行为作出行政处罚决定后，根据自然资源领域行政执法和刑事司法衔接机制的规定，将案件移送司法机关依法追究了当事人非法占用耕地行为的刑事责任。同时，人民法院依法支持检察机关提起的生态环境保护民事公益诉讼，判决当事人立即停止对涉案耕地的非法占用，拆除非法占用耕地上的建筑物及设施并对涉案耕地进行修复或承担生态环境修复费用，体现了保护耕地重在修复的理念。人民法院统筹协调行政、刑事、民事法律手段，有效衔接对同一违法行为的行政处罚、刑事制裁和民事赔偿三种责任，对严厉打击违法违规占用耕地违法犯罪行为，实现受损耕地的有效修复，形成耕地资源保护整体合力具有重要意义。

（二）执行程序中的异议之诉

甲公司诉乙公司执行分配方案异议案

《最高人民法院发布的四起典型案例》第 1 号

2015 年 3 月 31 日

【基本案情】

2010 年 6 月 11 日，松江法院作出（2010）松民二（商）初字第 275 号民事判决，丙公司应当向甲公司支付货款以及相应利息损失。275 号案判决生效后进入执行程序，因未查实丙公司可供执行的财产线索，终结执行。丙公司被注销后，甲公司申请恢复执行，松江法院裁定恢复执行，并追加丙公司股东乙公司及 7 名自然人股东为被执行人，并在各自出资不实范围内向甲公司承担责任，扣划到乙公司和 4 名自然人股东款项共计 696505.68 元（包括乙公司出资不足的 45 万元）。2012 年 7 月 18 日，该院分别立案受理由乙公司提起的两个诉讼：（2012）松民二（商）初字第 1436 号案和（2012）松民三（民）初字第 2084 号案，乙公司要求丙公司 8 名股东在各自出资不实范围内对丙公司欠付乙公司借款以及相应利息、房屋租金以及相应逾期付款违约金承担连带清偿责任。该两案判决生效后均进入执行程序。

2013 年 2 月 27 日，甲公司收到松江法院执行局送达的《被执行人丙公司追加股东执行款分配方案表》。分配方案表将上述三案合并，确定执行款 696505.68 元在先行发还三案诉讼费用后，余款再按 31.825% 同比例分配，今后继续执行到款项再行分配处理。甲公司后向松江法院提交《执行分配方案异议书》，认为乙公司不能就其因出资不到位而被扣划的款项参与分配，且对分配方案未将逾期付款双倍利息纳入执行标的不予认可乙公司对甲公司上述执行分配方案异议提出反对意见，要求按原定方案分配。松江法院将此函告甲公司，2013 年 4 月 27 日，松江法院依法受理原告甲公司提起的本案诉讼。

另查明，上述三案裁判文书认定了丙公司股东各自应缴注册资本金数额和实缴数额的情况。

【裁判结果】

法院一审认为，本案是一起执行分配方案异议之诉。原告、被告双方在本案中围绕相关执行分配方案存在两个争议焦点，一是针对乙公司出资不实而被法院扣划的45万元，乙公司能否以对公司也享有债权为由与甲公司共同分配该部分执行款；二是执行标的是否应包括加倍支付迟延履行期间的债务利息。关于第一个争议焦点，公司法律明确规定有限责任公司的股东以其认缴的出资额为限对公司承担责任。乙公司因出资不实而被扣划的45万元应首先补足丙公司责任资产向作为公司外部的债权人原告甲公司进行清偿。乙公司以其对丙公司也享有债权要求参与其自身被扣划款项的分配，对公司外部债权人是不公平的，也与公司股东以其出资对公司承担责任的法律原则相悖。696505.68元执行款中的45万元应先由原告受偿，余款再按比例进行分配的意见予以采纳。关于第二个争议焦点，相关275号案、1436号案、2084号案民事判决书均判令如债务人未按指定期间履行金钱债务的，须加倍支付迟延履行期间的债务利息。故对原告甲公司关于执行标的应包括加倍支付迟延履行债务期间的利息的主张，予以采纳。原告、被告双方均对各自主张的迟延履行期间双倍利息明确了计算方式，原告甲公司对系争执行分配方案所提主张基本成立，法院依法予以调整。一审判决后，当事人均未提出上诉，一审判决已生效。

【典型意义】

本案当事人对执行分配方案的主要争议在于，出资不实股东因向公司外部债权人承担出资不实的股东责任并被扣划款项后，能否以其对于公司的债权与外部债权人就上述款项进行分配。对此，我国法律尚未明确规定，而美国历史上深石案所确立的衡平居次原则对本案的处理具有一定的借鉴意义。在该类案件的审判实践中，若允许出资不实的问题股东就其对公司的债权与外部债权人处于同等受偿顺位，既会导致对公司外部债权人不公平的结果，也与公司法对于出资不实股东课以的法律责任相悖。故本案最终否定了出资不实股东进行同等顺位受偿的主张，社会效果较好，对同类案件的处理也有较好的借鉴意义。

中国某财产保险股份有限公司上海分公司与中国某某财产保险股份有限公司镇江中心支公司等案外人执行异议之诉案

《2018年全国海事审判典型案例》
2019年9月11日

【基本案情】

中国某财产保险股份有限公司上海分公司（以下简称某上海分公司）为无船承运业务经营人上海甲国际货运代理有限公司（以下简称甲公司）签发限额为80万元的无船承运保证金责任保险单，保险条款约定："在保险期间或保险合同载明的追溯期内，被保险人在从事无船承运业务经营过程中，由于不履行承运人义务或者履行义务不当造成委托人的损失，经司法机关判决或司法机关裁定执行的仲裁机构裁决应由被保险人承担经济赔偿责任，并在保险期间内要求协助执行的，保险人负责赔偿。"甲公司在保险期间内经营无船承运业务过程中发生货损，中国某某财产保险股份有限公司镇江中心支公司（以下简称某某镇江支公司）在向托运人赔付货物损失后，向甲公司等提出索赔。上海海事法院于保险期间内作出一审判决。某某镇江支公司不服一审判决，提起上诉。上海市高级人民法院作出终审判决，判令甲公司赔偿货物损失130余万元，但此时已经超出保险期间。在该案执行过程中，人民法院向某上海分公司发出执行通知，要求将甲公司的无船承运业务经营者保证金责任限额80万元划至法院账户。某上海分公司提出执行异议，并在异议被驳回后提起执行异议之诉，认为该案终审判决作出的时间及当事人申请执行的时间均已超出了保险期间，根据保险条款的约定其不应进行赔偿，故诉请确认其无须协助法院执行和支付保险赔款。

【裁判结果】

上海海事法院一审认为，涉案保险合同条款系某上海分公司为了重复使用而预先拟定的合同条款，属于格式条款。某上海分公司与甲公司通过磋商订立合同，除遵循意思自治原则外，还应遵循公平原则确定双方的权利和义务。涉案合同条款中限制索赔权利人的内容，由于合同订立之时索赔权利人尚为潜在不特定对象，不具备磋商条件，应对相关条款的合理性提出更高要求，并要求合同订立人以诚实守信的原则拟定合同条款。涉案保险条款要求索赔权利人必须在保险期间内取得生效裁判并申请执行，系采取不合理方式免除保险人主要责任、加重索赔权利人责任、排除索赔权利人主要权利，违背了诚信原则，应为无效。据此判决驳回某上海分公司的诉讼请求。某上海分公司不服一审判决，提起上诉。

上海市高级人民法院二审认为，保险事故、保险责任的索赔和认定通常涉及多起相互关联的诉讼，前一个诉讼先确定被保险人是否承担责任，后一个诉讼才就该责任确定保险公司应否偿付保险金，多个诉讼前后相继。涉案格式条款规定保险赔付要同时满足多项索赔条件，即"司法机关判决＋保险期内＋通过司法程序要求协助执行"。上述情况都致使投保人、被保险人等发生保险事故后保险索赔难度明显加重，一定程度上排除了投保人、被保险人等依法享有的权利，一审法院对该条款的效力认定并无不妥，据此判决驳回上诉，维持原判。

【典型意义】

本案为依法确认无船承运业务经营者保证金责任保险格式条款无效的案例。无船承运业务经营者保证金责任保险制度，是无船承运业务经营保证金的一种替代形式，以保险的形式替代保证金，既减轻了无船承运业务经营者的现金压力，也可起到与保证金类似的效果。当前市场上很多无船承运业务经营者保证金责任保险采用类似格式条款，在保险责任条款中规定了索赔期间，要求索赔权利人必须在保险期间内起诉被保险人，且在保险期间内取得生效裁判文书并申请执行。类似条款为保险理赔设定了明显不合理的条件，实质上免除了保险人的主要责任、加重索赔权利人的责任、排除索赔权利人的主要权利。该条款与合同目的明显背离，弱化了无船承运业务经营者责任保险的应有功能。本案判决认定涉案保险条款无效，既在个案中维护索赔权利人的合法权益，也发挥了司法裁判对社会行为的引导功能，对促进无船承运业务规范管理以及无船承运业务经营者保证金责任保险产品的健康有序发展均具有积极意义。

【一审案号】（2017）沪72民初2203号

【二审案号】（2018）沪民终 81 号

依法驳回案外人执行异议诉请，及时有效执行外国仲裁裁决

——中国某企业投资有限公司与俄罗斯萨某林海产品无限股份公司、某国际经济技术合作公司案外人执行异议之诉

《最高人民法院发布第四批涉"一带一路"建设典型案例》第 10 号
2023 年 9 月 27 日

【基本案情】

2000 年 10 月，俄罗斯联邦萨某林地区仲裁法庭裁决：某合作公司应给付萨某林公司货款总计 3007319.2 美元以及俄罗斯联邦财政税 83490 卢布。经萨某林公司申请，一审法院黑龙江省高级人民法院于 2004 年 1 月裁定对该裁决予以承认并执行，裁定冻结某合作公司持有的某财务公司 6300 万元股权及红利。2011 年 9 月，某实业公司与某企业公司签订《股权转让协议》，约定其实业公司将某合作公司代其持有的某财务公司 6300 万股股权，以 6300 万元的价格转让给某企业公司。当日，某合作公司出具书面证明，对该股权转让协议无异议。后某企业公司诉至河北省河间市人民法院，请求确认案涉 6300 万元股权为其所有。2012 年 3 月 29 日，河间市人民法院判决确认某企业公司对案涉股权享有所有权。2017 年 6 月 5 日，某企业公司向一审法院提出执行异议申请，一审法院裁定驳回。某企业公司遂提起执行异议之诉。一审法院判决驳回某企业的诉讼请求。某企业不服一审判决，向最高人民法院提起上诉。

【裁判结果】

最高人民法院二审审理认为，是否对执行标的予以执行，取决于案外人是否就执行标的享有足以排除强制执行的民事权益。案外人执行异议之诉中，案外人主张的权利应当是所有权等在性质上能够排除人民法院对执行标的强制执行的实体权利。某企业公司与某实业公司签订《股权转让协议》时，案涉股权已经被法院裁定冻结。根据《关于人民法院民事执行中查封、扣押、

冻结财产的规定》第二十六条和最高人民法院《关于执行权合理配置和科学运行的若干意见》第 26 条的规定，已被查封、冻结的财产不能诉请确权。况某企业公司的股权转让款并未实际支付过，股权交易一直没有完成，某企业公司不能享有案涉股权的所有权，且并无生效判决对案涉股权的权属作出认定。某企业公司不能证明其对本案所涉执行标的享有足以排除强制执行的民事权益，遂维持一审关于驳回某企业公司诉讼请求的判决，驳回某企业公司的上诉。

【典型意义】

本案外国仲裁裁决经人民法院裁定承认，并在裁定执行过程中查封了案涉财产，而被执行人通过转让被查封财产、提起另案诉讼对查封财产进行确权等方式意图规避执行。人民法院依法执行外国仲裁裁决，不仅驳回执行异议申请，并在其后的执行异议之诉中，根据司法解释规定，认定受让行为并非善意，同时及时对生效的另案确权判决予以再审，体现了我国法院为保障仲裁裁决跨境执行而采取的各项有效举措，有力维护了"一带一路"共建国家民事主体的合法权益。

【一审案号】

黑龙江省高级人民法院（2017）黑民初 209 号

【二审案号】

最高人民法院（2019）最高法民终 1429 号